高等职业教育食品类专业教材

食品商品学

高　翔　姜英杰　主编

中国轻工业出版社

图书在版编目（CIP）数据

食品商品学/高翔，姜英杰主编．—北京：中国轻工业出版社，2024.2
高等职业教育"十二五"规划教材
ISBN 978-7-5019-9728-2

Ⅰ.①食… Ⅱ.①高… ②姜… Ⅲ.①食品—商品学—高等职业教育—教材 Ⅳ.①F768.2

中国版本图书馆 CIP 数据核字（2014）第 071099 号

责任编辑：张　靓　　责任终审：滕炎福　　封面设计：锋尚设计
版式设计：王超男　　责任校对：朱燕春　　责任监印：张　可

出版发行：中国轻工业出版社（北京鲁谷东街 5 号，邮编：100040）
印　　刷：三河市万龙印装有限公司
经　　销：各地新华书店
版　　次：2024 年 2 月第 1 版第 7 次印刷
开　　本：720×1000　1/16　印张：21.5
字　　数：473 千字
书　　号：ISBN 978-7-5019-9728-2　定价：43.00 元
邮购电话：010-85119873
发行电话：010-85119832　010-85119912
网　　址：http://www.chlip.com.cn
Email: club@chlip.com.cn
版权所有　侵权必究
如发现图书残缺请与我社邮购联系调换
240200J2C107ZBW

本书编写人员

主　　编　高　翔（江苏食品药品职业技术学院）
　　　　　　姜英杰（江苏食品药品职业技术学院）
副 主 编　司俊娜（河南职业技术学院）
　　　　　　马震雷（江苏经贸职业技术学院）
　　　　　　蒋秋燕（山东商业职业技术学院）
参编人员　田其英（江苏食品药品职业技术学院）
　　　　　　苏　晶（江苏省淮安市产品质量监督检验所）
　　　　　　陈　莲（漳州职业技术学院）
　　　　　　郭世静（江苏食品药品职业技术学院）
主　　审　王　蕊（江苏食品药品职业技术学院）

本书编写人员

主　编　高　翔　（江苏食品药品职业技术学院）
　　　　姜英杰　（江苏食品药品职业技术学院）
副主编　司俊玲　（河南牧业职业技术学院）
　　　　吕建雷　（江苏经贸职业技术学院）
　　　　蒋林燕　（山东商业职业技术学院）
参编人员　田其英　（江苏食品药品职业技术学院）
　　　　范　晶　（江苏省连云港市产品质量监督检验所）
　　　　陈　建　（章州职业技术学院）
　　　　陈世辉　（江苏食品药品职业技术学院）
主　审　王　蕊　（江苏食品药品职业技术学院）

前　言

食品工业是我国支柱产业,食品是关系人类自身健康的特殊商品。改革开放三十多年来,我国发生了翻天覆地的变化,社会经济不断发展,人民群众的生活水平不断提高,人们关注的焦点已从吃得饱向吃得安全、吃得健康、吃得营养转变。我们在教学中发现,目前国内从商品学的角度专门介绍食品商品的教材和参考书比较少,在中国轻工业出版社的积极倡导下,我们从商品学的视角,以指导食品商品使用价值的形成、评价食品商品使用价值的高低、防止食品商品使用价值的降低、促进食品商品使用价值的实现为主线,探索编写了《食品商品学》教材。

食品商品学属食品质量管理、经济管理的交叉学科,涉猎内容宽泛,编写难度大,编写人员主要瞄准三点进行教材创新:首先是内容创新,以食品质量为中心,搜集相关前沿知识,尽力呈现一本全新的食品商品学教材给广大读者;其次是形式创新,构建了完善的编写栏目,章首设置学习内容、重点难点、知识目标、能力目标和资讯链接,章后设置知识拓展或典型案例、自我测试,便于学生理解和掌握;最后是载体创新,通过资讯链接、知识拓展或典型案例,对接行业发展的最新动态,培养学生获取知识、分析与解决问题能力。

本书系统介绍了食品商品的分类与性质、食品属性、质量管理、质量标准、质量认证、检验检疫、保鲜储运、食品营销、食品包装、商标管理、心理定位、进出口贸易以及新产品开发等内容,既适合高职高专经济管理类专业、食品类专业作为教材,也适合作为本科经济管理类专业、食品类专业及相关从业人员的参考用书。

本书由江苏食品药品职业技术学院高翔、姜英杰任主编;河南职业技术学院司俊娜、江苏经贸职业技术学院马震雷、山东商业职业技术学院蒋秋燕、江苏省淮安市产品质量监督检验所苏晶、江苏食品药品职业技术学院郭世静、田其英、漳州职业技术学院陈莲参加了编写工作。

全书共分十二章,编写分工如下:第一章、第四章由高翔编写;第二章、第三章由姜英杰编写;第五章由司俊娜、高翔编写;第六章由苏晶、姜英杰编写;第七章由陈莲、姜英杰编写,第八章、第十二章由马震雷编写,第九章由蒋秋燕编写,第十章由司俊娜编写,第十一章由郭世静、田其英编写。全书由高翔、姜英杰统稿、审校。

由于本书涉及内容较广,加之编者水平和实际经验有限,对于书中疏漏和错误之处,敬请读者不吝指教。

编　者

目录　CONTENTS

第一章　绪论 … 1
第一节　商品的概念及构成 … 1
一、商品的概念 … 1
二、商品的构成 … 2
第二节　商品学的产生与发展 … 3
一、国外商品学发展概况 … 3
二、我国商品学发展与学术活动概况 … 4
第三节　食品与食品商品学 … 4
第四节　食品商品学的研究对象与任务 … 6
一、食品商品学的研究对象 … 6
二、食品商品学的研究任务 … 6
第五节　食品商品学的研究内容及其学习重要性 … 8
一、食品商品学的研究内容 … 8
二、学习食品商品学的重要性 … 8
第六节　食品商品学的研究方法 … 9

第二章　食品商品的分类与性质 … 11
第一节　食品商品的分类 … 11
一、商品分类概述 … 11
二、食品分类方法 … 13
三、食品分类国家标准 … 16
第二节　食品商品的目录与编码 … 17
一、商品目录概述 … 17
二、商品编码概述 … 19
三、GB/T 7635.1—2002 标准分类编码 … 20
四、食品质量安全市场准入管理的 28 大类食品编码 … 23
第三节　食品的化学组成 … 27

一、蛋白质 …………………………………………………………… 27
　　二、糖类 ……………………………………………………………… 28
　　三、脂类 ……………………………………………………………… 29
　　四、维生素 …………………………………………………………… 30
　　五、矿物质 …………………………………………………………… 31
　　六、食品添加剂 ……………………………………………………… 32
　　七、食品中的污染物 ………………………………………………… 33
　第四节　食品商品的性质变化 ………………………………………… 35
　　一、食品褐变 ………………………………………………………… 35
　　二、淀粉老化 ………………………………………………………… 37
　　三、脂肪酸败 ………………………………………………………… 38
　　四、微生物引起的品质变化 ………………………………………… 40
　知识拓展　商品条码及其在食品中的应用 …………………………… 41
　自我测试 ………………………………………………………………… 43

第三章　食品商品的属性 …………………………………………… 45

　第一节　食品商品的安全性 …………………………………………… 45
　　一、食以安为先 ……………………………………………………… 45
　　二、我国食品安全现状堪忧 ………………………………………… 46
　　三、我国食品安全问题的成因 ……………………………………… 47
　第二节　食品商品的营养性 …………………………………………… 48
　　一、植物性食品的营养价值 ………………………………………… 49
　　二、动物性食品的营养价值 ………………………………………… 52
　第三节　食品商品的感官性 …………………………………………… 55
　　一、食品感官属性的种类 …………………………………………… 55
　　二、食品感官分析、食品感官评定的概念及应用 ………………… 58
　第四节　食品商品的文化性 …………………………………………… 59
　　一、酒文化 …………………………………………………………… 60
　　二、茶文化 …………………………………………………………… 62
　第五节　食品商品的地方性 …………………………………………… 64
　　一、中国各地特色食品 ……………………………………………… 65
　　二、地方特色食品的消费特点 ……………………………………… 67
　第六节　食品商品的时间性 …………………………………………… 68
　　一、食品保质期的概念 ……………………………………………… 68
　　二、常见食品的保质期 ……………………………………………… 68

知识拓展　我国酒文化的功能……………………………………………… 70
　　自我测试 ……………………………………………………………………… 71

第四章　食品商品的质量安全管理 …………………………………………… 73
第一节　食品质量与安全的概念及要求 ………………………………………… 74
　　一、质量与食品质量的概念 ……………………………………………………… 74
　　二、食品安全的概念 ……………………………………………………………… 75
　　三、食品安全的要求 ……………………………………………………………… 76
第二节　影响食品质量安全的主要因素 ………………………………………… 79
　　一、生物因素 ……………………………………………………………………… 79
　　二、化学因素 ……………………………………………………………………… 80
　　三、物理因素 ……………………………………………………………………… 82
第三节　食品质量管理 …………………………………………………………… 82
　　一、食品质量管理概述 …………………………………………………………… 82
　　二、食品质量管理的主要研究内容 ……………………………………………… 84
　　三、我国食品质量管理工作的展望 ……………………………………………… 86
第四节　食品质量安全市场准入制度 …………………………………………… 87
　　一、食品质量安全市场准入制度概述 …………………………………………… 87
　　二、QS 认证申请程序 ……………………………………………………………… 90
　　三、食品质量安全市场准入制度的必备条件 …………………………………… 91
　　四、QS 现场审查 …………………………………………………………………… 93
第五节　食品安全控制技术 ……………………………………………………… 94
　　一、食品良好操作规范(GMP) …………………………………………………… 94
　　二、卫生标准操作程序(SSOP) …………………………………………………… 96
　　知识拓展　食品监管机构改革及解读 …………………………………………… 99
　　自我测试 ……………………………………………………………………………101

第五章　食品商品的标准与质量认证 ……………………………………………104
第一节　食品标准概述 ……………………………………………………………104
　　一、食品标准概述 …………………………………………………………………104
　　二、标准化的概念 …………………………………………………………………105
　　三、标准化和国际贸易壁垒 ………………………………………………………106
第二节　食品商品标准 ……………………………………………………………106
　　一、食品商品标准 …………………………………………………………………106
　　二、商品标准分类与分级 …………………………………………………………109

第三节　食品商品质量认证 ·································· 111
　　一、商品质量认证及其种类 ······························· 111
　　二、商品质量认证制度的发展和意义 ······················ 112
　　三、商品质量认证的类型、程序及认证标志 ················ 113
第四节　无公害食品、绿色食品与有机食品 ···················· 116
　　一、安全食品的种类、特点及其区别 ······················ 116
　　二、保健食品、绿色食品、有机食品及国家原产地域产品保护 ·· 119
第五节　食品质量体系认证 ·································· 122
　　一、质量体系认证的基本概念 ···························· 122
　　二、食品质量管理体系 ·································· 122
　　知识拓展　食品链上的沟通 ····························· 126
　　自我测试 ·· 127

第六章　食品商品的检验与检疫 ······························ 129

第一节　食品商品的检验、检疫概述 ·························· 129
　　一、检验与检疫的定义 ·································· 129
　　二、食品检验、检疫技术现状与发展趋势 ·················· 130
第二节　食品商品检验的内容与方法 ·························· 132
　　一、食品商品的检验内容 ································ 132
　　二、食品商品检验方法 ·································· 136
第三节　食品商品检疫的内容与方法 ·························· 138
　　一、动物性食品检疫的内容与方法 ························ 138
　　二、植物性食品检疫的内容与方法 ························ 141
第四节　食品商品的品级 ···································· 143
　　一、商品分级 ·· 143
　　二、商品分级方法 ······································ 144
　　三、常见食品的分级 ···································· 145
　　知识拓展　"三聚氰胺事件"是检测方法之过吗？ ·········· 148
　　自我测试 ·· 149

第七章　食品商品的保鲜与贮运 ······························ 152

第一节　食品原料的保鲜与贮藏 ······························ 152
　　一、食品原料的贮藏保鲜特点 ···························· 152
　　二、果品蔬菜的贮藏 ···································· 154
　　三、粮食的贮藏 ·· 155

四、肉类贮藏保鲜 157
　　五、鱼的保鲜(活) 159
　　六、乳和蛋的保鲜 160
　第二节　成品食品的贮藏 161
　　一、干制食品贮藏 162
　　二、腌制食品贮藏 164
　　三、罐头食品贮藏 168
　　四、焙烤食品贮藏 168
　　五、发酵食品贮藏 170
　第三节　食品冷链物流系统 172
　　一、食品冷链物流概述 172
　　二、食品冷藏链的组成 172
　　三、实现冷藏链的条件 174
　　四、食品冷藏运输 175
　　五、食品冷藏销售和消费 176
　知识拓展　无线射频技术(RFID)及其在食品冷链物流中的应用 177
　自我测试 180

第八章　食品商品的营销 182
　第一节　食品商品营销概述 182
　　一、食品商品营销的作用 182
　　二、食品商品营销的特点 183
　　三、研究食品商品营销的意义 183
　第二节　食品商品营销战略 183
　　一、营销战略的意义 183
　　二、营销战略的特征 184
　　三、营销战略的制定 184
　第三节　食品商品的营销策略 188
　　一、食品产品策略 188
　　二、食品商品价格策略 191
　　三、食品分销渠道策略 192
　　四、促销策略 194
　第四节　食品连锁经营管理 197
　　一、连锁经营管理的起源与发展 197
　　二、连锁经营管理概念和特征 197

三、连锁经营的基本模式 ·· 198
　　四、食品连锁经营管理优势 ·· 199
　　五、连锁经营组织结构和管理职能 ···································· 200
第五节　食品商品的网络营销 ··· 201
　　一、网络营销概述 ··· 201
　　二、网络营销的优势 ·· 202
　　三、网络营销策略 ··· 202
　　四、网络营销模式 ··· 203
第六节　食品商品的品牌营销 ··· 204
　　一、食品品牌概述 ··· 204
　　二、食品品牌营销的概念及作用 ····································· 205
　　三、食品品牌营销策略 ··· 206
　　四、食品品牌策略要素 ··· 207
　　五、食品品牌的维护 ·· 208
　　知识拓展　肯德基的营销之道 ·· 208
　　自我测试 ··· 210

第九章　食品商品的包装与商标管理 ································· 212
第一节　食品商品包装的意义与要求 ····································· 213
　　一、食品商品包装的意义 ·· 213
　　二、食品商品包装的要求 ·· 214
　　三、食品商品包装的分类 ·· 215
第二节　食品商品包装材料与容器 ·· 216
　　一、纸包装材料与容器 ··· 216
　　二、塑料包装材料与容器 ·· 218
　　三、金属包装材料与容器 ·· 221
　　四、玻璃包装材料与容器 ·· 222
　　五、陶瓷包装材料与容器 ·· 223
　　六、其他包装材料与容器 ·· 223
第三节　食品商品的标签 ·· 224
　　一、相关概念 ··· 224
　　二、食品商品标签的作用 ·· 225
　　三、食品标签的基本要求 ·· 226
　　四、食品商品标签的标示内容 ·· 227
　　五、食品包装上的其他标志与图案 ·································· 227

第四节　食品商品商标注册与管理·····234
一、商标及其作用·····234
二、商标的特征及其分类·····235
三、商标的注册与管理·····236
知识拓展　净含量里有多少水？·····240
自我测试·····241

第十章　食品商品的心理定位及影响·····243
第一节　食品商品心理定位的理论分析框架·····243
一、定位理论的发展与内涵·····243
二、定位理论的基本框架·····244
三、食品商品的心理定位·····244
第二节　影响食品商品心理定位的主要因素·····246
一、品牌对食品商品心理定位的影响·····246
二、色彩对食品商品心理定位的影响·····248
三、包装对食品商品心理定位的影响·····254
四、社会经济环境对食品商品心理定位的影响·····257
五、社会文化环境对食品商品心理定位的影响·····258
第三节　食品商品心理定位中的广告影响·····260
一、广告目标与广告心理效应·····260
二、广告诉求决策及其心理依据·····262
三、广告与消费行为·····265
知识拓展　德芙巧克力——"爱是恒久忍耐"·····266
自我测试·····267

第十一章　食品商品的进出口贸易·····270
第一节　食品商品进出口贸易现状·····270
一、当代国际食品贸易的走势·····271
二、中国食品进出口贸易·····273
第二节　食品商品出口贸易的条件·····277
一、发展农产品生态环保的技术·····277
二、发展可提高农产品与食品产量的技术·····278
三、发展提升农产品与食品质量的技术·····279
四、发展保障农产品与食品安全的技术·····280
五、发展可规范农产品与食品加工生产标准化的技术·····282

第三节 食品商品出口贸易的程序 ·············· 284
  一、备货 ···························· 284
  二、报验 ···························· 285
  三、催证、审证和改证 ···················· 285
  四、租船订舱、报关、投保和装运 ·············· 286
  五、制单结汇 ·························· 287
  六、出口收汇核销和出口退税 ················ 289
第四节 食品商品国际贸易中的技术壁垒 ············ 289
  一、技术性贸易壁垒的主要特点 ··············· 290
  二、技术性贸易壁垒的表现形态 ··············· 292
  三、主要发达国家的技术性贸易壁垒 ············· 295
  知识拓展　我国鳗鱼及其制品出口日本遭遇技术性贸易壁垒 ··· 299
  自我测试 ···························· 301

第十二章　食品新产品开发 ···················· 303
第一节 食品新产品的开发现状 ················· 303
  一、食品新产品 ························ 303
  二、食品新产品开发的原则 ·················· 305
  三、食品新产品开发的方式 ·················· 306
  四、新产品开发的途径 ···················· 306
  五、食品新产品开发的任务和意义 ·············· 307
  六、食品新产品开发存在问题 ················ 308
第二节 食品新产品开发程序 ·················· 309
  一、市场调研阶段 ······················ 309
  二、新产品构思方案阶段 ··················· 310
  三、构思方案筛选阶段 ···················· 310
  四、新产品实体开发阶段 ··················· 311
  五、新产品商品化分析阶段 ·················· 313
  六、市场试销阶段 ······················ 314
  七、新产品上市阶段 ····················· 315
第三节 食品新产品开发策略 ·················· 316
  一、食品新产品开发策略影响因素 ·············· 316
  二、食品新产品开发策略 ··················· 316
  三、食品新产品开发策略实施要点 ·············· 318
第四节 新产品开发管理 ···················· 318

一、新产品开发管理体系 ………………………………………… 319
二、新产品开发管理的目标 ……………………………………… 319
三、新产品开发管理内容 ………………………………………… 321
四、新产品开发管理的评价 ……………………………………… 321
知识拓展　新月传奇——大班冰皮月饼新产品推广 …………… 322
自我测试 …………………………………………………………… 324

参考文献 ………………………………………………………………… 326

第一章 绪 论

> **学习内容**
>
> 1. 商品、商品价值、商品使用价值等基本概念;
> 2. 食品、食品商品学等基本概念;
> 3. 食品商品学的研究对象与任务;
> 4. 食品商品学的研究内容;
> 5. 食品商品学的研究方法。

> **学习目标**
>
> 1. 掌握商品、食品商品学等基本概念;
> 2. 了解商品学的产生与发展;
> 3. 了解食品商品学的研究对象、内容、任务及研究方法;
> 4. 能够用社会调查法研究食品商品学。

第一节 商品的概念及构成

一、商品的概念

什么是商品?弄清楚商品的概念是我们更深入地了解和掌握食品商品学这门学科的基础。当我们提到商品的时候,首先想到的就是各种各样在市场上交换的产品,如饼干、饮料、酸奶、味精等。事实上,此时我们所关注的只是商品的有用性,如饼干用来充饥,饮料用于解渴,酸奶可提供蛋白质和乳酸菌,味精可以提高菜肴的鲜味等。而有用性只是商品内涵的一个方面,商品内涵的另一个方面涉及的是商品的价格,即:什么决定了商品的价格？各种不同的商品在市场上以不同的价格交易,其背后的原因是什么？这两方面的问题即是商品的二重性。作为特殊产品的商品主要具有以下三个基本特征。

1. 商品是能够满足人们某种需要的劳动产品

那些不能满足人们需要,甚至会危害人体健康和财产安全的劳动产品,如劣质食品、假酒、霉变食品等,不能算作商品;虽然具有使用价值,但未经劳动加工的天然物,如天然空气、未开辟的自然风景区等,它们不属于劳动产品,所以也不能称作商品。

2. 商品是供别人消费及社会消费的劳动产品

如马克思所说:"谁用自己的产品来满足自己的需要,他生产的就只是使用价值,而不是商品。要生产商品,他不仅要生产使用价值,而且要为别人生产使用价值,即生产社会的使用价值。"

3. 商品是通过交换的劳动产品

商品只有通过交换,到达使用或消费它的用户或消费者手中,才能实现其商用价值。商品对其生产者来说,没有直接的使用价值,只是交换价值的承担者,否则他们就不会把它拿到市场上去卖。商品在市场上卖不出去,使用价值就无法实现,因而商品价值就无法实现。比如,农民自家种植供自己食用的蔬菜,城市居民用酸奶机自制的酸奶等,都不是商品。

由此,我们可以归纳出商品的概念。所谓商品,就是通过市场实现交换,进而能够满足人们某种需要的劳动产品。

二、商品的构成

商品是为交换而生产的劳动产品,商品具有使用价值和价值两个因素,即商品是由使用价值和价值二重属性构成的。

1. 商品的使用价值

商品能满足人们某种需要的属性即商品的有用性,就是商品的使用价值。不同的商品具有不同的使用价值,可满足人们的不同需要。同一商品可有多种使用价值,满足人们的多种需要。商品使用价值的多少,是随科学技术的发展,不断认识发现的。商品的使用价值和一般物的使用价值一样,都是构成社会物质财富的物质内容。两者的不同点在于:商品的使用价值是通过交换满足他人的需要,是商品交换价值的物质承担者。使用价值是商品的自然属性,反映人和自然的关系,是一个历史范畴;一般物品的使用价值则是一个永恒范畴。

2. 商品的交换价值

商品的交换价值表现为一种使用价值同另一种使用价值相交换的数量上的关系或比例。由于商品的效用不同,所以交换价值各不相同。决定商品交换价值的必须是商品内在的固有的共同的东西,即商品的价值。

3. 商品的价值

一切商品都是劳动产品,都包含一定的人类劳动。如果把劳动的具体形态撇开,一切商品都包含一般的无差别的人类劳动即抽象劳动。商品价值是凝结在商品中的一般的人类劳动。价值是商品的内在因素,是交换价值的基础,交换价值是价值的表现形式。

4. 商品的使用价值和价值的关系

商品是使用价值和价值的统一体,两者既统一又矛盾。其统一性主要表现为两者相互依赖、互为条件、缺一不可。如果一个物品只有使用价值,而不是劳动产品,或不是为交换而生产的劳动产品,则没有价值,不是商品。反过来,如果一个物品是劳动产品,但没有使用价值,也就没有价值,不是商品。只有既有使用价值又有价值的物品,才是商品。使用价值和价值又是彼此矛盾的,两者互相排斥、互相对立。商品生产者生产商品的使用价值是为了满足社会的需要,从而通过交换实现价值。如果交换成功,商品生产者便把商品的使用价值让渡给消费者,使商品价值得以实现。可见,商品使用价值和价值这对矛盾解决的关键在于交换。

第二节 商品学的产生与发展

商品学的产生和发展与商品经济的兴起以及商业教育事业的发展息息相关。它已形成为一门独立的学科,在国外和国内有着不同的发展阶段。

一、国外商品学发展概况

商品学于18世纪中叶诞生于德国,至今约有200多年的历史。自1810年,商品学相继传入波兰、意大利、奥地利、匈牙利、罗马尼亚、俄罗斯、日本、中国等国家。目前,世界上约有30多个国家(主要是俄罗斯、东欧各国、中国、越南、德国、奥地利、意大利、比利时、瑞士、日本、韩国等)把商品学作为一门独立学科,进行商品学教育和科学研究。而在美国、英国、法国等国家中是没有商品学学科,只是在市场学、营销学、消费学、家政学等学科中有商品学的内容。

在商品学诞生前,商品研究是作为商学研究的一个重要组成部分。在早期的商学书籍中包括大量的商品知识,以便商人在经商过程中认识商品品种和产地、商品真伪与质量优劣。商品学诞生后,在其发展过程中产生了两个研究方向:一个是从自然科学和技术学的观点研究商品使用价值,中心内容是商品质量,称为自然科学的商品学或技术商品学;另一个是以自然科学为基础,从社会科学和经济学的观点,特别是从市场营销和消费需求的观点研究与商品质量和品种相关的问题,称为社会科学的商品学或经济商品学。

目前,世界各国的商品学学者对商品学学科有了共识,认为现代商品学是自然科学和技术学、社会科学和经济学复杂融合起来的综合性应用学科,是一门技术与经济相结合的典型边缘学科或交叉学科,必须从技术、经济、社会、市场和消费需求等多方面系统地研究商品的使用价值和全面评价商品质量。

二、我国商品学发展与学术活动概况

我国商品学的发展经历了漫长的过程。从有关史料记载看,春秋时代师旷的《禽经》、宋朝蔡襄所著的《荔枝谱》、明朝李时珍的《本草纲目》等书,都对有关商品知识做了介绍。唐代陆羽的《茶经》,概述了茶叶的质量、审评、饮用方法、保管等知识,国内商品学学者认为这是我国商品学的萌芽,商品学最早是从食品开始被人们所认识的。

到了近代,随着商业教育的发展,许多商品学著作也相继出版,如1925年盛在珣的《商品学》,1932年刘冠英的《现代商品学》,1937年方嘉东的《商品研究通论》等。由于当时我国尚处于半殖民地半封建社会,商品经济得不到充分的发展,也阻碍了商品学研究的发展。

新中国成立后,国民经济迅速得到了恢复和发展,商品学的研究和教学工作取得了一系列的进展。从1950年开始,在高等财经学校的对外贸易和合作经济等专业中分别开设了商品学课程。改革开放以来,我国经济体制的转变,为商品学的科研和教学工作创造了良好的环境。近几年有关商品学方面的专著、教材层出不穷,使商品学的研究和教学工作进入了一个崭新的发展时期。

成立于1976年的国际商品学会(IGWT)是国际商品学及其相关领域唯一的国际性学术团体。目前,我国已初步形成了较完善的本科院校、高职高专院校和中等职业院校三级商品学教学与研究体系。中国商品学会(CSCS)是在民政部登记注册的全国性学术团体,于1994年4月正式成立,学会的主要宗旨是推动和发展商品学的基础理论及应用研究。学会广泛开展国内外学术交流活动,主办国内外学术研讨会,代表中国参加国际商品学的学术活动,并参与商品质量及其相关的咨询和培训等活动。

第三节 食品与食品商品学

食品作为一种特殊的商品,不仅表现在食品品质与食品功能的关系,更重要的是其作为人类生存、繁衍的物质基础,要求本身应具备应有的功能和特性,同时要求食用安全并赋予消费者以享受与欢乐。这对食品商品提出了要求与期望。

对于什么是食品,不同的国家和地区有着不同的解释。《中华人民共和国食品安全法》第九十九条,将食品定义为:各种供人食用或者饮用的成品和原料以及按照传统既是食品又是药品的物品,但不包括以治疗为目的的物品。

加拿大《食品与药品法》将食品定义为:包括经过加工、销售及其直接作为食品和饮料为人类消费的物品,口香糖和以任何目的混合在食品中的各种成分及原料。欧盟会议与理事会178/2002法规第二条中对食品的定义为:不论是否加工、部分加工或未加工过的任何用于人类或者可能被人类摄入的物质或产品。美国《联邦食品药品及化妆品法》对食品的定义为:人或动物食用或饮用的物品、口香糖,构成以上物品的原料。

通过以上对食品概念的定义,可以看出:"食品"的范围包括可食用的食品原料和加工后食用的产品。从产品结构看,食品原料主要来自种植业和养殖业,属于第一产业,而食品加工则属于第二产业。

从传统角度讲,食品的概念包括生鲜食品与加工食品。生鲜食品的定义是"为天然自然状态,容易失去鲜度的食品"。加工食品的概念是"经过加工,产生价值的食品"。

英语中把生鲜食品称为易腐食品(perishable food),把加工食品称为工程食品(processed food)。将生鲜食品称为易腐食品的表示方法,反映出不同国家对食品感觉上的差异,而且这种差异表现为对食品流通系统化的对应差异。将食品区分为生鲜食品与加工食品,对于规定食品的生产、流程特性是非常方便的。生鲜食品的流通结构大部分经同批发市场。批发市场具有能使易腐食品在短时间内顺利流通的功能。

加工食品具有将作为原料的生鲜食品加工后向顾客(消费者、外食产业等)提供的特性。食品加工的目的是:①提高保藏性,防止腐败及变质,常用技术有制罐、冷藏/冷冻、干燥、腌渍、烟熏、包装等;②通过烹调产生香味;③通过调整需要形成稳定的价格;④确立名声(商标化);⑤通过批量生产系统形成稳定的价格;⑥通过工业化创造雇用机会等;⑦提高被运输能力,如浓缩、冷藏/冷冻、制罐;⑧提高可食性,去除不适食用之部分、改变不宜食用的成分、提高消化性;⑨提高机能性,包括营养成分之提炼、添加、发酵、热处理、化学处理等;⑩提高便利性,经调配及组合,可微波冷藏/冷冻、易开包装等处理以便利烹调或供直接食用;⑪提高感官接受度,可以实行的技术包括精制、调配、成型、热处理、包装等。

食品商品是市场流通、交换和经营中的特殊商品。食品商品学作为商品学的一个分支,是以食品商品质量和经营管理为核心内容研究其鉴别特征和使用(食用)价值的应用学科。它从商品学的角度阐述食品在流通领域中属性、商品规格、质量变化规律,以及与保证食品商品质量有关的经营管理等基本理论与实用鉴别技术问题。换言之,食品商品学是一门研究在商品流通领域中如何保证食品安全性、有效性、稳定性的学科。

第四节　食品商品学的研究对象与任务

一、食品商品学的研究对象

食品商品学研究的对象是食品商品的使用(食用)价值,即研究食品商品使用(食用)价值及影响使用(食用)价值实现的相关因素的客观规律。从食品商品学研究的对象看,可以确认食品商品学是一门既具有自然科学性质又具有社会科学性质的综合性应用学科。

商品具有价值和使用价值。商品的价值是政治经济学研究的范畴,商品的使用价值为食品商品学这门学科提供材料。

食品商品的使用(食用)价值是由食品商品本身的属性所形成的。马克思指出:"物的有用性使物具有使用价值。但这种有用性不是悬在空中的。它决定于商品体的属性,离开了商品体就不存在。"商品的属性构成了其使用价值的物质基础。研究商品的使用价值就必须从与商品有用性相关的属性着手,来研究有关的理论和技术。

食品商品学研究食品商品的使用(食用)价值,而食品商品的使用(食用)价值具体体现为食品商品质量,食品商品质量是衡量食品商品使用(食用)价值高低的尺度。因此,食品商品质量就成为食品商品学研究的中心内容。

二、食品商品学的研究任务

食品商品学的研究任务是由其研究对象和内容决定的,即从食品商品学的研究对象出发,以食品商品质量为中心,在全面阐明与食品商品使用(食用)价值相关的食品商品质量的基础上,找出食品商品质量变化的规律及影响食品商品质量变化的各种内、外因素,探求提高食品商品质量和开发新产品的途径,促进食品商品生产部门、流通部门为社会提供需要的、消费者满意的、质量合格的食品,指导消费,推动市场经济发展,实现企业的现代化管理。为此,食品商品学必须承担以下具体的研究任务。

1. 研究食品商品的质量安全

食品商品的使用(食用)价值是由食品商品本身固有的属性决定的,食品商品具有安全性、营养性、保健性、文化性、地方性和时间性等属性,其中食品商品的安全性是第一位的。为了保证食品商品使用(食用)价值的实现,必须实行食品生产许可证制度,采取食品质量安全市场准入,加强食品安全控制,进行标准化质量体系认证,加强对食品种植与养殖及食品加工、消费过程的检验检疫和质量监督,让消费者信得过。

2．研究食品商品的质量管理

食品商品学研究食品商品使用（食用）价值的核心是食品商品质量，食品商品质量是实现食品商品使用（食用）价值的基础。食品商品使用（食用）价值是由食品商品质量表现的，食品商品质量品级是通过食品商品质量的评价与鉴定确定的。在食品生产和流通管理过程中为保证食品使用价值的实现，必须依据食品标准对食品质量进行鉴定、评价、判断与衡量。评价食品商品使用价值的高低，同时依照法律对食品质量实行监督与管理，维护消费者的权益。

3．研究食品商品的贮藏保鲜技术

食品商品学研究的贮藏保鲜技术，主要指科学的食品商品贮藏保鲜技术、冷链物流技术、使用养护技术和食品包装技术等。食品商品流通过程中，容易引起食品发黏、霉变、变色、变味等，致使食品变质而失去食用价值，造成经济损失与浪费。为控制与减少食品商品在流通领域中的损失，防止食品商品使用价值的降低，提高经营效益，必须把食品商品贮藏保鲜作为食品商品学研究任务之一。

4．研究食品商品的营销

食品商品营销手段，是指在食品商品经营中如何为社会提供所需要的、消费者所满意的食品商品，从维护消费者利益出发，为达到引导消费、指导消费的目的而选定的销售手段。我们研究的商品营销，必须是维护消费者利益，为消费者负责的销售手段。在这样的基本思想指导下，选定的食品商品营销，必须是从指导消费的目的出发，为消费者提供质量可靠、货真价实、信得过的食品商品。这种营销，包含科学、准确、求实地向消费者宣传介绍食品商品的原料组成、食品质量安全状况、食品营养特点、食品的保健功能、食品的贮藏与食用方法等，从而正确引导消费，促进销售，指导食品商品使用价值的形成。

5．研究新产品开发

社会生产的根本目的，是最大限度地满足人们日益增长的物质和文化生活的需要。随着社会的发展和人类的进步，人民的生活水平不断提高，社会对食品商品的期望值也越来越高。经过30多年的改革开放，我国已从温饱型社会逐步向小康型社会过渡，食品消费也呈现出新的发展趋势。总的来说，食品消费市场呈现出食用方便化、营养多样化、功能保健化、消费个性化、风味多元化的特征。在市场经济充分发展的条件下，为满足社会需要和市场需求，必须拓宽食品商品的使用价值，扩大食品商品的营养内涵，增加食品商品保健功能，丰富食品商品的个性需求。因此，应用新技术、开发新产品是食品商品学研究的重要任务之一，特别是农副产品的深加工、功能性食品的开发有利提高农副产品的附加值，有利于促进食品商品使用价值的再生。

第五节　食品商品学的研究内容及其学习重要性

一、食品商品学的研究内容

食品商品学的研究内容就是围绕食品质量安全这一中心内容,研究与食品质量安全相关的一系列问题,即研究食品质量安全以及决定和影响食品质量安全的诸因素,如食品商品的分类和性质、食品商品的属性、食品商品的质量安全管理、食品商品的检验与检疫、食品商品标准与质量认证、食品商品的保鲜与贮运、食品商品的品牌与营销、食品商品的进出口贸易、食品商品的包装与商标管理、食品商品的心理定位及影响、食品新产品开发等内容。食品商品学的研究内容见图1-1。

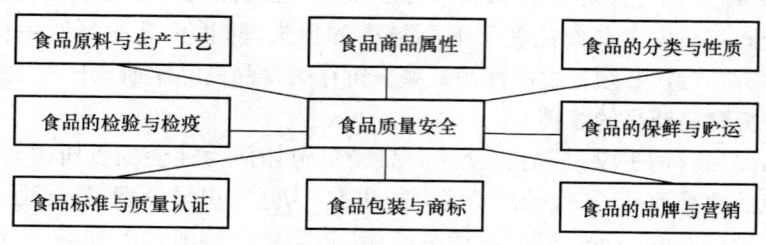

图1-1　食品商品学的研究内容

食品商品质量安全是一个动态的概念。在不同的历史时期、不同的条件下,对食品商品质量安全的要求是不同的。这是由于在不同的历史时期,科学技术、生产水平、生活水平、消费观念的不同,人们对食品商品质量安全要求不同。比如,在过去吃不饱的社会,食品商品的质量安全主要是指粮食安全,即粮食的丰足程度。因此,研究食品商品的使用价值,既要从静态进行研究,又要从动态进行研究,以促进食品商品质量安全的不断提高,更好地满足人们的消费需求。

二、学习食品商品学的重要性

商品学是随着商品经济和科学技术的发展而发展的。国外某些发达的国家已将市场学、广告学、商品学视为销售战略的三大支柱。

经济贸易工作是为市场经济发展服务的,是连接生产、消费的桥梁,是工农业生产的纽带。从事经济贸易工作,每时每刻都和商品打交道。要做好商品流通工作,就必须掌握国家制定的经济方针、政策,必须具备企业管理、商品经营、市场营销等学科的理论知识,还必须具有商品学的专业知识,只有这样才能做好商品的流通工作。学习食品商品学的重要性,主要表现在以下几方面:

(1)在食品商品的购、销、运、存等流通环节里,要以食品商品质量安全为中心来实现食品的使用价值。为此,要经常研究食品商品的质量及产销动向,采取科学的食品安全控制措施,为消费者提供更多的优质食品,以满足广大消费者的需要。

(2)市场流通企业,要力求做到所经营的食品让消费者信得过,安全营养,品质优良,物美价廉,有益于人的身体健康,符合时代要求。因此,只有掌握了食品商品学这门科学知识,才能进一步研究食品商品在流通领域中食品商品质量变化的规律及其影响因素,进行科学保鲜与贮藏。

(3)要做好商品流通工作,供应给消费者的食品商品,必须符合有关的质量标准。这样就需要通过食品商品检验工作来测定食品商品质量,杜绝劣质食品进入流通领域,将优质食品供应给消费者。

(4)只有研究食品商品的科学分类,才能适应市场流通企业的现代化管理的要求,才能取得最大的经济效益。

(5)在食品商品的流通环节,食品商品的包装不仅能够固定食品的形态,便于印刷和装潢,方便运输,更有利于食品防止外界污染。包装是保持食品商品质量安全必不可少的。但过度包装,也会造成资源浪费,从而增加消费者的负担。因此,食品包装提倡美观、适度、环境友好。

第六节 食品商品学的研究方法

由于商品的使用价值是商品的自然有用性和社会适用性的统一,因此,食品商品学的研究方法是按照研究的具体项目,采用不同的形式进行的。

1. 科学实验法

这是一种在实验室或一定试验场所内,运用一定的实验仪器和设备,对食品商品的成分、营养、功能等进行理化鉴定的方法。这种实验方法,大多是在实验室内或要求条件下进行的,对控制和观察都有良好的条件,所得的结论正确可靠,是分析食品商品成分、鉴定食品商品质量、研制新产品的常用方法。如酒成分含量的测定就是采用科学实验法。

2. 感官评定法

感官评定法是一些食品商品学专家或有代表性的消费者,凭人体的感官,对食品商品的质量及其食品商品有关方面做出评价的研究方法。这种方法的正确程度受参加者的评定经验、技术水平和人为因素的影响,但运用起来简便易行,适于很多食品商品的质量评定。例如,茶叶、酒类、饭店的菜肴等大多采用感官评定法。

3. 技术指标法

技术指标法是一种在分析实验基础上,对一系列同类产品,根据国内或国际生产水平，确定质量技术指标，以供生产者和消费者共同鉴定食品商品质量的方法。例如，罐头产品的净含量和固形物含量的指标。

4. 社会调查法

商品的使用价值是一种社会性的使用价值，全面考察商品的使用价值需要进行各种社会调查，特别是在商品不断升级换代、新产品层出不穷的现代社会里，这方面的调查就显得更加重要，而且这种方法具有双向沟通的作用，在实际调查中既可以将生产信息传递给消费者，又可以将消费者的意见和要求反馈给生产者。几乎所有的食品商品在研制、生产过程中都会用到社会调查法来评估食品商品的市场潜力，为食品商品成功打开市场提供有价值的信息。社会调查法主要有现场调查法、调查表法、直接面谈法、定点统计调查法和网络调查法。

5. 对比分析法

对比分析法是将不同时期、不同地区、不同国家的商品资料收集积累，加以比较，从而找出提高商品质量、增加花色品种、扩展商品功能的新途径的方法。运用对比分析法，有利于经营部门正确识别商品和促进生产部门改进产品质量，实现商品的升级换代，以更好地满足广大消费者的需要。

第二章　食品商品的分类与性质

学习内容

1. 商品分类的作用,食品商品分类的原则与方法;
2. 食品商品代码与编码,商品编码的种类和方法;
3. 食品的主要化学组成及各成分的功能性质;
4. 食品商品的性质变化种类、原因。

学习目标

1. 掌握食品分类的原则和方法;能对食品按照不同的分类方法进行分类;能按 GB/T 7635.1—2002 标准对食品进行分类编码;
2. 了解商品编码的概念、原则、方法;
3. 熟悉食品商品编码结构与方法;
4. 掌握食品的化学组成及各成分的功能性质;
5. 掌握食品性质变化种类、原因及其影响因素。

第一节　食品商品的分类

一、商品分类概述

(一)商品分类的概念

商品分类是指根据一定目的,为满足商品生产、流通、经济管理及人们生活等需要,选择适当的分类标志或特征,将商品集合总体进行科学系统的逐层级划分,直至最小单元的过程。商品分类一般是将商品逐级划分为不同的大类、中类、小类,或品目、品种,乃至规格、品级、花色等细目。商品分类的目的不同,选择的分类标志也不同,商品分类的结果也不一样。目前,我国通常将商品分成大类、中类(品类)、小类(品种)、细目等四级。

1. 大类

商品大类一般根据商品生产和流通领域的行业分工特点来划分,既要同生产行业对口,又要与流通组织相适应。如根据生产和流通的需要,商品可分为食品类、五金类、交电类、化工类、日用百货类、针织纺织类、钟表文化类等。

2. 中类

中类即商品品类也称为商品组别,是对大类商品的进一步划分,体现具有若干共同性质或特征商品的总称。如食品商品又可分为蔬菜和果品、肉和肉制品、乳和乳制品、蛋和蛋制品、食糖、茶叶和酒类等。

3. 小类

小类即商品品种,是对中类商品的进一步划分,体现具体的商品名称。如按商品的性能、成分等方面的特征来划分,酒类商品分为白酒、黄酒、啤酒、葡萄酒、果酒等。

4. 商品细目

商品细目是对商品品种的详尽区分,包括商品的规格、花色、等级等,更具体地反映商品的特性,如53°茅台飞天酒、52°洋河梦之蓝酒等。

(二)商品分类的作用

商品分类是商品学的研究内容之一,也是商品经济管理和商品经营管理的一种手段。由于商品种类繁多、特征各异、价值差别悬殊,因此其性能、用途和贮运要求也各不相同。随着科学技术的进步和商品经济的不断发展,商品品种日趋增多,商品分类的作用也越来越大。

1. 商品的科学分类为经济管理活动奠定了科学基础和前提条件

商品的种类繁多、特征多样、价值不等、用途各异,只有将商品进行科学的分类,从生产到流通领域的计划、统计、核算、税收、物价、采购、运输、养护、销售等各项工作才能顺利进行,统计数据才有价值。国民经济各部门和各企业必须在商品科学分类的基础上编制各自的商品目录,以保证商品目录的科学性,为开展各项经济管理活动创造先决条件。在商品经营活动中,商品的科学分类有利于流通领域购、销、运、存等业务活动的开展。在国际贸易中,外贸商品分类的科学性与换汇和税收关系很大。商品的科学分类,便于查询商品的性能、生产国别、厂商、价格、资源量、存放地点、贸易资料等商品信息,利于实现商品信息流和物流管理的现代化。在超市中,对商品进行自动计价结算和盘结,这些都需要依靠科学的商品分类、编码来实现。因此,商品的科学分类为经济管理活动奠定了科学基础和前提条件。

2. 商品的科学分类有利于标准化实施，也是制定商品标准的依据

通过科学的商品分类，可使商品的名称、类别统一化、标准化，从而可避免同一商品在生产和流通领域的不同部门由于商品名称不统一而造成的困难，便于安排生产和流通，并可加强国内产、供、销平衡，有利于发展国际贸易以及提高经济管理水平和经济效益。制定各种商品标准时，必须明确商品的分类方法、商品的质量指标和对各类商品的具体要求等。所有这些都应建立在商品科学分类的基础上。

3. 商品的科学分类便于消费者选购商品

通过科学的商品分类，才能使编制的商品目录有条有理，层次分明、眉目清楚，有序地安排市场供给。特别是在销售环节中，商场、超市及网购网站按商品分类和商品目录的要求，设立商品部、柜组，能有秩序得安排好市场供应和商场的合理布局，从而便于消费者选购。

4. 商品的科学分类有利于开展商品研究工作

通过对商品的科学分类，将研究对象从个别商品特征归纳总结为某类别商品共性特征，才能深入分析和了解商品的性质和使用性能，为研究商品质量、品种及变化规律，从而为商品质量的改进和提高，商品预测和新产品开发，商品包装、运输、保管、科学养护、检验、合理使用、质量保证等提供科学的依据。

二、食品分类方法

（一）根据食物的来源分类

食品主要来源于生物界（植物界和动物界），也有少量的食品来源于矿物，因此常把食品分为植物性食品、动物性食品和矿物性食品三大类。

1. 植物性食品

来源于植物界，主要包括谷类、杂粮、豆类、薯类、植物油、蔬菜、果品、茶叶、咖啡、可可、糖类、海产植物等，以及它们的各种加工产品。

2. 动物性食品

来源于动物界，主要包括畜类、禽类、蛋类、鱼虾类、奶类等，以及它们的各种加工产品。

3. 矿物性食品

来源于非生物界，主要有食盐、矿泉水等。人类的膳食往往包含着上述三大类食品，一般称之为混合膳食。

（二）根据食品加工分类

1. 按制程分类

轻度加工、冷藏及冷冻、热加工、浓缩及干燥（包括中湿性食品加工）、发酵、腌渍、烟熏、包装。

2. 按加工程度分类

（1）初加工食品　初加工食品指直接由农、林、牧、渔等产品作为原料的食品。具体分为如下三类：

①鲜活食品：如蔬菜、水果、鲜蛋、水产等具生命活动的产品。它们的共同特点是具有呼吸作用，呼吸作用的强弱与它们的生命活动和储存条件存在密切的关系。

②生鲜食品：如畜肉、禽肉、鲜乳、水产鲜品等。它们不只有呼吸作用，且均会继续进行各种生理生化反应，外界环境对它们的质量变化有很大的影响。

③粮谷类食品：主要包括稻谷、小麦、大豆、高粱、小米等。它们收获后经过晾晒或烘干，含水量很低，比较耐储存。

（2）再加工食品　再加工食品是以原料食品为基础原料，经过进一步加工处理所得到的各种食品。常用的加工方法有粉碎、筛选、混合、蒸馏、加热、密封等。这类食品的品种很多，如各种谷物的面粉、面包、馒头、糖果、糕点、食用植物油、肉制品、水产加工品、酒类、乳制品、饮料等。

（3）深加工食品　深加工食品指经过专门提炼和配制的，具有各种功能的食品，如老年食品、婴儿食品、保健食品等。随着消费水平的提高，人们对深加工食品的需求将不断增加。

（三）根据保藏方法分类

按照保藏方法分类包括如下：①罐头食品；②脱水干制食品；③冷冻食品或冻制食品；④冷冻脱水食品；⑤腌渍食品；⑥烟熏食品。

（四）根据用途分类

1. 主食

我国的食物结构以植物性食品为主，人体每天所需的热能有60%～70%来源于碳水化合物，含碳水化合物最丰富的粮谷类食物成为我国人民的主食，主要有稻米、小麦、玉米、小米、高粱以及它们的各种初加工产品，有的地区的居民，则以薯类为主食。

2. 副食

主食以外的食品一般通称为副食，主要副食种类包括蔬菜、水果、肉、禽、鱼、蛋、奶等，副食还包括上述某些种类食品的再加工产品，如蔬菜制品、果制品、肉制品、禽制品、鱼制品、蛋制品、乳制品等。

3. 调味料

酱油、醋、糖、胡椒等。

4. 嗜好品

茶、咖啡、可可、酒等。

5. 便利食品
方便面、汉堡等。

6. 休闲食品
糖果、饼干、蜜饯、各种零食。

7. 机能性食品
特殊营养食品、健康食品等。

（五）根据食用人群分类

按照食用人群分类包括如下：①婴幼儿食品；②中小学生食品；③孕妇、哺乳期妇女以及恢复产后生理功能等特点食品；④适用于特殊工作人员食品，人群需要的特殊营养食品，如运动员、宇航员食品，高温、高寒、辐射或矿井条件下工作人群的食品，高血压病患者适宜低脂肪、低胆固醇食品，以维持、增进人体健康和各项功能为目的，适于各类人群的各种功能性食品。

（六）根据食品营养分类

1. 按营养成分分类
淀粉类食品加工（主食）、蛋白质类食品加工（豆类制品）、糖质类食品加工（如饴糖）、纤维质类食品加工（菇类、竹笋等）、油脂加工（色拉油）、饮料类加工（包装饮用水、果汁、清凉饮料、含酒精饮料等）。

2. 按食品的营养健康特性分类
根据食品的营养健康特性，一般将食品分成酸性食品和碱性食品两大类。食品的酸碱性与其本身的pH无关（味道酸的食品不一定是酸性食品），主要是食品经过消化、吸收、代谢后，最后在人体内变成酸性或碱性的物质来界定。产生酸性物质的称为酸性食品，如动物的内脏、肌肉、植物种子（五谷类）。产生碱性物质的称为碱性食品，如蔬菜瓜豆类，茶类等。

（1）酸性食品 动物的内脏、肌肉、脂肪、蛋白质、五谷类，因含硫（S）、磷（P）、氯（Cl）元素较多，在人体内代谢后产生硫酸、盐酸、磷酸和乳酸等，他们是人体内酸性物质的来源。

（2）碱性食品 大多数菜蔬、水果、海带、豆类、乳制品等含钙（Ca）、钾（K）、钠（Na）、镁（Mg）元素较多，在体内代谢后可变成碱性物质。水果虽然含有各种有机酸，吃起来有酸味，但消化后大多氧化成碱性食物，所以是碱性食品。但草莓有不能氧化代谢的有机酸（苯甲酸、草酸），会使体液的酸度增加，属于酸性食品，是个例外。

3. 按食品营养特点分类
按食品营养特点，中国营养学会把我国食物分为以下五类：

（1）谷类及薯类（米、面、马铃薯、红薯等）。

（2）动物性食物（羊肉、鸡、草鱼、鸭蛋、牛乳及其制品等）。

(3) 豆类及其制品（黄豆、豆腐、豆制品等）。
(4) 蔬菜水果类（包括植物的根、茎、叶、果实等，如胡萝卜、白菜、苹果等）。
(5) 纯热能食物（色拉油、淀粉、食用糖、白酒等）。

三、食品分类国家标准

（一）GB/T 7635.1—2002

《GB/T 7635.1—2002 全国主要产品分类与代码 第一部分：可运输产品》由国家质量监督检验检疫总局发布，于 2003 年 4 月 1 日开始实施。

在此标准中，加工食品划分成 22 大类的食品，包括：肉和肉类加工品；加工和保藏的鱼等水产品及其制品；加工或保藏的蔬菜；果汁和蔬菜汁；加工和保藏的水果和坚果；动、植物油脂；经处理的液体乳和奶油、其他乳制品；谷物碾磨加工品；淀粉和淀粉制品、豆制品、不另分类的淀粉糖和糖浆；烘焙食品；糖；可可、巧克力及其制品、糖果、蜜饯、糖或果仁等制的小食品；通心粉、面条和类似的谷物粉制品等；不另分类的食品；乙醇（发酵）、蒸馏酒、利口酒等配制酒和其他含酒精饮料；葡萄酒、果酒等发酵酒；麦芽酒和麦芽；软饮料；冷冻饮品；蔬菜；水果和坚果；其他动物产品及动物副产品。

（二）食品质量安全市场准入管理（QS）的 28 大类食品

目前，我国已实施食品质量安全市场准入管理的食品共 28 大类。此种分类方式也是我国经济管理中，最常用的一种分类方式。28 大类食品分别是：

(1) 粮食加工品　小麦粉、大米、挂面、其他粮食加工品[谷物加工品（分装）、谷物碾磨加工品（分装）、谷物粉类制成品]。

(2) 食用油、油脂及其制品　食用植物油、食用油脂制品[食用氢化油、人造奶油（人造黄油）、起酥油、代可可脂]、食用动物油脂（猪油、牛油、羊油）。

(3) 调味品　酱油、食醋、味精、鸡精调味料、酱类、调味料产品。

(4) 肉制品　肉制品（腌腊肉制品、酱卤肉制品、熏烧烤肉制品、熏煮香肠火腿制品、发酵肉制品）。

(5) 乳制品　乳制品[液体乳（巴氏杀菌乳、高温杀菌乳、灭菌乳、酸乳）、乳粉（全脂乳粉、脱脂乳粉、全脂加糖乳粉、调味乳粉、特殊配方乳粉、牛初乳粉）、其他乳制品（炼乳、奶油、干酪、固态成型产品）]、婴幼儿配方乳粉（湿法工艺、干法工艺）

(6) 饮料　饮料[瓶（桶）装饮用水类（饮用天然矿泉水、饮用纯净水、其他饮用水）、碳酸饮料（汽水）类、茶饮料类、果汁及蔬菜汁类、蛋白饮料类、固体饮料类、其他饮料类]。

(7) 方便食品　方便食品（方便面、其他方便食品）。

(8) 饼干　饼干。

(9) 罐头　罐头(畜禽水产罐头、果蔬罐头、其他罐头)。

(10) 冷冻饮品　冷冻饮品(冰淇淋、雪糕、雪泥、冰棍、食用冰、甜味冰)。

(11) 速冻食品　速冻食品[速冻面米食品(生制品、熟制品)、速冻其他食品(速冻肉制品、速冻果蔬制品、速冻其他类制品)]。

(12) 薯类和膨化食品　膨化食品、薯类食品。

(13) 糖果制品(含巧克力及制品)　糖果制品(糖果、巧克力及巧克力制品)、果冻。

(14) 茶叶及相关制品　茶叶(茶叶、边销茶)、含茶制品和代用茶。

(15) 酒类　白酒、葡萄酒及果酒、啤酒、黄酒、其他酒。

(16) 蔬菜制品　酱腌菜、蔬菜干制品(自然干制蔬菜、热风干燥蔬菜、冷冻干燥蔬菜、蔬菜脆片、蔬菜粉及制品)、食用菌制品(干制食用菌、腌渍食用菌)、其他蔬菜制品。

(17) 水果制品　蜜饯、水果制品(水果干制品、果酱)。

(18) 炒货食品及坚果制品　炒货食品及坚果制品(烘炒类、油炸类、其他类)。

(19) 蛋制品　蛋制品(再制蛋类、干蛋类、冰蛋类、其他类)。

(20) 可可及焙烤咖啡产品　可可制品、焙炒咖啡。

(21) 食糖　糖(白砂糖、绵白糖、赤砂糖、冰糖、方糖、冰片糖等)。

(22) 水产制品　水产加工品[干制水产品、盐渍水产品、鱼糜制品(即食类、非即食类)]、其他水产加工品(水产调味品、水生动物油脂及制品、风味鱼制品、生食水产品、水产深加工品)。

(23) 淀粉及淀粉制品　淀粉及淀粉制品、淀粉糖(葡萄糖、饴糖、麦芽糖、异构化糖等)。

(24) 糕点　烘烤类糕点、油炸类糕点、蒸煮类糕点、熟粉类糕点、月饼。

(25) 豆制品　发酵性豆制品、非发酵性豆制品、其他豆制品。

(26) 蜂产品　蜂蜜、蜂王浆(含蜂王浆冻干品)、蜂花粉、蜂产品制品。

(27) 特殊膳食食品　婴幼儿及其他配方谷粉(婴幼儿配方谷粉、其他配方谷粉)。

(28) 其他食品。

第二节　食品商品的目录与编码

一、商品目录概述

(一)商品目录的概念

商品目录是指以特定方式、系统记载相关商品集合总体类目、品种等方面信息的文件资料。它一般是商品名称、商品编码、商品分类体系三方面信息的有机结合,是在商品分类和编码基础上,用表格、文字、数码等全面记录和反映相关商品集合总体综合信息的文件。

(二)商品目录与商品分类的关系

商品目录是指国家或部门根据商品分类的要求,对所经营管理的商品编制的总明细分类集。商品目录是商品分类的具体体现,是以商品分类为依据,因此也称商品分类目录或商品分类集。商品目录是在商品逐级分类的基础上用表格、符号和文字全面记录商品分类体系和排列顺序的书本式工具。

在编制商品目录时,国家或部门都是按照一定的目的,首先将商品按一定的标志进行定组分类,再逐次制定和编制。也就是说,没有商品分类,就不可能有商品目录;只有在商品科学分类的基础上,才能编制层次分明、科学、系统、标准的商品目录。

商品分类与商品目录是相辅相成的。商品目录的编制,就是商品分类的具体体现,商品目录是实现商品管理科学化、现代化的前提,是商品生产、经营、管理、流通的重要手段。

(三)商品目录的分类

商品目录按编制的目的和作用不同,可分为许多种类。如按用途编制的目录包括生产资料商品目录、消费商品目录;按管理权限编制的目录包括一类商品目录、二类商品目录、三类商品目录;按产销地区编制的目录包括本地产品目录、进口商品目录、内销商品目录、出口商品目录;按适用范围编制的目录包括国际商品目录、国家商品目录、部门商品目录、地区及企业商品目录等。

(1)国际商品目录　是指国际组织或区域性集团通过商品分类所编制的商品目录。如:联合国编制了《国际贸易标准分类目录》等。国际商品目录是在国际范围内或区域范围内从事进出口业务,进行商品统计和经营管理活动时应共同遵守的准则。

(2)国家商品目录　是指由国家指定专门机构通过商品分类制定的商品目录。如我国的《GB/T 7635—2002 全国主要产品分类与代码》等,就是这些国家从事经济管理各自遵守的准则。

(3)行业(部门)商品目录　是指由本行业主管部门编制的商品目录。如原商业部编制的《SB/T 10135—1992 社会商业商品分类与代码》标准,就是这些部门共同遵守的准则。

(4)企业商品目录　是指本企业单位自己编制的商品目录,是本企业、单位遵守的准则。

上述商品目录使用范围不同,但也存在密切的联系。国家商品目录应考虑与国际商品目录的协调,以便于信息交流和处理。同样道理,行业(部门)或企业商品目录的编制,也必须符合国家商品目录的分类原则和指导思想,并在此基础上结合本行业(部门)和本企业的业务需要,进行适当的细分和补充。

各类商品目录应相对稳定,以使各类信息具有可比性、稳定性,这样有利于协调各行业(部门)、各企业、各环节的工作。但商品目录并不是一成不变的,而是应随着商品和商品经济的发展予以适时修订,这样才能发挥它在商品流通活动中的作用。

二、商品编码概述

（一）商品编码的概念

商品编码又称商品代码或商品代号。它是赋予某种商品或某类商品的代表符号,是便于人与计算机识别或处理的代表符号。

（二）商品编码的原则

(1)唯一性　每种商品只能有一个代码,每个代码只能表示一种商品。

(2)可扩性　当需要增加新类目时,不需要破坏该商品编码结构。

(3)简明性　简明、易记、易检验,既便于手工处理,又便于计算机处理。

(4)稳定性　不能轻易变更,停止生产或供应,也不能马上就分配给其他商品。

(5)层次性　能清晰反映商品分类体系和分类目录内部固有的逻辑关系。

(6)统一协调性　便于实现信息交流和信息共享。

(7)自检　自身核对性能,便于计算机校对是否有误。

（三）商品编码的种类

(1)数字型编码　用一个或若干个阿拉伯数字表示的商品代码。它具有结构简单,使用方便,易于推广,便于计算机处理的特点。编制商品数字代码的方法有顺序编码法、层次编码法、平行编码法和混合编码法四种。

(2)字母型编码　用一个或若干个字母表示商品代码的编码方法。用字母对商品进行分类编码时,一般按字母顺序进行编制。字母型编码便于记忆,人们有使用习惯,可提供人们识别的信息,但不便于机器处理信息,特别是当分类对象数目较多时,常常会出现重复现象。故字母编码常用于分类对象较少的情况,在商品分类编码中较少使用。

(3)数字、字母混合型编码　它是采用数字和字母混合编排的商品编码方法。字母常用于表示商品的产地、性质等特征,可放在数字前边或后边,用于辅助数字代码。混合型编码是由数字和字母混合组成的代码,它兼有数字型编码和字母型编码的优点,结构严密,具有良好的直观性和表达性,同时又有使用上的习惯。但编码组成形式复杂,给计算机输入带来不便。因此,在商品分类编码中不常使用这种编码。

（四）数字型编码的编码方法

(1)顺序编码法　它是按照商品分类目录中商品排列的先后顺序给予数字的

顺序代码的编码方法。其优点是使用方便，易于管理，但代码本身没有给出任何有关编码对象的其他信息。

(2) 层级编码法　按层次分级的对象依次进行编码的方法，即按数列代码分成若干个层次，使每个分类的类目按分类层次一一赋予对应的代码，反映商品分类隶属的层次关系。其优点是代码较简单，逻辑关系好，系统性强，信息容量大，能明确地反映出分类编码对象的属性、特征及隶属关系，容易查找所需类目，便于管理和统计。

(3) 平行编码法　指对每一个分类面确定一定数量的码位的编码方法，多用于平面分类体系。其优点是编码结构有较好的弹性，可以比较简单得增加分类编码面的数目，必要时还可以更换个别的面。但这种编码也有代码容量利用率低的缺点。

(4) 混合编码法　是层次编码和平行编码法之合成，但代码的层次与类目的等级不完全相同的编码方法。

三、GB/T 7635.1—2002 标准分类编码

(一) GB/T 7635.1—2002 代码结构

GB/T 7635.1—2002 标准分类编码体系采用层次码，代码分为六个层次，各层分别命名为大部类、部类、大类、中类、小类、细类。第一层有5个大部类(分别是第0、1、2、3、4大部类)；第二层有39个部类；第三层有185个大类；第四层有715个中类；第五层有538个小类，并列入1482个类目。代码结构见图2-1。

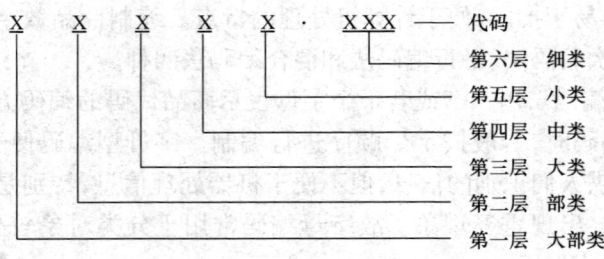

图2-1　GB/T 7635.1—2002 代码结构

(二) GB/T 7635.1—2002 编码方法

(1) 代码用8位阿拉伯数字表示。第一至第五层各用1位数字表示，第一层代码为0~4，第二、五层代码为1~9，第三、四层代码为0~9，第六层用3位数字表示，代码为010~999，采用了顺序码和系列顺序码；第五层和第六层代码之间用圆点(·)隔开，信息处理时应省略圆点符号。

(2) 本部分第二至第五层代码，仅在1大部类、2大部类和4大部类的第三至

第四层中,有6条类目的代码个位数为"0",如代码110、120、130、250、4160、4740(为CPC的码),其余以备用。

(3) 第六层的顺序码为011~999。系列顺序码(即分段码)其个位数是0(或9)的3位数字代码,如:代码01111·010~·099或代码48412·309~·399等。

(4) 第六层的代码001~009为特殊区域,其所列产品类目按不同的特征属性再分类或按不同的要求列类,以满足管理上的特殊需要。信息统计时,对所列产品,同一类目的下位类的数据可以汇总,类目之间的数据不能汇总,也不能与代码表中其余相关类目的数据汇总。

(5) 对分类终止于中间某一层级的类目名称的代码,信息处理时补"0"至设计的总码长,标准文本不补"0"。

(三) GB 7635.1—2002对食品的分类与编码

在GB 7635.1—2002标准中,加工食品划分在第0大部类"农林(牧)渔业产品;药品"和第2大部类"加工食品、饮料和烟草;纺织品、服装和皮革制品",共5个部类,22个大类,1269种,见表2-1。

表2-1　　　GB 7635.1—2002中食品的分类与编码简表(摘录)

代码						类别名称
大部类	部类	大类	中类	小类	细类	
0						农林牧渔业产品;中药
0	1					种植业产品
0	1	2				蔬菜
0	1	2	1			马铃薯等薯芋类蔬菜和种用薯芋类根(球)茎、块茎(根)
0	1	2	1	1		马铃薯
0	1	2	1	2		生姜
0	1	2	1	3		种用薯芋类根(球)茎、块茎(根)
0	1	2	1	3	011	种用马铃薯
0	1	2	1	3	012	种用山药
0	1	2	1	3	013	种用甘薯
0	1	3				水果和坚果
0	2	9				其他动物产品及动物副产品
2						加工食品、饮料和烟草;纺织品、服装和皮革制品
2	1					肉、水产品、水果、蔬菜、油脂等类加工品

续表

代码						类别名称
大部类	部类	大类	中类	小类	细类	
2	1	1				肉和肉类加工品
2	1	1	1			鲜、冷却或冻的牛、猪、绵羊、山羊、马、驴、马骡或驴骡等的肉和可食用内脏及其副产品
2	1	1	1	1		鲜或冷却肉用牛肉
2	1	1	1	1	010~099	鲜或冷却大牛肉
2	1	1	1	1	011	鲜或冷却胴体大牛肉
2	1	1	1	1	012	鲜或冷却带骨大牛肉
2	1	1	1	1	013	鲜或冷却去骨大牛肉
2	1	2				加工和保藏的鱼等水产品及其制品
2	1	3				加工或保藏的蔬菜
2	1	4				果汁和蔬菜汁
2	1	5				加工和保藏的水果和坚果
2	1	6				动植物油脂
2	2					乳制品
2	2	1				经处理的液体乳和奶油
2	2	9				其他乳制品
2	3					谷物碾磨加工品、淀粉和淀粉制品；豆制品；其他食品和食品添加剂；加工饲料和饲料添加剂
2	3	1				谷物碾磨加工品
2	3	2				淀粉和淀粉制品；豆制品；不另分类的淀粉糖和糖浆
2	3	4				烘焙食品
2	3	5				糖
2	3	6				可可、巧克力及其制品、糖果、蜜饯；糖或果仁等制的小食品
2	3	7				通心粉、面条和类似的谷物粉制品等
2	3	9				不另分类的食品
2	4					饮料

续表

代码						类别名称
大部类	部类	大类	中类	小类	细类	
2	4	1				乙醇(发酵);蒸馏酒、利口酒等配制酒和其他含酒精饮料
2	4	2				葡萄酒、果酒等发酵酒
2	4	3				麦芽酒和麦芽
2	4	4				软饮料;冷冻饮品

四、食品质量安全市场准入管理的 28 大类食品编码

QS 认证编号由英文字母 QS 加 12 位阿拉伯数字组成。其构成形式为:4 位受理机关编号 +4 位产品类别编号 +4 位获证企业序号。

受理机关编号:前 2 位代表省、自治区、直辖市,参照《中华人民共和国行政区划代码》,由国家质检总局统一确定,如:北京 11,天津 12,河北 13……;后 2 位代表各市(地),由省级质量技术监督部门确定,并报国家质检总局产品质量监督局备案。

产品类别编号:前 2 位代表产品种类,后 2 位代表该类产品的品种。如对小麦粉、大米、食用植物油等产品类别编号规定为:小麦粉 0101,大米 0102,食用植物油 0201。详见表 2 - 2。

获证企业序号:企业序号为获得《食品生产许可证》的企业序号,由国家质检总局统一编制。不同种类的产品应当分别编制企业序列号。如安徽安庆某一食用油生产企业的许可证编号为:34080201×××。

表 2 - 2　　食品质量安全市场准入管理的 28 大类食品及其编码

序号	食品类别名称	产品类别编号	细则分类	单元名称
1	粮食加工品	0101	小麦粉	小麦粉
		0102	大米	大米
		0103	挂面	挂面(普通挂面、花色挂面、手工面)
		0104	其他粮食加工品	谷物加工品
				谷物碾磨加工品
				谷物粉类制成品
2	食用油、油脂及其制品	0201	食用植物油	食用植物油
		0202	食用油脂制品	食用油脂制品
		0203	食用动物油脂	食用动物油脂

续表

序号	食品类别名称	产品类别编号	细则分类	单元名称
3	调味品	0301	酱油	酱油
		0302	食醋	食醋
		0304	味精	味精
		0305	鸡精调味料	鸡精调味料
		0306	酱类	酱类
		0307	调味料产品	液体调味料
				半固态(酱)调味料
				固态调味料
				食用调味油
4	肉制品	0401	肉制品	腌腊肉制品
				酱卤肉制品
				熏烧烤肉制品
				熏煮香肠火腿制品
				发酵肉制品
5	乳制品	0501	乳制品	液体乳(巴氏杀菌乳、高温杀菌乳、灭菌乳、酸乳)
				乳粉(全脂乳粉、脱脂乳粉、全脂加糖乳粉、调味乳粉、特殊配方乳粉、牛初乳粉)
				其他乳制品(炼乳、奶油、干酪、固态成型产品)
		0502	婴幼儿配方乳粉	婴幼儿配方乳粉
6	饮料	0601	饮料	瓶(桶)装饮用水类
				碳酸饮料(汽水)类
				茶饮料类
				果汁及蔬菜汁类
				蛋白饮料类
				固体饮料类
				其他饮料类
7	方便食品	0701	方便食品	方便面
				其他方便食品
8	饼干	0801	饼干	饼干

续表

序号	食品类别名称	产品类别编号	细则分类	单元名称
9	罐头	0901	罐头	畜禽水产罐头
				果蔬罐头
				其他罐头
10	冷冻饮品	1001	冷冻饮品	冷冻饮品
11	速冻食品	1101	速冻食品	速冻面米食品
				速冻其他食品
12	薯类和膨化食品	1201	膨化食品	膨化食品
		1202	薯类食品	薯类食品
13	糖果制品（含巧克力及制品）	1301	糖果制品	糖果
				巧克力及巧克力制品
		1302	果冻	果冻
14	茶叶及相关制品	1401	茶叶	茶叶
				边销茶
		1402	含茶制品和代用茶	含茶制品
				代用茶
15	酒类	1501	白酒	白酒
		1502	葡萄酒及果酒	葡萄酒及果酒
		1503	啤酒	啤酒
		1504	黄酒	黄酒
		1505	其他酒	配制酒
				其他蒸馏酒
				其他发酵酒
16	蔬菜制品	1601	酱腌菜	酱腌菜
			蔬菜干制品	蔬菜干制品
			食用菌制品	食用菌制品
			其他蔬菜制品	其他蔬菜制品
17	水果制品	1701	蜜饯	蜜饯
		1702	水果制品	水果干制品
				果酱
18	炒货食品及坚果制品	1801	炒货食品及坚果制品	炒货食品及坚果制品

续表

序号	食品类别名称	产品类别编号	细则分类	单元名称
19	蛋制品	1901	蛋制品	再制蛋类
				干蛋类
				冰蛋类
				其他类
20	可可及焙烤咖啡产品	2001	可可制品	可可制品
		2101	焙炒咖啡	焙炒咖啡
21	食糖	0303	糖	糖
22	水产制品	2201	水产加工品	干制水产品
				盐渍水产品
				鱼糜制品
		2202	其他水产加工品	水产调味品
				水生动物油脂及制品
				风味鱼制品
				生食水产品
				水产深加工品
23	淀粉及淀粉制品	2301	淀粉及淀粉制品	淀粉
				淀粉制品
		2302	淀粉糖	淀粉糖
24	糕点	2401	糕点	糕点（烘烤类糕点、油炸类糕点、蒸煮类糕点、熟粉类糕点、月饼、月饼馅料）
25	豆制品	2501	豆制品	发酵性豆制品
				非发酵性豆制品
			其他豆制品	其他豆制品
26	蜂产品	2601	蜂产品	蜂蜜
				蜂王浆（含蜂王浆冻干品）
				蜂花粉
				蜂产品制品
27	特殊膳食食品	2701	婴幼儿及其他配方谷粉	婴幼儿配方谷粉
				其他配方谷粉
28	其他食品			

第三节 食品的化学组成

食品的化学成分不仅决定食品的品质和营养价值,还决定食品的性质和变化。在各种食品的组成成分中,有些成分是相同的。根据各种食品成分的共同性,可分为天然成分和非天然成分。天然成分又可分为无机成分和有机成分;非天然成分是指由人工合成的各种食品添加剂,也包括加工过程中的污染物质。无机成分如水和矿物质;有机成分最主要的有蛋白质、糖类、脂类、维生素类等。食品化学成分的组成结构如图2-2所示。

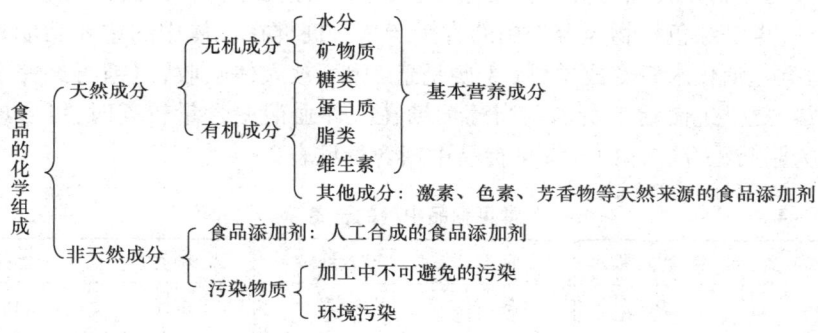

图2-2 食品的化学组成示意

一、蛋白质

蛋白质是构成一切细胞和组织结构必不可少的成分,是构成生命的物质基础,广泛存在于动植物体内。从食品科学的角度来看,蛋白质除了保证食品的营养价值以外,在决定食品的色、香、味及质构等特征上也起着重要的作用,同时也对食品的加工形状有重要影响。蛋白质是由氨基酸以肽键连接组成的高分子化合物,其构成元素除C、H、O之外,还有N、S、P、Fe、I等。蛋白质中氮元素的含量平均为16%,所以当测定出食品中的含氮量后,便可求出该食品中所含粗蛋白质的数量。一些食物中蛋白质的含量见表2-3。

表2-3 常见食品中蛋白质的含量

种类	含量/%	种类	含量/%	种类	含量/%
大米(糙)	8.8~10.3	大豆	35~40	黄鱼	20
小麦(全粒)	12	牛乳	2.9	羊肉	12~19
面粉	14	牛肉	16~20	鸡肉	22
鸡蛋	12.7	猪肉	13.5~16	虾	16

当人体从食物中摄入蛋白质后,经消化后分解为各种氨基酸而由肠壁吸收,供给构成身体的组织,其多余部分氨基酸在酶参与下,分解产生热量作为身体的热源。构成蛋白质的氨基酸共有20种,如甘氨酸、赖氨酸、天冬氨酸等。人体所需要的氨基酸中,部分氨基酸可以由人体内其他氨基酸转化而来,但也有些氨基酸必须从食物中摄取,如果食物中缺乏这种氨基酸,就会影响机体的正常生长和健康,这些氨基酸称为必需氨基酸。人的必需氨基酸有赖氨酸、苯丙氨酸、缬氨酸、甲硫氨酸、色氨酸、亮氨酸、异亮氨酸及苏氨酸8种,此外,组氨酸对于婴儿营养来讲也是必需的。

二、糖类

糖类化合物是自然界分布广泛、数量最多的有机化合物,是食品的主要组成成分之一,也是绿色植物光合作用的直接产物。糖类在人体中的主要功能是提供热量,糖类经消化水解变成单糖(主要是葡萄糖)被人体吸收,单糖再经完全水解放出热量,提供生命活动所需。当葡萄糖在人体血液中含量较高时,可合成糖原或转化为脂肪贮存在体内。常见食品中糖含量见表2-4。

表2-4　　　　　　　常见食品中糖的含量

种类	糖含量/%	种类	糖含量/%	种类	糖含量/%
可乐	9	脆点心	12	橙汁	10
冰淇淋	18	鲜乳	5	西瓜	4~7
香蕉	20	番茄酱	29	苹果	9~13

(一)糖的分类

糖类化合物常按其组成分为单糖、寡糖和多糖。

(1)单糖是一类结构最简单的糖,是不能再被水解的糖单位,根据其所含碳原子的数目分为丙糖、丁糖、戊糖和己糖等,其中己糖、戊糖最为重要;根据官能团的特点又分为醛糖和酮糖。

(2)寡糖一般是由2~20个单糖分子缩合而成,水解后产生单糖,其中以二糖最为重要,如蔗糖、麦芽糖等。

(3)多糖是由多个单糖分子缩合而成,其聚合度很大。因此,这些高分子聚合物的性质不同于单糖和低聚糖,在大多数情况下多糖不溶于水,也没有甜味,其物理化学性质与它们的分子质量大小、结构和形状相关。常见的多糖有淀粉、纤维素和果胶。根据多糖的来源又可分为植物多糖、动物多糖和细菌多糖。

(二)食品中的糖类

1. 植物性食品中的糖类

淀粉是植物中最普通的糖类化合物,甚至树木的木质部分中也存在淀粉,而以种子、根和块茎中含量最丰富。天然淀粉的结构紧密,在低相对湿度的环境中容易干燥,同水接触又很快变软,并且能够水解成葡萄糖。

谷物、蔬菜、果实和可供食用的其他植物都含有糖类化合物。在加工食品中添加的蔗糖一般是从甜菜或甘蔗中分离得到的。谷物只含少量的游离糖,大部分游离糖被输送至种子,转变为淀粉。甜玉米具有甜味,就是因为采摘时蔗糖尚未全部转变为淀粉。果蔬中的糖主要有蔗糖、葡萄糖、果糖、淀粉、纤维素、半纤维素、果胶物质等,水果含糖量一般为7%~15%,蔬菜含糖量多在5%以下,果蔬贮藏期间,糖作为呼吸基质而逐渐减少,糖分消耗慢说明贮藏条件适宜,贮藏越久,果蔬口味越淡。

2. 动物性食品中的糖类

动物产品所含的糖类化合物比其他食品少,肌肉和肝脏中的糖原是一种葡聚糖,结构与支链淀粉相似,以与淀粉代谢相同的方式进行代谢。乳糖存在于乳汁中,牛乳中含4.8%,人乳中含6.7%,市售液体乳清中为5%。工业上采取从乳清中结晶的方法制备乳糖。

三、脂类

脂类化合物是人类食品的三大主要成分之一,不仅是很好的热量来源(每1g油脂产生热量39kJ),而且还提供人体无法合成而需要从植物油脂中获得的必需脂肪酸(如亚油酸、亚麻酸等),以及供给各种脂溶性维生素(维生素A、维生素D、维生素E和维生素K)。此外,油脂还是很重要的热媒介质(如煎炸食品等),并可以提供造型功能(如制作蛋糕或其他食品上的造型图案等),赋予食品良好的风味和口感,增加消费者的食欲。

脂类是一大类天然有机化合物,除含有95%左右的脂肪酸甘油酯外、还含有少量但成分非常复杂的非甘油酯成分,包括磷脂、固醇、三萜醇、脂肪烃、色素、脂溶性维生素等。但它们都具有下列共同特征:不溶于水而溶于乙醚、石油醚、氯仿、乙醇、苯、四氯化碳、丙酮等有机溶剂;多数水解时生成游离脂肪酸;都是由生物体产生并能为生物体所利用的。

在植物组织中脂类主要存在于种子或果仁中,在根、茎、叶中含量较少。动物体中主要存在于皮下组织、腹腔、肝和肌肉内的结缔组织中。许多微生物细胞中也能积累脂肪。目前,人类食用和工业用的脂类主要来源于植物和动物。

根据脂类的化学结构及其组成,可将脂类分为简单脂质、复合脂质和衍生脂质。见表2-5。

表2-5 脂类化合物的分类

主类	亚类	组成
简单脂质	脂肪	甘油 + 脂肪酸
	蜡	长链醇 + 长链脂肪酸

续表

主类	亚类	组成
复合脂质	甘油磷脂 神经鞘磷脂类 脑苷脂类 神经节苷脂类	甘油+脂肪酸+磷酸盐+胆碱 鞘氨醇+脂肪酸+糖 鞘氨醇+脂肪酸+复合的糖类
衍生脂类	脂肪酸、固醇类、碳氢化合物、类胡萝卜素、脂溶性维生素等	

食品中最丰富的脂类化合物是脂酰甘油类。根据动物或植物脂肪和油的组成,酰基甘油习惯上可分为乳脂、月桂酸酯、植物奶油、油酸-亚油酸酯、亚麻酸酯、动物脂肪、海产动物油脂等。

四、维生素

食品中维生素和矿物质的含量是评价食品营养价值的重要指标之一。人类在长期进化过程中,不断地发展和完善对营养的需要,在摄取的食物中,不但需要蛋白质、碳水化合物和脂肪,而且需要维生素和矿物质,如果维生素或矿物质供给量不足,就会出现营养缺乏的症状或患某些疾病。

食品在贮藏或加工过程中维生素的含量会大大降低,所以常常用合成的维生素去补偿食物中原有维生素的含量。维生素分为两大类:水溶性维生素与脂溶性维生素,这些维生素的化学结构各不相同,都有其特殊的生理功能,有的维生素参与细胞的物质与能量的代谢过程,这些维生素常常起着辅酶的作用,有的维生素则专一地作用于高等有机体的某些组织。而维生素摄入过多,尤其是脂溶性维生素,会引起严重的毒害作用,所以在食品加工中加入维生素时要严格控制。食品中有些物质称维生素原,它们能在人体和动物体内转化为维生素。

目前已发现有几十种维生素和类维生素物质,但对人体营养和健康有直接关系的约为20种。其主要维生素的分类、功能及来源见表2-6。

表2-6　　　　　　　　主要维生素的分类、功能及来源

名称	俗名	生理功能	主要来源
水溶性维生素			
维生素 B_1	硫胺素	抗神经类、预防脚气病	酵母、谷类种子的外皮和胚芽
维生素 B_2	核黄素	预防唇、舌发炎	酵母、肝、小麦、青菜、蛋黄
泛酸	遍多酸		动植物细胞中
维生素 PP	烟酸	预防癞皮病、形成辅酶Ⅰ、Ⅱ的成分	酵母、谷类、肝、花生
维生素 B_6	吡咯醇	与氨基酸代谢有关	酵母、谷类、肝、蛋黄

续表

名称	俗名	生理功能	主要来源
维生素 B_{11}	叶酸	预防恶性贫血	肝、植物的叶、酵母
维生素 B_{12}	钴胺素	预防恶性贫血	肝、肉、鱼
维生素 H	生物素	预防皮肤病、促进脂类代谢	动植物组织中
维生素 C	抗坏血酸	预防治疗坏血病、促进细胞间质生长	新鲜水果、蔬菜
脂溶性维生素			
维生素 A	抗干眼病醇、视黄醇	合成视紫红质、预防表皮细胞角化、促进生长、防治干眼病	鱼肝油、绿色蔬菜、胡萝卜、肝、蛋黄、玉米
维生素 D	骨化醇、抗佝偻病维生素	调节钙、磷代谢、预防佝偻病和软骨病	鱼肝油、乳、蛋黄、肝
维生素 E	生育酚、生育维生素	预防不育症	谷类的胚芽及其中的油脂
维生素 K	凝血维生素	促进血液凝固	菠菜、肝

维生素在食品中的含量非常少,食品经过收获、贮藏、运输和加工处理后,维生素都会有不同程度的损失。因此,食品在加工过程中除必须保持营养素最小损失和食品安全外,还须考虑加工前的各种条件对食品中营养素含量的影响,如成熟度、生长环境、土壤情况、肥料的使用、水的供给、气候变化、光照时间和强度,以及采后或宰杀后的处理等因素。

五、矿物质

存在于食品内的各种元素中,除去 C、H、O、N 四种构成水分和有机物质的元素以外,其他元素统称为矿物质成分。食品中的矿物质通常以灰分的多少来衡量,这些矿物质元素以无机态或有机盐类的形式存在,或与有机物结合而存在(如磷蛋白中的磷和酶中的金属元素)。矿物质有以下几种分类方式。

1. 根据人体每天需要量来分类

矿物质根据人体每天需要量习惯上分为两大类:常量元素和微量元素。

常量元素:在人体内含量 0.01% 以上的矿物元素,或日需量大于 100mg/d 的元素,如钾、钠、钙、镁、氯、硫、磷七种元素,占人体总灰分的 60%~80%。

微量元素:在人体内含量小于 0.01%,或日需量小于 100mg/d 的元素,如铁、锌、铜、碘、锰、铬、钼、镍、钒、锡、氟、硅等近 20 种元素。

2. 根据矿物质生理作用分类

按生理作用又可将矿物元素分成 3 种类型:必需元素、非必需元素及有毒元素。

①必需元素:是指存在于健康机体组织中,对机体自身稳定起重要作用,缺乏时可使机体组织或功能出现异常,补充后又恢复正常的矿物质,但必需元素摄入过量也会有害,如铁、碘、锌、硒、铜等。

②非必需元素:如铝、硼、锡等,目前尚未发现它们对机体具有营养价值,并且对人体的毒性作用也不大。

③有毒元素:常见的有汞、镉、铅、砷等,当它们污染食品,被人体大量摄入后,会对机体生理功能及正常代谢产生阻碍作用,造成人体中毒。

六、食品添加剂

根据卫生部于2011年4月20日发布的《GB 2760—2011 食品安全国家标准 食品添加剂使用标准》的定义,食品添加剂是"为改善食品品质和色、香、味,以及为防腐、保鲜和加工工艺的需要而加入食品中的人工合成或者天然物质。营养强化剂、食品用香料、胶基糖果中基础剂物质、食品工业用加工助剂也包括在内"。

（一）食品添加剂的分类

目前,国际上对食品添加剂的分类尚没有统一标准。一般可按照食品添加剂的来源、功能和安全评价的不同进行分类。

目前,GB 2760—2011 包括2314个食品添加剂品种,其中食品添加剂327种（含也可用于食品用加工助剂、胶基糖基础剂或食品用香料的80种）、食品用加工助剂159种、胶基糖果基础剂物质55种和食品用香料1853种,涉及16大类食品、23个功能类别。目前允许使用的食品营养强化剂约200种。除GB 2760—2011外,卫生部还不定期的以公告形式公布新批准的食品添加剂名单及其使用范围、使用限量。

GB 2760—2011 将食品添加剂按功能分为23类,分别为:酸度调节剂、抗结剂、消泡剂、抗氧化剂、漂白剂、膨松剂、胶基糖果中基础剂物质、着色剂、护色剂、乳化剂、酶制剂、增味剂、面粉处理剂、被膜剂、水分保持剂、营养强化剂、防腐剂、稳定和凝固剂、甜味剂、增稠剂、食品用香料、食品工业用加工助剂。

（二）常用的食品添加剂

1. 防腐剂

防止食品腐败变质,延长食品贮藏期的物质。常用的防腐剂有苯甲酸及其钠盐、山梨酸及其钾盐、对羟基苯甲酸酯类、乳酸链球菌素（Nisin）、丙酸盐类等。

2. 抗氧化剂

能防止或延缓油脂或食品成分氧化分解、变质,提高食品稳定性的物质。抗氧化剂按溶剂性可分为油溶性和水溶性两类。常见的油溶性抗氧化剂有丁基羟基茴香醚（BHA）、二丁基羟基甲苯（BHT）、特丁基对苯二酚（TBHQ）、没食子酸丙酯（PG）等,水溶性的有异抗坏血酸及其盐等。

3. 酸度调节剂

用以维持或改变食品酸碱度的物质。常用的酸味剂主要是有机酸,如柠檬酸、酒石酸、苹果酸和乳酸等。$NaOH$、$NaHCO_3$、K_2CO_3、Na_2CO_3 是用于调节酸度的常见碱性物质。

4. 着色剂

使食品赋予色泽和改善食品色泽的物质。通常包括食用合成色素和食用天然色素两大类。常用的合成色素有苋菜红、胭脂红、诱惑红、柠檬黄、日落黄、亮蓝、靛蓝和它们各自的铝色淀,由于食用合成色素的安全性问题,各国的实际使用的品种数量逐渐减少。天然色素主要由果蔬等植物组织中提取,安全性高,但含量和稳定性不如人工合成品。其中,由人工合成的 β-胡萝卜素在化学结构上与天然色素完全相同,可等同天然色素。

5. 增稠剂

可以提高食品的黏稠度或形成凝胶,从而改变食品的物理性状、赋予食品黏润、适宜的口感,并兼有乳化、稳定或使呈悬浮状态作用的物质。常用的天然增稠剂有阿拉伯胶、瓜尔胶、琼脂、海藻酸钠、果胶、改性淀粉、明胶、黄原胶等;常用的人工合成增稠剂有羧甲基纤维素钠和聚丙烯酸钠等。

七、食品中的污染物

《GB 2762—2012 食品安全国家标准 食品中污染物限量》中对污染物的定义是:食品在从生产(包括农作物种植、动物饲养和兽医用药)、加工、包装、贮存、运输、销售、直至食用等过程中产生的或由环境污染带入的、非有意加入的化学性危害物质。该标准所规定的污染物是指除农药残留、兽药残留、生物毒素和放射性物质以外的污染物。

（一）重金属

1. 铅

食品中铅污染主要来源于三个方面:一是使用含铅的铅锡金属管道或劣质陶瓷器皿运输、盛装和烧煮食品;二是含铅的工业废水、废渣的排放及含铅农药的使用;三是某些传统食品加工过程中使用含铅原料,如皮蛋加工过程中使用的黄丹粉。

2. 汞

鱼类和贝类等动物食品是被汞污染的主要食品,生物富集作用使得水生植物和藻类含有大量的汞和微生物转化后的甲基汞,可以在鱼体中蓄积,从而对人体产生毒性。

3. 镉

食品中镉的污染主要与环境污染(如电池添加剂和电镀工艺的"三废"排放)

和使用镀铬层的食品容器有关。动物(如牡蛎以及蟹和龙虾等可食性甲壳类动物)的生物富集作用使得其体内含有高含量的镉。

4. 砷

砷被广泛应用于除草剂、杀虫剂、杀菌剂等,从而造成农作物的严重污染。另外对氨基苯砷酸等含砷化合物还可以作为动物的促生长剂,因此也严重影响了动物性食品的安全性。

(二)食品加工、贮藏过程中产生的污染物

1. 苯并芘

某些食品通过熏制(如鱼、香肠、火腿等)、煎炸(如油炸方便面、烧焦或炭化食品)、烘烤(如饼干、面包、糕点)可以产生有毒物质多环芳烃,主要是3,4-苯并[a]芘。动物实验证明3,4-苯并[a]芘是一种较强的致癌物,主要可以导致上皮组织产生肿瘤。

2. 硝酸盐和亚硝酸盐

硝酸盐和亚硝酸盐是腌制食品(如腊肠、灌肠、香肠、火腿)的防腐剂和发色剂,亚硝酸盐中的亚硝酸根离子(NO_2^-)对肉毒梭菌有很强的抑制作用。肉制品中亚硝酸盐的最大使用量根据产品的不同为30~70mg/kg(以亚硝酸钠计),另外氮肥的普遍使用也使得一些蔬菜(如卷心菜、花椰菜和菠菜)含有很高的硝酸盐。

3. N-亚硝基化合物

N-亚硝基化合物包括亚硝胺和N-亚硝酰胺,人和动物体内的硝酸盐或亚硝酸盐和胺发生亚硝化反应从而形成亚硝基化合物,目前尚未发现哪一种动物能耐受亚硝胺的攻击而不致癌的。许多食品主要是腌制的肉类、熏肉和咸鱼含有亚硝胺。

(三)农药和兽药残留

1. 农药残留

农药的过量使用和滥用,通过食物链对生态系统中的生物造成毒害。由于人处于食物链的顶端,所受农药残留生物富集的危害也最严重。食品中农药残留主要来源于四个方面:一是直接污染,如农药喷洒农作物导致农产品污染;二是环境中吸收,包括食品原料受到土壤、水体和大气中的农药污染而导致食品农药残留;三是通过食物链污染;四是通过加工、贮运或意外污染。主要的农药残留类型包括有机氯农药、有机磷农药、氨基甲酸酯农药、拟除虫菊酯。

2. 兽药残留

为了预防和治疗动物患病而大量使用的抗生素、磺胺类、激素类等兽药,往往造成兽药残留于动物性组织中。兽药残留主要来源于四个方面:一是改善营养、促进生长和防病的需要;二是兽药滥用;三是使用假兽药或劣质兽药;四是兽药使用不当或使用违禁或淘汰药物等。

(四)生物毒素

1. 真菌毒素

真菌毒素是真菌产生的次级代谢产物,目前已知的有 300 多种不同的真菌毒素,对人类危害较为严重的主要有 10 多种,包括黄曲霉毒素、赭曲霉素、展青霉素等。真菌中对食品安全威胁最大的是霉菌,其中以黄曲霉毒素最为常见,它不仅存在于粮食和油料作物中,而且在酒类、酱油、豆酱等部分调味品、部分营养饮料、食品工业用的酶制剂中也都相继发现了黄曲霉毒素。

2. 鱼类的毒素

河豚毒素、组胺、鱼卵、鱼胆毒素、鱼血毒素等是常见的鱼类毒素。河豚毒素含量的多少取决于鱼的种类、部位及季节,毒素的浓度由高到低依次为:卵巢、鱼卵、肝脏、肾脏、眼镜和皮肤,肌肉和血液中含量较少。组胺是由鱼体内的组氨酸经细菌脱羧酶作用后产生,青皮红肉鱼类,如金枪鱼、沙丁鱼、飞鱼、凤尾鱼等被捕获后容易产生组胺。鱼胆毒素存在于鱼的胆汁中,是一种细胞毒和神经毒。黄鳝的血液中含有鱼血毒素,不过一般的烹调温度可以使其完全破坏。

3. 植物性食品中的毒素及嫌忌成分

植物性食品中的有毒物质主要包括生物碱、苷类、毒蛋白和一些酶类等。生物碱是含氮的碱性化合物,如黄花菜中的秋水仙碱,在体内被氧化成二秋水仙碱,对人体胃肠道、泌尿系统产生强烈的刺激作用。苷类包括氰苷(在酶和酸作用下释放氢氰酸,如苦杏仁、桃仁、木薯中毒等)、皂苷(未熟豆角含有的皂苷、马铃薯变绿时积累的龙葵素)、酚类(棉籽中的棉酚)等。毒蛋白如大豆凝集素、蓖麻毒蛋白、大豆中的胰蛋白酶抑制剂等。酶类如黄瓜中的抗坏血酸氧化酶、蕨类中的硫胺素酶、黄豆中的脂肪氧化酶等。

第四节 食品商品的性质变化

在贮藏、流通期间,食品品质的降低主要与由食品外部的微生物侵入,在食品中繁殖所引起的复杂化学和物理变化有关。此外,也与食品成分间相互反应、食品成分和酶之间的纯化学反应、食品组织中原先存在的酶引起的生化反应等有关。

一、食品褐变

食品加工中所发生的致使加工品变褐的现象称为褐变,可分为酶促褐变和非酶促褐变两类。

(一)非酶褐变

非酶褐变是食品加工和贮藏过程中广泛存在的最基本最常见的反应之一。

这种类型的褐变常伴随热加工及较长期的贮存而发生,在乳粉、蛋粉、脱水蔬菜及水果、肉干、鱼干、玉米糖浆、水解蛋白、麦芽糖浆等食品中屡见不鲜。

1. 非酶褐变的机制

已知非酶褐变有三种类型的机制在起作用:羰氨反应褐变作用、焦糖化褐变作用、抗坏血酸氧化褐变作用。

(1)羰氨反应 羰氨反应是由食品成分中的氨基和羰基化合物的反应而得名,它是由法国化学家美拉德(Maillard)发现的,因此,这种反应后来被称为美拉德反应。参与羰氨反应的羰基化合物主要是以葡萄糖、乳糖、麦芽糖等为代表的还原糖,氨基化合物为游离氨基酸与蛋白质、肽、胺等的游离氨基。羰氨反应是食品在加热或长期贮存后发生褐变的主要原因。

(2)焦糖化褐变作用 焦糖化作用是指糖类在没有含氨基化合物存在的情况下加热到其熔点以上时,也会变为黑褐色的色素物质,这种作用称为焦糖化作用。

糖在受强热的情况下,生成两类物质:一类是糖的脱水产物,即焦糖或称酱色;另一类是裂解产物,是一些挥发性的醛、酮物质。

在一些食品中(如焙烤、油炸食品等),焦糖化作用控制得当,可以使产品得到悦人的色泽与风味。

(3)抗坏血酸褐变作用 非酶褐变中的第三种机制是抗坏血酸褐变作用。抗坏血酸褐变在果汁及果汁浓缩物的褐变中起着相当一部分的作用,尤其在柑橘汁的变色中起着主要作用。

实践证明,柑橘类果汁在贮藏过程中色泽变暗,放出 CO_2 和抗坏血酸含量降低,是抗坏血酸自动氧化的结果。

2. 非酶褐变对食品质量的影响

(1)在食品的贮藏过程中,羰氨反应造成的非酶褐变是食品败坏的主要因素之一。

(2)食品发生羰氨反应,其所含的氨基酸和营养价值都会有一些损失。

(3)羰氨反应会给食品的风味带来不利的影响。

(4)羰氨反应形成的类黑精前体产物,其降解产物可能属于有害物质,可能导致亚硝胺或者其他致癌物质的形成,这些产物的毒性还有待进一步研究。

3. 非酶褐变的抑制

(1)降温 降低温度可以减缓所有的化学反应速度,因而低温冷藏下的食品可以延缓羰氨反应的进程。

(2)亚硫酸及其盐处理 亚硫酸根可与羰基生成加成产物,因此可以用 SO_2 和亚硫酸盐来抑制羰氨反应。

(3)改变 pH 因为羰氨反应在碱性条件下较易进行,所以降低 pH 是控制这类褐变的方法之一。例如,蛋粉脱水干燥前先加酸降低 pH,在复水时加 Na_2CO_3 恢复 pH。

（4）使用较不易发生褐变的糖类　因为游离羰基的存在是发生羰氨反应必要的条件,所以非还原性的蔗糖在不会发生水解的条件下可用来代替还原糖,果糖相对来说比葡萄糖较难与氨基结合,必要时也可用来代替醛糖。

（5）生物化学方法　有的食品中糖的含量甚微,可加入酵母用发酵法除糖,如蛋粉和脱水肉末的生产中就采用此法。另一个生物化学方法是用葡萄糖氧化酶及过氧化氢酶混合酶制剂除去食品中的微量葡萄糖和氧。氧化酶把葡萄糖氧化为不会与氨基化合物结合的葡萄糖酸。

$$R \cdot CHO + O_2 + H_2O \rightarrow R \cdot COOH + H_2O_2$$

此法也可用于除去罐(瓶)装食品容器顶隙中的残氧。

（6）适当增加钙盐　钙盐有协同 SO_2 抑制褐变的作用,此外,钙盐可与氨基酸结合成为不溶性化合物。这在马铃薯等多种食品加工中已经成功地得到应用。这类食品本来在单独使用亚硫酸根时仍有迅速变褐的倾向,但在结合使用氯化钙以后有明显的抑制褐变的效果。

（二）酶促褐变

酶促褐变发生在新鲜植物组织中,水果或蔬菜在采收脱离母体以后,组织中仍在进行活跃的新陈代谢活动,在酶的作用下形成褐色素,称为机能性褐变。若植物组织发生机械性损伤(如削皮、切开、压伤、虫咬、磨浆、受热和冻伤等),便会影响氧化还原作用的平衡,迅速发生氧化产物的积累,产生褐变。这类反应需要和氧气接触,由酶所催化,称为酶促褐变。

果蔬切面和氧气直接接触后,外层潮湿表面上的抗坏血酸立刻被氧化掉,继而在多酚氧化酶的参与下,邻苯二酚被氧化形成邻苯醌,邻苯醌进一步氧化形成羟基醌。而羟基醌聚合时就出现了组织破损表面上常见的褐色素。

若采用加热的方法将基质内活动的氧化酶系钝化或进行化学控制,便能将这些变化控制住。抗坏血酸是抗褐变最适用的化合物,故使用较多。易褐变的组织经 0.1% 抗坏血酸溶液处理后,就能有效地控制褐变。柠檬酸能使抗坏血酸增效,多酚氧化酶在 pH<3 时已无明显活性。二氧化硫也是有效的褐变控制剂。更简易的临时控制褐变的方法是将果蔬浸于食盐溶液中,这是工厂或家庭进行水果加工时常用的方法。

二、淀粉老化

（一）淀粉老化的原理

在淀粉粒中,淀粉分子彼此排列得非常紧密,它们在羟基间通过氢键形成极致密的疏水性微胶粒(微晶束)构造。这种存在状态即为 β-淀粉。β-淀粉无食味,酶不易作用,难以消化,同时碘的吸附性也较差。

淀粉粒与水共热,则淀粉分子之间的氢键受破坏,淀粉分子则水合膨胀,温度达 60~70℃时便成糊状。这种状态的淀粉称为 α-淀粉。α-淀粉使原来的微胶粒结构消失,酶容易发生作用,也容易消化,遇碘便呈蓝色反应。

在温度较高的情况下,α-淀粉是稳定的。但若温度接近或低于30℃时,淀粉分子间的氢键便恢复稳定的状态,淀粉分子彼此又通过氢键结合,分子又按次序紧密排列起来,同时原来所含水分逐渐被排挤出来而减少,α化的淀粉又部分地恢复 β-淀粉的状态,就是淀粉的老化。

老化的淀粉食味及消化性能显著变劣。但淀粉老化是常温保存时必然存在的现象,防止淀粉老化是淀粉类食品加工的重要课题。

(二)淀粉老化的影响因素与防止

在贮藏保存淀粉时,淀粉含水量为 30%~60% 时较容易老化,含水量小于 10% 或在大量水中则不容易老化。老化作用的最适宜温度为 2~4℃,保存环境的温度大于60℃或小于-20℃都不会使淀粉发生老化。淀粉在偏酸(pH 为 4 以下)或偏碱的条件下保存也不易老化。

淀粉食品防止老化的最普通的方法是进行脱水干燥,并在保存中防止吸湿返潮。可将糊化后的 α-淀粉,在 80℃以下的高温迅速除去水分(水分含量最好在 10% 以下)或冷至 0℃ 以下迅速脱水。这样淀粉分子已不可能移动和相互靠近,成为固定的 α-淀粉。α-淀粉加水后,因无胶束结构,水易于浸入而将淀粉分子包蔽,不需加热,也易糊化。这就是制备方便食品的原理,如方便米饭、方便面条、饼干和膨化食品等。

淀粉食品保存时最好避开 0~10℃ 的温度范围。冷冻食品要采取速冻的方法,解冻时最好也要急速解冻加温,使其尽快通过易致老化的温度区。

由于直链淀粉容易引起老化,故将淀粉加工成变性淀粉,部分地导入亲水基,其老化性可显著降低。此外,在淀粉中加入蔗糖、饴糖等糖类,这些糖的羟基会和淀粉分子的羟基形成氢键,对推迟老化有明显的效果。而脂肪中的脂肪酸会和直链淀粉形成螺旋状包围结构,使 α-淀粉的老化速度下降。食品乳化剂的主要成分也是脂肪酸酯的化合物,同样也可有效地防止淀粉老化。因此,油脂和砂糖的添加及选择适当的乳化剂,对防止老化是行之有效的措施,也有利于维持食品的保水性。

三、脂肪酸败

(一)脂肪的自动氧化与酸败

脂类氧化是食品败坏的主要原因之一,它使食用油脂、含脂肪食品产生各种异味和臭味,统称为酸败。另外,氧化反应能降低食品的营养价值,某些氧化产物可能具有毒性。但在某些情况下,脂类进行有限度氧化是需要的,如产生典型的干酪或油炸食品香气。

天然油脂暴露在空气中会自发地进行氧化作用,发生酸臭和口味变苦的现象。其原因是脂肪中的不饱和烃链被空气中的氧所氧化,生成过氧化物,过氧化物继续分解产生的低级的醛和羧酸,会使食品产生令人不快的嗅觉和味觉。饱和脂肪酸也会酸败,但速度较慢。

脂肪酸败的另一个原因是在微生物产生的酶的作用下分解成甘油和游离脂肪酸,游离脂肪酸在酶的进一步作用下,生成具有苦味及臭味的低级酮类。同时,甘油也被氧化成具有特臭的1,2-丙醚丙醛。

脂肪的自动氧化,从不饱和结构的性质看,是在脂肪酸双键的位置处引起的。碘价高的油脂酸败速度快。特别是具有亚甲基共轭双键的脂肪酸,如亚油酸、亚麻油酸、花生四烯酸等最容易引起自动氧化,而这些脂肪酸在营养学上是所谓的必需脂肪酸。

酸败油脂不仅降低风味,而且营养价值也显著降低。长期用于饲料中会使动物体重降低,甚至死亡。人体摄取酸败油脂会引起腹痛、腹泻、呕吐等急性中毒症状。若人体在生活中经常微量摄取,则可引起肝硬化、动脉硬化等症,严重威胁人体健康和影响寿命,因此必须引起重视。

(二)油脂酸败的影响因素

1. 温度

脂肪自动氧化的速度随温度增加而增高,在近常温时,温度每升高10℃,氧化速度增加2.5~3倍。因此含油食品的贮存应尽可能保持较低的温度。

2. 光照和放射线辐照

(1)光照对油脂酸败有显著的影响。光照除促进脂肪的氧化外,对于较稳定的氨基酸类也促进氧化作用,如牛乳中诱发的日光臭就是明显的例子。

(2)高能量放射线的辐照也会促进油脂的酸败变质,因此,利用高能量放射线辐照来保藏食品,虽有杀灭微生物及防止马铃薯发芽等作用,但油脂酸败问题尚难以解决,使用范围也受到局限。

3. 氧气分压

脂肪自动氧化的速度随大气中氧气分压的增加而增加,但氧气分压达到一定数值后,自动氧化速度基本保持不变。实际上,含油食品和空气相接触的表面积与氧化速度的关系比氧气分压更为重要,比表面积大的食品,氧化速度特别快。

4. 水分

水分对油脂的自动氧化没有直接的关系,但有间接影响。食品中水分含量较高或特别干燥,都会导致较快的酸败速度,但水分含量低至单分子水层吸附的状态时,脂肪的稳定性却最高。实践中发现,最佳稳定度的水分含量随食品品种而异,如淀粉类食品约为6%,高糖食品则为微量。

5. 金属离子

金属离子,特别是重金属离子,尤其是铜、铁、锰等高价离子,在食品中即使含量极微,对油脂自动氧化都具有极强的催化作用。在食品或精制油脂中,金属离子含量往往都超过催化所需要的临界量,因此近年来,许多国家在食品加工机械方面,以不锈钢取代一般铜铁部件,这是一个不容忽视的问题。一些食品加工对生产用水控制不严格,自来水中仍含铜离子,这样的水有必要先经去离子处理。有些国家在油脂或含油脂的食品中添加乙二胺四乙酸(EDTA)化合物,借以封锁金属离子,以达到增加油脂稳定性的目的,但日本等国则不提倡添加。

6. 生物体内的金属化合物

动物体内的细胞色素、血红蛋白、肌红蛋白中都含有亚铁血红素等化合物,这也是非常强的促进氧化的物质。因此,它对肉类制品、水产制品等的保藏性有重要影响。

7. 脂氧合酶

脂氧合酶广泛存在于植物尤其是豆科植物之中。脂氧合酶在食品中破坏亚油酸、亚麻酸和花生四烯酸等必需脂肪酸,使之生成氢过氧化物。由于脂氧合酶在低温下仍然有活力,因此制作冷冻蔬菜(如速冻青豆、蚕豆等)时,必须先将原料进行热烫处理,俗称"杀青",以彻底破坏其酶活力,否则在成品保存过程中也会造成严重劣变。

四、微生物引起的品质变化

(一)微生物对食品的影响

食品中的微生物是导致食品不耐贮藏的主要原因。一般来说,食品原料都带有微生物。在食品的采收、运输、加工和保藏过程中,食品也有可能污染微生物。在一定的条件下,这些微生物会在食品中生长、繁殖,使食品失去原有的或应有的营养价值和感官品质,甚至产生有害和有毒物质。

微生物的繁殖速度很快。一般微生物当生长、繁殖的条件都具备时,每20～30min 就可繁殖一代,其总数量呈几何级数增长。

由微生物引起食品的变质,其一般作用是由微生物产生的酶分解食品的成分,由高分子物质分解成低分子物质。同时,由于微生物在食品中的繁殖代谢而产生种种的中间产物,造成食品品质全面下降,甚至产生毒素和恶臭,这就是腐败。已经腐败的食品失去原有的营养价值,组织状态及色、香、味均不符合卫生要求,不再能够食用。有些食品遭受微生物轻度危害,表面上无明显劣变现象,但营养价值已受损失,并且基质已经带毒,这种初期变质常常不易被人们识别。如果长期摄取这类食物,毒素积累在人体内也会导致严重的后果。

细菌、霉菌和酵母都可能引起食品的变质,其中细菌是引起食品腐败变质的主要微生物。酵母菌和霉菌引起的变质多发生在酸性较高的食品中,一些酵母菌和霉菌对渗透压的耐性也较高。在肉类食品中可能存在的肉毒杆菌分泌的肉毒素具有很大的毒性且难以察觉;蛋品中常会含有沙门菌;油脂类食品及原料中因黄曲霉的生长而产生的黄曲霉毒素属于致癌性物质。

(二)抑制微生物生长、繁殖的因素

首先是杜绝微生物的存在,如各种食品的杀菌和灭菌,然后防止食品被再次感染,这是最彻底的方法。对于大多数的食品,则是控制微生物的生长环境,如食品的水分、营养、pH、温度以及供氧条件等。破坏微生物生长、繁殖条件中的任何一项或几项都可以防止其生长和繁殖。

知识拓展

商品条码及其在食品中的应用

1. 商品条码的概念

商品条码是由一组规则排列的条、空组合及其对应编码组成的,是表示商品特定信息的标志。条码是由宽度不同、放射率不同的条和空,按照一定的编码规则编制成的,用以表达一组数字或字母符号信息的图形标志符,即条码是一组粗细不同,按照一定的规则安排间距的平行线条图形。常见的条码是由放射率相差很大的黑色(简称条)和白条(简称空)组成的。

2. 食品商品条码的类型

商品条码主要有 ENA/UPC,ITF-14,UPC/ENA-128 三种类型。其中 ENA/UPC 条码又有 ENA-13,ENA-8,UPC-A 和 UPC-E 四种形式。零售食品商品的条码标示主要采用 ENA/UPC 条码。

ENA 条码是国际编码协会制定的一种商品用途码,全世界通用。ENA 条码符号有标准版(ENA-13)和缩短版(ENA-8)两种(见图 2-3),中国的通用商品条码与其等效。ENA-13 条码的前 2 位或前 3 位数字为国家或地区编码前缀码或前缀号,用于标志商品来源的国家或地区,由国际物品编码协会总部分配和管理;ENA-8 条码主要用于印刷空间不足的小包装商品,如化妆品和香烟等。根据国际物品编码协会的规定,只有当 ENA-13 条码所占面积超过印刷面积的 25% 时,使用 ENA-8 条码才是合理的。在我国,零售食品商品的条码标示主要采用 ENA-13。

图 2-3　EAN-13 条码和 EAN-8 图例

3. EAN-13 的编码方法

EAN-13 通用商品条形码一般由前缀码、厂商识别代码、商品项目代码和校验码组成，见表 2-7 和图 2-4。

表 2-7　EAN-13 数据结构

结构	厂商识别代码（含前缀码）	商品项目代码	校验码
结构一	$N_1 N_2 N_3 N_4 N_5 N_6 N_7$	$N_8 N_9 N_{10} N_{11} N_{12}$	N_{13}
结构二	$N_1 N_2 N_3 N_4 N_5 N_6 N_7 N_8$	$N_9 N_{10} N_{11} N_{12}$	N_{13}

图 2-4　EAN-13 条码组成结构示意图

（1）前缀码　左起前三位数字，代表某个国家（或地区）编码组织的代码，赋码权在国际物品编码协会（GP1），GP1 分配给我国物品编码中心的前缀码为 690~695。前缀码为 690,691 的 EAN-13 代码采用结构一的数据结构，前缀码为 692,693,694 的 EAN-13 代码采用结构二的数据结构，前缀码 695 目前暂未启用。

（2）厂商识别代码　厂商识别代码用来在全球范围内唯一标识厂商，其中包含前缀码。我国厂商识别代码由 7~8 位数字组成，由国家物品编码中心赋予厂商识别代码。

（3）商品项目代码　商品项目代码由 4~5 位数字组成，由获得厂商识别代码的厂商自己负责编制，生产企业按照规定条件自己决定在自己的何种商品上使用哪些阿拉伯数字为商品条码。

（4）校验码　商品条码最后用 1 位校验码（N13）来校验商品条码中 $N_1 \sim N_{12}$

代码的正确性。它的数值是根据 $N_1 \sim N_{12}$ 的数值按一定的计算方法算出的。

自我测试

一、填空题（10×1 分）

1. 根据食物的来源分类，食品可分为_____性食品、_____性食品和_____性食品。
2. 我国已实施食品质量安全市场准入管理的食品共_____大类。
3. GB 7635.1—2002 标准分类编码体系采用_____码，代码分为六个层次，各层分别命名为大部类、部类、_____、中类、小类、_____。
4. 食品中的非天然成分是指由人工合成的各种_____和加工过程中的_____。
5. _____反应是食品在加热或长期贮存后发生褐变的主要原因。

二、名词解释（4×2.5 分）

碱性食品　商品编码　酶促褐变　食品污染物

三、选择题（10×1 分）

1. 以下哪类食品是按照食用人群来分类的（　　）。
   A. 蛋白质　　　B. 淀粉　　　C. 婴儿奶粉　　　D. 维生素
2. 以下哪种属于酸性食品（　　）。
   A. 苹果　　　B. 海带　　　C. 番茄　　　D. 鸡腿
3. 以下哪种不属于酸性食品（　　）。
   A. 面包　　　B. 西瓜　　　C. 猪肝　　　D. 奶糖
4. 防止淀粉食品老化的最普通的方法是进行（　　）。
   A. 脱水干燥　　　B. 加热　　　C. 冷冻　　　D. 冰箱冷藏
5. 食品中的（　　）是导致食品不耐贮藏的主要原因。
   A. 蛋白质　　　B. 淀粉　　　C. 微生物　　　D. 维生素
6. 下面哪种物质对油脂的变质影响较大（　　）。
   A. 蛋白质　　　B. 空气　　　C. 微生物　　　D. 水分
7. GB 7635.1—2002 标准分类编码对商品的编码由（　　）位数字组成。
   A. 6　　　B. 7　　　C. 8　　　D. 9
8. 下面哪种食品中的蛋白质含量最高（　　）。
   A. 面条　　　B. 鸡蛋　　　C. 胡萝卜　　　D. 大豆
9. 下面哪种食品中的脂肪含量最高（　　）。
   A. 牛奶　　　B. 猪肉　　　C. 白菜　　　D. 鸭蛋
10. 植物油中放入哪种物质不能阻止油脂的自发氧化（　　）。
    A. BHA　　　B. 维生素 B　　　C. 维生素 C　　　D. 维生素 E

四、判断题(10×1分)

(　　)1. 金银花属于药品不属于食品。

(　　)2. 食品分类的方法多样,冷冻鸭肉既可以划分为冷冻食品、也可以划分为肉制品、也可以划分为畜禽产品。

(　　)3. 在 GB 7635.1—2002 标准中,加工食品划分在第 0 大部类和第 2 大部类中。

(　　)4. 豆类和乳制品都属于碱性食品。

(　　)5. 胡萝卜素是维生素 A 原,所以食用胡萝卜对眼睛视力有益。

(　　)6. 数字型编码具有结构简单,使用方便,易于推广,便于计算机处理的特点。

(　　)7. 来源于动物性的脂肪比来源于植物性的脂肪,不饱和脂肪酸的含量比例更高,所以营养价值更好。

(　　)8. 利用高能量放射线辐照来保藏食品,既可以杀灭微生物及防止马铃薯发芽,也可以抑制油脂的酸败问题。

(　　)9. 我国以植物性食品为主,人体每天所需的热能有60%~70%来源于碳水化合物。

(　　)10. 维生素对人体营养和健康有重要作用,摄入应多多益善。

五、简答题(4×2.5分)

1. 简述商品编码的原则。
2. 简述食品的化学组成。
3. 简述食品中污染物的种类。
4. 简述抑制食品非酶褐变的措施。

第三章 食品商品的属性

> **学习内容**
>
> 1. 食品商品安全性及食品安全问题的成因;
> 2. 食品商品营养性及各类食品的营养成分、营养价值及合理利用;
> 3. 食品商品感官性及感官属性种类;
> 4. 食品商品文化性及重要的食品文化(酒文化、茶文化);
> 5. 食品商品的地方特色性及地方特色食品的消费特点及营销;
> 6. 食品商品的时间性及保质期的内涵。

> **学习目标**
>
> 1. 熟悉食品商品安全性的现状及食品安全问题的成因;
> 2. 掌握不同种类食品的营养成分、营养价值及合理利用;
> 3. 了解我国重要的食品文化;掌握酒文化和茶文化的历史及功能性;
> 4. 掌握地方特色食品的消费特点。

第一节 食品商品的安全性

一、食以安为先

"民以食为天,食以安为先"。食品卫生安全、无毒无害是食品应具备的最基本属性。

食品安全是个综合概念,包括食品卫生、食品质量、食品营养等相关方面的内容。1984年,世界卫生组织在《食品安全在卫生和发展中的作用》文件中,把"食品安全"等同于"食品卫生"。但发生的食品安全事件使人们逐渐认识到,仅仅是卫生的食品已不能保障公众身体健康和生命安全,因而提出食品安全的概念。1996年,世界卫生组织在《加强国家级食品安全性计划指南》中则把食品安全与食品卫生作为两个不同含义的用语加以区别。其中,"食品安全"的解释为"对食品按照其原定用途进行制作和(或)食用时不会使消费者受害的一种担保"。近年来,国际社会逐步以食品安全的概念替代食品卫生、食品质量的概念,逐步以食品安全的综合立法替代卫生、质量、营养等要素立法。2000年,欧盟发表了具有指导意义的《食品安全白皮书》;2003年日本制定了《食品安全基本法》,综合型的《食品安全基本法》替代要素型的《食品卫生法》《食品质量法》《食品营养法》等;2009年,我国将《中华人民共和国食品卫生法》修订为《中华人民共和国食品安全法》。《中华人民共和国食品安全法》更全面、深入地说明食品生产、监管等要求,进而达到保障公众身体健康和生命安全的目的。

美国学者Jones曾建议把食品安全区分为绝对安全性与相对安全性两种不同的概念。绝对安全性是指确保不可能因食用某种食品而危及健康或造成伤害的一种承诺,也就是食品应绝对没有风险,但实际上绝对安全性或零风险是很难达到的。相对安全性是指一种食物或成分在合理食用和正常食量的情况下不会导致对健康损害的实际确定性。任何食物的成分,尽管是对人体有益的或其毒性极低,若食用数量过多或食用条件不当,都有可能引起毒害或损害健康。如某些食品的安全性因人而异,鱼、虾、蛋、乳对大多数人是营养丰富、美味可口的食物,而对少数有过敏症的人来说可能又会产生毒性反应,带来危险。由此可见,一种食品是否安全不仅取决于外来不良因素的影响,食品本身、食品加工方法以及食用方式、数量等是否合理得当,还取决于食用者自身的情况。

二、我国食品安全现状堪忧

进入21世纪后,食品安全问题频频见诸报道,并且此类报道很快就被百姓街谈巷议,有的时候这些食品安全问题甚至能够引起人们的恐慌。如吃牛肉的时候,就担心国外传来的疯牛病;吃猪肉时害怕郊区屠宰场的病死猪;吃瓜果蔬菜时,又担心果蔬中的农药残留;吃水发海鲜时,怕用甲醛或福尔马林浸泡过;吃豆腐怕是用回收的石膏点出来的;吃鸡、鸭等又怕含激素、抗生素等太多;吃大米时怕拌了工业油;吃面粉怕掺了滑石粉、增白剂;吃小米时则担心用柠檬黄染过。食品安全问题,屡禁不止、花样翻新,反映了食品安全问题形势严峻,食品安全问题已经影响了人们的健康。无论国内还是国外,消费者对食品的安全忧心忡忡。随着生活水平的提高,国人越来越关注食品安全,同时也被食品安全问题所困扰,我们不禁要问:为什么会出现这么多的食品安全问题?

三、我国食品安全问题的成因

（一）食品源头污染严重

食品的原材料主要来源于农牧渔业，农牧渔产品的质量决定着最终食品的质量。在农牧渔产品的生产过程中，影响其质量的因素很多，如大气、水、土壤等环境污染。以种植业为例，中国为了能用全世界7%的耕地养活世界上20%的人口，化肥、农药过量使用，我国是世界上化肥、农药施用量最大的国家。氮肥（纯氮）年使用量2500多万t，农药使用量超过130万t，两者单位面积用量分别为世界平均水平的3倍和2倍。目前，在中国的1200条河流中，850条河流受到不同程度的污染，130多个湖泊有51个处于富营养状态，中国海域的赤潮现象不断发生。在工业污染物中尤以持久性有机污染物和重金属污染物最为严重，而未经处理的工业废水、城市污水用于农田灌溉的现象时有发生。在牧业和渔业生产中，环境污染、抗生素滥用和违禁药品的使用，饲料添加剂的不安全使用等，都会使有害物质进入动物体内，并在动物体内富集。这些富集了有害物质的动物体本身或动物生产的蛋、奶等产品必然不符合食品安全标准。另外，我国农产品生产多以农户为单位，农产品全过程监控难度大，违法使用违禁药物现象严重，因国家明令禁止或限制生产、使用的农药、兽药而引起的食物中毒事件时有发生，在这种环境下，种植和养殖的农产品的安全性受到了影响。

（二）食品加工、流通中带入安全隐患

食品生产加工领域的问题突出表现为食品生产企业多、小、乱。我国食品生产单位很多是10人以下的家庭小作坊，不具备生产合格食品的必备条件。它们的生产环境达不到卫生要求，生产设备非常简单，生产工艺非常粗糙，生产人员缺乏食品安全意识。另外，新技术、新工艺、新原料在食品加工中的应用，也可能带来食品安全隐患，如转基因技术、现代生物技术、食品添加剂、益生菌和酶制剂等技术在食品加工中的应用。在食品流通领域，全国食品经营企业达300多万家，多数为个体工商户，缺乏必要的设施，经营管理落后。一些食品批发市场、传统的农贸市场等，缺乏有效的安全检测手段和质量控制措施，使造假者有机可乘，甚至成为假冒伪劣食品集散地。一些经营企业贪图私利，蓄意出售过期或变质食品。

（三）食品安全监管缺失

一方面，我国食品安全监管难度大，我国的食品工业以中、小型企业为主，小作坊、小摊贩、小餐饮数量巨大，种植养殖环节小、散等问题突出，给监管带来困难。另一方面，实行多头管理，食品安全监管机构权责不清，我国涉及食品安全监管的部门居然有工商、质检、卫生、农业、林业等十多个部分，在实际工作中存在一些监管边界不清、监管重复和空白并存等问题。各个部门之间缺乏有效沟通和协作。当出现问题时，各部门之间推诿扯皮，部门之间工作无法实现对接，不能形成

（四）食品安全相关法律法规不健全

我国食品安全相关法律法规不健全，比较陈旧，规定比较泛，缺乏实践性和可操作性。我国的食品标准，总体水平偏低，部分标准之间存在交叉、矛盾，重要标准短缺，标准的前期研究薄弱、实施状况较差，甚至强制性标准都得不到有效执行。没有行业准入门槛，生产经营者良莠难分，特别是原来食品免检制度的存在，放任企业胡作非为，留下了诸多监管空白。加上目前我国的法律对于违规企业的处罚力度较轻，不痛不痒的起不到"杀鸡儆猴"的效果。另外，我国虽然相继颁发了食品卫生法、质量法等法律法规，但不够健全，主要表现为执法依据不充足、执法主体不明确，甚至出现法律监管的空白点。2009年，我国颁布实施了《中华人民共和国食品安全法》，对保障我国的食品安全已初见成果。

（五）执法不严

法不足畏往往使一些人唯利是图、知法犯法。如对不法企业的经济处罚，2011年以前上限为"货值金额十倍以下"或"十万元以下"罚款。在实际执法中，以罚代刑时有发生，有的该重罚的却"蜻蜓点水"，有的该承担刑事责任的却"一罚了之"，甚至有的执法人员置法律权威于不顾，"睁一只眼、闭一只眼"，有法不依，违法不究。对违法犯罪分子惩处力度不够，企业违法成本较低，这使得许多企业存在侥幸心理，很多不法企业在暴利的驱使下顶风作案。

（六）道德滑坡

少数不法生产经营者，为牟取暴利，不顾消费者的安危，人为故意造成的食品安全事故屡有发生，甚至其中不乏大企业和国有企业，如三鹿乳粉事件、双汇瘦肉精事件。"毒乳粉""瘦肉精""地沟油""染色馒头"等事件都是人为故意添加，其性质无异于谋财害命，其道德滑坡已经到了无以复加、令人发指的地步。这种人为故意造成的食品安全问题更能引起民众对食品安全巨大的不满和失望情绪。

第二节　食品商品的营养性

食品是人民生活的基本需求和保障，是关系人类自身健康的特殊商品。目前我国已经完成了由食品高度短缺到极大丰富及快速发展的转变，同时食品的种类更加丰富多样。消费者对食品的需求也已由简单化、单一化的单层次温饱型向复杂化、多样化、个性化的多层次健康型需求转化。消费者对食品的关注重点也逐渐转变，新中国成立初期关注能不能吃饱，20世纪80年代开始关注好不好吃，21世纪开始关注食品是否安全，现在除了关注安全之外，食品营养也逐渐受到重视。

食物中的养分科学上称为营养素。它们是维持生命的物质基础，没有这些营养素，生命便无法维持。营养素的功能主要是提供能量、促进生长与组织的修复、调节生理功能三项。营养素分为蛋白质、脂类、碳水化合物、矿物质、维生素、水、膳食纤维七大类。作为能量的来源主要是碳水化合物、脂类、蛋白质三大营养素。促进生长与组织修复的主要是蛋白质、矿物质和维生素。调节生理功能的主要是蛋白质、维生素和矿物质,其作用包括维持物质代谢的动态平衡及内环境的稳态。动态平衡包括能量平衡和营养素平衡(最常见的氮平衡)、水盐平衡;内环境的稳态包括神经系统调节、酶调节和激素调节。

食品种类多样,根据其来源可以分为植物性食品和动物性食品两大类。前者包括谷类、豆类、蔬菜、水果等,主要提供能量、蛋白质、碳水化合物、脂类、大部分维生素和矿物质;后者包括肉类、蛋类、乳类等,主要提供优质蛋白质、脂类、脂溶性维生素、矿物质等。

各种食品由于所含营养素的种类和数量能满足人体营养需要的程度不同,故营养价值有高低之分。所含营养素种类齐全、数量及其相互比例适宜、易被人体消化利用的食品,营养价值相对较高;所含营养素种类不全,或数量欠缺,或相互比例不适当,不易被机体消化利用的食品,其营养价值相对较低。

一、植物性食品的营养价值

(一)谷类

1. 谷类的营养价值

谷类包括大米、小麦、玉米、小米、高粱、荞麦等。谷类是人体能量的主要来源,我国人民膳食中,约66%的能量、58%的蛋白质来自谷类。此外,谷类食物还可供给较多的B族维生素和矿物质,故谷类在我国人民膳食中占有重要地位。

谷类蛋白质含量一般为7%~12%,谷类蛋白质氨基酸组成中赖氨酸含量相对较低,因此谷类蛋白质生物学价值不及动物性蛋白质。谷类脂肪含量多数在0.4%~7.2%,谷类脂肪组成主要为不饱和脂肪酸,质量较好。谷类碳水化合物含量最为丰富,多数含量在70%以上,主要存在形式是淀粉。谷类中的维生素主要以B族维生素为主,如维生素B_1、维生素B_2、烟酸、泛酸、吡哆醇等,其中维生素B_1和烟酸含量较多,是我国居民膳食维生素B_1和烟酸的主要来源。另外,谷类还含有较多的矿物质和膳食纤维。

2. 谷类的营养特性及合理利用

(1)谷类加工有利于食用和消化吸收,但由于蛋白质、脂类、矿物质和维生素主要存在于谷粒表层和谷胚中,因此加工精度越高,营养素损失就越多。影响最大的是维生素和矿物质。为了保持良好的感官性状和利于消化吸收,又要最大限度地保留各种营养素,因此在1950年我国将稻米和小麦的加工精度规定为"九二米"和"八一粉",1953年又将精度降低为"九五米"、"八五粉",它与精白米和精白面比较,保留了较多的维生素、纤维素和矿物质,在预防营养缺乏病方面起到良好的效果。

（2）烹调过程可使一些营养素损失，如大米在淘洗过程中，维生素 B_1 可损失 30%～60%，维生素 B_2 和烟酸可损失 20%～25%，矿物质损失 70%。淘洗次数越多、浸泡时间越长、水温越高，损失越多。米、面在蒸煮过程中，B族维生素有不同程度的损失，烹调方法不当时，如加碱蒸煮、炸油条等，则损失更为严重，因此稻米以少搓少洗为好，面粉蒸煮加碱要适量，且要少炸少烤。

（3）谷类在一定条件下可以贮存很长时间而质量不会发生变化，但当环境条件发生改变，如水分含量高、环境湿度大、温度较高时，谷类容易霉烂变质，并失去食用价值。故粮谷类食品应在避光、通风、阴凉和干燥的环境中贮存。

（4）谷类食物蛋白质中的赖氨酸普遍较低，宜与含赖氨酸多的豆类和动物性食物混合食用，以提高谷类蛋白质的营养价值。

（二）豆类及其制品

1. 主要营养成分及组成特点

豆类是蛋白质含量较高的食品，蛋白质含量为 20%～36%，其中大豆类最高，蛋白质含量在 30% 以上；豆制品蛋白质含量差别较大，高者可达 16%～20%，如烤麸、素鸡、豆腐干，低者只有 2% 左右，如豆浆、豆腐脑。豆类脂肪含量以大豆类为高，在 15% 以上，豆制品脂肪含量差别较大，豆腐、豆腐干等较高，豆浆、烤麸等较低。脂肪组成以不饱和脂肪酸居多，所以大豆是高血压、动脉粥样硬化等疾病患者的理想食物。大豆类碳水化合物组成比较复杂，多为纤维素和可溶性糖，几乎完全不含淀粉或含量极微，在体内较难消化，容易引起肠胀气。豆类含有胡萝卜素、维生素 B_1、维生素 B_2、烟酸、维生素 E 等，种皮颜色较深的豆类，胡萝卜素的含量较高，如黄豆、黑豆、青豆、绿豆等。豆类矿物质含量在 2%～4%，包括钾、钠、钙、镁、铁、锌、硒等。大豆中的矿物质含量略高于其他豆类，在 4% 左右。此外，豆类含有丰富的膳食纤维，每 100g 可达 10～15g，其中黄豆中含量较高，为 15.5%。

2. 豆类及其制品的营养特性及合理利用

（1）不同加工和烹调方法，对大豆蛋白质的消化率有明显的影响。整粒熟大豆的蛋白质消化率仅为 65.3%，但加工成豆浆可达 84.9%，豆腐可提高到 92%～96%。大豆中含有抗胰蛋白酶的因子，它能抑制胰蛋白酶的消化作用，使大豆难以分解为人体可吸收利用的各种氨基酸，经过加热煮熟后，这种因子即被破坏，消化率随之提高，所以大豆及其制品须经充分加热煮熟后再食用。

（2）豆类蛋白质含有较多的赖氨酸，与谷类食物混合食用，可较好地发挥蛋白质的互补作用，提高谷类食物蛋白质的利用率，因此豆类食物宜与谷类食物搭配食用。

（3）豆类中膳食纤维含量较高，特别是豆皮，因此国外有人将豆皮经过处理后磨成粉，作为高纤维用于烘焙食品。据报道，食用含纤维丰富的豆类食品可以明显降低血清胆固醇,对冠心病、糖尿病及肠癌也有一定的预防及治疗作用。将提取的豆类纤维加到缺少纤维的食品中,不仅能改善食品的松软性,还有保健作用。

(三)蔬菜类

1. 主要营养成分及组成特点

蔬菜主要提供维生素、膳食纤维和矿物质。蔬菜中蛋白质含量较低,一般为1%~2%;脂肪含量也较低,一般不足1%;碳水化合物含量相差较大,叶菜类、瓜菜类碳水化合物含量一般为2%~3%,而部分根茎类蔬菜碳水化合物含量较高,高者可达20%;膳食纤维含量为1%~1.5%;维生素含量丰富,是胡萝卜素、维生素B_2、维生素C的良好来源。绿叶蔬菜和橙色蔬菜维生素含量较为丰富,特别是胡萝卜素的含量较高,维生素B_2的含量虽不是很丰富,但在我国人民膳食中蔬菜仍是维生素B_2的主要来源。矿物质的含量一般约为1%,种类较多,包括钾、钠、钙、镁、铁、锌、硒、铜、锰等。

据科学分析,蔬菜的营养价值与蔬菜的颜色成正比,颜色越深,营养价值越高;反之颜色越浅,营养也随之降低。我们按照颜色的由浅到深,把蔬菜分为白色蔬菜、黄色蔬菜、红色蔬菜、绿色蔬菜、紫色蔬菜和黑色蔬菜。对于蔬菜营养价值与蔬菜颜色的关系,只具有相对的准确性。

2. 蔬菜的营养特性及合理利用

(1)蔬菜含丰富的维生素,除维生素C外,一般叶部的维生素含量比根茎部高,嫩叶比枯叶高,深色的菜叶比浅色的菜叶高,因此在选择时,应注意选择新鲜、色泽深的蔬菜。

(2)蔬菜所含的维生素和矿物质易溶于水,所以宜先洗后切,以减少蔬菜与水和空气的接触面积,避免损失。洗好的蔬菜放置时间不宜过长,以避免维生素氧化破坏,尤其要避免将切碎的蔬菜长时间地浸泡在水中。烹调时要尽可能做到急火快炒。有实验表明,蔬菜煮3min,其中维生素C损失5%,10min损失达30%。为了减少损失,烹调时加少量淀粉,可有效保护抗坏血酸的破坏。

(四)水果类

1. 主要营养成分及组成特点

水果与蔬菜一样,主要提供维生素和矿物质。新鲜水果的水分含量较高,营养素含量相对较低。蛋白质、脂肪含量一般均不超过1%,碳水化合物含量差异较大,低者为5%,高者可达30%。硫胺素和核黄素含量不高,胡萝卜素和抗坏血酸含量因品种不同而异,其中含胡萝卜素最高的水果为柑、橘、杏和鲜枣;含抗坏血酸丰富的水果为鲜枣、草莓、橙、柑、柿等。矿物质含量除个别水果外,相差不大,其中枣中铁的含量丰富,白果中硒的含量较高。

2. 水果的营养特性及合理利用

(1)水果除含有丰富的维生素和矿物质外,还含有大量的非营养物质,可以防病治病,但也会致病,食用时应予以注意。如梨有清热降火、润肺去燥等功能,对于肺结核、急性或慢性气管炎和上呼吸道感染患者出现的咽干喉疼,痰多而稠等有辅助疗效,但对产妇、胃寒及脾虚腹泻者不宜食用。又如红枣,可增加机体抵抗力,对体虚乏力、贫血者适用,但龋齿疼痛、下腹胀满、大便秘结者不宜食用。在杏仁中含有杏仁苷、柿子中含有柿胶酚,食用不当,可引起溶血性贫血、消化性贫血、消化不良等疾病。

(2)鲜果类水分含量高,易于腐烂,宜冷藏。坚果水分含量低而较耐贮藏,但含油坚果的不饱和程度高,易受氧化或滋生霉菌而变质,应当保存于干燥阴凉处,并尽量隔绝空气。

二、动物性食品的营养价值

动物性食物包括畜禽肉、蛋类及其制品、水产类和乳类及其制品。动物性食物是人体优质蛋白、脂类、脂溶性维生素、B族维生素和矿物质的主要来源。

(一)畜禽肉

1. 畜禽肉主要营养成分及组成特点

畜禽肉中的蛋白质含量一般为10%~20%,因动物的种类、年龄、肥瘦程度以及部位而异。在畜肉中,猪肉的蛋白质含量平均在13.2%左右,瘦肉中蛋白质含量稍高,肥肉中蛋白质含量较少;鸡肉、牛肉、羊肉、兔肉、马肉、鹿肉和骆驼肉可达20%左右。一般来说,心、肝、肾等内脏器官的蛋白质含量较高,而脂肪含量较少。脂肪含量因动物的品种、年龄、肥瘦程度、部位等不同有较大差异,猪肉的脂肪含量最高,羊肉、鸡肉、牛肉、兔肉依次降低。动物脂肪所含有的必需脂肪酸明显低于植物油脂,因此其营养价值低于植物油脂。在动物脂肪中,禽类脂肪所含必需脂肪酸的量高于家畜脂肪,所以禽类脂肪的营养价值高于畜类脂肪。肉中的碳水化合物含量为0~9%,多数在1.5%,主要以糖原的形式存在于肌肉和肝脏中。畜禽肉可提供多种维生素,主要以B族维生素和维生素A为主。内脏含量比肌肉中多,其中肝脏特别富含维生素A和维生素B_2。在禽肉中还含有较多的维生素E。畜禽肉矿物质的含量一般为0.8%~1.2%,瘦肉中的含量高于肥肉,内脏高于瘦肉。动物性食品中矿物质的吸收利用率通常很高。

2. 畜禽肉的营养特性及合理利用

(1)畜禽肉蛋白质营养价值较高,含有较多的赖氨酸,宜与谷类食物搭配食用,以发挥蛋白质的互补作用。为了充分发挥畜禽肉的营养作用,还应注意将畜禽肉分散到每餐膳食中,不应集中食用。

(2)因畜肉的脂肪和胆固醇含量较高,脂肪主要由饱和脂肪酸组成,食用过多易引起肥胖和高脂血症等疾病,因此膳食中的比例不宜过多。但是禽肉的脂肪含不饱和脂肪酸较多,故老年人及心血管疾病患者宜选用禽肉。内脏含有较多的维生素、铁、锌、硒、钙,特别是肝脏,维生素 B_2 和维生素 A 的含量丰富,因此宜适当食用。

（二）蛋及蛋制品

1. 主要营养成分及组成特点

蛋类的营养素含量不仅丰富,而且质量也很好,是一类营养价值较高的食品。全鸡蛋蛋白质的含量为12%左右,蛋清中略低,蛋黄中较高,加工成咸蛋或松花蛋后,略有提高。蛋白质氨基酸组成与人体需要最接近,因此生物价也最高,达到94。蛋白质中赖氨酸和甲硫氨酸含量较高,和谷类和豆类食物混合食用,可弥补其赖氨酸或甲硫氨酸的不足。蛋清中含脂肪极少,98%的脂肪存在于蛋黄中。蛋黄中的脂肪几乎全部以与蛋白质结合的良好乳化形式存在,因而消化吸收率高。蛋中胆固醇含量极高,主要集中在蛋黄,其中鹅蛋黄含量最高,蛋清中不含胆固醇。蛋中的碳水化合物含量较低,为1%～3%,蛋黄略高于蛋清。蛋中维生素含量十分丰富,且品种较为完全,包括所有的 B 族维生素、维生素 A、维生素 D、维生素 E、维生素 K 和微量的维生素 C。其中绝大部分的维生素 A、维生素 D、维生素 E 和大部分维生素 B_1 都存在于蛋黄中。蛋中的矿物质主要存在于蛋黄部分,蛋清部分含量较低。蛋黄中含矿物质为1%～1.5%,其中钙、磷、铁、锌、硒等含量丰富。

2. 蛋类的营养特性及合理利用

(1) 在生鸡蛋蛋清中,含有抗生物素蛋白和抗胰蛋白酶。抗生物素蛋白能与生物素在肠道内结合,影响生物素的吸收,食用者可引起食欲不振、全身无力、毛发脱落、皮肤发黄、肌肉疼痛等生物素缺乏的症状;抗胰蛋白酶能抑制胰蛋白酶的活力,妨碍蛋白质消化吸收,故不可生食蛋清。烹调加热可破坏这两种物质,消除它们的不良影响。但是蛋不宜过度加热,否则会使蛋白质过分凝固,甚至变硬变韧,形成硬块,反而影响食欲及消化吸收。

(2) 蛋黄中的胆固醇含量很高,大量食用会引起高脂血症,是动脉粥样硬化、冠心病等疾病的危险因素,但蛋黄中还含有大量的卵磷脂,对心血管疾病具有防治作用。因此,吃鸡蛋要适量。

（三）水产品

1. 水产品主要营养成分及组成特点

水产品包括鱼类、甲壳类和软体动物类。

鱼类是人类食用最多的水产品,其蛋白质含量为15%～25%。氨基酸组成较为平衡,与人体需要接近,利用率高,属于优质蛋白质。鱼类中的脂肪含量很少,不同种类的含量差别较大,为1%～10%。鱼类中的脂肪多为不饱和脂肪酸,占80%左右,熔点较低,消化吸收率较高,可达95%。多不饱和脂肪酸主要存在鱼油中,主要是二十碳五烯酸(EPA)和二十二碳六烯酸(DHA),在许多婴幼儿辅食或婴幼儿乳粉、代乳品中都添加了 EPA 和 DHA,可以促进大脑神经系统和视觉系统的发育。鱼类的矿物质含量为1%～2%,其中锌和硒含量很丰富，钙、钠、钾、镁等的含量也较多。海产鱼类富含碘，一般可达 50～100μg/100g。与畜肉、禽肉类一样，鱼类的碳水化合物含量较低，一般低于0.3%，主要贮藏在肌肉和肝脏中。鱼肉含有一定量的维生素 A、维生素 D、维生素 E，维生素 B_2 含量较高。其中，鱼油和鱼肝油是维生素 A 和维生素 D 的重要来源，也是维生素 E 的一般来源。

其他水产品的蛋白质含量约为15%，以河蟹、对虾、章鱼较高，脂肪和碳水化合物含量较低，维生素含量与鱼类近似。矿物质含量为 1.0%～1.5%，其中钙、钾、锌、硒和碘含量非常丰富。其中虾皮的钙含量很高，牡蛎、扇贝的锌含量较高，因此，虾皮、牡蛎、扇贝等海产品是补充钙和锌的重要食物来源。

2. 水产品的营养特性及合理利用

(1) 充分利用鱼类营养资源　鱼肉富含优质蛋白质，容易被人体消化吸收；而且含有较少的饱和脂肪酸和较多的不饱和脂肪酸，因此其应用价值在营养学中受到特别的重视。

(2) 防止腐败变质和中毒　鱼类因水分和蛋白质含量高，结缔组织少，较畜禽肉更易腐败变质。鱼类的多不饱和脂肪酸含量较高，所含的不饱和双键极易氧化破坏，能产生脂质过氧化物，对人体有害。因此打捞的鱼类需及时保存或加工处理，防止腐败变质。有些鱼含有极强的毒素，如河豚，其卵、卵巢、肝脏和血液中含有极毒的河豚毒素，若加工处理方法不当，可引起急性中毒而死亡。

(3) 水产动物的肉质一般都非常鲜美，这与其中所含的一些呈味物质有关　鱼类和甲壳类的呈味物质主要是游离的氨基酸、核苷酸等；软体类动物（如乌贼类）中的一部分的呈味物质也是氨基酸，尤其是含量丰富的甘氨酸。贝类的主要呈味成分为琥珀酸及其钠盐。

(四) 乳及乳制品

1. 主要营养成分及组成特点

乳类及其制品几乎含有人体需要的所有营养素，除维生素 C 含量较低外，其他营养素含量都比较丰富，是所有食品中生物价最高的。某些乳制品加工时除去了大量水分，故其营养素含量比鲜乳的要高，但某些营养素受加工的影响，相对含量有所下降。

2. 乳及乳制品的营养特性及合理利用

(1) 乳类是自然界中唯一的含有机体所需全部营养素的一种食物　乳类及其制品具有很高的营养价值，特别是乳类含有丰富的优质蛋白和钙，使其不仅在婴儿喂养中成为重要的辅食，而且也是老弱病患者的常用营养食品。

(2) 由于鲜乳水分含量高，营养素种类齐全，十分有利于微生物生长繁殖，因此须经严格消毒灭菌后方可食用　消毒方法常用煮沸法和巴氏消毒法。煮沸法要求简单，可达消毒目的，但对乳的理化性质影响较大，营养成分有一定损失，多在家庭使用。大规模生产时采用巴氏消毒法。

（3）乳应避光保存，以保护其中的维生素　鲜牛乳经日光照射1min，B族维生素很快消失，维生素C也所剩无几。即使在微弱的阳光下，经6h照射后，B族维生素也仅剩一半，而在避光器皿中保存的牛乳不仅维生素没有消失，还能保持牛乳特有的鲜味。

第三节　食品商品的感官性

消费者购买行为由多种因素共同决定，表现为在同类商品中的选择倾向。在首次购买时，会考虑质量、价格、品牌、口味特征等。食品质量方面消费者主要考虑卫生、营养、含量；价格则关注单位购买价格、质量价格比，现在食品市场逐步在产品标识上表现产品的口味特征，这一点也同样借助于消费者的感官体验。

消费者习惯上都凭感官来决定食品商品的取舍，所以作为食品不仅要符合营养和安全的要求，还必须能为消费者所接受。每个消费者面对一产品时，首先映入眼帘的就是该食品的感官品质，感官品质符合要求后才会查看该食品的其他属性，所以感官质量是消费者是否购买的前提条件，也直接关系到产品的市场销售情况。甚至只要食品的感官性被消费者接受，消费者会忽略对食品其他属性的要求，如我们经常提到的十大垃圾食品，很多消费者都知道这些食品的安全隐患，但却无法抵抗美味的诱惑，依然大量消费。

对于商品生产者，消费者行为中的二次购买被赋予更多的关注，在质量、价格与同类产品无显著差别的情况下，口味特征表现更重要，这就更体现出食品感官质量的重要性。

一、食品感官属性的种类

（一）外观

外观属性主要包括颜色、大小和形状、表面质构、澄清度、碳酸的饱和度等。外观通常是消费者决定是否购买食品的最重要的属性，一般来说，一个食品会不会被接受，眼睛守着第一个关卡，从食品的颜色、大小、形状及质地等加以评估。食品的外观对小孩而言尤为重要，假如一个苹果不红、不圆、不大，小孩通常会拒绝，但对大人来说，对食品的外观并不像小孩一般看重。

食品的色泽是人靠感官评价食品品质的一个重要因素。不同的食品显现着各不相同的颜色，例如，菠菜的绿色、苹果的红色、胡萝卜的橙红色等，这些颜色是食品中原来固有的。不同种食品中含有不同的有机物，这些有机物又吸收了不同波长的光。如果有机物吸收的是可见光区域内的某些波长的光，那么这些有机物就会呈现各自的颜色，这种颜色是由未被吸收的光波所反映出来的。如果有机物吸收的光的波长在可见光区域以外,那么这种有机物则是无色的。

judging食品的外观品质,通常从明度、色调、饱和度这3个基本属性全面地衡量和比较。

1. 明度

颜色的明暗程度。物体表面的光反射率越高,人的视觉就越明亮,这就是说它的明度也越高。人们常说的光泽好,也就是意味着明度较高。新鲜的食品常具有较高的明度,明度的降低往往意味着食品的不新鲜。例如酶促褐变、非酶褐变或其他原因使食品变质时,食品的色泽常发暗甚至变黑。

2. 色调

红、橙、黄、绿等不同的各种颜色,以及如黄绿、蓝绿等许多中间色,它们是由于食品分支结构中所含色团对不同波长的光线进行选择性吸收而形成的。当物体表面将可见光谱中所有波长的光全部吸收时,物体表面为黑色,如果全部反射,则表现为白色。当对所有波长的光都能部分吸收时,则表现为不同的灰色。黑白系列也属于颜色的一类,只是因为对光谱中各波长的光吸收和反射是没有选择性的,它们只有明度的差别,而没有色调和饱和度这两种特性。色调对于食品的颜色起着决定性的作用,由于人眼的视觉对色调的变化较为敏感,色调稍微改变对颜色的影响就会很大,有时可以说完全破坏了食品的商品价值和实用价值。色调的改变可以用语言或其他方式恰如其分地表达出来(如食品的退色或变色),这说明颜色在食品的感官鉴别中有很重要的意义。

3. 饱和度

颜色的深浅、浓淡程度,也就是某种颜色色调的显著程度。当物体对光谱中某一较窄范围波长的光的反射率很低或根本没有反射时,表明它具有很高的选择性,这种颜色的饱和度就越高。当某波长的光成分越多时,颜色也就越不饱和。食品颜色的深浅、浓淡变化对于感官鉴别而言也是很重要的。

(二)气味、香味、芳香

当样品的挥发性物质进入鼻腔时,它的气味就会被嗅觉系统所识别。香味是食品的一种气味,芳香既可以是一种令人愉悦的气味,也可代表食品在口腔咀嚼时通过嗅觉系统所识别的挥发性香味物质。从食品中释放的挥发性物质数量受温度和组分性质的影响。挥发度也受表面条件的影响,在一定温度下,从柔软、多孔和湿润的表面比从坚硬、平滑、干燥的表面会释放更多的挥发性物质。许多气味只有在酶反应发生时才会从剪切面释放出来(如洋葱的味道)。

人的嗅觉比较复杂,亦很敏感。同样的气味,因个人的嗅觉反应不同,故感受喜爱与厌恶的程度也不同。同时嗅觉易受周围环境的影响,如温度、湿度、气压等对嗅觉的敏感度都具有一定的影响。人的嗅觉适应性特别强,即对一种气味较长时间的刺激很容易顺应,但在适应了某种气味之后,对于其他气味仍很敏感,这是嗅觉的特点。

食品的气味，大体上由以下途径形成的：

(1) 生物合成　食品本身在生长成熟过程中，直接通过生物合成的途径形成香味成分表现出香味。例如香蕉、苹果、梨等水果香味的形成，是典型的生物合成产生的，不需要任何外界条件。本来水果在生长期不显现香味，成熟过程中体内一些化学物质发生变化，产生香味物质，使成熟后的水果逐渐显现出水果香。

(2) 直接酶作用　酶直接作用于香味前体物质形成香味成分，表现出香味。例如当蒜的组织被破坏以后，其中的蒜酶将蒜氨酸分解而产生的气味。

(3) 氧化作用　也可以称为间接酶作用，即在酶的作用下生长氧化剂，氧化剂再使香味前体物质氧化，生成香味成分，表现出香味。如红茶的浓郁香气就是通过这种途径形成的。

(4) 高温分解或发酵作用　通过加热或烘烤等处理，使原来存在的香味前体物质分解而产生香味成分。例如芝麻、花生在加热后可产生诱人食欲的香味。发酵也是食品产生香味的重要途径，如酒、酱中的许多香味物质都是通过发酵而产生的。

(5) 添加香料　为保证和提高食品的感官品质，引起人的食欲，在食品本身没有香味、香味较弱或者在加工中丧失部分香味的情况下，为了补充和完善食品的香味，可有意识地在食品中添加所需要的香料。

(6) 腐败变质　食品在贮藏、运输或加工过程中，会因发生腐败变质或污染而产生一些不良的气味。这在进行感官鉴别时尤其重要，应认真仔细地加以分析。

(三) 浓度、黏度、质构

浓度是指浓汤、酱油、果汁、糖浆等的混合状况，一般用于评定同质的液体。黏度是指液体在某种力 (如重力) 的作用下流动的速度，一般用于评定非同质的液体和半固体。质构是指产品结构或内部组成的感官表现，一般用于评定固体或半固体。浓度、黏度、质构共同组成食品的组织状态，也就是通常所说的色香味形中的形，对食品的感官性也起到重要作用。

食品的组织状态可以通过视觉、触觉和听觉来感知。有些食品，只需利用这些感觉中的一种就可以感知食品的组织状态，而有些食品，则需要通过这些感觉的组合来感知产品的质地。例如，橙子的表面具有视觉和触觉的粗糙感，但苹果的表面却没有。薯片的脆度在口中既是一种对触觉质地的感知，也是一种对听觉质地的感知。

(四) 风味

风味作为食品的一种属性，可以定义为食物刺激味觉或嗅觉受体而产生的各种感觉的综合。风味分为 3 类：①芳香：食物在嘴里咀嚼时后鼻腔的嗅觉系统识别出释放的挥发性香味物质的感觉；②味道：口腔中可溶性物质引起的感觉 (咸、酸、苦、甜、鲜）；③化学感觉因素：口腔、鼻腔黏膜里刺激三叉神经末端产生的感觉（涩、辣、凉、金属味等）。

因为食品中的可溶性物质溶于唾液或液态食品直接刺激舌面的味觉神经，才发生味觉。当对某种食品的滋味发生好感时，则各种消化液分泌旺盛而食欲增加。味觉神经在舌面的分布并不均匀。舌的两侧边缘是普通酸味的敏感区，舌根对于苦味较敏感，舌尖对于甜味和咸味较敏感，但这些都不是绝对的，在感官评价食品的品质时应通过舌的全面品尝方可决定。

味觉与温度有关，一般在10～45℃范围内较适宜，尤其30℃时为敏锐。随着温度的降低，各种味觉都会减弱，尤以苦味最为明显，而温度升高又会发生同样的减弱。味道与呈味物质的组合以及人的心理也有微妙的相互关系。味精的鲜味在有食盐时尤其显著，是咸味对味精的鲜味起增强作用的结果。另外还有与此相反的削减作用，食盐和砂糖以相当的浓度混合，则砂糖的甜味会明显减弱甚至消失。当尝过食盐后，随即饮用无味的水，也会感到有些甜味，这是味的变调现象。另外还有味的相乘作用，如在味精中加入一些核苷酸时，会使鲜味有所增强。

在选购食品和感官鉴别其质量时，常将滋味分类为甜、酸、咸、苦、辣、涩、浓、淡、碱味及不正常味等。

（五）声音

声音产生于食品的咀嚼过程，是次要的感官属性，但不能忽视。食物破碎时产生声音的频率与强度的不同可以帮助我们判断产品的新鲜与否，如苹果、薯片等；而声音的持久性可以帮助我们了解其他属性：强度、硬度、浓度。例如，油炸薯片或猪排发出的清脆声音是该类食品的主要广告手段；在美国，牛乳倒在麦片上发出的噼啪声长期以来也一直是美国经销商的一个重要销售策略。

二、食品感官分析、食品感官评定的概念及应用

食品感官分析：建立在心理物理学及统计分析基础上，研究感官对食物刺激的响应规律，利用它对食品感官品质进行科学品评、评价，作为食品科学和食品工业的一种独特的研究工具及质量检测手段。食品感官分析是在食品理化分析的基础上，集心理学、生理学、统计学的知识发展起来的一门学科。该学科不仅实用性强、灵敏度高、结果可靠，而且解决了一般理化分析所不能解决的复杂的生理感受问题。感官分析在世界许多发达国家已普遍采用，是从事食品生产、营销管理、产品开发所必须掌握的一门知识。食品感官分析在新产品研制、食品质量评价、市场预测、产品评优等方面都已获得广泛应用。

食品感官评价是指用于唤起、测量、分析和解释产品通过视觉、嗅觉、触觉、味觉和听觉所引起反应的一种科学方法。感官评价包含一系列精确测定人对食品反应的技术，把对品牌和一些其他信息对消费者影响降到最低。同时，努力解析

食品本身的感官特性,并向产品开发者、食品科学家和管理人员提供关于其产品感官性质的重要而有价值的信息。

食品标准中经常将食品的感官指标、理化指标和卫生指标作为对该食品的质量要求。其中,理化指标主要体现对食品营养性的要求,卫生指标体现对食品安全性和可食用性的要求,而感官指标不仅体现对食品享受性和可食用性的要求,而且还综合反映对食品安全性的要求。与产品的理化指标和卫生指标相比,食品的感官指标,如外形、色泽、滋味、气味、均匀性等往往是描述和判断产品质量最直观的指标。科学合理的食品感官指标可以反映该食品的特征品质和质量要求,直接影响到食品品质的界定和食品质量与安全的控制。

第四节 食品商品的文化性

各个国家因为风俗习惯不同,饮食和食品慢慢形成特定的文化性。西方人对于食品更讲究严格的机械性,一丝不苟;而中国人对于食品更讲究艺术性和趣味性。西方人对于食品更注重科学,即更讲营养,营养是西方食品的最高准则;而中国人对于食品的追求更侧重食品的色、香、味,追求技艺,追求味觉体验与视觉审美。

中国食品文化是中华民族灿烂的文化的重要组成部分,是中国人在长期的历史发展过程中所形成的独特的文化组成部分。透过中国食品文化,可以剖析中国人的心理、观念、思维方式、美学理念、民族心态等。

中国食品文化具有多重特征。

(1)中国强调食品文化的生存性 《史记·郦食其列传》中有一句名言:"民以食为天",说明千百年来食品对中国人是天大的事。如外国人见面打招呼通常都是聊聊天气,而我们国家见面友好问语通常是:"你吃过饭了吗?",也可以从侧面反映食品在中国民众心目中的地位。

(2)中国的食品文化具有良好的传承性 很多的中国食品文化源远流长,例如中国的水饺、粽子、豆腐、酒等食品的加工食用已经有上千年的历史,并受到广泛的欢迎。

(3)中国的食品文化具有浓郁的民族性 食品文化因民族而异,各民族的食品原料获取方式不同、加工方式不同、饮食习惯和礼仪也不同,但各民族之间相互尊重,各种文化互相尊重,共存共荣。

(4)中国的食品文化也具有发展性 随着经济文化的发展,食品文化也不断得到新的生命力。特别是随着改革开放,很多西方的饮食文化也逐渐地融入我们的日常生活之中。很多传统食品技术作为祖传技艺一代一代地传承至今,注意吸收西方食品文化优秀成果,实现传统食品的现代化加工。

在中国食品文化中以酒文化、茶文化、美食文化、清真饮食文化受到最为广泛的认同。掌握这些食品的文化性,有助于消费心态分析,促进产品创意,提升产品形象,强化产品营销。

一、酒文化

酒在中国是一种文化的载体,中国酒文化历史悠久,内涵丰富,博大精深。中国酒文化是中华文明的有机组成部分,酒渗透于整个中华五千年的文明史中,从文学艺术创作、文化娱乐到饮食烹饪、养生保健等各方面在中国人生活中都占有重要的位置。

(一)酒的概述

中国白酒是世界著名的六大蒸馏酒之一,其余五种是白兰地、威士忌、朗姆酒、伏特加和金酒。中国白酒在工艺上比世界各国的蒸馏酒都复杂得多,原料多种多样,品种繁多并各有风格,酒名也五花八门。与其他国家蒸馏酒相比,我国白酒具有独特的风格。首先,我国白酒酒色洁白晶莹、无色透明,各种香型的酒各有特色,香气馥郁、纯净,溢香好,余香不尽,口味醇厚柔绵,干润清洌,酒体协调,回味悠久,能够给人以极佳的口感。其次,我国白酒的酒精度较高,有 62 度、65 度、67 度之高。这么高的酒精度在世界其他国家是罕见的。近年来,国家提倡低度白酒,厂家重点生产 38～45 度左右的白酒,目前,消费者也已经习惯了低度白酒,逐渐成为较欢迎的酒品。

目前,白酒的香型分为五种:酱香型、浓香型、清香型、米香型和其他香型(1993 年国家又颁布了"兼香型"和"凤香型")。前四种香型比较成熟,趋于标准化和定型化。

1. 酱香型白酒

酱香型白酒因有一种类似豆类发酵时的酱香味而得名。以贵州的茅台酒为代表,除茅台酒外,国家名酒中还有四川的郎酒也是享名国内的酱香型白酒。贵州的习酒、怀酒、珍酒、黔春酒、颐年春酒、金壶春、筑春酒、贵常春等也属于酱香型白酒。

2. 浓香型白酒

浓香型白酒,香味浓郁,以四川泸州老窖酒为代表,除泸州老窖外,五粮液、古井贡酒、双沟大曲、洋河大曲、剑南春、全兴大曲等都属于浓香型,贵州的鸭溪窖酒、习水大曲、贵阳大曲、安酒、枫榕窖酒、九龙液酒、毕节大曲、贵冠窖酒、赤水头曲等也属于浓香型白酒。贵州浓香型名牌白酒品种较多。

3. 清香型白酒

清香型白酒芬芳的清香,甘润爽口,是一种传统的老白干风格,以山西杏花村的汾酒为代表,除此以外,宝丰酒、特制黄鹤楼酒也是清香型白酒。

4. 米香型白酒

米香型白酒以桂林三花酒为代表,其特点是蜜香清雅、入口柔绵、落口爽净、回味怡畅。全州湘山酒也属于这种香型。

5. 其他香型酒

除以上所介绍的几种香型以外的各种香型的白酒,都属于其他香型,往往是以一种香型为主兼有其他香型的白酒。这类酒以董酒为典型代表,除此以外,有名的西凤酒也属于其他香型白酒。以山东景芝酒为代表的芝麻香型白酒是从其他香型白酒中浮游出来的,成为一个独立的香型、酒种。

(二) 中国酒文化的特点

1. 中国酒文化所体现的是一种高层次物质需求或精神需求

从中国酒的起源学说之猿猴造酒说来分析,酒是猿猴所吃剩而弃的果子经自然发酵而成的,也就是说只有当生存需要得到保证以后才会去追求酒类消费。所以酒类消费所蕴含的是一种高级物质享受或精神享受,是一种文化价值为基础的"感性商品"。

2. 中国酒文化内容的广泛性和表现的多层面性

中国酒文化博大而精深,涉及社会各个层面,反映着人类情感及价值取向。首先,酒文化表现在酿酒技术和工艺的探索改进上,从简单的用曲发酵到双轮发酵,由固体发酵到液体发酵,由窖池发酵到微机勾兑等。其次,表现在饮酒器具上,从古至今的酒壶酒杯,质地悬殊、大小不一,名目繁多,形态各异。有酿酒的瓮,蒸酒的甑,压酒的勺,吸酒的管等。再次,各民族之间不同的民俗风情也莫不与酒文化息息相关。民间饮酒,敬神祭祀有礼制,长幼尊卑有法度,东西南北风俗各不同,上下左右皆有禁忌,这些酒礼酒俗都是酒文化的最直接表现。最后,体现在中国文学史上酒文化有举足轻重的作用。自古以来,历代墨客骚人,把酒临风,灵感骤至,或颂酒唱醉,或借酒抒怀,写下了名垂千古的酒文、酒赋、酒诗、酒词、酒歌、酒曲,给后世留下了令人击节赞叹的文学精品。

3. 中国酒文化的含蓄性和约束性

含蓄性和约束性是中国酒文化与西方酒文化的显著区别,这是由于中国酒文化受儒家伦理道德的影响形成的。孔子提出的酒德是"唯酒无量,不及乱",即饮酒的多少各人不同,没有具体数量的限制,但饮酒之后要保持神志清醒,不放荡形骸,否则便是无酒德了。这一特点还表现在无论是酒具及酒菜的摆放,还是上酒上菜的增递程式都有严格的规则和礼仪,酒宴的座次排列,与每人的官职、地位、头衔、尊贵、老幼等应相对应丝毫不能有错。

4. 中国酒文化的双重性

与中国几千年的发展史一样,在酒文化的历史长河中,在酒文化广袤的内容体系里,既有值得现代人所汲取的精华,也有与当今社会发展相悖的、应当予以摒弃的糟粕。现代社会,贪污腐败分子不少也是以烟酒开路,从而达到自己的目的。而审视现今社会的"酒桌",一些饮酒人尽失斯文。不能不说是对古人品酒文化的一种极大亵渎,与古人"开琼筵以坐花,飞羽觞而醉月,不有佳作,何申雅怀?"的饮酒作诗相去甚远,使得儒雅的酒文化荡然无存。酒文化的这种负面效应使"亲朋相聚、把盏相庆"的酒文化变得索然无味。

5. 中国酒文化的怀旧性

无论是酒类生产者还是酒类消费者,都被中国传统酒文化刻上了深深的历史烙印,至今仍影响着人们的酒类生产方式和消费习惯。如当现代新型勾兑工艺被中国酒类协会副会长沈怡方先生以肯定的方式提出来以后,居然马上就在酒界掀起巨浪,遭到市场上消费者无情的抵制,即使一再申明也难以挽回消费热情。所谓"酒是陈的香"已远远超过这句话本身的意义,而延伸至酒类生产也是"传统的好",这就是酒类文化与其他文化的区别所在。在酒类消费行为上,大多数人也都表现出固有的惯性。如喜好烈性白酒者绝对不会对葡萄酒、果露酒感兴趣,不仅如此,连白酒的香型、度数也一贯保持不变。

二、茶文化

茶文化是中国传统文化中的一朵奇葩,它植根于悠久的中华民族传统文化之中,在形成和发展的过程中逐渐由物质文化上升到精神文化的范畴,是融自然科学、社会科学、人文科学于一体的文化体系。

(一)中华茶文化体系

1. 茶史学

茶史学包括茶的起源,发现和利用,茶文化的形成、发展、演变、特点及表现形式。

2. 茶文化社会学

茶文化社会学指茶文化对社会各方面的影响,社会发展与进步对茶文化的作用和社会各阶层与茶文化的关系。

3. 饮茶民俗学

饮茶民俗学包括历史和现代各个地区和民族、城市和农村的饮茶习俗。

4. 茶的美学

茶的美学包括茶的造型、命名,茶具、茶馆设计,茶叶包装等方面。

5. 茶文化交流学

茶文化交流学包括茶文化对外的传播,茶文化的国内国际交流等。

6. 茶文化功能学

茶文化功能学包括茶文化对茶业经济、社会生活及精神文明建设的作用。

(二)中华茶文化的性质

1. 历史性

茶文化形成和发展的历史非常悠久,是伴随商品经济的出现和城市文化的形成而孕育诞生的。历史上的茶文化注重文化意识形态，以雅为主，着重于表现诗词书画、品茗歌舞等。

2. 时代性

茶文化有着自身起源、发展、变迁的过程，在不同的时代有不同的内涵与表现形式，反映一定时期的精神文明和物质文明。

3. 民族性

中国是一个多民族的国家，饮茶习俗始于古代的巴蜀族人并逐渐传播开来，几乎每个民族都饮茶，但各民族又有自己独特的饮茶风格。茶在生活中与各族文化相结合，形成了各具特色的茶礼、茶艺、饮茶习俗等文化形式，反映不同的生活情趣和人生哲理。如白族的三道茶是寓意人生之路先苦后甜再回味，而蒙古族的奶茶、藏族的酥油茶主要体现的是以茶待客、以茶表敬意，福建安溪的新娘茶则是借茶表达传统的礼俗。

4. 地域性

我国地域广阔，而且由于茶类众多、各地饮茶习俗各异，又由于受历史文化、生活环境、社会风情的影响，从而形成了具有明显区域特色的饮茶文化。如江浙一带居民喜饮绿茶，而北方地区的人们却爱喝花茶，福建、广东地区的人欣赏乌龙茶，西南一带推崇普洱茶，新疆等地居民则爱喝砖茶等。

5. 国际性

中国是茶文化的源头，历史上通过经济文化的对外交流，茶文化被传播到其他国家。目前世界上已有160多个国家和地区饮茶，50多个国家种植茶叶，茶是人类共同的饮料。

（三）中华茶文化的功能

1. 文化功能

茶文化作为文化的一种表现形式，它具有文化的一般功能，如文化所具有的认识功能、教育功能、审美功能、媒介功能等。

茶文化的教育功能主要体现在茶文化对人的教化作用，影响着人们的思想道德和行为规范。茶文化中包含着真、善、美的东西，茶被称为"礼貌和纯洁的化身"，是"灵魂之饮"。茶文化中包含秩序、仁爱、敬意、友谊的规范，人们借茶表敬意，以茶明伦理，以茶和睦氛围等。茶又被认为是"君子之饮"，认为茶品常与人品相连，会品茶的人说明他的道德修养也达到了一定的高度。茶也是清廉的象征，古人以茶作为"素业"倡导廉俭，今人也以"清茶一杯"来倡导社会风气的好转。

茶文化的审美功能在于茶文化是一种应用审美文化，茶文化随着时代的变迁，人们对它认识的加深，其美的内涵不断变化，不断丰富。"茶通六艺"，茶与音乐、诗歌、绘画等艺术相通、相连，更增添了美的内涵。

2. 经济功能

（1）提高茶产品的文化含量，增加其附加值　所谓文化附加值，是产品实体之外的附加因素，它利用大众的某种文化心理，借助与之契合的人、事、物，给自己的产品定性定位，从而提高产品的价值，增加产品的文化色彩。产品是暂时的，文化是永恒的。茶虽然是一种饮料，但由于文化意蕴的存在使其产品附加值要大于其他同类产品。如在福建举行乌龙茶茶王赛评出的"茶王"拍卖时，100g 茶叶可卖到几万元的价钱。茶是一种物质产品，但茶文化的存在，使人们在消费茶叶的时候同时感到是在消费一种文化，人们能得到心灵的满足、美感的享受，因而愿意付出更多的金钱去购买。

（2）促销功能　茶叶是一种消费品，能满足人们的需要。随着经济的发展和消费水平的提高，人们的基本生理需求得到满足以后，心理需求所占的比重就会大大提高。人们注重的不再仅仅是商品的物质价值和价格的高低，更多注重的是商品的文化价值。茶文化的存在使茶在实用功能上增加了心理功能，她能满足人们的审美要求，或者能体现消费者的个人身份和地位，因而能促进茶叶的消费。

（3）传播茶叶经济信息　文化具有媒介功能，是连接物质文明与精神文明的桥梁。文化与经济互相渗透，茶文化的存在使人们会更关注茶叶、更了解茶叶，像现在举行得非常热烈的茶文化节、茶博览会就是一种很好的传播茶叶经济信息的途径。

第五节　食品商品的地方性

我国因各个地方不同的自然环境、人文历史和风俗习惯等，在历史发展过程中形成了众多各具特色的地方食品，俗称地方特产。地方特色食品，它是人们根据特定的地域空间环境条件和自然资源条件特点，经过长期历史发展说形成的，具有稳定的质量与鲜明的特色，并为公众普遍所认同而闻名的富有地方色彩的食品。

一般而言地方特色食品可以是直接采收的原料，或经特殊工艺加工的成品，但是，必须具备两个特点：一是地域性特点，这是形成特产的一个先决条件，其次是品质，无论是原料还是制品，其品质或加工工艺与同类产品相比，应该是特优的或有特色的。地方特色食品历经长时间的考验，品质与形象早已深入人心，口碑较好；并且承载了厚重的传统文化，也是地域文化的标志性产品，是地方传统文化积淀的结果。

一、中国各地特色食品

北京市：京白梨、北京烤鸭、果脯、北京秋梨膏、茯苓夹饼、北京酥糖、六必居酱菜、虎骨酒、大磨盘柿、密云金丝小枣。

上海市：上海水蜜桃、佘山兰笋、松江回鳃鲈、枫泾丁蹄、城隍庙五香豆、崇明金瓜、南桥乳腐、高桥松饼、嘉定大白蒜、南翔小笼馒头、鸭肫干。

天津市：天津小枣、天津红果、天津板栗、天津鸭梨、耳朵眼炸糕、沙窝萝卜、"狗不理"包子、十八街麻花、桂顺斋糕点、盘山柿子、紫蟹。

重庆市：合川桃片、涪陵榨菜、白市驿板鸭、江津米花糖、柑橘橙柚、重庆火锅、涂山香肚、冰糖麻饼、麻辣胡豆。

辽宁省：苹果、辽西秋白梨、山楂、辽阳香水梨、北镇鸭梨、大连黄桃、孤山香梅、对虾、海参、文蛤、鲍鱼、扇贝、贻贝、香螺、梭子蟹、沟帮子熏鸡、紫海胆、裙带菜。

吉林省：大米、人参、蛤油、狍子肉、刺五加茶、通化葡萄酒、猴头、黑木耳、梅花鹿茸、李连贵熏肉大饼、朝鲜族冷面、白肉血肠、松花江白鱼。

内蒙古自治区：马奶酒、酸乳、干酪、奶豆腐、发菜、烤羊腿、沙棘、小茴香、风干牛肉、枸杞。

山西省：晋祠大米、山西老陈醋、稷山板枣、沁州黄米、平顺花椒、汾阳核桃、灵丘莜麦面、上党腊味驴肉、清徐核桃、汾酒、竹叶青酒、太谷饼、平遥牛肉。

甘肃省：发菜、薇菜、蕨菜、康县木耳、兰州百合、甘谷辣椒、临泽红枣、河西沙枣、沙棘、陇南猕猴桃、陇南甜柿、天水花牛苹果、冬果梨、软儿梨、苦水玫瑰、张掖南酒。

青海省：冬虫夏草、柴达木枸杞、鹿茸、蕨麻、青稞酒、牦牛肉干、沙果。

广西壮族自治区：罗汉果、沙田柚、荔枝、香蕉、柑橙、金橘、木菠萝、菠萝、桂圆、芒果、恭城月柿、白果、八角、茴油、甘蔗、桂林豆腐乳、桂林辣椒酱、桂林三花酒、龟苓膏、金银花、桂皮。

广东省：菠萝蜜、荔枝蜜、话梅、广式点心、广式月饼、广式腊味、白切鸡、潮汕膏蟹、沙井鲜蚝、万宁燕窝、洋塘马蹄粉、吴州海蚕皮、东莞腊肠、橄榄菜、沙河粉、拉肠粉、梅菜扣肉、凉茶。

福建省：枇杷、龙眼、荔枝、菠萝蜜、柚子、龟苓膏、天宝香蕉、凤梨、扇贝、鲍鱼、东山龙虾、津浦对虾、紫菜、大红袍、武夷岩茶、安溪铁观音、福州茉莉花茶、馆溪蜜柚、漳州芦柑、蚝煎、清泉茶饼、七星鱼丸、福建肉松。

浙江省：西湖龙井、奉化水蜜桃、萧山杨梅、超山梅子、塘栖枇杷、义乌南枣、昌化山核桃、金华佛手、湖州雪藕、天目笋干、绍兴梅干菜、西湖藕粉、绍兴腐乳、嘉兴五芳斋粽子、绍兴麻鸭、金华火腿、平湖糟蛋、绍兴黄酒。

江苏省：南京板鸭、南京盐水鸭、香肚、太湖银鱼、卤汁豆腐干、茉莉花茶、碧螺春茶叶、阳澄湖大闸蟹、苏式月饼、扬州风鹅、丹阳封缸酒、水晶肴肉、东乡羊肉、刀鱼、镇江香醋、洋河大曲、山前豆腐干、常熟叫化鸡、沛县冬桃、鼋汁狗肉、青方腐乳、茶馓、钦工肉圆、淮城蒲菜、盱眙龙虾、涟水鸡糕、高沟捆蹄、雨花茶、宜兴毛笋、如皋白园萝卜、高邮双黄鸭蛋、太仓肉松、藕粉圆子、阜宁大糕、伍佑糖麻花、无锡肉骨头、靖江肉脯、如皋火腿、黄桥烧饼、伍佑醉螺。

江西省：三杯鸡、茶树菇、李渡高粱酒、南丰蜜橘、上饶早梨、云雾毛尖茶、崇仁麻鸡、遂川狗牯脑茶、南昌米粉、石头街麻花、鄱阳湖银鱼、兴国牛皮糖薯干、四特酒。

山东省：烟台苹果、莱阳梨、潍坊萝卜、周村烧饼、日照绿茶、东阿阿胶、烟台大樱桃、无花果、枣庄石榴、肥城桃、泰山灵芝、乐陵金丝小枣、沾化冬枣、花生、青岛啤酒、烟台红葡萄酒、海带、鲍鱼、德州扒鸡、长岛海参。

安徽省：八公山豆腐、砀山酥梨、古井贡酒、祁门红茶、太平猴魁、黄山毛峰、大别山木耳、巢湖银鱼、洛河豆饼、口子窖酒、符离集烧鸡、怀远石榴、宣州板栗。

河北省：山楂、水晶饼、丝糕、赵州雪花梨、驴肉火烧、沧州金丝小枣、宣化葡萄、京东板栗、涉县核桃、长城干白葡萄酒、衡水老白干、白洋淀松花蛋、沧州冬菜。

河南省：杜康酒、新郑大枣、贾寨豆腐干、固始皮丝、固始茶菱、光州贡面、铁棍山药、道口烧鸡、糖油板栗、黄河鲤鱼、焦作柿饼、水城辣椒、景家麻花、信阳毛尖、贵妃杏、河阴石榴。

湖北省：武昌鱼、天麻、青山麻烘糕、热干面、洪湖藕粉、大头菜、鸭脖、鸭掌、鸭舌、莲子、黑木耳、孝感麻糖、沙湖盐蛋、桂花糕。

湖南省：臭豆腐、霉豆腐、血丸子、临武鸭、东江鱼、湘粉、湘莲、君山银针、油茶、金橘、安江香柚、猕猴桃、白芷、永州薄荷、湘黄鸡、淑浦鹅、龟蛇酒、湖南米粉。

云南省：过桥米线、普洱茶、滇红茶、槟榔、野生菌、汽锅鸡、永康芒果、无眼菠萝、松茸、宣威火腿、香芋草烤鸡、滇八件点心、粑粑。

贵州省：茅台酒、荷叶糍粑、尚稽豆腐皮、董酒、都匀毛尖茶、桐梓方竹笋、安顺三刀、镇宁波波糖、雷家豆腐圆子、太师面、腊肉、牛肉干、鸡辣子、都匀太师饼。

四川省：文君酒、五胖鸭、元宝鸡、灯影牛肉、东柳醪糟、南溪豆腐干、四川泡菜、全兴大曲、松花皮蛋、宜宾五粮液、竹荪、自贡红橘、泸州老窖、郎酒、沱牌曲酒、剑南春、四川榨菜、豆腐乳、叙府小磨麻油、广汉缠丝兔、干巴牛肉、四川腊肉、夫妻肺片。

陕西省：临潼石榴、乾县豆腐脑、陇县马蹄酥、水晶饼、石头饼、杏仁、苹果、核桃、猕猴桃、柿饼、红枣、葡萄、西凤酒、窝窝面、韩城花椒、韩城南糖。

宁夏回族自治区：沙棘、发菜、枸杞、硬面干烙子、宁夏山杏、蕨菜、百合干、黄河鲤鱼、羊羔肉、西瓜、蚕豆、马莲、固原鸡。

新疆维吾尔自治区：无花果、巴旦木、石榴、甜瓜、葡萄干、大红枣、哈密瓜、香梨、蟠桃、西瓜、烤全羊、啤酒花。

西藏自治区：冬虫夏草、青稞酒、藏式面点、酥酪糕、酥油茶、牦牛肉。

黑龙江省：松茸、猴头菇、松子、黑木耳、哈尔滨大红肠、鹿茸、人参、西洋参、榛子、大米、大豆、林蛙油、大马哈鱼。

海南省：文昌鸡、东山羊、和乐蟹、海南粉、鹧鸪茶、椰子、咖啡、芒果、荔枝、胡椒、果干、黄灯笼辣椒酱、椰岛鹿龟酒。

台湾地区：文山包种茶、冻顶乌龙茶、宝岛肉圆、凤梨酥、郭家润饼、麻豆文旦、台湾烤肠、牡蛎、台南棺材板、肉粽、珍珠奶茶、芒果。

香港特别行政区：西式甜点、香港烧腊、老婆饼、撒尿牛丸、虾糕。

澳门特别行政区：杏仁饼、猪油糕、葡式蛋挞、蛋卷。

二、地方特色食品的消费特点

一个地方的特产之所以称为特产，必然是依赖于某一个或多个优势。地方特产必须明白自身优势来源，这是特产食品进行"特色"营销与战略选择的前提。特产食品可以分为两个市场和三个消费群体，两个市场是特产地市场、特产地外市场，三个消费群体是特产地的本地顾客、来特产地消费的外地顾客、特产地外市场的外地顾客。

（一）特产食品的依赖优势

1. 城市地位优势

德州扒鸡之所以比符离集烧鸡、道口烧鸡、沟帮子熏鸡名气大，是因为山东德州地名比安徽符离集、河南道口、辽宁沟帮子地名大。北京烤鸭比德州扒鸡有名，也得益于北京是我国的文化、政治中心。

2. 口味特色优势

食品有着鲜明的口味特色，如菏泽单县羊汤、德州扒鸡、肥城蜜桃等。

3. 资源独有优势

有些特殊的资源是当地特有的，如西湖龙井，当地的茶叶生长环境是别的地方无法复制的；又如崂山矿泉水，崂山的水也是其他地方无法复制的。

4. 历史典故优势

有一些特产是源于历史悠久或让人印象深刻的典故，如东坡肉、叫花鸡等。

（二）特产食品的消费群体

1. 当地消费者

当地消费者对地方特产通常有自豪的情感在里面，特产存在于其生活之中，是作为地方特色进行对外交流的媒介,更是作为对外交往的礼品来看待,比如德州人招待外地客人要用德州扒鸡,走亲访友要送德州扒鸡。

2. 外地消费者

外地消费者在特产地的购买行为不能形成重复消费,因为特产一般在其他地方不常见,所以外地消费者多是出于尝鲜的目的及买正宗的想法而购买的,但是,这种消费心态却不能使顾客形成持续的消费行为。消费者在出差或旅游时购买特产食品作为馈赠亲朋的礼品或纪念品,一般不会进行二次购买,这也意味着在特产地,特产食品每次面对的外地顾客,都是一波又一波的新顾客。

第六节 食品商品的时间性

一、食品保质期的概念

食品的保质期是指在标签规定的条件下,保持食品质量(品质)的期限。在此期限,食品完全适于销售,并符合标签上或产品标准中所规定的质量(品质);超过此期限,在一定时间内,食品仍然是可以食用的。

在美国,食品包装上一般有四个日期:销售截止期、最佳口味期、食用期和封箱包装期。超过了食用期的食物就不能再吃,应该销毁了。我国就分得没有这么细了,但是一般来说,我们所说的保质期指的是在期限之内,食物不会发生外观、颜色、口感、味道、安全性能等各个方面的变化。实际上这也是厂家的一个承诺,表示在保质期内,厂家要为食品的安全负责。

2011年5月13日,卫生部发布《GB 7718—2011 预包装食品标签标准》,其中对保质期进行了重新的定义,新标准中对保质期的定义是:预包装食品在标签指明的贮存条件下,保持品质的期限。在此期限内,产品完全适于销售,并保持标签中不必说明或已经说明的特有品质。

有时候我们也能看到一些食品标签上除标有保质期外,也标有最佳食用期的,严格来说保质期不等于最佳食用期,食物的保质期是指食物在这期间不会变质或发霉变坏;而最佳食用期是指食物在这一阶段食用效果如营养、味道、气味、颜色都很正常的最佳食用阶段而食用。如果食物过了保质期而没有变质变坏,人还是可以食用的。但如果真的变质了就不要食用了,否则对人体是有害的。

二、常见食品的保质期

(一)国家食品主管部门对一些食品的保质期做出的规定

(1)酒类 瓶装普通熟啤酒保质期为2个月,特制啤酒为4个月;瓶装葡萄果露酒为半年。

(2)饮料类 果汁汽水、果味汽水、可乐汽水,玻璃瓶装保质期为3个月,罐装

6个月;果汁玻璃瓶装6个月。

(3)罐头类 鱼肉禽类罐装、玻璃瓶装保质期2年;果蔬菜类罐装、玻璃瓶装为15个月;油炸干果、番茄酱、铁罐装、玻璃瓶装保质期为1年;马口铁罐装奶粉为1年,玻璃瓶装9个月,500g塑料袋装4个月。

(4)食糖类 饼干马口铁桶装为3个月,塑料袋装为2个月,散装为1个月;巧克力、夹心巧克力保质期为3个月,纯巧克力6个月,散装的1个月;调味品类酱油和食用醋为6个月。

几种半成品食品的保质期和最佳食用期见表3-1。

表3-1　　　　　　几种半成品食品的保质期和最佳食用期

名称	最佳食用期	保质期	名称	最佳食用期	保质期
姜汁	3天	7天	奶茶	2天	5天
红豆	3天	5天	汤圆	15天	45天
黑糯米	2天	5天	奶昔粉	30天	60天
莲子	3天	7天	绿豆沙	2天	4天

(二)食品的保质期与品质变化

食品在保质期内的品质,也随着时间的变化而变化,如图3-1和图3-2所示。

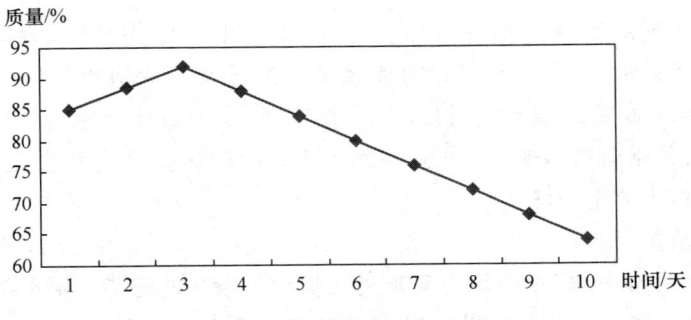

图3-1　鱼、禽、肉类随时间变化曲线

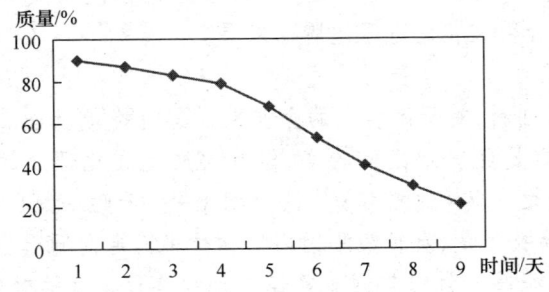

图3-2　果蔬类食品随时间变化曲线

| 知识拓展 |

我国酒文化的功能

1. 定位功能

通过文化的联系、联想、想象、创造，促成了消费者对酒的定位。五粮液、茅台定位在中国白酒的一线品牌上，五粮液、茅台用高价格显示着消费者的体面，"满足消费者的身份需求"成为五粮液不断涨价的理由。喝出健康来的茅台不断地喝出"更高价格"来。

洋河"蓝色经典"中的蓝色，是一个非常符合当代追求的色彩，"蓝色"意味着海洋，"蓝色领域"意味着无人竞争。这种文化隐喻，使洋河迅速获得一群自认成功而又不自负的中高端消费者的认可。本来，杜康酒是更有文化的，因为杜康造酒的传说深入人心。然而，"何以解忧，唯有杜康"却把消费者饮酒的功能定位在"解忧"上，这不得不使很多消费者对杜康酒望而却步。需要"解忧"的多半是人生的失意者、失败者，消费者不愿把自己定位在此类型，也难怪杜康酒有名实不符。同样，酒鬼酒也是如此。

2. 催生功能

文化需要载体，载体承扬文化。深厚的酒文化催生新兴酒品牌。2010年宜宾新出的一个酒类品牌，就是以周洪谟文化为载体的，洪谟酒是先有文化再有产品的典型案例。周洪谟，是宜宾市长宁县人，明代榜眼，皇帝赐匾曰"为国名儒"。文化研究催生了洪谟酒，文化研究也为洪谟酒营造了良好的消费氛围。周洪谟"半人半仙"的神话传说，"学而优则仁"的人生际遇，步步高升的显达仕途，影响深远的宏篇巨述，使洪谟酒迅速在"中国白酒之都"宜宾崛起，这是酒文化对酒产业的催生功能的一个典型个案。

3. 推动功能

"中国白酒第一坊"水井坊的高贵文化推动了全兴的进步，"478年的历史"国窖1573的国窖文化推动了泸州老窖的进步，"神采飞扬中国郎"红花郎的郎文化推动了郎酒的飞速发展，"洋河蓝色经典"的蓝色文化使老品牌洋河重回名牌阵营，"舍就是得"的舍得文化促进了沱牌的发展。

4. 挽救功能

文化的开拓与创新，对于困境中的企业来说具有挽救功能。红楼梦酒业的战略重组，从形式上看是经营形式的转变，但其实质是文化理念的现代转换。作为中国四大古典小说之一的《红楼梦》其核心意象是"千红一窟（哭）"茶，"万艳同杯（悲）"酒，是由锦衣玉食、富贵荣华因内忧和外患而走向凋零、破败、凄苦悲凉的过程。这种文化象征暗合红楼梦酒业曾经走过的路程。红楼梦实现战略重组后，典型的是酒瓶的转变。这个转变是文化的"华丽转身"，将红楼梦由传统的噩梦、败家梦、抄家梦、出家梦转化为现代的好梦、繁华梦、富贵梦、爱情梦。红楼梦酒业因此重获生机,广告重回中央电视台。是文化更新挽救了红楼梦酒业,是文化转型振兴了红楼梦酒业。

自我测试

一、填空题(10×1分)

1. 我国2009年,将《中华人民共和国食品卫生法》修订为《_____》,更全面、深入地说明食品生产、监管等要求,进而达到保障公众身体健康和生命安全的目的。

2. 食物中的养分科学上称为营养素。营养素分为蛋白质、脂类、碳水化合物、_____、_____、水、_____七大类。

3. 谷类食物蛋白质中的_____含量普遍较低,宜与豆类和_____食物混合食用,以提高谷类蛋白质的营养价值。

4. 判定食品的外观品质,通常从:_____、_____、饱和度这3个基本属性全面地衡量和比较。

5. 功能性甜味剂主要包括功能性单糖、_____和_____。它们在人体内代谢不受胰岛素制约,可供糖尿病人食用。

二、名词解释(4×2.5分)

食品感官评价　食品的保质期　地方特色食品　保健食品

三、选择题(10×1分)

1. 食品的( )是食品应具备的最基本属性。
   A. 安全性　　　B. 营养性　　　C. 文化性　　　D. 感官性

2. 不具有调节生理功能的主要是( )。
   A. 碳水化合物　B. 蛋白质　　　C. 矿物质　　　D. 维生素

3. 下面哪种营养素不是能量的来源( )。
   A. 碳水化合物　B. 蛋白质　　　C. 脂类　　　　D. 膳食纤维

4. 下面哪种食品中矿物质的吸收利用率最高( )。
   A. 鸡蛋　　　　B. 麻花　　　　C. 青菜　　　　D. 罐头

5. 小孩子选购食品时通常更看重食品的( )。
   A. 安全性　　　B. 营养性　　　C. 文化性　　　D. 感官性

6. 汾酒属于( )型白酒。
   A. 酱香　　　　B. 浓香　　　　C. 清香　　　　D. 米香

7. 以下哪种食品的品质随着贮藏时间的延长而不断提高( )。
   A. 冷冻鱼　　　B. 白酒　　　　C. 芒果　　　　D. 葡萄干

8. 下面哪个不是山东特产( )。

A. 烟台苹果　　　B. 德州扒鸡　　　C. 沾化冬枣　　　D. 祁门红茶
9. 下面哪种不属于功能性油脂(　　)。
A. 多元糖醇　　　B. 多不饱和脂肪酸　C. 磷脂　　　　D. 胆碱
10. 下面哪个不是江苏特产(　　)。
A. 盐水鸭　　　　B. 烤鸭　　　　C. 风鸡　　　　D. 叫化鸡

四、判断题(10×1分)

(　　)1. 谷类蛋白质含量一般为7%~12%,而牛乳中蛋白质含量只有4%左右,所以谷类的蛋白质营养价值高于牛乳。
(　　)2. "八五粉"比"八一粉"保留了更多的维生素、纤维素和矿物质。
(　　)3. 地方特色食品的主要消费群体是当地消费者。
(　　)4. 食品过了保质期就一定不可以食用。
(　　)5. 食品的质量随着贮存时间的延长而不断降低。
(　　)6. 粑粑是四川的特产。
(　　)7. 巴氏杀菌乳比常压煮沸乳的营养成分损失更多。
(　　)8. 茶文化有一定的地域性,江浙一带喜饮绿茶,福建、广东地区欣赏乌龙茶。
(　　)9. 在我国白酒香型中,以浓香型白酒的品种最多。
(　　)10. 保健食品是针对某些特殊的人群而采取的措施,并不适合于全民使用。

五、简答题(4×2.5分)

1. 简述我国食品安全问题的成因。
2. 简述食品感官性对食品消费者购买行为的影响。
3. 简述中华茶文化的经济功能。
4. 简述地方特色食品的消费特点。

第四章　食品商品的质量安全管理

> **学习内容**
> 1. 食品质量、食品安全概念，质量特性，我国食品质量安全面临的主要问题以及任务要求；
> 2. 影响食品质量安全的生物、化学、物理因素；
> 3. 食品质量管理概述、食品质量管理主要研究内容、食品质量管理未来方向；
> 4. QS 基本概念、申请程序、必备条件以及现场审查；
> 5. 良好操作规范（GMP）、卫生标准操作程序（SSOP）。

> **学习目标**
> 1. 掌握食品商品质量安全基本概念；
> 2. 了解影响食品质量安全的主要因素；
> 3. 熟悉食品质量管理的基本内容；
> 4. 掌握 QS 及食品安全控制有关基本理论知识；
> 5. 能运用食品质量安全知识进行食品质量管理。

"民以食为天"，食品是人类社会生存发展的第一需要。但如果"食"不卫生，"食"不安全，则是百病之源。食品的安全性是听起来似乎陌生却与人们息息相关的概念，人们不自觉地在日常生活中实施这一内涵，比如上街购买鱼、肉、禽、蛋等鲜活产品，首先看是否鲜活，有没有异味，是否不洁或腐败；在菜市场，细心的购买者总会留意菜叶有没有虫眼，是否有用污水浇灌或被滥用过农药的危险；在食品店的柜台上,印有"不含添加剂""纯天然""绿色食品"等标志的商品,格外吸引购物者的注意……这些都反映了人们在生活水平提高以后已经把食品的安全作为购买食品的重要原则和取舍标准,影响着食品的使用(食用)价值的发挥。

第一节 食品质量与安全的概念及要求

一、质量与食品质量的概念

(一)质量

质量常被定义为产品或工作的优劣程度。按国际标准 ISO 8402:2000 将质量定义为"反映实体满足明确和隐含需要的能力的特性之总和"。

所谓"实体"是指"可单独描述的研究的事物",实体既可以是产品、活动和过程,也可以是组织、体系或人,还可以是上述各项的组合。

所谓"需要"是指顾客的需要,也可指社会的需要及第三方(政府主管部门、质量监督部门、消费者协会等)的需要。

(二)质量特性

质量特性是指产品所具有的满足用户特定(明确和隐含的)需要的,能体现产品使用价值的,有助于区分和识别产品的,可以描述或可以度量的基本属性。

不同种类的产品具有不同的质量特性。根据产品的种类,可分为有形产品质量特性、服务质量特性、过程质量特性和工作质量特性 4 类。

1. 有形产品的质量特性

有形产品质量特性包括功能性、可信性、安全性、适应性、经济性和时间性 6 个方面。这 6 个方面的综合水平能反映出有形产品的内在质量特性,体现产品的使用价值。

2. 服务质量的质量特性

服务质量是指服务满足明确和隐含需要的能力的总和。

定义中的服务既包括服务行业(交通运输、邮电通信、商业、金融保险、饮食宾馆、医疗卫生、文化娱乐、仓储、咨询、法律)提供的服务,也包括有形产品在售前、售中和售后的服务,以及企业内部上道工序对下道工序的服务。在后一种情况,无形产品伴生在有形产品的载体上。

服务质量的质量特性有功能性、经济性、安全性、时间性、舒适性和文明性 6 个方面。

3. 过程质量的质量特性

质量的形成过程包括开发设计、制造、使用、服务 4 个子过程,因此过程质量是指这 4 个子过程满足明确和隐含需要的能力的总和。保证每一个子过程的质量是保证全过程的质量的前提。

4. 工作质量的质量特性

工作质量是指部门、班组、个人对有形产品质量、服务质量、过程质量的保证程度。良好的工作质量取决于正确的经营、合理的组织、科学的管理、严格可行的制度和规范,操作人员的质量意识和知识技能等因素。

(三)食品质量

食品工业是人类的生命产业,是一个最古老而永恒不衰的产业,世界食品产业是世界制造业的第一大产业。发展食品工业是我国经济发展的一大战略。但目前,中国食品工业总体发展水平还比较低,农产品加工率不高,产品结构不合理,生产技术水平还有待提高,我国还应建立健全食品工业质量安全监督检测体系,确保食品安全。

食品可定义为具有一定营养价值的,可供人食用且对人体无毒无害、安全卫生的,或经过一定加工、包装制成的食物,具有相应的色、香、味、形等感官性状。那么,食品质量应主要涵盖其安全性、营养价值和可口性。因此,食品质量定义为:在食用方面能满足用户需要的优劣程度。

食品作为一种产品,除具有其他产品的共性外,在质量特性上表现出的差异如下。

(1)食用性　为食品所特有,并且食用性只表现为一次。

(2)内在特性　所用原辅料的种类和性状。

(3)营养性　营养成分的种类和性质。

(4)感官特性　指食品的色、香、味、形。

(5)安全性　不应损害消费者的身心健康。

(6)卫生性　要求无毒,无害,无污染,对重金属、微生物等有害物质有严格的限制标准。

(7)时间性　保质期限严格,超过保质期的不能食用。

(8)经济性　要求价廉物美,食用方便。

二、食品安全的概念

食品安全(food safety)一般是指食品本身对食品消费者的安全性,即食品中有毒、有害物质对人体的影响。食品中的有毒、有害物质主要来自于外部对食品的危害,这些危害对食品的安全状态影响最直接、最广泛。

关于食品安全,至今学术界尚缺乏一个明确的、统一的定义。食品安全的概念是 1974 年 11 月联合国粮食与农业组织在罗马召开的世界粮食大会上正式提出的。1972—1974 年,发生世界性粮食危机,特别是最贫穷的非洲国家遭受了严重的粮食短缺,为此,联合国于 1974 年 11 月在罗马召开了世界粮食大会,通过了《消灭饥饿和营养不良世界宣言》,联合国粮食与农业组织(FAO)同时提出了《世界粮食安全国际约定》,该约定认为,食品安全指的是人类的一种基本生存权利,即"保证任何人在任何地方都能得到为了生存与健康所需要的足够食品"。

20世纪80年代中期以来,世界性粮食短缺现象基本解决,一些粮食供给不足的发展中国家,主要是外汇的短缺和购买力的不足。正因为如此,1983年4月,联合国粮食与农业组织粮食安全委员会通过了总干事爱德华提出的食品安全新概念,其内容为"食品安全的最终目标是,确保所有的人在任何时候既能买得到又能买得起所需要的任何食品"。同时,食品安全必须满足以下三项要求:①确保生产足够多的食品;②确保所有需要食品的人们都能获得食品,尽量满足人们多样化的需求;③确保增加人们收入,提高基本食品购买力。

1996年世界卫生组织在其发表的《加强国家级食品安全性计划指南》中则把食品安全与食品卫生作为两个概念加以区别。其中食品安全被解释为"对食品按其原定用途进行制作和/或食用时不会使消费者受害的一种担保",食品卫生则指"为确保食品安全性和适合性在食物链的所有阶段必须采取的一切条件和措施"。

综观食品安全概念的产生与变化,可以看出食品安全是一个发展的概念,甚至在同一国家的不同发展阶段,由于食品安全系统的风险程度不同,食品安全的内容和目标也不同。

三、食品安全的要求

(一)我国食品安全面临的主要问题

食品是人类赖以生存、繁衍、维持健康的基本条件。人的一生之中,自出生到死亡,每天都离不开饮食,总的食品消费量相当可观。随着食品需求量的增大,不仅要增强食品的营养保健性,还要提高食品的安全性,食物安全问题已为千千万万人所关心。目前,中国食品安全面临的问题主要有以下几个方面。

1. 微生物污染的食源性疾病问题十分突出

中国每年向卫生部上报的数千件食物中毒事件中,大部分都是致病微生物引起的,如20世纪80年代在上海因食用毛蚶引起食源性甲肝的大暴发,涉及30万人;2001年在江苏、安徽等地暴发的肠出血性大肠杆菌O157食物中毒,造成177人死亡,中毒人数超过2万人。根据WHO估计,发达国家食源性疾病漏报率在90%以上,而发展中国家则在95%以上。

2. 种植业和养殖业的源头污染对食品安全的威胁越来越严重

中国是世界上化肥、农药施用量最大的国家。氮肥(纯氮)年使用量2500多万t,农药超过130万t,两者单位面积用量分别为世界平均水平的3倍和2倍。

目前,在中国1200条河流中,850条江河受到不同程度的污染,130多个湖泊有51个处于富营养状态,中国海域的"赤潮"现象不断发生。在工业污染物中尤以持久性有机污染物和重金属污染物最为严重,而未经处理的工业废水、城市污水用于农田灌溉的现象时有发生。我国农产品生产多以农户为单位,农产品全过程质量监控难度大。非法使用违禁药物现象严重,国家明令禁止或限制生产、使用的农药、兽药引起的食物中毒事件时有发生,在这种环境下种植和养殖的农产品的安全性受到了影响。

3. 违法生产经营食品问题严重

食品生产加工领域问题比较严重,突出表现为食品生产企业多、小、散乱。100多万食品生产单位约70%是10人以下的家庭小作坊,大多不具备生产合格食品的必备条件,同时食品流通程序比较混乱,全国食品经营企业达300多万家,大多为个体工商户,缺乏必要的设施,经营管理落后。一些食品批发市场缺乏有效的安全检测手段和质量控制措施,使造假者有机可乘,甚至成为假冒伪劣食品集散地。一些经营企业贪图私利,蓄意出售过期或变质食品现象屡禁不止,直接危害了人们的身体健康,引起强烈的社会反响。

4. 食品工业中使用新原料、新工艺给食品安全带来了许多新问题

现代生物技术(如转基因技术)、益生菌和酶制剂等技术在食品中的应用,食品新资源的开发等,既是国际上关注的食品问题,也是中国亟待研究和重视的问题。

5. 工业污染导致环境恶化,对食品安全构成严重威胁

如水污染导致食源性疾病的发生,海域的污染直接影响海产品的质量。

6. 食品安全问题影响了中国的国际贸易

近年来,由于安全的原因,其出口受到了严重影响。2009年,因农药残留问题,我国谷物出口137.1万t,同比下降26.3%,玉米出口12.9万t,同比下降48.9%,大米出口76.1万t,同比下降19.6%,蔬菜出口802.7万t,同比下降2%。美国的食品与药品管理局每年都扣留大批我国出口农产品,理由是产品含有杂质,食品卫生差以及农药残留、有食物添加剂、色素、沙门氏菌、黄曲霉毒素污染等。其他食品也是如此,令人惨不忍睹。

7. 关键检测技术不够完善

对于一些重要食源性危害的检测,其检测技术不够完善,不能满足食品安全控制的需要,如瘦肉精和激素等兽药残留的分析技术要求达痕量(10^{-9})水平;而二噁英及其类似物的检测技术属于超痕量(10^{-12})水平;中国某些产品出口欧洲和日本时,国外要求检测100多种农药残留,显然要求一次能进行多种农药的多残留分析就成为技术关键。

8. 危害性分析技术应用不广

危险性分析是世界贸易组织(WTO)和食品法典委员会(CAC)强调的用于制定食品安全技术措施的必要技术手段,也是评估食品安全技术措施有效性的重要手段。中国现有的食品安全技术措施与国际水平存在差距的重要原因之一,就是

没有广泛地应用危险性分析技术,特别是对化学性和生物性危害的评估。

9. 关键控制技术需要进一步研究

在食品中应用"良好农业规范(GAP)""良好兽医规范(GVP)""良好操作规范(GMP)""危害分析与关键控制点(HACCP)"等食品安全控制技术,对保障产品质量安全十分有效。而在实施 GAP 和 GVP 的源头治理方面,中国科学数据还不充分,需要进行研究。中国部分食品企业虽然已应用了 HACCP 技术,但缺少结合本国国情的覆盖各行业的 HACCP 指导原则和评价准则。

10. 食品安全技术标准体系与国际不接轨

目前,国际有机农业和有机农产品的法规与管理体系主要可以分为 3 个层次,即联合国层次、国际性非政府组织层次和国家层次。联合国层次的有机农业和有机农产品标准是由联合国粮食与农业组织(FAO)与世界卫生组织(WHO)制定的,它是《食品法典》的一部分,目前还属于建议性标准。《食品法典》的标准结构、体系和内容等基本上参考了欧盟有机农业标准以及国际有机农业运动联盟(IFOAM)的基本标准。联合国有机农业标准能否成为强制性标准目前还不清楚,但其重要性在于可以为各个成员国提供有机农业标准的制定依据。一旦成为强制性标准,就会成为 WTO 仲裁有机农产品国际贸易的法律依据,是各个成员国必须遵守的。因此,中国安全食品的标准制定应参照 WHO 和 FAC 以及 IFOAM 标准,这方面中国除有机食品等同采用、绿色食品部分采用外,其他标准还存在不小的差距。

11. 监管部门工作有待进一步提高

目前,安全食品生产与管理之间不协调,中国未将常规食品、无公害食品、绿色食品和有机食品的生产、经营及管理有机结合起来,使得本来具有内在联系的四者基本上独立存在。

12. 食品安全意识不强

受中国经济发展水平不平衡的制约,一些食品生产企业的食品安全意识不强,食品生产过程中食品添加剂超标使用,污染物、重金属超标现象时有发生。此外,还有少数不法生产经营者为牟取暴利,不顾消费者的安危,在食品生产经营中掺假现象屡有发生。

(二)食品安全要求

随着我国人民生产水平的不断提高和全球经济一体化快速发展,我国需要尽快建立起食品安全体系,以保证食品质量安全,主要应从以下几个方面加以落实。

1. 建立食品安全专门机构

目前,中国参与食品安全监督方面的工作人员涉及工商、卫生、农业、药监、商务等十几个部门。因此,中国应建立食品安全专门机构,负责协调各主管部门对食品安全的监管,并为政府制定食品安全政策提供建议。

2. 健全食品安全应急反应机制

食品安全事件具有突发性、普遍性和非常规性的特点，影响的区域非常广泛，涉及的人员也很多。如果没有高效应急机制，事件一旦发生，规律难以掌握，局势难以控制，损失难以估量。目前，建立处理食品安全突发性事件的应急机制已经成为国际惯例。中国应从完善机构体系、健全信息收集、建立预设方案等几个方面建立健全食品安全应急反应机制。

3. 建立统一协调的法律法规体系

根据中国食品安全法律目前存在的问题以及与国际上的差距，应该以现有国际食品安全法典为依据，建立中国的食品安全法规体系的基本框架；完善已有法律法规体系；赋予执法部门更充分的权利；加强立法和执法监督等。

4. 提高食品安全科技水平

基于中国经济的发展水平以及现有科技基础，应优先研究关键技术和食源性危害危险性评估技术；采用可靠、快速、便携、精确的食品安全检测技术；积极推行食品安全过程控制技术等。

5. 自我完善，积极认证

为了提高食品安全水平，在食品原料生产、加工、运输、销售中大力推广 ISO 9001、ISO 9002、ISO 14000、HACCP 体系和 GMP、无公害食品、绿色食品、有机食品等体系认证。同时，积极推进认证机构社会化改革，加强对认证机构的监督管理，规范认证行为。

6. 积极开展新技术、新工艺、新材料加工食品的安全性评价技术研究

近一个时期，转基因食品的安全性一直是人们关注的目标，文化程度较高阶层对转基因食品避而远之，当然还有一大部分转基因食品和辐照食品未在标签标识中进行标注。随着社会的发展，新技术、新工艺、新材料加工的食品会越来越多，隐瞒真相、剥夺消费者知情权是一种违法行为。要积极开展对新技术、新工艺、新材料加工食品的安全性评价技术研究，让消费者吃得明白、吃得安全、吃得放心。

第二节 影响食品质量安全的主要因素

食品加工中影响食品质量安全的因素包括生物因素、化学因素、物理因素等。这些因素可能来自原料本身、环境污染或是加工过程。

一、生物因素

生物因素主要指生物（尤其是微生物）自身及其代谢过程、代谢产物（如毒素）对食品原料、加工过程和产品的污染，在食品加工、贮存、运输、销售、直到食用的整个过程中，每一个环节都有可能受到生物污染，威胁食品安全、危害人体健康。

所以,生物性危害是影响食品安全性的重要因素。按生物种类分为以下几类。

(一)细菌性危害

细菌性危害是指细菌及其毒素产生的危害。细菌污染食品后,可引起各种各样的食源性疾病(又称为食物中毒),细菌性食物中毒可分为感染型食物中毒和毒素型食物中毒。引起细菌性食物中毒的微生物主要有沙门菌属、大肠杆菌、肉毒梭菌、志贺菌属、副溶血性弧菌、金黄色葡萄球菌以及由炭疽芽孢杆菌、结核杆菌、布鲁菌属、单核细胞李斯特菌、鼠疫耶菌、猪丹毒丝菌等引起的人畜共患病。细菌性危害涉及面最广、影响最大、问题最多。控制食品的细菌性危害是目前食品安全性问题的主要内容。

(二)真菌性危害

真菌性危害主要包括霉菌及其毒素对食品造成的危害。致病性霉菌产生的霉菌毒素通常致病性很强,并伴有致畸、致癌性,是引起食物中毒的一种严重生物危害。一般来说,产毒真菌菌株主要在谷物、发酵食品及饲料上生长并产生毒素,直接在动物性食品如肉、蛋、乳上产毒的较为少见。而食入大量含毒饲料的动物同样可引起各种中毒症状,致使动物性食品带毒,被人食入后会造成真菌毒素中毒。引起真菌毒素中毒的种类主要有霉变花生中的黄曲霉毒素、黄变米中的霉菌毒素、赤霉病麦中禾谷镰刀菌产生的赤霉烯酮以及霉变甘蔗中节菱孢属中的霉菌产生的3-硝基丙酸的强烈毒素。

(三)病毒性危害

病毒是非常小的微生物,有专一性、寄生性,虽然不能在食品中繁殖,但是食品为病毒提供了良好的生存条件,因而可在食品中残存很长时间。目前,易引起人畜疾病的主要有肝炎病毒、口蹄疫病毒、疯牛病病原、禽流感病毒和猪水疱病病毒。

(四)寄生虫危害

寄生虫危害主要是寄生在动物体内的有害生物,通过食物进入人体后,引起人类患病的一种危害。对食品安全性危害较大的寄生虫有囊尾蚴、旋毛虫、刚地弓形虫、十二指肠钩虫等。

(五)虫鼠害

昆虫、老鼠列入生物性危害,是因为它们会作为病原体的宿主,传播危害人体健康的疾病,有时还会引起过敏反应、胃肠道疾病。

二、化学因素

食品中的化学危害包括食品原料本身含有的,在食品加工过程中污染、添加及由化学反应产生的各种有害化学物质。

(一)天然毒素及过敏原

天然毒素是生物本身含有的或是生物在代谢过程中产生的某种有毒成分。

比如,大豆中含有的皂素、猪体内的三腺(甲状腺、肾上腺和淋巴腺)、发芽马铃薯产生的茄碱。

过敏原都是蛋白质,但众多的蛋白质中只有几种蛋白质能引起过敏,并且只有某些人对其过敏。引起过敏的蛋白质通常能耐受食品加工、加热和烹调,并能抵抗肠道消化酶的作用。过去中国对食物过敏的问题未能引起足够的重视。尽管食物过敏没有食物污染问题严重和涉及面广,但一旦发生,后果相当严重。致敏性食品包括八大类:谷类、贝类、蛋类、鱼类、乳类、豆类、树籽类及其制品、含亚硝酸盐类的食品。

(二)农药残留

食品中农药残留的危害是由于对农作物施用农药、环境污染、食物链和生物富集作用以及贮运过程中食品原料与农药混放等造成的直接或间接的农药污染。常见农药残留种类主要有有机氯农药、有机磷农药、氨基甲酸酯农药、拟除虫菊酯农药。为降低食品中农药残留必须加强对农药的管理、合理安全地使用农药、制定和完善农药残留限量标准及采取消除食品中农药残留的措施。

(三)药物残留

为了预防和治疗畜禽与鱼贝类疾病,通过直接用药或饲料中添加大量药物,造成药物残留于动物组织中,随之而来的是对人体与环境的危害。兽药残留对人体健康的危害主要表现为:①毒性作用;②过敏反应和变态反应;③细菌耐药性增加;④使人体肠道菌群失调;⑤产生致畸、致癌、致突变;⑥干扰人体的激素分泌体系和身体正常机能。

(四)激素残留

为了促进动物的生长与发育,缩短植物生长周期而在原料生产阶段添加的动植物激素。这类激素残留可能引起人体生长发育和代谢的紊乱,常见的动物类激素有蛋白类激素和胆固醇类激素两种。

(五)重金属超标

重金属主要通过环境污染、含金属化学物质的使用以及食品加工设备、容器对食品的污染等途径进入食品中,造成重金属含量超标。

(六)添加剂的滥用或非法使用

食品添加剂是指为改善食品的品质、色、香、味、保藏性能以及为了加工工艺的需要,加入食品中的化学合成或天然物质。在标准规定下使用食品生产中允许使用的添加剂,其安全性是有保证的。但在实际生产中却存在不按添加剂的使用说明,滥用食品添加剂的现象。食品添加剂的长期、过量使用能对人体带来慢性毒害,包括致畸、致突变、致癌等危害。最近,食品行业中暴露的非法添加化工原料的恶性食品安全事件接连不断,如米、面、豆制品加工中使用"吊白块"(甲醛次硫酸氢钠),甲醛处理水产品等。

（七）食品包装材料、容器与设备带来的危害

各种食品容器、包装材料和食品用工具、设备直接或间接与食品接触过程中，材料里有害物质的溶出会对食品造成的污染。

（八）其他化学性危害

其他化学性危害指由原料带来的或在加工过程中形成的一些其他有害物质。例如，由于原料受环境污染及加工方法不当带来的多环芳烃类化合物；由环境污染、生物链进入食品原料中的二噁英等；高温油炸或烘烤食品产生的苯并芘等；此外，食品吸附外来放射性物质造成的食品放射性污染。

三、物理因素

物理性危害包括各种可以称之为外来物质的、在食品消费过程中可能使人致病或致伤的、任何非正常的杂质。多是由原材料、包装材料以及在加工过程中由于设备、操作人员等原因带来的一些外来物质，如玻璃、金属、石头、塑料等。

总之，生物性污染和化学性污染是当前乃至今后相当长的一段时间食品加工中要面临的主要安全问题。

第三节 食品质量管理

一、食品质量管理概述

食品质量管理是质量管理的理论、技术和方法在食品加工和贮藏工程中的应用。食品是一种对人类健康有着密切关系的特殊有形产品，它既符合一般有形产品质量特性和质量管理的特征，又具有其独有的特殊性和重要性。因此食品质量管理也有一定的特殊性。

（一）食品质量管理在空间和时间上具有广泛性

食品质量管理在空间上包括田间、原料运输车辆、原料贮存车间、生产车间、成品贮存库房、运载车辆、超市或商店、冰箱、再加工、餐桌等环节的各种环境。从田间到餐桌的任何一个环节的疏忽都可使食品丧失食用价值。在时间上食品质量管理包括3个主要的时间段：原料生产阶段、加工阶段、消费阶段，其中原料生产阶段时间特别长。任何一个时间段的疏忽都可使食品丧失食用价值。食用变质的食品，非但对人的健康没有任何好处，还会产生极其严重的后果。对加工企业而言，对加工期间的原料、在制品和产品的质量管理和控制能力较强，而对原料生产阶段和消费阶段的管理和控制能力往往鞭长莫及。

（二）食品质量管理的对象具有复杂性

食品原料包括植物、动物、微生物等。许多原料在采收以后必须立即进行预处理、贮存和加工，稍有延误就会变质或丧失加工和食用价值。而且原料大多为

具有生命机能的生物体,必须控制在适当的温度、气体分压、pH 等环境条件下,才能保持其鲜活的状态和可利用的状态。食品原料还受产地、品种、季节、采收期、生产条件、环境条件的影响,这些因子都会很大程度上改变原料的化学组成、风味、质地、结构,进而改变原料的质量和利用程度,最后影响到产品的质量。因此,食品质量管理对象的复杂性增加了食品质量管理的难度,需要随原料的变化不断调整工艺参数,才能保证产品质量的一致性。

(三)在有形产品质量特性中安全性放在首位

食品的质量特性同样包括功能性、可信性、安全性、适应性、经济性和时间性等主要特性,但其中安全性始终放在首要考虑的位置。一个食品产品其他质量特性再好,只要安全性不过关则就丧失了作为产品和商品存在的价值。我国在基本解决食物量的安全以后,对食物质的安全越来越关注。1996 年世界卫生组织在《加强国家级食品安全性指南》中明确规定,食品安全性是对食品按其用途进行制作或食用时不会使消费者受害的一种担保。食品的安全性应保证食品是不含有可能损害或威胁人体健康的有毒有害化学物质或生物(细菌、病毒、寄生虫等),避免导致消费者患食源性疾病的危险。2000 年在日内瓦召开的第 53 届世界卫生大会首次通过了有关加强食品安全的决议,将食品安全列为世界卫生组织的工作重点和最优先解决的领域。

(四)在食品质量监测控制方面存在相当的难度

质量检测控制常采用物理、化学和生物学测量方法。在电子、机械、医药、化工等行业中,质量检测的方法和指标都比较成熟。食品的质量检测则包括化学成分、风味成分、质地、卫生等方面的检测。一般来说,常量成分的检测较为容易,微量成分的检测就要困难一些,而活性成分的检测在方法上尚未成熟。感官指标和物性指标的检测往往要借用评审小组或专门仪器来完成。食品卫生的常规检验一般采用细菌总数、大肠菌群、致病菌作为指标,而细菌总数检验技术较落后,耗时长,大肠菌群检验既烦琐又不科学,致病菌的检验准确性欠佳。对于转基因食品的检验更需要专用的实验室和经过专门训练的操作人员。

(五)食品质量管理对产品功能性和适用性有特殊要求

食品的功能性除了内在性能、外在性能以外,还有潜在的文化性能。内在性能包括营养性能、风味嗜好性能和生理调节性能。外在性能包括食品的造型、款式、色彩、光泽等。文化性能包括民族、宗教、文化、历史、习俗等特性。因此在食品质量管理上还要严格尊重和遵循有关法律、道德规范、风俗习惯的规定,不得擅自更改。例如清真食品在加工时有一些特殊的程序和规定,也应列入相应的食品质量管理的范围。

消费者对一种食品的热情不会维持很久,对食品口味的要求经常发生变化,因此食品质量管理也必须不断进行市场调查,及时调整工艺参数,提高产品的适应性。

许多食品适应于一般人群,但也有部分食品仅仅针对一部分特殊人群,如婴幼儿食品、孕妇食品、老年食品、运动食品等。政府及主管部门对特殊食品制定了相应的法规和政策,建立了审核、检查、管理、监督制度和标准,因此特殊食品质量管理一般都比普通食品有更严格的要求和更高的监管水平。

(六)食品质量管理的水平需要极大提高

食品加工和贮藏是古老的传统产业,基础较为薄弱,部分大中型食品企业的技术设备先进,管理水平较高,但也有一些食品企业产品老化,设备陈旧,科技含量低,从业人员素质低,管理不善。行政管理部门也存在法规不健全以及执行和监督不力,设置准入门槛过低等问题。因此食品行业的质量管理总体水平与医药、电子、机械等行业相比有一定差距,食品行业应向其他行业学习,不断提高管理水平。

二、食品质量管理的主要研究内容

食品质量管理包括4个主要研究方向:质量管理的基本理论和基本方法,食品法规与标准,食品卫生与安全的质量控制,食品质量检验的制度和方法。

(一)质量管理的基本理论和基本方法

食品质量管理是质量管理在食品工程中的应用。因此质量管理学科在理论和方法上的突破必将深刻影响到食品质量管理的发展方向。相反,食品质量管理在理论和方法上的进展也会促进质量管理学科的发展,因为食品工业是制造业中占据重要份额且发展最快的行业。

质量管理基本理论和基本方法主要研究质量管理的普遍规律、基本任务和基本性质,如质量战略、质量意识、质量文化、质量形成规律、企业质量管理的职能和方法、数学方法和工具、质量成本管理的规律和方法等。质量战略和质量意识研究的任务是探索适应经济全球化和知识时代的现代质量管理理念,推动质量管理上一个新的台阶。企业质量管理重点研究的是综合世界各国先进的管理模式,提出适合各主要行业的行之有效的规范化管理模式。数学方法和工具的研究正集中于超严质量管理控制图的设计方面。质量成本管理研究的发展趋势是把顾客满意度理论和质量成本管理结合起来,推行综合的质量经济管理新概念。

(二)食品法规与标准

食品法规与标准的研究在新世纪受到特别的重视。世界各国政府已经认识到,在经济全球化时代,食品质量管理必须走标准化、法制化、规范化管理的道路。国际组织和各国政府制定了各种法规和标准,旨在保障消费者的安全和合法利益,规范企业的生产行为,防止出现疯牛病、二噁英等恶性事件,促进企业的有序公平竞争,推动世界各国的正常贸易,避免不合理的贸易壁垒。因此食品质量法规和标准是保障人民健康的生命线,是各行各业生产和贸易的生命线,是企业行为的依据和准绳。对于我国政府、企业和人民来说,食品质量法规与标准的研究更有着重要的现实意义。我国社会主义市场经济正处于建立、逐步完善和发展阶段,法治建设也处于完善发展阶段,企业在完成原始积累以后正朝着现代企业目标前进,生活水平得到提高的广大人民群众十分强烈地关注食品质量问题,因此我国管理部门、学术机构和企业都应十分关注和研究食品质量法规与标准。

食品法规与标准从世界范围看有国际组织的、世界各国的和我国的3个主要部分。国际组织和发达国家的食品法规与标准是我国法律工作者在制定我国法规与标准时的重要参考和学习对象,食品出口企业在组织生产时也应严格遵照出口对象国的法规与标准进行目标管理,即使内销企业也可等同采用国际标准,提高企业的管理水平和国际竞争力。中国在加入WTO以后正在全力组织研究食品法典委员会CAC、世界贸易组织、国际乳品联合会IDF、国际葡萄与葡萄酒局IWO等国际组织及美国、加拿大、日本、欧盟、澳大利亚等国(地区)的食品法规与标准。

(三)食品卫生与安全的质量控制

食品卫生与安全问题是全球性的严重问题,发达国家存在严重的食品卫生和安全问题,如英国的疯牛病、日本的大肠杆菌O157事件、比利时的二噁英事件等。发展中国家问题可能更加严重,只不过影响面较小。食品卫生与安全质量控制无疑是食品质量管理的核心和工作重点。WHO认为食品安全是该组织的工作重点和优先解决的领域。各国政府为保障人民健康和保持经济稳定增长,制定了相应的法规和体系。根据WTO的规定,为防止欺骗行为和保护人类健康安全,各国有权采取贸易技术壁垒,实施与国际标准、导则或建议不尽一致的技术法规、标准和合格评定程序。此规定使问题变得更加复杂,即一部分国家以食品卫生与安全为借口进行贸易保护。

食品良好操作规范(GMP)、危害分析与关键控制点(HACCP)系统和ISO 9000标准系列都是行之有效的食品卫生与安全质量控制的保证制度和保证体系。食品良好操作规范(GMP)是食品企业自主性的质量保证制度,是构筑HACCP系统和ISO 9000标准系列的基础。HACCP系统是在严格执行GMP的基础上通过危害风险分析,在关键点实行严格控制,从而避免生物的、化学的和物理的危害因素对食品的污染。ISO 9000标准系列是更高一级的管理阶段,包含了GMP和HACCP的主要内容,体现了系统性和法规性,已成为国际通用的标准和进入欧美市场的通行证。

这些保证制度和体系已被实践证明对确保食品卫生与安全是行之有效的。但"放之四海而皆准的"主义往往是一些普遍原则,必然缺乏针对性,在执行过程中需要较长期的"磨合"过程。GMP、HACCP、ISO 9000标准三者在内容上重复之处颇多,因此学术界认为应推行一种针对性强、易于操作的规范制度。经过各方不懈努力,ISO 22000 食品安全控制体系于 2005 年应运而生。

（四）食品质量检验的制度和方法

食品质量检验是食品质量控制的必要的基础工作和重要的组成部分,是保证食品卫生与安全和营养风味品质的重要手段,也是食品生产过程质量控制的重要手段。食品质量检验主要研究确定必要的质量检验机构和制度,根据法规标准建立必需的检验项目,选择规范化的切合实际需要的采样和检验方法,根据检验结果提出科学合理的判定。

食品质量检验的主要热点问题有：

（1）根据实际需要和科学发展,提出新的检验项目和方法　食品质量检验项目和方法经常发生变动,例如基因工程的出现就要求对转基因食品进行检验。随着人们对食品卫生与安全问题的关注和担心,食品进口国对农残和兽残的限制越来越严格,因此要求检验手段和方法进一步提高,替代原有的仪器和方法。

（2）研究新的简便快速方法　传统的或法定的检验方法往往比较繁复和费时,在实际生产中很难及时指导生产,因此需要寻找在精度和检出限上相当而又快速简便的方法。

（3）在线检验(on line QC)和无损伤检验　现代质量管理要求及时获取信息并反馈到生产线上进行检控,因此希望质量检验部门能开展在线检验。无损伤检验如红外线检测等手段已经在生产中得到应用。

三、我国食品质量管理工作的展望

（1）食品质量管理将越来越受到重视　美国质量管理学家朱兰在 1994 年美国质量管理学会年会上指出,20 世纪以生产力的世纪载入史册,未来的 21 世纪将是质量的世纪。我国要实现国民经济持续快速健康发展,必须切实提高国民经济的整体素质,优化产业结构,全面提高农业、工业、服务业的质量、水平和效益。农业和农村经济结构调整,要求农民按市场需求生产优质安全的农产品或食品加工原料。

随着我国经济的增长和食品质量管理的整体水平逐年提高,我国对高质量食品质量管理方面的人才需求将随之增长。我国人民生活水平的提高,对食品的要求将不再停留在吃饱吃好上,而是进一步向安全、卫生、营养、快捷等方面努力。国内外食品贸易的增长也要求加强对食品的质量和安全的监督、管理的力度。

（2）食品质量管理将加快法制化进程　随着我国法制化建设进程,我国将逐步完善食品质量与安全的法律法规,建立健全管理监督机构,完善审核、管理、监督制度,制定农产品及其加工品的质量安全控制体系和标准系统,对破坏食品质量安全的违法经营行为将增加打击力度。我国的法规标准将与国际先进水平进一步接轨,有逐步趋同的走势。

（3）食品质量管理学科建设走向成熟　食品质量管理将随着食品工业和国际食

品贸易的发展而逐步成熟完善。食品质量管理专业教育和科研队伍不断壮大,学术水平将不断提高,特别是中青年学术骨干将担负起发展食品质量管理学科的重任。

超严质量管理、零缺陷质量控制稳健设计等理论及其在食品中的应用将会有突破性的进展。无损伤检验、传感器技术、生物芯片、微生物快速检测等技术及其应用将加快发展步伐。

第四节 食品质量安全市场准入制度

一、食品质量安全市场准入制度概述

(一)食品质量安全市场准入制度概念

1. 市场准入与食品质量安全市场准入

所谓市场准入,一般是指货物、劳务与资本进入市场的程度的许可。对于产品的市场准入,一般的理解是,市场的主体(产品的生产者与销售者)和客体(产品)进入市场的程度的许可。食品质量安全市场准入制度,就是为保证食品的质量安全,具备规定条件的生产者才允许进行生产经营活动、具备规定条件的食品才允许生产销售的监管制度。因此实行食品质量安全市场准入制度是一种政府行为,是一项行政许可制度。

2. 食品质量安全市场准入制度包括三项具体制度

(1)对食品生产企业实施生产许可证制度　对于具备基本生产条件、能够保证食品质量安全的企业,发放食品生产许可证,准予生产获证范围内的产品;未取得食品生产许可证的企业不准生产食品。这就从生产条件上保证了企业能生产出符合质量安全要求的产品。

食品生产许可证编号由英文字母 QS 加 12 位阿拉伯数字组成,如图 4-1 所示。QS 为英文 Quality safety(质量安全)的缩写,编号前 4 位为受理机关编号,中间 4 位为产品类别编号,后 4 位为获证企业序号。

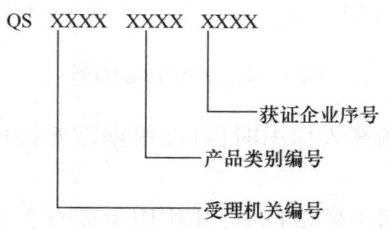

图 4-1　食品生产许可证编号

(2)对企业生产的食品实施强制检验制度　未经检验或经检验不合格的产品不准出厂销售。对于不具备自检条件的生产企业强令实行委托检验。这项规定

适合我国企业现有的生产条件和管理水平,能有效地把住产品出厂安全质量关。

(3) 对实施食品生产许可证的产品实行市场准入标志制度　对于检验合格的食品要加印(贴)市场准入标志——QS 标志,没有加贴 QS 标志的食品不准进入市场销售。这样做,便于广大消费者识别和监督,便于有关行政执法部门监督检查,同时,也有利于促进生产企业提高对食品质量安全的责任感。

2010 年 6 月 1 日之前,QS 标志由"QS"和"质量安全"中文字样组成,QS 是英文 Quality Safety(质量安全)的缩写。标志主色调为蓝色,字母"Q"与"质量安全"四个中文字样为蓝色,字母"S"为白色。

为贯彻落实《中华人民共和国食品安全法》及其实施条例,做好企业食品生产许可工作,提高食品安全保障水平,按照有关法规,2010 年 4 月 12 日,国家质量监督检验检疫总局在《关于使用企业食品生产许可证标志有关事项的公告》(总局 2010 年第 34 号公告)中要求:企业食品生产许可证标志以"企业食品生产许可"的拼音"Qiyeshipin Shengchanxuke"的缩写"QS"表示,并标注"生产许可"中文字样。从 2010 年 6 月 1 日起,新获得食品生产许可的企业应使用企业食品生产许可证标志。之前取得食品生产许可的企业在 2010 年 6 月 1 日起 18 个月内可以继续使用原已印制的带有旧版生产许可证标志包装物。至此,QS 含义演变为"企业食品生产许可",QS 标志中的"质量安全"字样改为"生产许可"。食品市场准入标志的式样、尺寸及颜色要求如图 4 - 2 所示。

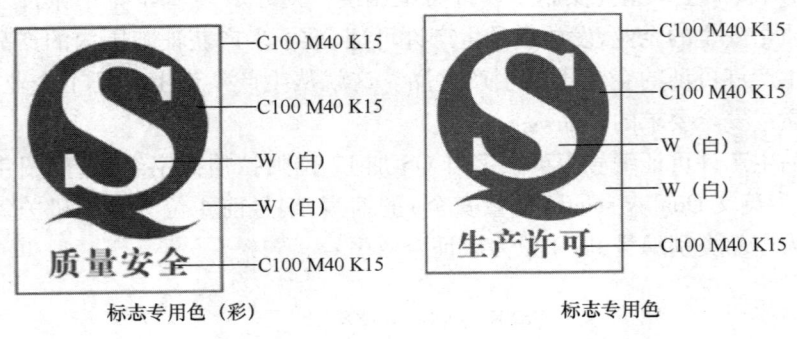

图 4 - 2　"QS"标志图形

企业在使用食品市场准入标志时,可以根据需要按比例自行缩放,但不能变形、变色。

食品市场准入标志属于质量标志,其作用主要有 3 个方面:一是表明本产品取得食品生产许可证;二是表明本产品经过出厂检验;三是企业明示本产品符合食品质量安全市场基本要求。政府通过对食品市场准入标志的监督管理,有利于为企业创造良好的公平竞争市场环境,有利于消费者识别,有利于保护消费者的合法权益。

（二）实行食品质量安全市场准入制度的基本原则
实行食品质量安全市场准入制度有如下三项基本原则。

1. 坚持事先保证和事后监督相结合的原则

为确保食品质量安全，必须从保证食品质量的生产必备条件抓起，因此要实行生产许可制度，对企业生产条件进行审查，不具备基本条件的不发生产许可证，不准进行生产。但只把住这一关还不能保证进入市场的都是合格产品，还需要有一系列的事后监督措施，包括实行强制检验制度、合格产品标识制度、许可证年审制度以及日常的监督检查，对违反规定的还要依法处罚。概括来说，要保证食品质量安全，事先保证和事后监督缺一不可，二者要有机结合。

2. 实行分类管理、分步实施的原则

食品的种类繁多，对人身安全危害高低不同，同时对所有食品都采取一种模式管理，是不科学、不必要的，还会降低行政效率。因此，有必要按照食品的安全要求程度、生产量的大小、与老百姓生活相关程度，以及目前存在问题的严重程度，分轻重缓急，实行分类分级管理，由国家质检总局分批确定并公布实施生产许可证的产品目录，逐步加以推进。

3. 实行国家质检总局统一领导，省局负责组织实施，市局、县局承担具体工作的组织管理原则

鉴于我国食品生产的量大面广、规模相差悬殊以及各地质量技术监督部门装备、能力水平参差不齐的实际状况，推行食品质量安全市场准入制度采取统一管理、省局统一组织的管理模式。国家质检总局负责组织、指导、监督全国食品质量安全市场准入制度的实施；省级质量技术监督部门按照国家质检总局的有关规定，负责组织实施本行政区域内的食品质量安全监督管理工作。市（地）级和县级质量技术监督部门主要承担具体的实施工作。

（三）食品质量安全市场准入制度的适用范围

根据《加强食品质量监督管理工作实施意见》的规定："凡在中华人民共和国境内从事食品生产加工的公民、法人或其他组织，必须具备保证食品质量的必备条件，按规定程序获得食品生产许可证，生产加工的食品必须经检验合格并加贴（印）食品市场准入标志后，方可出厂销售。进出口食品的管理按照国家有关进出口商品监督管理规定执行。"

同时规定国家质检总局负责制定《食品质量安全监督管理重点产品目录》，国家质检总局对纳入《食品质量安全监督管理重点产品目录》的食品实施食品质量安全市场准入制度。

按照上述规定，食品质量安全市场准入制度的适用地域范围是中华人民共和国境内。适用主体：一切从事食品生产加工并且其产品在国内销售的公民、法人或者其他组织。适用产品：列入国家质检总局公布的《食品质量安全监督管理重点产品目录》且在国内生产和销售的食品。进出口食品按照国家有关进出口商品监督管理规定办理。

（四）实行食品质量安全市场准入制度的意义

（1）切实从源头开始加强食品质量安全的监督管理，规范食品企业生产加工过程，提高我国食品质量安全水平。

（2）保障人类身体健康与安全，维护消费者利益，从生产条件上保证了企业能生产出符合质量安全要求的产品。

（3）便于消费者的识别与监督。

（4）有利于促进食品生产企业提高对食品质量安全的责任感。

（5）强化食品生产法制管理的需要。

（6）是适应改革开放，创造良好经济运行环境的需要。

二、QS 认证申请程序

（一）申请食品生产许可证的程序

（1）企业按照有关规定，到企业所在地市（地）级或省级质量技术监督部门领取申请书；

（2）企业填写申请书，并按照实施细则要求准备相关的材料；

（3）携带申请书等材料向企业所在地市（地）级省级质量技术监督部门申报；

（4）接受受理的质量技术监督部门组织的书面材料审查、现场审查和产品抽样检验；

（5）符合条件的企业，即可获得食品生产许可证。

（二）申请食品生产许可证需要提供的书面材料

根据《加强食品质量安全监督管理工作实施意见》的规定，食品生产加工企业申请食品生产许可证每个申证单元均须提供如下书面材料：

（1）按照规定要求填写的《食品生产许可证申请书》；

（2）企业营业执照、食品卫生许可证、企业代码证；不需办理代码证书的，提供企业负责人身份证；

（3）企业生产场所布局图；

（4）企业生产工艺流程图（标注有关键设备和参数）；

（5）企业质量管理文件；

（6）如产品执行企业标准，还应提供质量技术监督部门备案的企业产品标准；

（7）申请表中规定应当提供的其他材料。

（三）申请食品生产许可证的受理和审查程序

《加强食品质量安全监督管理工作实施细则》等有关文件规定，质量技术监督部门受理和审查企业申办食品生产许可证一般包括以下几个步骤：

（1）接受企业申请　企业向市（地）级或省级质量技术监督部门递交《食品生产许可证申请书》及有关材料后，应当立即检查申请材料是否齐全，齐全的予以接受；材料不全的，应明确告知企业所缺材料，退回企业补充，待补全后再予接受。

（2）材料审查和受理　质量技术监督部门对接受企业申请后，应当组织审查组对申请材料进行书面审查。书面材料审查符合要求的，发给企业《食品生产许可证受理通知书》；书面审查不符合要求的，由质量技术监督部门通知企业在20个工作日内补正，逾期未补正，视为撤回申请。

（3）现场审查、抽样和检验　对书面材料审查符合要求的企业，质量技术监督部门安排审查组对企业的生产条件和检验能力进行现场审查。现场审查合格的，由审查组对其生产的食品按规定进行抽样，交由符合条件的检验机构进行检验；现场审查不合格，企业应当采取纠正措施或整改，经确认或复审符合要求的，对其生产的食品按规定进行抽样，交由符合条件的检验机构进行检验。

（4）审核批准　省级质量技术监督部门将具备保证产品质量基本条件并产品检验合格的企业名单上报国家质检总局审批。

（5）发证　省级质量技术监督部门按照国家质检总局的批复，向符合发证条件的生产企业，及时发放食品生产许可证。对不符合发证条件的，发给《生产许可证审查不合格通知》并说明理由。同时收回《生产许可证受理通知书》。

（6）统一公告　国家质检总局统一公告取得食品生产许可证的企业名单。

三、食品质量安全市场准入制度的必备条件

（一）生产场所和环境条件要求

食品企业应建在无有害气体、烟尘、放射性物质及其他扩散性污染源的地区，地势高燥，厂房设计应符合从原料进厂到成品出厂的生产工艺流程要求，根据不同产品工艺要求，必须设有原料冷库、辅料库、生制品车间（解冻、清洗、修整、选料、腌制、滚揉、灌装、烘干或烟熏）、配料室、熟制品车间（煮制、冷却、包装、杀菌、冷却）及检验室与成品库。加工厂要具备防鼠、防蝇、防止昆虫侵入的设施，避免危及食品质量安全。

食品加工企业应有温湿度控制设施，以满足不同工序的要求，卫生条件及污染物处理应符合国家规定。

（二）必备的生产设备要求

食品加工企业必须具备保证产品质量安全的生产设备、工艺装备及相关辅助设备，具有与保证产品质量相适应的原料处理、加工、贮存等厂房和场所。企业的生产设备、设施和厂房等均应满足安全生产的要求。直接与食品接触的加工设备、设施及用具、工具，均应采用无毒、无害、耐腐蚀、不生锈、易清洗消毒、不易于微生物滋生的材料制成。低温产品应具备与生产能力相适应的冷链设备和设施。

（三）原辅材料要求

食品生产加工所采用原、辅材料必须符合相应的国标、行标和企标有关规定，不得使用非食用性原辅材料生产食品，使用的畜禽肉类原料应有兽医卫生检验检疫合格证明。直接用于食品生产加工的水，必须符合《GB 5749—2006 生活饮用水卫生标准》要求。所用原辅材料、添加剂、包装材料均应无毒、无害，不得使用过期、失效、变质、污染不洁的材料。采购已实施生产许可证管理的产品作为生产原料时，应当查验该产品的生产许可证。

（四）加工工艺及过程要求

食品加工工艺流程和技术参数应当科学、合理，生产加工过程应当严格规范。防止生物性、化学性和物理性污染；防止原料与半成品、成品的交叉污染；生制品与熟制品要分开。严禁使用国家明令淘汰的生产工艺和设备。加工工艺和生产过程是影响食品质量安全的重要环节，工艺流程控制不当也会对食品质量安全造成重大影响。

（五）产品标准要求

食品企业必须按照有效的产品标准组织生产。企业生产的产品必须符合国家标准、行业标准和企业标准的要求以及企业规定的质量要求。

（六）人员要求

企业法定代表人和主要人员，必须了解与食品质量安全的相关法律、法规知识和企业的产品质量责任。必须具有与食品生产相适应的专业技术人员、技术工人和质量检验人员。要做到岗前培训考核，并持证上岗。从事食品生产的人员，应当身体健康，无传染性疾病，持健康证上岗。

（七）产品检验要求

食品企业应当具备相应的质量检验和计量检测手段，必须具备产品出厂检验设备，并经检定或校准合格，在有效期内使用。企业检验部门及人员，应独立行使职权。不具备出厂检验能力的企业，必须委托法定检测单位进行产品出厂检验，并签订委托检验协议。

（八）包装及标识要求

食品包装材料必须清洁、卫生、无毒、无害、符合国标要求。定量包装食品的净含量应当符合相应的产品标准要求或符合 1995 年 12 月 8 日原国家技术监督局令第 43 号，关于《定量包装商品计量监督规定》的要求。食品标识内容必须真实，符合国家法律法规及《GB 7718—2011 预包装食品标签通则》的要求，裸装食品按批次提供质量证明，在其出厂的大包装上使用的标签必须符合本项的规定。

出厂的食品必须在最小销售包装上标注食品安全生产许可证编号并加印（贴）"QS"市场准入制标志。

（九）贮运要求

食品企业成品库房的条件，应当与相关食品的贮藏要求相适应。原则上成品库要专库专用。运输车辆、工具、用具必须清洁卫生、无毒无害,不得与污染物同贮同运,防止贮运中的食品污染。

(十)质量管理要求

食品企业应当根据有关法律法规要求,建立健全食品质量安全管理制度。实施从原材料到最终产品实行全过程的质量管理,严格岗位质量责任,加强质量考核,实行质量否决权。

四、QS 现场审查

(一)现场审查工作主要内容

现场审查工作是指审查组在现场进行审查过程中的全部活动。现场审查主要审查质量管理职责、生产资源、技术文件管理、采购质量控制、过程质量管理、产品质量检验等方面的内容。审查组在现场审查合格后,要完成发证检验样品的抽取工作。

(二)审查组开展现场审查工作的基本程序

审查组开展现场审查工作主要包括以下 5 个基本程序。

(1)召开首次会议 会议由审查组全体人员及被审查企业的领导和有关人员参加。会议由审查组组长主持,介绍审查组成员,说明审查的内容、审查计划,并要求企业进行必要的协助;说明审查组的工作纪律,将"企业生产必备条件审查工作廉洁信息反馈表"交企业负责人,明确企业有权对审查工作组的廉洁性和公正性进行监督。企业领导介绍企业情况。

(2)现场审查 现场审查的内容按"食品生产企业必备条件审查内容及要求"表中的内容进行审查。审查组成员按照分工同时开展工作,将审查结果记录在"食品生产企业必备条件审查内容及要求"表中。表达方式为"符合"、"基本符合"、"不符合"、"暂不考核"4 种。如果有的项目审查结果是"基本符合"或"不符合",就要填写"食品生产企业必备条件现场审查不符合项报告"表,在表中写清楚是什么项目不符合或有不足,并由企业负责人签字认可。同时要提出对不符合或有不足项的改进意见。

(3)产品抽样 抽样的样品应是企业的待销产品,一般在成品库内进行。样品的抽样方法、数量等要求应按各类食品生产许可证实施细则中的规定进行。填写产品抽样单,样品封好后,由企业到规定时间内安全送到指定的质检机构。

(4)审查组会议 确认审查记录,核对审查记录的完整性;对分歧意见的讨论和处理;草拟审查报告和审查结论。

(5)末次会议 现场具体审查工作完成以后,召开末次会议。会议由审查组全体成员及被审查的企业领导和有关工作人员参加。会议由审查组组长主持,与企业就审查情况进行沟通,指出不符合或不足的项目,向企业提出改进建议。

第五节　食品安全控制技术

一、食品良好操作规范(GMP)

(一)GMP 的概念及历史

食品安全管理体系的基础有两个方面：良好操作规范(GMP)和卫生标准操作程序(SSOP)。

1. GMP 的基本概念

"GMP"是英文 Good Manufacturing Practice 的缩写，中文的意思是"良好操作规范"。GMP 要求企业从原料、人员、设施设备、生产过程、包装运输、质量控制等方面按国家有关法规达到卫生质量要求，形成一套可操作的作业规范，帮助企业改善企业卫生环境。

2. 食品 GMP 的历史沿革

1963 年，美国食品与药物管理局(FDA)制定药品 GMP，目的在于确保药品的高度品质。

1964 年，美国强制实施药品 GMP。

1969 年，美国公布食品 GMP 基本法。

1969 年，世界卫生组织(WHO)通函各国政府促请研究并实施药品 GMP 制度。

1975 年，日本厚生省开始制定各类食品卫生规范。

1988 年，我国台湾省全面强制实施药品 GMP。

1989 年，我国台湾省开始推行食品良好作业规范(GMP)，采用自愿认证方式。

目前世界各国多已立法强制实施。

3. GMP 的类别

GMP 一般分为政府机构颁布的 GMP、行业组织制定的 GMP、食品企业自定的 GMP 三类。

根据 GMP 的法律效力分为强制性 GMP 和推荐性 GMP。

(二)中国食品生产企业 GMP 概况

我国食品企业质量规范的制定开始于 20 世纪 80 年代中期，1998 年，卫生部颁布了《GB 17405—1998 保健食品良好生产规范》和《GB 17404—1998 膨化食品良好生产规范》，这是中国首批颁布的食品 GMP 强制性标准。

从 1988 年开始，我国卫生部先后颁布了 22 个国标食品企业卫生规范，1 个通用 GMP 和 21 个专用 GMP，并作为强制性标准予以发布。重点对厂房、设备、设施和企业自身卫生管理等方面提出卫生要求，以促进我国食品卫生状况的改善、预防和控制各种有害因素对食品的污染。

《食品企业通用卫生规范》规定了中国食品企业在加工过程、原料采购、运输、贮存、工厂设计与设施的基本卫生要求及管理准则。适用于食品生产、经营的企业、工厂，并作为制定各类食品厂的专业卫生规范的依据，以此国标作为中国食品 GMP 总则。

《食品企业通用卫生规范》包括以下 7 个要素：

(1)原材料采购、运输的卫生要求；

(2)工厂设计与设施的卫生要求；

(3)工厂的卫生管理；

(4)生产过程的卫生要求；

(5)卫生和质量检验的管理；

(6)成品贮存、运输的卫生要求；

(7)个人卫生与健康的要求。

食品 GMP 内容依据《GB 14881—2013 食品企业通用卫生规范》。

(三)食品良好操作规范的认证

食品良好操作规范是一种自主性的质量保证制度，为了提高消费者对食品良好操作规范的认知和信赖，一些国家和地区开展了食品良好操作规范的自愿认证工作。实施 GMP 认证已是食品界的趋势，有了 GMP 标志，对于生产者和消费者都有重大意义。生产者生产优质产品，申请 GMP 认证，就有了自己的品牌。当消费者买到安全性高、质量有保证的食品，就会信赖 GMP 标志，对于生产者生产 GMP 产品有促进作用，使生产者为了提高食品品质及卫生，必须加强竞争性的自主管理。

1. 食品 GMP 认证程序

食品 GMP 认证工作程序包括提交申请、资料审查、现场评审、产品检验、确认、签字、授证、追踪考核等步骤。

(1)食品企业提交申请书　提交的申请书按照一定格式填写，申请书包括产品类型、名称、成分规格、包装形式、质量、性能，同时还要递交一系列技术与管理资料，如注册登记证、工厂厂房配置图、机械设备配置图、技术人员学历证书和培训证书、质量管理标准书、制造作业标准书、卫生管理标准书、顾客投诉处理办法、成品回收制度等。

(2)资料审查　认证机构受理申请后，在一定时间内将对所有资料进行审查，以确定是否符合申报要求。

(3)现场评审　由一定人员组成的认定委员会进入现场，通过听取汇报、答疑、查阅资料、现场考察、讨论、投票等程序进行现场评审。

现场评核小组在资料审查和现场评审后，由领队召开小组内部讨论会议，讨论评核结果。现场评核结束后，由推行委员会告知评核结果，并告知认证执行机构。

(4)产品检验　现场评审通过后，认证执行机构人员于工厂现场抽样，对产品进行检验。

产品检验项目：各类产品的检验项目由食品 GMP 技术委员会拟定；产品标

示应与其内容物相符,其标示方法亦应符合食品 GMP 通(专)则的相关规定。

(5)确认　企业通过现场评核及产品检验,并将认证产品之包装标示样稿送请认证执行机构核备后,由认证执行机构编定认证产品编号,并附相关资料报请推行委员会确认。

(6)签约　申请认证企业通过确认函后,推广宣传执行机构应函请认证企业于一个月内办妥认证合约书签约手续。申请认证企业逾期视同放弃认证资格。

(7)授证　申请食品 GMP 认证企业于完成签约手续后,由推广宣传执行机构代理推行委员会核发"食品 GMP 认证书"。

(8)追踪考核　管理认证部门应于签约之日起,依据"食品 GMP 追踪管理要点"接受认证执行机构的追踪查验。依据认证企业的追踪查验结果,按食品 GMP 推行方案及本规章的相关规定,对表现较优者给予适当鼓励,对严重违规者,给予取消认证。

2. 食品 GMP 认证标志及编号

食品 GMP 认证标志如图 4-3 所示。

OK 手势:"安心",代表消费者对认证产品的安全、卫生相当"安心"。笑颜:"满意",代表消费者、对认证产品的品质相当"满意"。

食品 GMP 认证的编号是由 9 个数字所组成,编号的前二码代表认证产品的产品类别;3~5 码称为工厂编号,代表认证产品制造工厂取得该产品类别先后序号;6~9 码称为产品编号,代表认证产品的序号。

图 4-3　食品 GMP 认证标志

食品 GMP 认证编号不但采用生产线认证,亦采用产品认证法,因此每一项认证产品都有它专属的食品 GMP 认证编号。

二、卫生标准操作程序(SSOP)

(一)SSOP 概述

SSOP 是"Sanitation Standard Operating Procedure"的缩写,中文意思为"卫生标准操作程序"。SSOP 是为了确保加工过程中消除不良的人为因素,使其所加工的食品符合卫生要求而制定的一个指导食品生产加工过程中如何实施清洗、消毒和保持卫生的指导性文件,是食品生产和加工企业建立和实施食品安全管理体系的重要的前提条件。

(二)SSOP 的主要内容

1. 水(冰)的安全

生产用水(冰)的卫生质量是影响食品卫生的关键因素。对于任何食品的加工,首要的一点就是保证水的安全。食品加工企业一个完整的 SSOP 计划,首先要考虑与食品接触或与食品表面接触用水(冰)的来源与处理应符合有关规定,并要考虑非生产用水及污水处理的交叉感染问题。

食品加工中应使用符合《GB 5749—2006 生活饮用水卫生标准》规定。我国饮用水的微生物指标:细菌总数 < 100 个/mL;大肠菌群不得检出;致病菌不得检出。就安全、卫生而言,重点应关注生产用水的细菌学指标。

直接与产品接触的冰必须采用符合饮用水标准的水制造,制冰设备和盛装冰块的器具必须保持良好的清洁卫生状况,冰的存放、粉碎、运输、盛装、贮存等都必须在卫生条件下进行,防止与地面接触造成污染。

2. 与食品接触的表面(包括设备、手套、工作服)的清洁度

与食品直接接触的表面通常是加工设备(制冰机、传送带、饮料管道、储水池等)、器具、操作台、包装材料内表面、加工人员的手、工作服、手套等。间接接触的表面包括车间墙壁、顶棚、照明、通风排气等设施;未经清洁消毒的冷库;车间和卫生间的门把手;操作设备的按钮;车间内电灯开关、垃圾箱、外包装等。

食品接触表面一般要求用无毒、浅色、不吸水、不渗水、不生锈、不吸尘、抗腐蚀、耐磨、不与清洁和消毒的化学品产生反应的材料制成。

3. 防止发生交叉污染

交叉污染是通过生的食品、食品加工者或食品加工环境把生物或化学的污染物转移到食品的过程。

造成交叉污染的来源:工厂选址或生产车间的选址和设计不合理,清洁消毒不符合要求,加工人员个人卫生不良,生产中卫生操作不规范,生、熟产品未分开或原料和成品未隔离等。

4. 手的清洗和消毒、厕所设备的维护与卫生保持

洗手消毒设施包括非手动开关的水龙头、冷热水、皂液器、消毒槽、干手设备、流动消毒车等,应安放于车间入口、卫生间、车间内,并应设在方便使用的地方,并有醒目标识。

卫生间与车间建筑连为一体,应设在卫生设施区域内并尽可能离开作业区,应处在通风良好、地面干燥、光照充足、距离生产车间不太远的位置。卫生间的门、窗不能直接开向加工作业区。卫生间配有冲水、消毒设施。厕所应设有更衣、换鞋设施(数量以 15~20 人设 1 个为宜),手纸和废纸篓、洗手设施、烘手设备等。还应有专人经常地打扫并随时进行消毒,卫生状况保持良好,不造成污染。

5. 防止食品被污染物污染

在食品加工过程中,食品、食品包装材料和食品所有接触表面易被微生物、化学品及物理的污染物污染,被称为外部污染。

食品中物理性污染通常来自于照明设施突然爆裂产生的碎片、车间天花板或墙壁产生的脱落物、工器具上脱落的漆片或铁锈片、木器或竹器具上脱落的硬质纤维、人体掉落的头发等。

食品中化学性污染有企业使用的杀虫剂、清洁剂、润滑剂、消毒剂、燃料等。

食品中微生物污染来自于车间内被污染的水滴和冷凝水、空气中的尘埃或颗粒、地面污物、不卫生的包装材料、唾液、喷嚏等。

6. 有毒化学物质的标记、贮存和使用

食品加工厂有可能使用的化学物质包括洗涤剂、消毒剂、杀虫剂、润滑剂、食品添加剂等。它们是进行正常生产所必需的,在操作过程中必须正确标识、保存和按照产品说明和相关规定正确使用。

7. 雇员的健康与卫生控制

食品企业的生产人员(包括检验人员)是直接接触食品的人,其身体健康及卫生状况直接影响食品卫生质量。根据食品卫生管理法规定,凡从事食品生产的人员必须体检合格,获有健康证方能上岗。

食品生产企业应制订体检计划,并设有体检档案,凡患有有碍食品卫生的疾病,如病毒性肝炎,活动性肺结核,肠伤寒及其带菌者,细菌性痢疾及其带菌者,化脓性或渗出性脱屑皮肤病,手外伤未愈合者不得参加直接接触食品加工,痊愈后经体检合格后可重新上岗。

食品生产人员要养成良好的个人卫生习惯,按照卫生规定从事食品加工的生产人员要认识到疾病对食品卫生带来的危害,主动向管理人员汇报自己和他人的健康状况。

8. 虫害的防治

害虫主要是指苍蝇、老鼠、蟑螂等,苍蝇和蟑螂可以传播沙门菌、葡萄球菌、产气荚膜梭菌、肉毒梭菌、志贺菌、链球菌及其他病菌;啮齿类动物是沙门菌宿主;鸟类携带有大量的病菌,如沙门菌和李斯特菌。食品加工环境中有虫害会影响食品的安全卫生,会导致疾病传染给消费者。

每个食品企业都应制定可行的全厂范围内的有害动物的扑灭及控制计划。重点放在厕所、食品下脚料出口、垃圾箱周围、原辅料与成品仓库周围、食堂周围。

防治方法包括清除虫害滋生地,清洁周边环境;预防进入车间,采用风幕、水幕、纱窗、黄色门帘、暗道、挡鼠板、翻水弯等;采用杀虫剂灭虫;车间入口用灭蝇灯;采用黏鼠胶、鼠笼等器具灭鼠,不能用灭鼠药。

这8个方面也已被国家认证认可监督管理委员会(简称国家认监委)所接受。国家认监委在2002年发布的《食品生产企业危害分析与关键控制点(HACCP)管理体系认证管理规定》中已明确,企业必须建立和实施卫生标准操作程序,达到以上8个方面的卫生要求,也就是说,企业制定的SSOP计划应至少包括以上8个方面的卫生控制内容,企业可以根据产品和自身加工条件的实际情况增加其他方面的内容。SSOP 各个方面的内容应该是具体的、具有可操作性的,还应该有一整套相关的执行记录、监督检查和纠偏记录,否则将成为一纸空文。

| 知识拓展

食品监管机构改革及解读

(一)食品监管机构改革

根据党的十八大和十八届二中全会精神,为加强食品药品监督管理,提高食品药品安全质量水平,将国务院食品安全委员会办公室的职责、国家食品药品监督管理局的职责、国家质量监督检验检疫总局的生产环节食品安全监督管理职责、国家工商行政管理总局的流通环节食品安全监督管理职责整合,组建国家食品药品监督管理总局。主要职责是,对生产、流通、消费环节的食品安全和药品的安全性、有效性实施统一监督管理等。将工商行政管理、质量技术监督部门相应的食品安全监督管理队伍和检验检测机构划转食品药品监督管理部门。

保留国务院食品安全委员会,具体工作由国家食品药品监督管理总局承担。国家食品药品监督管理总局加挂国务院食品安全委员会办公室牌子。

新组建的国家卫生和计划生育委员会负责食品安全风险评估和食品安全标准制定。农业部负责农产品质量安全监督管理。将商务部的生猪定点屠宰监督管理职责划入农业部。

不再保留国家食品药品监督管理局和单设的国务院食品安全委员会办公室(如图 4-4 所示)。

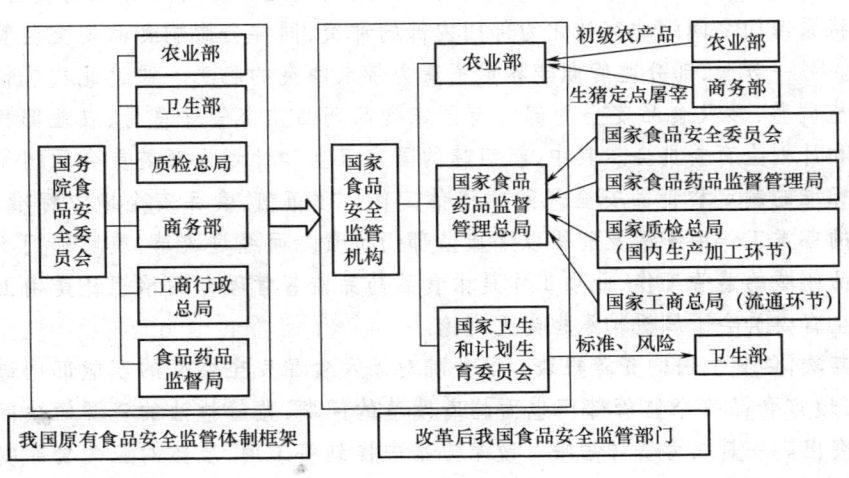

图 4-4　我国食品安全监管体制改革示意图

（二）食品监管机构改革的解读

长期以来，食品安全"九龙治水"，饱受诟病。食品安全目前实行分段监管体制，质量技术监督部门管生产、工商行政管理部门管流通、食品药品监督管理部门管消费。一片面包，映射出我国食品监管的复杂：小麦种植归农业部门管，面粉加工过程归质监部门管，符不符合国家标准卫生部门说了算。面包在超市销售归工商部门管；要是在饭店吃，得找食药监局；要是在小摊上买的，烦请您找城管。要是面包变质过程发生在从工厂去超市的路上，您没准得自己扛着。由于"各管一段"导致监管不力、问题频发。实践证明，监管部门越多，监管边界模糊地带就越多，既存在重复监管，又存在监管盲点，难以做到无缝衔接，监管责任难以落实。多个部门监管，监管资源分散，每个部门力量都显薄弱，资源综合利用率不高，整体执法效能不高。

所以必须改革现行食品药品监督管理体制，将食品安全办的职责、食品药品监督管理局的职责、质检总局的生产环节食品安全监督管理职责、工商总局的流通环节食品安全监督管理职责整合，组建国家食品药品监督管理总局，对生产、流通、消费环节的食品安全和药品的安全性、有效性实施统一监督管理。这样改革，执法模式由多头变为集中，强化和落实了监管责任，有利于实现全程无缝监管，提高食品药品监管整体效能。

（三）新的食品安全监管体制能否突破我国食品安全监管困局

改革后成立的国家食品药品监督管理总局，揽责权利于一身，虽然可望解决我国食品安全"分段监管"模式下出现的分工模式复杂、职能交叉与监管空白并存、部门协调难等诸多问题，但仍存在诸多问题。

首先，改革并未从根本上消除冲突。一方面，通过改革对政府机构进行组合，容易将原部门之间的冲突转化为部门内部的冲突，同样会影响食品安全监管的有效性。另一方面，部分监管职能界定不清会带来冲突的隐患。通过此次机构改革和职能调整，涉及食品安全的部门有国家食品药品监督管理总局、农业部和国家卫生和计划生育委员会。其中，新组建的国家卫生和计划生育委员会承担了食品安全标准的制定和食品安全风险的评估工作。改革前，食品安全地方标准、企业标准的备案工作由省级及省级以下质监部门负责。而经过改革，质监部门不再负责食品领域的监管工作，此项工作是由食品药品监督管理部门承担还是由卫生和计划生育委员会下属机构承担尚无定论。

其次，监管执法的资源短缺。国务院对涉及食品安全监管的职能部门进行改革后，地方食品安全监管部门也面临着改革的问题，监管执法的资源短缺问题会更加突出。一是人力资源短缺。改革方案中提到将工商、质监对应的食品安全监管队伍划转至食药部门。但是，当前地方食品安全监管部门普遍存在任务重、人员少的情况，并且地方工商、质监部门对食品的监管和对其他产品的监管队伍不是截然分开的。二是检测资源短缺。将检验检测机构划转至食药部门,仅实现了资源的整合,无益于检测水平的提高。当前,检验检测水平低、手段技术落后的根本原因并不在于检验检测资源的分散,而在于检验检测设备不够先进、人员综合素质亟待提高。三是信息资源短缺。信息资源的短缺体现在分工模式复杂带来的沟通障碍及科技发展水平低带来的信息平台建设的落后。

再次,未充分发挥企业、媒体、公众等的作用。一是企业的主体作用未强化。近年来,食品生产和经营者诚信缺失,道德观扭曲,完全靠堵,不是食品安全监管的唯一办法。企业的道德滑坡,必须遏制,但是,在食品安全监管体制的构建中未出台有效的政策措施调动企业的积极性,引导企业社会责任的履行。二是媒体的参与机制未建立。新闻媒体在食品安全事件中充当着公共舆论的传播与信息引导的角色,但是当前媒体缺乏规范的参与机制。三是公众的积极性未调动。食品安全监管体制的构建离不开公众的广泛参与,但是由于缺乏有效的利益表达机制和投诉回应机制,公众对于食品安全监管的参与度不高。

除此之外,食品安全监管体制中还存在食品安全标准落后及与世界标准脱轨,市场准入机制不公平、不健全,行业协会、民间团体也未发挥应有作用等问题,需要在实践中不断改进与完善。

自我测试

一、填空题(10×1分)

1. ＿＿＿＿＿＿常被定义为产品或工作的优劣程度。
2. 不同种类的产品具有不同的质量特性。根据产品的种类,可分为有形产品质量特性、服务质量特性、＿＿＿＿＿＿特性和＿＿＿＿＿＿特性4类。
3. 细菌性危害是指细菌及其＿＿＿＿＿＿产生的危害。
4. 产毒真菌菌株主要在谷物、＿＿＿＿＿＿及＿＿＿＿＿＿上生长并产生毒素,直接在动物性食品如肉、蛋、乳上产毒的较为少见。
5. ＿＿＿＿＿＿是指为改善食品的品质、色、香、味、保藏性能以及为了加工工艺的需要,加入食品中的化学合成或天然物质。
6. 在时间上食品质量管理包括3个主要的时间段:原料生产阶段、加工阶段、＿＿＿＿＿＿。
7. GAP中文名称为＿＿＿＿＿＿GVP中文名称为＿＿＿＿＿＿。

二、名词解释(4×2.5分)

食品安全　食品QS　GMP　HACCP

三、选择题(10×1分,单选题,从四个答案中选择合适的一项)

1. (　　)特性包括功能性、可信性、安全性、适应性、经济性和时间性6个方面。

A. 有形产品质量　　B. 服务质量　　　　C 过程质量　　　　D. 工作质量
2. 世界上化肥、农药施用量最大的国家是(　　)。
A. 中国　　　　　B. 美国　　　　　C. 加拿大　　　　　D. 印度
3. 高温油炸或烘烤食品产生的有害物质为(　　)。
A. 苯并芘　　　　B. 二噁英　　　　C. 多氯联苯　　　　D. 黄曲霉毒素
4. 食品质量管理在有形产品质量特性中(　　)性放在首位。
A. 广泛　　　　　B. 复杂　　　　　C. 安全　　　　　　D. 控制
5.《食品生产许可证》编号由英文字母 QS(　　)位阿拉伯数字组成。
A. 10　　　　　　B. 12　　　　　　C. 14　　　　　　　D. 16
6. 食品质量安全市场准入制必备条件有(　　)项要求。
A. 6　　　　　　 B. 8　　　　　　 C. 10　　　　　　　D. 12
7. (　　)是企业建立以及有效实施 HACCP 计划的基础条件。
A. GMP 和 GAP　　B. SSOP 和 GMP　　C. SSOP 和 GVP　　D. GMP 和 GAP
8. 从事食品生产的人员必须身体健康,并持有(　　)方可上岗。
A. 身份证　　　　B. 健康证　　　　C. 资格证　　　　　D. 毕业证
9. GVP 一兽医应:把(　　)作为他们的第一考虑。
A. 公众健康与经济效益　　　　　　B. 公众健康和动物福利
C. 经济效益与动物福利　　　　　　D. 领导意图与经济效益
10. 良好农业规范包括(　　)规范。
A. 6　　　　　　 B. 8　　　　　　 C. 10　　　　　　　D. 12

四、判断题(10×1 分,正确的打"√"、错误的打"×")

(　　)1. 质量特性是指产品所具有的满足用户特定(明确和隐含的)需要的,能体现产品价值的,有助于区分和识别产品的,可以描述或可以度量的基本属性。

(　　)2. 食品作为一种产品,除具有其他产品的共性外,在质量特性上表现出的差异有:食用性、内在特性、营养性、感官特性、安全性、卫生性、时间性、经济性八个方面。

(　　)3. 食品安全与食品卫生的内容是一样的。

(　　)4. 用于农田灌溉的工业废水、城市污水不需要处理。

(　　)5. 食品加工中影响食品质量安全的因素包括生物因素、化学因素、物理因素和高新技术因素。

(　　)6. 在食品加工、贮存、运输、销售直到食用的整个过程中,每一个环节都有可能受到生物污染,威胁食品安全、危害人体健康。

(　　)7. 激素残留可能引起人体生长发育和代谢的紊乱。

(　　)8. 米、面、豆制品加工中使用"吊白块"(甲醛次硫酸氢钠)是一种特殊的食品添加剂。

(　　)9. 食品容器、包装材料和食品用工具、设备不会对食品造成污染。

(　　)10. 无论是在国内还是在国外生产加工的食品必须经检验合格并加贴(印)食品市场准入标志后,方可出厂销售。

五、简答题(4×2.5分)

1. 简述食品质量安全市场制度的三项具体制度。
2. 简述《食品企业通用卫生规范》的7个要素。
3. 简述 SSOP 的主要内容。
4. 简述 HACCP 体系的7项基本原理。

第五章 食品商品的标准与质量认证

> **学习内容**
>
> 1. 食品商品的标准与质量认证的基本概念；
> 2. 食品商品的标准与质量认证的发展和作用；
> 3. 重要的质量管理体系认证；
> 4. 环境管理体系认证和安全认证；
> 5. 以及无公害食品、绿色食品与有机食品的标准与质量认证。

> **学习目标**
>
> 1. 掌握食品商品标准的概念、分级以及商品质量的评价方法；
> 2. 掌握食品商品质量认证的概念、分类，重点理解 ISO 9000、ISO 14000、ISO 22000 等国际标准体系的构成要素及作用；
> 3. 熟悉无公害食品、绿色食品与有机食品的标准与质量认证的概念、作用；
> 4. 具备辨别国家标准、行业标准、地方标准和企业标准的能力；
> 5. 具备辨别无公害食品、绿色食品与有机食品的能力。

第一节 食品标准概述

一、食品标准概述

1. 标准概念

依据(GB/T 20000.1—2002)"标准"是指为了在一定范围内获得最佳秩序，

经协商一致并由公认机构批准,共同使用的和重复使用的一种规范性文件。

2. 我国商品标准的层次

(1)国家标准　我国国家标准主要包括重要的工农业产品标准,基本原料、材料、燃料标准,通用的零件、部件、元件、器件、构件、配件和工具、量具标准,通用的试验和检验方法标准,商品质量分等标准,广泛使用的基础标准,有关安全、卫生、健康和环境保护标准,有关互换、配合通用技术术语标准等。

(2)行业标准　行业标准是指在没有国家标准的情况下,在行业范围内统一制定实施的标准。包括行业范围内的主要产品标准,通用的零件、配件标准,设备、工具和原料标准,工艺流程标准,通用的术语、符号、规则、方法等基础标准。

(3)地方标准　地方标准是指在没有国家标准和行业标准的情况下,需要在某地区统一制定和使用的标准。地方标准的范围,主要控制在工业产品安全卫生要求和有地方特色的产品标准及农业标准,不能扩大到工业产品标准。

(4)企业标准　企业标准虽然是我国标准体系中最低层次的标准,但这不是从标准的技术水平的高低来划分的。通过企业标准报当地质量技术监督部门和有关行政主管部门备案。

二、标准化的概念

1. 标准化概念

依据(GB/T 20000.1—2002),"标准化"是指为了在一定范围内获得最佳秩序,对现实问题或潜在问题制定共同使用和重复使用的条款的活动。

2. 标准化的作用

(1)标准化是完善现代企业制度的重要手段;

(2)标准化是推动技术引进和设备进口的技术基础;

(3)标准化有利于发展国际贸易;

(4)标准化是实现科学管理和现代化管理的理论基础;

(5)标准化是社会化大生产的前提。

3. 标准化的形式

(1)简化和统一化　简化和统一化是依据标准化的"简化原理"和"统一原理"并结合标准化的实践创建的两种标准化形式,尽管它们均属于古老的标准化形式,但在现代标准化工作中仍有实际意义。

(2)通用化　所谓通用化是指在互相独立的系统中,最大限度地扩大具有功能互换和尺寸互换的功能单元使用范围的一种标准化形式。换句话说,通用化是选定或研制具有互换性特征的通用单元,并将其用于新研制的某些系统,以满足这些系统需求的一种标准化方法。

(3) 系列化 所谓系列化是指根据同一类产品的发展规律和使用需求,将其性能参数按一定数列作合理安排和规划,并且对其型式和结构进行规定或统一,从而有目的地指导同类产品发展的一种标准化形式。

(4) 模块化 模块化又称模件化,它是综合了系列化和组合化的特点来解决系统多样化的一种方法。是指在对一定范围内的不同产品进行功能分析和分解的基础上,划分并设计、生产出一系列通用模块或标准模块,然后,从这些模块中选取相应的模块并补充新设计的专用模块和零部件一起进行相应的组合,以构成满足各种不同需要的产品的一种标准化形式。

三、标准化和国际贸易壁垒

据统计,我国遭受贸易壁垒的国家主要是美国、欧盟和日本。在国际贸易中最为广泛的是利用技术法规和标准来设置贸易技术壁垒,因为技术法规和标准很容易设置和更改,并且名义上可以做得冠冕堂皇,使人无法批驳。

贸易壁垒的表现形式如下:
(1) 技术法规;
(2) 严格的技术标准;
(3) 商品及其包装的特殊要求;
(4) 工业产权、知识产权的技术保护;
(5) 质量认证和认可制度、物品编码系统、计量单位、标识等。

在国际贸易中,以国际标准作为交易双方的技术依据,使双方都处于平等的地位,不会因标准的差异而产生贸易壁垒,因而可以消除国际贸易中的技术壁垒。此外,采用国际标准还可以提高本国的标准水平和商品在国际市场上的竞争力,公正地解决国际贸易中的纠纷。

因此,采用国际标准和国外先进标准是我国的一项重大的技术经济政策。目前,我国采用国际标准的程度分为等同采用(idt)和修改采用(mod)两种。

第二节 食品商品标准

标准化工作一般应包括标准的制定、发布与实施全过程。由于标准是以科学、技术和实践经验的综合成果为基础,并按程序制定发布的文件,所以任何食品生产企业,都必须按相关标准组织生产。在研制新产品、改进产品、进行技术改造时也必须符合标准化的要求,强制性标准必须严格执行。

一、食品商品标准

食品标准的实施,必然大大地促进科技与经济的发展。近年来,由于有关标准的实施,使我国各类产品的质量均有所提高,食品研究工作进一步深入,食品开发工作更加扩展,特别是通过引用国际标准,使我国出口产品的合格率提高。例如,秦池酒厂通过控制卫生指标(甲醇、铅、氰化物等)使产品获绿色食品标志使用权后,提高了产品质量和知名度,增强了市场竞争力,使该厂产值两年内由几千万元猛增至7亿多元。湖北某酒厂在研究新产品时,首先考虑了氰化物含量是酒类产品强制执行的标准,在研制之初就选用了特殊工艺控制产品中氰化物残留量,使研制时间缩短,新产品质量优良,创造了较好的社会价值和经济价值。因此,标准应按一定间隔进行审查,包括:修订、重新确认、作废三种。

（一）标准水平的阶梯式上升模式（见图5-1）

1. 说明

（1）AB段　科研探索阶段。

（2）BC段　技术开发和初期应用阶段,需制定标准。

（3）CD段　当进行全面质量管理(Total Quality Management)应用时,标准水平在量变阶段阶梯上升。

（4）当有新技术、新产品时,原有标准将被新标准取代(虚线部分)。

（5）标准与技术发展是相互作用的。当标准"滞后"于技术发展水平,又对技术发展起着"前导"作用。

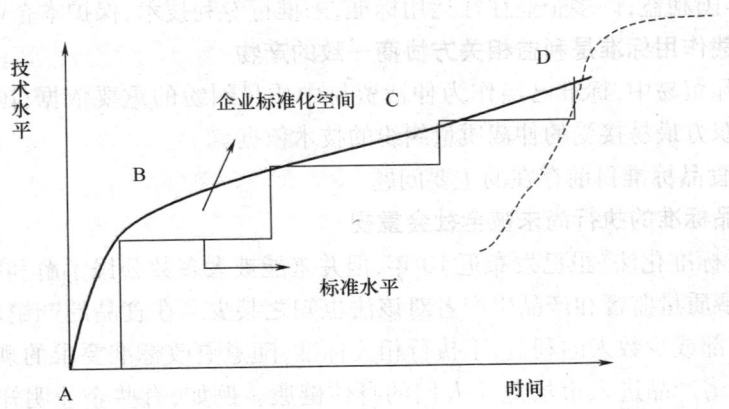

图5-1　关于标准曲线的概念:标准水平的阶梯式上升模式

（6）标准与技术水平之间的差距,是企业扬长避短、发挥特色、精益求精的活动余地。

2. 指明了标准化的目的

制定标准要考虑最佳秩序,制定标准要避免混乱,达到高效生产和管理。最佳社会效益是指制定标准不仅要考虑标准的先进性,还要考虑经济的合理性。

（二）食品商品标准化与对外贸易的作用

1. 协调作用

在国际贸易中的贸易摩擦,起因于标准和合格评定程序的事例不断增多。通过标准和合格评定程序的协调一致,可以减少技术性贸易壁垒,促进贸易自由化。可以说,标准化是协调技术性贸易壁垒,简化贸易的有效手段。如国际标准、TBT协议等,可以说国际标准本身就是协调的产物。

2. 促进作用

标准化是国际贸易的一个出色的推动器。随着经济全球化,贸易国际化的快速发展,产品的国际竞争也越来越激烈。但是,由于相关标准不统一,往往就形成技术性贸易壁垒,阻碍国际贸易的发展。开展标准化特别是国际标准化,使相关标准协调统一,特别是有更多的国际标准发布和应用,就为衡量进出口商品质量提供了重要依据,为技术法规和合格评定程序的制定和实施,提供了技术支撑,大大推动了国际贸易的发展。

3. 保护作用

现代的国际贸易既有贸易"自由化",又有"保护主义"。标准是一把"双刃剑",既可以用来消除技术性贸易壁垒,也可以筑起新的技术性贸易壁垒。在剧烈的市场竞争中,许多国家往往运用标准,采取技术性贸易措施,来保护本国民族工业,维护本国利益;许多企业往往运用标准,来推行专利技术,保护本企业利益。

4. 仲裁作用标准是利益相关方协商一致的产物

在国际贸易中,标准已经作为仲裁贸易中质量纠纷的重要依据;国际标准已经是供需双方最易接受的仲裁质量纠纷的技术依据。

（三）食品标准目前存在的主要问题

1. 食品标准的执行尚未被全社会重视

我国《标准化法》虽已发布近10年,但并未能被大多数公民了解和接受,甚至极少数从事质量监督和产品生产者对该法也知之甚少。在食品的产销环节中,为了地区、局部或少数人的利益,不执行相关标准,随意更改标准要求的现象时有发生,致使伪劣产品进入市场危及人们的身体健康。例如,有些企业明知其生产的食品已有国家或行业标准,但由于原辅材料或自身的生产水平不高等原因,产品质量达不到标准的要求,因而采取降低要求或取消不合格项目的办法,重新制定企业标准登记备案,这显然不符合《标准化法》中关于企业标准制定的有关条款规定。普通消费者对标准了解甚少而无法辨别,经常看到许多饮用天然矿泉水标签中所示项目无任何能达到 GB 8537—2008 的技术要求的指标。

2. 食品标准的编制仍有许多不规范之处

食品标准在具体编制时应遵循《GB/T 1.1—2009 标准化工作导则》有关要求,但我们发现食品标准编制中至少有以下几方面不符合上述要求。

（1）标准编写的格式不规范　这个问题主要存在于企业标准中，收集近几年的125份不同食品产品的企业标准中，完全符合GB/T 1.1要求的仅有15项，占12%。有些1993年后发布的国家或行业标准中在版本标示时仍只写"GB×××
×—××"，而不按要求写"GB×××—19××"。

（2）技术要求的制定不科学　技术要求的制定应是在大量科学试验基础上，根据产品及原辅材料、工艺设备等基本情况，确定既符合产品优质、营养、卫生的要求，又便于企业组织生产，确保产品质量稳定与提高的具体指标。如绿色食品行业标准《茶叶》的初稿将铜的限量规定为不大于15mg/kg（国家标准为≤60mg/kg），主要目的是限制生产企业使用波尔多液等含铜的农药。

二、商品标准分类与分级

（一）标准的分类
（1）按销售方向分　国内标准和国际标准。
（2）按约束程度分　强制性标准和推荐性标准。
（3）按标准形式分　文件标准和实物标准。
（4）按对象分　技术标准、工作标准、管理标准。
（5）按适用范围分　国际标准、区域标准、国家标准、行业标准、地方标准、企业标准。

（二）标准的分级
1. 国家标准
指在全国范围内的经济、技术发展有重大意义而必须在全国范围内统一的标准。我国有：GB（国家标准）、GBn（对外保密的国家内部标准）、GJB（军用产品的国家标准）、GSB（国家实物标准）等。
（1）划分　强制性标准和推荐性标准。
（2）形式　GB／T××××—××××。其中：
T：推荐性标准；
××××：顺序号；
××××：年代号。
关于强制性标准：我国对8大类需要制定强制性标准，包括：
①药品（包括兽药）标准、食品卫生标准；②生产、贮运和使用中的安全卫生标准；劳动安全标准；运输安全标准；③工程建设中的质量、安全卫生标准；④环境保护的污物排放物和环境质量标准；⑤通用的技术术语、符号、代号和制图方法；⑥通用的试验、检验方法标准；⑦需要重点控制的重要产品；⑧互换配合标准。

2. 行业标准（部标）和专业标准
（1）行业标准表示方法　××／T××××—××××。其中××表示如下：

NY:农业； SC:水产； SL:水利； LY:林业； QB:轻工；
FZ:纺织； YY:医药； YC:烟草； YB:冶金(黑色)；
YS:有色冶金 MT:煤炭； SY:石油； HG:化工； SH:石油化工；
JC:建材 JB:机械； MH:民航； WJ:兵工民用； GA:公安；
QC:汽车； JT:交通； MZ:民政； JY:教育； CB:船舶；
TB:铁路运输； HB:航空； QJ:航天； YD:通信； SJ:电子；
DL:电力； GY:广播电影电视； EJ:核工业； LD:劳动和劳动安全；
CH:测绘； JR:金融； HY:海洋； DA:档案； SN:商检；
WH:文化； TY:体育； HJ:环保； WB:物资管理； XB:稀土；
CJ:城建； JG:建筑工业； CY:新闻出版； SB:商业；
ZD:地质矿产； BB:包装总公司； ZY:中医药行业。

（2）专业标准的表示方法 ZB ×× ×××—××××

ZB——专业标准代号；

××——一级类目代号；

×××——顺序号；

××××——年代号。

一级类目代号分别为：

A:综合类;B:农药林业类;C:医药卫生劳动保护类;D:矿业类;E:石油类;F:能源核技术类;G:化工类;H:冶金类;I:机械类;K:电工类;L:电子技术计算机类;M:通讯广播类;N:仪器仪表类;P:建筑类;Q:建材类;R:公路水路运输类;S:铁路类;T:车辆类;U:船舶类;V:航空航天类;W:纺织类;X:食品类;Y:轻工文化生活用品类;Z:环境保护类。

3. 地方标准

表示方法为 DB ××/(T)×××—××××。其中

DB:地方标准代号；

××:省市自治区代号;从11(北京)至71(台湾)。

×××:顺序号；

××××:年代号。

4. 企业标准

代号 Q,标准号的表示方法没有统一规定。如:Q/320101 RER 001—2011

320101:地区

RER:企业代号

001:该企业该标准的编号(第一个企业标准)

2011:年代号

5. 国际标准

ISO：国际标准化组织；IEC：国际电工委员会；BIPM：国际计量局；BISFA：国际合成纤维标准化局；CAC：食品法典委员会；CIE：国际照明委员会；IAEA：国际原子能机构；OIML：国际法制计量组织；WHO：世界卫生组织；IWO：国际材料与结构研究试验所联合会；UNFAO：联合国粮农组织；UPU：万国邮政联盟；IWS 国际羊毛局等。

其中：ISO／R：推荐性标准；ISO／TR：国际技术报告；DP：国际标准建议草案；DIS：国际标准草案。

6. 区域标准

CEC：欧洲标准化委员会；CECELEC：欧洲电工标准化委员会。

7. 发达国家标准

ANSI：美国国家标准；DIN：德国国家标准；BS：英国国家标准；JIS：日本工业标准；NF：法国国家标准。

8. 国际上通用团体标准

ASTM：美国试验与材料协会；API：美国石油学会；MIL：美国军用标准；UL：美国保险商试验所；ASME：美国机械工程师协会；VDE：德国电气工程师协会；LR：英国劳氏船级社《船舶入级条例》；SMPTE：美国电影电视工程师协会。

9. 关于国际标准的采用

等同采用：与国际标准的内容完全一致。

等效采用：与国际标准的内容一种，但编排方式有所差异。

参照采用：结合本国实际，与国际标准的内容和编排方式有所差异。

10. 关于标准的贯彻

直接贯彻：严格执行，不得擅自更改或降低标准，不作任何压缩和补充。

选择贯彻：可选择标准中部分内容，但不断降低。

补充贯彻：可进行适当补充，但不得降低标准水平。

第三节　食品商品质量认证

一、商品质量认证及其种类

商品质量认证是对商品符合标准的一种证明活动，我国《标准化法》第十五条规定：企业对有国家标准或者行业标准的产品，可以向国务院标准化行政主管部门或者国务院标准化行政主管部门授权的部门申请产品质量认证。认证合格的，由认证部门授予认证证书，准许在产品或者其包装上使用规定的认证标志。

已经取得认证证书的产品不符合国家标准或者行业标准的，以及产品未经认证或者认证不合格的,不得使用认证标志出厂销售。

(一)商品质量认证的概念

国际标准化组织给现代商品质量认证下的定义是:由可以充分信任的第三方证实某一经鉴定的产品或服务符合特定标准或其他技术规范的活动。我国于1991年发布的《中华人民共和国产品质量认证管理条例》第二条规定:产品质量认证是依据产品标准和相应技术要求,经认证机构确认并通过颁发认证证书和认证标志来证明某一产品符合相应标准和相应技术要求的活动。《中华人民共和国产品质量法》第十四条规定:国家根据国际通用的质量管理标准,推行企业质量体系认证制度。企业根据自愿原则可以向国务院产品质量监督部门认可的或者国务院产品质量监督部门授权的部门认可的认证机构申请企业质量体系认证。经认证合格的,由认证机构颁发企业质量体系认证证书。

国家参照国际先进的产品标准和技术要求,推行产品质量认证制度,准许企业在产品或者其包装上使用产品质量认证标志。相应技术要求是指由权威机构组织制定的补充技术要求或名、优、特产品的特殊技术要求。

(二)商品质量认证的分类

1. 按认证的范围分类

可以分为国家认证、区域性认证和国际认证。国家认证是指国家对国内产品施行的认证;区域性认证是指由若干国家和地区按照自愿的原则组织起来,按照共同的标准和技术规范进行认证,如欧洲标准化组织"CEN"的"CE"认证;国际认证是指参与国际标准化组织 ISO 和国际电工委员会 IEC 等的认证组织按照 ISO 和 IEC 标准开展的认证。

2. 按照认证的性质分类

商品质量认证按照认证的性质分类可以分为安全认证和合格认证两类。国家为了保障人民生命与财产的安全,对许多产品制定了安全标准。根据安全标准进行认证或只对标准中安全项目进行认证的,称为安全认证。合格认证是依据国家标准或行业标准的要求,对商品的全部性能所进行的质量认证,又称为综合认证或全性能认证。合格认证一般属于自愿性认证。

二、商品质量认证制度的发展和意义

(一)商品质量认证的发展

英国标准协会(BSI)成立于1901年,当时称为英国工程标准委员会。世界上工业国家最早开展商品认证活动的是英国,1903年英国工程标准委员会创建了世界上第一个英国标准的标志"BSI",因其形状像风筝,也称为风筝标志。1903年,英国制造商们开始在符合尺寸标准的钢轨上使用世界上第一个认证标志——BSI风筝标志。目前已有20多个国家和地区使用风筝标志和安全标志。

我国质量认证工作始于 1980 年，与世界发达国家相比起步较晚，但是由于我国质量认证借鉴的技术成熟，认证工作起点高、发展快，取得的效果也非常显著。至 1994 年年底国家颁布了与质量认证相关的两个法律，《产品质量法》《标准化法》；一个行政法规，《产品质量认证管理条例》；五个规章《产品认证管理条例实施细则》、《认证委员会管理办法》、《认证机构管理办法》、《质量体系检查员和检查机构评审员管理办法》、《产品认证证书和认证标志管理办法》。至 1996 年 6 月，国家先后建立了 4 个产品认证委员会和 28 个质量体系认证机构、注册数百名评审员和审核员，我国质量认证工作步入规范发展的道路。

（二）商品质量认证制度的意义

1. 商品质量认证促进了产品质量的提高

商品质量认证要检查产品、定期抽查产品和对企业的质量管理提出一定要求，这就促进认证企业改进质量管理，重视产品质量、讲求信誉，从而带动整个社会产品质量的提高。

2. 商品质量认证提高了商品的信誉，提高了商品的竞争力

产品通过质量认证就可以在产品包装上使用质量认证标志，商品质量认证标志本身就是对质量合格强有力的证明，会提高商品的信誉。

3. 商品质量认证为商品提供了质量信息

普通消费者在不了解某产品的质量状况时，可以通过商品商标来了解商品，现代商品商标蕴含的信息非常丰富，消费者整体素质的提高也使消费辨别能力得到提高，质量认证标志是表示商品质量状况的一项重要信息。

4. 减少社会重复检验评价费用

质量认证产品质量抽查检验的结果为社会所承认，其他需要获得检验结果的机构一般不再进行重复检验，这对于企业节省时间、精力，对社会节省检验费用。如中国质量认证中心 CQC 与南德意志集团检验认证公司 TUV－PS 业务相互委托协议框架下，可以为客户提供 TUV－PS 标志认证、GS 认证（德国国家产品安全认证标志）业务，从而使客户实现一次测试完成多份报告、取得多个认证的目标。

商品质量认证的积极作用有很多，因此用户要求在生产领域中认证的种类也越来越多，这在一定程度上促进了商品质量的稳定和提高。但是对质量认证的要求也正在成为新的技术壁垒，有些国家为了保障自己国民利益，利用商品质量认证设置障碍，增加商品的销售成本，阻止其他国家的商品进入其国内市场。

三、商品质量认证的类型、程序及认证标志

通过商品质量认证的产品可以在商品或者包装上使用认证标志，这可以在一定程度上促进产品销售，现在申请认证的企业越来越多，质量认证有各种类型。

(一)质量认证的主要类型

1. 型式试验

按规定的方法对产品进行抽样试验,以证明其符合标准或规定的技术规范的要求。

2. 型式试验加认证后的监督——市场抽样检验

监督的方法是从市场上或从批发商或零售商的仓库中随机抽样进行检验,以证明认证后产品质量持续符合标准或技术规范的要求。

3. 型式试验加认证后监督——工厂抽样检验

从生产厂发货前的产品中随机抽样进行检验。

4. 型式试验加认证后监督——市场和工厂抽样检验

第二、第三种的综合。

5. 型式试验加工厂质量体系评定加认证后监督——质量体系复查加工厂和市场抽样检验

这种认证的特点是在批准认证的条件中增加了对生产厂质量体系的审核,在批准认证后的监督措施中也增加了对生产厂质量体系的复查。

6. 工厂质量体系的评定

这种认证制度是对生产厂按规定选用的质量保证模式而建立的质量体系进行检验评定,常称为质量体系认证。

7. 批检

根据规定的抽样方法对一批产品进行抽样检验,并据此做出该批产品是否符合标准或技术规范的判断。

8. 百分之百检验

对每一件产品在出厂前由经认可的检验机构进行检验。

以上八种认证类型以第五、六种最完善,是国际标准化组织向各国推荐的认证制度,各个国家普遍采用。商品质量认证主要采用第五种认证类型,工程建设施工服务单位主要采用第六种认证类型。

(二)商品质量认证的程序

1. 制定认证标准

这是开展认证的前提和依据。

2. 申请

企业按照认证机构的要求填写申请书和申请表。

3. 检查评价质量体系

按照国家标准 GB/T 19001—2000—GB/T 19003—2000 系列标准检查和评价生产企业的质量体系,以鉴定企业是否具有持续生产符合标准产品的质量保证能力。

4. 产品测试

按所规定标准的全部要求，对样品进行型式试验，确定产品的质量状况，根据试验结果做出最终评定。

5. 审查评议

认证机构对上述工作结果进行审查和评议，认证合格则由认证机构颁发认证证书，允许使用质量认证标志。

6. 监督检查

颁发合格证书后，认证机构继续对企业的质量保证体系进行监督检查，确保企业具备质量保证能力。

7. 监督检验

在质量认证标志使用有效期内，认证机构可随时在工厂、市场或用户单位抽取样品进行监督检验。

8. 监督处理

经过质量体系监督复查和样品监督检验，如发现不符合规定要求的情况，认证机构可根据具体情况，做出停止使用质量认证标志、撤销认证的处理决定，以规范市场秩序，维护认证机构的信誉。

（三）商品质量认证标志

企业商品质量认证合格，可以在商品或者包装上使用认证标志；同样有质量认证标志的商品，也符合特定的标准或技术条件。消费者没有可能到企业或工厂去观看质量管理或参与商品检验，商品标识信息的完善为顾客提供了尽可能多的产品信息，商品质量认证标志就是其中一项。

国内商品质量认证标志主要有如下几种。

（1）CCC 中国强制性认证标志　2001 年 12 月，国家质检总局发布了《强制性产品认证管理规定》，以强制性产品认证制度替代原来的进口商品安全质量许可制度和电工产品安全认证制度。中国强制性产品认证简称 CCC 认证或 3C 认证。是一种法定的强制性安全认证制度，也是国际上广泛采用的保护消费者权益、维护消费者人身财产安全的基本做法。列入《实施强制性产品认证的产品目录》中的产品包括家用电器、汽车、安全玻璃、医疗器械、电线电缆、玩具等 20 大类 135 种产品，其中 CQC 被指定承担 CCC 目录范围内 17 大类 129 种产品的 3C 认证工作。

（2）食品包装 CQC 标志认证　食品包装 CQC 标志认证是中国质量认证中心（英文简称 CQC）实施的以国家标准为依据的第三方认证，分为食品包装安全认证（CQC 标志认证）和食品包装质量环保认证（中国质量环保认证标志）。安全认证实施规则中合理地划分单元，要求企业对主原料、添加剂和印刷油墨等关键原料及供应企业进行备案，对关键原材料进行控制，通过产品一致性检查，保证企业产品符合卫生安全要求，降低食品包装的危害隐患；质量环保认证对产品本身及其生产过程的环保性进行认证,促使企业推广使用新型环保材料,使企业生产工艺以及过程的环保性得以改进提高。

(3)有机食品认证标志　截至2006年8月,经过国家认证认可监督管理委员会授权的有机产品(食品)认证机构有28家,其中环保系统的11家、质检系统的12家、农业系统的5家、中国合格评定中心认可的有机产品认证机构12家。目前,在我国开展有机认证业务的外国有机认证机构有美国有机认证机构"国际有机作物改良协会"(OCIA)、法国的ECOCERT、德国的BCS、瑞士的IMO和日本的JONA和OMIC,这些认证机构都相继在北京、长沙、南京和上海建立了各自的办事处。

(4)绿色食品标志　绿色食品是按特定生产方式生产并经权威机构认定使用专门标志的安全、优质、营养食品。中国绿色食品发展中心受理绿色食品申请和管理绿色食品标志的使用。

第四节　无公害食品、绿色食品与有机食品

目前,食品安全问题已日趋成为全社会关注的焦点。食品安全指的是食品的种植、养殖、加工、包装、贮藏、运输、销售、消费等活动符合国家强制标准和要求,不存在可能损害或威胁人体健康的有毒有害物质以导致消费者病亡或者危及消费者及其后代的隐患。近年来我国的食品安全问题不断发生,如三聚氰胺、苏丹红、瘦肉精事件等一次又一次引起消费者的恐慌和愤怒,甚至有人质疑"目前我们吃什么是安全的"。大众和政府都在急切呼唤科学的管理体制和制度,来解决中国的食品安全问题,提高社会绩效。因此,我们迫切需要建立和健全食品安全质量控制体系,提高我国食品安全质量控制体系的总体水平。以提升我国食品的国际竞争力,保障我国国民消费的安全性和人身健康发展的权益。

一、安全食品的种类、特点及其区别

安全食品是指出自洁净生态环境、限制产品生产过程中化学制品的使用、加工过程符合相应操作规程而生产的食品。是保护人类健康、保持人类社会和自然环境和谐相处、可持续发展的重要物质条件。根据食品从种植、收获、加工生产、贮藏到运输过程都采用了无污染控制标准的不同,又分为有机食品、绿色食品和无公害食品等。下面对其特点及其在我国的发展情况进行介绍。

(一)有机食品的特点及其发展状况

目前经认证的有机食品种类主要包括一般的有机农作物产品(例如粮食、水果、蔬菜等)、有机茶产品、有机食用菌产品、有机畜禽产品、有机水产品、有机蜂产品、采集的野生产品以及用上述产品为原料的加工产品。国内市场销售的有机食

品主要是蔬菜、大米、茶叶、蜂蜜等。有机食品最主要的特点是在其生产与加工过程中不使用任何人工合成的农药、肥料、除草剂、生产激素、防腐剂、添加剂等化学物质,要求原料产地没有工业企业的直接污染,大气、土壤、水体等环境要素符合国家质量标准。

根据国际有机农业运动联盟的定义,有机食品是根据有机农业和有机食品生产、加工标准而生产、加工出来的,经过授权的有机食品颁证组织颁发给证书,供人们食用的一切食品。其中要符合四个条件,包括:①有机原料:原料必须来自于建立的或正在建立的有机农业生产体系,或采用有机方式采集的野生天然产品;②有机过程:产品在整个生产过程中严格遵循有机食品的生产、加工、包装、贮藏、运输标准;③有机跟踪:生产者在有机食品生产和流通过程中,有完善的质量跟踪审查体系和完整的生产及销售记录档案;④有机认证:必须通过独立的有机食品认证机构的认证。自2005年《有机产品认证管理办法》由国家质量监督检验检疫总局颁布施行,有机食品产业将从无序竞争向规范化发展。目前,有机产品认证企业2000多家,认证面积达230万公顷,已进入世界前10位。

(二)绿色食品的特点和发展状况

绿色食品在中国是对具有无污染的安全、优质、营养类食品的总称。是指按特定生产方式生产,并经国家有关的专门机构认定,准许使用绿色食品标志的无污染、无公害、安全、优质、营养型的食品。类似的食品在其他国家被称为有机食品、生态食品或自然食品。即指在无污染的条件下种植、养殖,施有机肥料,不用高毒性、高残留农药,在标准环境、生产技术、卫生标准下加工生产,经权威机构认定并使用专门标识的安全、优质、营养类食品的统称。要求具备4个条件,①产品或产品原料产地必须符合绿色食品生态环境质量标准;②农作物种植、畜禽饲养、水产养殖及食品加工必须符合绿色食品生产操作规程;③产品必须符合绿色食品标准;④产品的包装、贮运必须符合绿色食品包装贮运标准。其标准分为"AA"级和"A"级。绿色食品同样产生于20世纪90年代,到目前为止现已开发出粮食、食用油、水果、蔬菜等九大类2000多种绿色食品,可谓发展迅速。到2007年全国有效使用绿色食品标志企业总数达5740家,产品总数达15238个,产品实物总量超过8300万t。但在目前,绿色食品发展不是非常平衡,从质量层次上讲,其中"AA"级绿色食品数量较少,而"A"级绿色食品数量较多,从品种层次上讲,粮油、蔬菜、饮料等占有一定的比例,但是消费者最关心和市场需求较大的畜禽肉类产品、水产品所占比例较小。从消费层次上讲,产品多销往欧美国家,国内消费量较低。

(三)无公害食品的特点及发展现状

无公害食品是指在无公害污染的环境中采用安全的生产技术并按相应标准生产的、对身体健康及生态环境不造成危害,符合通用卫生标准并经有关部门认定的产品。即允许限量、限品种、限时间的使用人工合成化学农药、兽药、鱼药、肥料、饲料添加剂等。无公害食品是对食品的基本要求,无公害食品标准是对食品质量的最起码要求,是市场准入的最低标准,是批准使用无公害农产品标识的初级产品,产品特色在于强调安全和环保。无公害食品主要是农产品和初级加工食品,消费定位面向广大的中低收入阶层。无公害食品的产品标准、环境标准和生产资料标准为强制性国家及行业标准,生产操作规程为推荐性行业标准,要求食品基本安全。截至2008年11月底,全省共有846个产品获得农业部无公害农产品认证,总产量976.6万t,认定无公害农产品基地1406个,面积184.15万公顷。

(四)有机食品、绿色食品、无公害食品的区别

有机食品是指以有机方式生产加工的、符合有关标准并通过专门认证机构认证的农副产品及其加工品,包括粮食、蔬菜、乳制品、禽畜产品、蜂蜜、水产品、调料等。绿色食品是我国农业部门推广的认证食品,分为A级和AA级两种。其中A级绿色食品生产中允许限量使用化学合成生产资料,AA级绿色食品则较为严格地要求在生产过程中不使用化学合成的肥料、农药、兽药、饲料添加剂、食品添加剂和其他有害于环境和健康的物质。从本质上讲,绿色食品是从普通食品向有机食品发展的一种过渡性产品。无公害食品是按照相应生产技术标准生产的、符合通用卫生标准并经有关部门认定的安全食品。严格来讲,无公害是食品的一种基本要求,普通食品都应达到这一要求。

三者的区别主要有如下三个方面。

(1)有机食品在生产加工过程中绝对禁止使用农药、化肥、激素等人工合成物质,并且不允许使用基因工程技术;其他食品则允许有限使用这些物质,并且不禁止使用基因工程技术。如绿色食品对基因工程技术和辐射技术的使用就未做规定。

(2)有机食品在土地生产转型方面有严格规定。考虑到某些物质在环境中会残留相当一段时间,土地从生产其他食品到生产有机食品需要两到三年的转换期,而生产绿色食品和无公害食品则没有转换期的要求。

(3)有机食品在数量上进行严格控制,要求定地块、定产量,生产其他食品没有如此严格的要求。总之,生产有机食品比生产其他食品难度要大,需要建立全新的生产体系和监控体系,采用相应的病虫害防治、地力保持、种子培育、产品加工和贮存等替代技术。

有机食品、绿色食品与无公害食品的异同点见表5-1。

表5-1　　　　　有机食品、绿色食品与无公害食品异同点

项目异同点		有机食品	绿色食品	无公害食品
不同点	管理部门	环保部门	农业部门	农业部门
	证书年限	一年	三年	三年
	标准	有机生产标准	绿色食品生产标准	无公害农产品质量标准

续表

项目异同点		有机食品	绿色食品	无公害食品
不同点	化肥	禁止使用	允许有限制使用	允许使用
	化学农药	禁止使用	允许有限制使用	允许使用
	基因工程种子	禁止使用	允许使用	允许使用
	生长调节剂	禁止使用	允许使用	允许使用
	防腐剂	禁止使用	允许使用	允许使用
	添加剂	禁止使用	允许使用	允许使用
相同点		有专门的认证机构认证,并进行标识,生产环境污染,都是从保护、改善生态环境入手,以开发无污染食品为突破口,将保护环境,发展经济,增进人们健康紧密地结合起来,促成环境、资源、经济、社会发展的良性循环		

二、保健食品、绿色食品、有机食品及国家原产地域产品保护

(一)保健食品(Health-care Food)

1. 定义

保健(功能)食品是食品的一个种类,具有一般食品的共性,能调节人体的机能,适于特定人群食用,但不以治疗疾病为目的。

2. 与普通食品的区别

将保健食品混同于普通食品进行宣传,是一些保健食品生产企业进行违法宣传的惯用手段。保健食品与普通食品、药品有着本质的区别。保健食品是指具有特定保健功能的食品。作为食品的一个种类,保健食品具有一般食品的共性,既可以是普通食品的形态,也可以使用片剂、胶囊等特殊剂型。但保健食品的标签说明书可以标示保健功能,而普通食品的标签不得标示保健功能。

3. 认证机构

"食字"号产品:一般为含有营养成分的食品或含有新资源的食品,由地方卫生部门审批,食品批文号如"×食监字"。由国家卫生部审批、含有新资源食品的批文号为"卫新食字"。食字号产品不能宣传药用功效,但可以介绍产品所含主要成分的功效。

"食健字"产品:国家制定的"保健食品管理办法"规定,具有特定保健功能的食品,称为"保健食品",需经国务院卫生行政部门审批,其批准文号为"×食健字"。食健字产品可以宣传国务院卫生行政部门批准的保健功能的有关内容。

"药健字"产品:具有特定保健营养功能的药品,称为"保健药品"。由卫生行

政部门严格审批,其批准文号如"×卫药健字"。保健食品标志见第九章第三节。

(二)绿色食品(Green Food)

1. 定义

绿色食品是指产自优良环境,按照规定的技术规范生产,实行全程质量控制,无污染、无公害、安全、优质、营养型的并使用专用标志(见第九章第三节)的食用农产品及加工品。在许多国家,绿色食品又有着许多相似的名称和叫法,诸如"生态食品""自然食品""蓝色天使食品""健康食品""有机农业食品"等。由于在国际上,对于保护环境和与之相关的事业已经习惯冠以"绿色"的字样,所以,为了突出这类食品产自良好的生态环境和严格的加工程序,在中国,统一被称作"绿色食品"。

绿色食品标志是中国绿色食品发展中心在国家工商行政管理局商标局注册的质量证明商标,用以证明绿色食品无污染、安全、优质的品质特征。它包括绿色食品标志图形、中文"绿色食品"、英文"GREEN FOOD"及中英文与图形组合共四种形式。绿色食品是通过产前、产中、产后的全程技术标准和环境、产品一体化的跟踪监测,严格限制化学物质的使用,保障食品和环境的安全,促进可持续发展。并采用证明商标的管理方式,规范市场秩序。

2. 认定机构

中国绿色食品发展中心。

(三)有机食品(Organic Food)

1. 定义

指来自有机农业生产体系,根据有机农业生产要求和相应标准生产加工,并且通过合法的有机食品认证机构认证的农副产品及其加工品。有机食品是目前国标上对无污染天然食品比较统一的提法。有机食品通常来自有机农业生产体系,根据国际有机农业生产要求和相应的标准生产加工的。除有机食品外,目前国际上还把一些派生的产品如有机化妆品、纺织品、林产品或有机食品生产而提供的生产资料,包括生物农药、有机肥料等,经认证后统称为有机产品。

有机食品是通过不施用人工合成的化学物质为手段,利用一系列可持续发展的农业技术,减少生产过程对环境和产品的污染,并在生产中建立一套人与自然和谐的生态系统,以促进生物多样性和资源的可持续利用。

有机农业生产是在生产中不使用人工合成的肥料、农药、生长调节剂和畜禽饲料添加剂等物质,不采用基因工程获得的生物及其产物为手段,遵循自然规律和生态学原理,采取一系列可持续发展的农业技术,协调种植业和养殖业的关系,促进生态平衡、物种的多样性和资源的可持续利用。

有机食品来自于有机农业生产体系,根据有机农业生产要求和相应的标准生产加工的,并通过合法的有机食品认证机构认证的一切农副产品,包括粮食、蔬菜、水果、奶制品、禽畜产品、水产品、蜂产品、调料等。有机食品标志见第九章第三节。

2. 认定机构

农业部农产品质量安全中心。

(四)无公害农产品

1. 定义

无公害农产品是指使用安全的投入品,按照规定的技术规范生产,产地环境、产品质量符合国家强制性标准并使用特有标志的安全农产品。严格来讲,无公害食品应当是普通食品都应当达到的一种基本要求。无公害农产品标志是由农业部和国家认监委联合制定并发布,是加施于获得全国统一无公害农产品认证的产品或产品包装上的证明性标识。印制在包装、标签、广告、说明书上的无公害农产品标志图案,不能作为无公害农产品标志使用。

无公害食品实行标志使用制度,标志(见第九章第三节)的使用涉及政府对无公害农产品质量的保证和对生产者、经营者及消费者合法权益的维护,是县级以上农业部门及相关部门对无公害农产品进行有效监督和管理的重要手段。因此,要求所有获证产品以"无公害农产品"称谓进入市场流通,均需在产品或产品包装上加贴标志。

2. 认定机构

农业部农产品质量安全中心。

(五)国家原产地域产品保护

1. 定义

为了有效地保护我国的原产地域产品,保证原产地域产品的质量和特色,1999年国家推行了原产地域产品保护制度,并对原产地域产品的通用技术要求和原产地域产品专用标志制定了国家强制性标准。凡国家公告保护的原产地域产品,在保护地域范围的生产企业,经国家质检总局审核并注册登记后,可以将该标志印制在产品的说明书和包装上,以此区别同等类型,但品质不同的非原产地域产品。原产地保护标志见第九章第三节。

2. 认定机构

国家质量技术监督局原产地域产品保护办公室。有关省、自治区、直辖市质量技术监督局根据有关地方人民政府对原产地域产品保护的建议,组织有关地方的质量技术监督行政部门、行业主管部门、行业协会和生产者代表成立原产地域产品保护申报机构(以下简称"申报机构")进行原产地域产品保护申报。

第五节 食品质量体系认证

一、质量体系认证的基本概念

把影响质量的技术、管理、人员和资源等因素都综合在一起,形成一个有机的整体;质量管理的各个过程以及每一过程所开展的活动都被看作组成质量管理体系的要素;这样相互关联、相互作用的在质量管理中起决定作用的一组要素称为质量管理体系。

商品质量体系认证是指由第三方公证机构依据质量体系标准,对供方的质量体系实施评定,合格者由公证机构颁发质量体系认证证书,并给予注册公布,证明供方在特定的产品范围内具有质量保证能力的活动。

质量体系认证区别商品质量认证之处是:质量体系认证的对象是质量管理体系;质量体系认证的依据是质量体系标准;质量体系认证的目的是证明供方的质量体系有能力确保其产品满足规定的要求;质量体系认证的证实方式是对质量体系审核而不是对产品实物实施检验;质量体系认证的证明方式是颁发证书,注册公布,供方可以使用注册标志作宣传,但不得直接用于产品或以其他方式误导产品已经合格;质量体系认证后定期监督供方质量体系但不对产品实物实施监督检验。目前,用于食品质量体系认证主要有国际标准化组织(ISO)颁布实施的 ISO 9000、ISO 22000 和 ISO 14000,分别从质量管理、食品安全管理和环境管理三个方面实施质量认证,以保证食品的质量与安全。

二、食品质量管理体系

(一)ISO 9000 质量管理体系

1. ISO 9000 质量管理体系概况

国际标准化组织(ISO)于 1979 年成立了质量保证技术委员会(TCl76),1987 年更名为质量管理和质量保证技术委员会,负责制定质量管理和质量保证标准。ISO/TC 176 于 1987 年 3 月正式颁布了 ISO 9000 系列标准:

ISO 8402—1988《质量　术语》

ISO 9000—1987《质量管理和质量保证标准　选择和使用指南》

ISO 9001—1987《质量体系　设计开发、生产、安装和服务的质量保证模式》

ISO 9002—1987《质量体系　生产和安装的质量保证模式》

ISO 9003—1987《质量体系　最终检验和试验的质量保证模式》

ISO 9004—1987《质量管理和质量体系要素　指南》

这 6 项标准,通称为 1987 版 ISO 9000 系列标准。

ISO 9000 族颁布以来,分别于 1994 年、2000 年、2008 年进行了三次修订,通过对其修订,使表述更为明确,2008版于2009年3月1日开始实施。ISO 9000族标准有ISO 9000《质量管理体系 基础和术语》、ISO 9001《质量管理体系 要求》、ISO 9004《质量管理体系 业绩改进指南》和ISO 19011《质量和环境审核指南》四个核心标准,一项其他标准、技术报告和小册子组成,其中ISO 9001《质量管理体系 要求》是用于质量认证的依据。

2. ISO 9001—2008标准的特点与构成

(1) ISO 9001的特点

①GB/T 9001—2008标准规定的质量管理体系要求是通用的,组织应根据各自的需求和特点设计和实施质量管理体系。

②GB/T 9001—2008标准可用于对组织满足顾客、法律法规和组织自身要求能力的内部和外部评价,可作为第一方审核、第二方审核和第三方审核的依据。

③GB/T 9001—2008标准鼓励组织采用过程方法,建立、实施质量管理体系,并改进其有效性,通过满足顾客要求来让顾客满意。

过程方法的优点是对诸过程组成的系统中单个过程之间的联系及过程的组合和相互作用进行连续的控制。标准中的过程模式如图5-2所示。

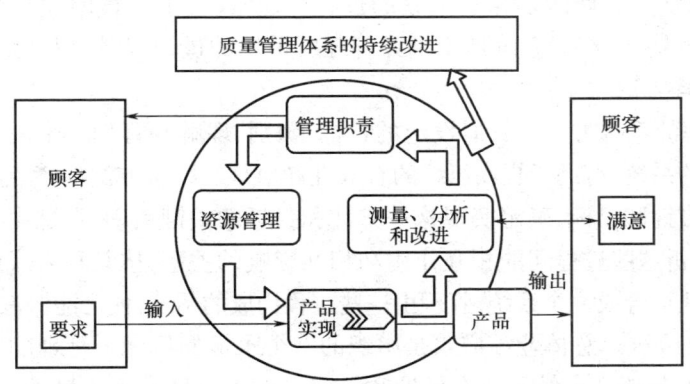

图5-2 以过程为基础的质量管理体系模式

"以过程为基础的质量管理体系模式"反映了在规定输入要求时顾客起到了重要作用,对顾客满意的监视,要求对顾客有关组织是否以满足其要求的感受的信息进行评价。这种模式虽没有详细地反映各过程,但却覆盖了本标准的所有要求。

(2) 标准构成 ISO 9001—2008标准条款的正文分为8章:①范围;②引用标准;③术语和定义;④质量管理体系;⑤管理职责;⑥资源管理;⑦产品实现;⑧测量、分析和改进。

3. ISO 9001质量管理体系的灵魂——八项质量管理原则

ISO/TC 176于1995年在策划2000版ISO 9000族标准时,成立了一个专门的工作小组(WG15),WG15 用了大约两年的时间,整理并编撰了 8 项质量管理原则。1999 年,ISO/TC176 将 8 项质量管理原则系统的应用于 2000 版 ISO 9000 系列标准中,成为制定 2000 版标准的指导思想和理论基础。

八项质量管理原则是组织在实施质量管理中必须遵循的原则,也为从事质量认证工作的审核员、咨询师和质量工作者学习、理解、掌握 ISO 9000 系列标准提供了帮助。

八项质量管理原则如下:

(1)以顾客为关注焦点　组织依存于顾客,组织应当理解顾客当前的和未来的需求和期望,满足顾客要求并争取超越顾客期望。

(2)领导作用　领导者将本组织的宗旨、方向和内容环境统一起来,并创造使员工能够充分参与实现组织目标的环境。

(3)全员参与　各级人员是组织之本,只有他们的充分参与,才能使他们的才干为组织带来最大的收益。

(4)过程方法　将相关的资源和活动作为过程进行管理,可以更高效地得到期望的结果。任何将输入转化为输出的活动都可以视为过程,组织为了能有效地运作,必须识别并管理诸多相互关联的过程。通常,一个过程的输出会直接成为下一个过程的输入,组织系统地识别并管理所采用的过程以及过程之间的相互作用,就是"过程方法"。

(5)管理的系统方法　针对设定的目标、识别、理解并管理一个由相互关联的过程所组成的系统,有助于提高组织的有效性和效率。系统方法的特点在于它围绕某一设定的方针和目标,确定实现这一方针和目标的关键活动,识别由这些活动构成的过程,分析这些过程间的相互作用和相互影响的关系,按某种方式或规律将这些过程有机地组合成一个系统,管理由这些过程构成的系统,使之能协调地运行。

(6)持续改进　总体业绩应当是组织的一个永恒的目标。管理的重点应关注变化或更新产品所产生结果的有效性和效率。由于改进是无止境的,所以持续改进是组织的永恒目标之一。

(7)基于事实的决策方法　有效决策是建立在数据和信息分析的基础上。成功的结果取决于活动实施之前的精心策划和正确的决策,而正确适宜的决策依赖于良好的决策方法。

(8)与供方互利的关系　通过建立与供方互利的关系,增强组织和供方创造价值的能力。供方所提供的高质量产品是组织为顾客提供高质量产品的保证之一。

4. 实施 ISO 9001 认证对食品企业的作用

食品企业实施 ISO 9001:2008 标准有以下几方面的作用和意义。

(1)强化质量管理,提高企业效益　企业取得 ISO 9001 认证,可极大地提高工作效率和产品合格率,降低成本,迅速提高企业的经济效益和社会效益。

(2)提高供方的质量信誉,增强客户信心,扩大市场份额　企业取得 ISO 9001 认证,对于企业外部来说,当顾客得知供方拿到了 ISO 9001 质量体系认证证书,并且有认证机构的严格审核和定期监督,就可以确信该企业是能够稳定地提供优质产品和服务的信得过的企业,从而放心地采购供方的产品或与企业订立供销合同,增强顾客满意,扩大了企业的市场占有率。

(3)促进国际贸易,消除技术壁垒,增强产品品质竞争力　国际贸易中,许多国家为了保护自身的利益,设置了技术壁垒,主要是产品品质认证和 ISO 9000 质量体系认证的壁垒。因此,取得 ISO 9001 认证,对消除技术壁垒、排除贸易障碍起到了十分积极的作用。

(4)有利于国际间的经济合作和技术交流　按照国际间经济合作和技术交流的惯例,合作双方必须在产品(包括服务)品质方面有共同的语言、统一的认识和共守的规范,方能进行合作与交流。贯彻 ISO 9000 系列标准为国际经济技术合作提供了国际通用的共同语言和准则,促进了国际间企业的合作与交流。

(二)ISO 22000 质量管理体系

1. ISO 22000 食品安全管理体系族标准的产生和发展

ISO(国际标准化组织)为了协调和统一国际食品安全管理体系,由 ISO/TC34 农产食品技术委员会在吸纳了 HACCP 在世界上各国多年应用经验基础上,借鉴了 ISO 9001 国际质量管理体系的编写框架,制定的一套专用于食品链内的食品安全管理体系,并于 2005 年 9 月 1 日向全世界正式颁布。ISO 22000 的整个产生过程经历了如下阶段:

(1)20 世纪 60 年代美国太空计划。

(2)1995 年美国水产品 HACCP 法规。

(3)1997 年 CACHACCP 体系应用指南。

(4)2002 年质检总局出口食品厂应用。

(5)2004 年 6 月 ISO/TC34 委员会 DIS 版。

(6)2005 年 5 月 FDIS 版。

(7)2005 年 9 月 1 日 ISO 22000—2005 标准版。

该标准在 HACCP、GMP(良好操作规范)和 SSOP(卫生标准操作规范)的基础上,同时整合了 ISO 9001—2000 的部分要求而形成的。

我国于 2006 年 3 月 1 日颁布了《ISO 22000—2005 食品安全管理体系适用于食品链中各类组织的要求》的等同采用(idt)标准《GB/T 22000—2006 食品安全管理体系—适用于食品链中各类组织的要求》,并于 2006 年 7 月 1 日开始实施。

2. ISO 22000 标准的特点

(1)详细描述基于 HACCP 7 个原理的食品安全管理体系。

(2)可以用于审核。

(3)可以用于认证。

(4)广泛适用性(整个食品链)。

(5)将把 HACCP 同先决条件以及标准卫生操作程序兼容。

(6)结构同 ISO 9000 和 ISO 14000 趋同。

(7)为国际间 HACCP 概念的交流提供机制。

3. ISO 22000 认证对于食品企业的作用

(1)可以有效地识别和控制危害,降低企业的风险。

(2)可以有效地降低企业的运营成本。

(3)可以提高消费者的信任度,提升企业的市场知名度。

(4)通过 ISO 22000 认证后食品企业可以增加投标成功率,也可以促进国际贸易的发展。

4. ISO 22000 认证应用范围

(1)直接介入食品链中一个或多个环节的组织,如饲料加工、种植生产、辅料生产、食品加工、零售、配餐服务、提供清洁、运输、贮存和分销服务的组织。

(2)间接介入食品链的组织,如:设备供应商、清洁剂和包装材料及其他食品接触材料的供应商。

知识拓展

食品链上的沟通

由于食品链的任何环节均可能引入食品安全危害,应对整个食品链进行充分的控制,因此,食品安全应通过食品链中所有参与方的共同努力来保证。

食品链中的组织包括:饲料生产者、食品初级生产者以及食品生产制造者、运输和仓储经营者、零售分包商、餐饮服务与经营者(包括与其密切相关的其他组织,如设备、包装材料、清洁剂、添加剂和辅料的生产者),也包括相关服务的提供者。

为了确保在食品链每个环节所有相关的食品危害均得到识别和充分控制,整个食品链中各组织的沟通必不可少。因此,组织与其在食品链中的上游和下游组织之间均需要沟通。尤其是对于已确定的危害和采取的控制措施,应与顾客和供方进行沟通,这将有助于明确顾客和供方的要求(如在可行性、需求和对终产品的影响方面)。

为了确保整个食品链中的组织进行有效的相互沟通,向最终消费者提供安全的食品,认清组织在食品链中的作用和所处的位置是必要的。图 5-3 表明了食品链中相关方之间沟通渠道的一个实例。

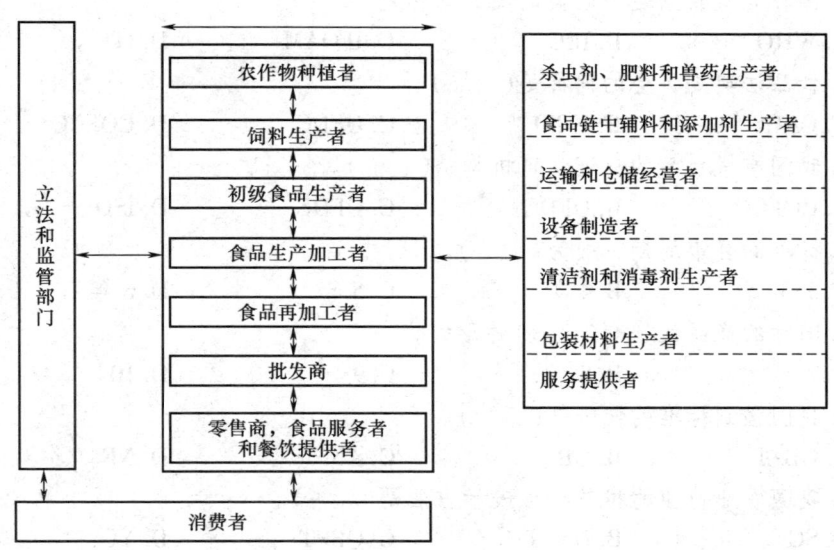

图 5-3　食品链上的沟通实例

自我测试

一、填空题(10×1 分)

1. 我国标准化法调整范围,主要包括标准制定部门、标准使用部门、企业或个人在制定标准、_____ 和 _____ 过程中发生的各种法律关系。

2. 国家标准、行业标准分为 _____ 标准和 _____ 标准。

3. 有关工业产品的 _____ 要求的地方标准,在本行政区域内是强制性标准。

4. 不符合强制性标准的产品,禁止生产、_____ 和 _____。

5. 地方标准应当报 _____ 部门和 _____ 部门备案。

6. 我国标准化法规定 _____ 部门是对标准化违法行为进行查处的主要执法机关。

二、名词解释(4×2.5 分)

有机食品　植物检疫　绿色食品　无公害农产品

三、选择题(10×1 分)

1. 获得(　　)标志的产品才能进入欧盟市场。

A. CE　　　　　B. CAC　　　　　C. EC　　　　　D. EEC

2. 国际种子检验协会的英文简称是(　　)。

A. ESTA　　　　B. ISTA　　　　C. OFDC　　　　D. FAO

3. 国际有机农业运动联盟的英文简称是( )。
   A. WHO   B. IEC   C. IFOAM   D. ITU
4. 食品法典委员会的简称是( )。
   A. CAC   B. WTO   C. OFDC   D. COFCC
5. 我国有机食品的认证认可机构是( )。
   A. COFCC   B. OFDC   C. GFDC   D. ISO
6. 标准的复审周期一般为( )。
   A. 3 年   B. 4 年   C. 5 年   D. 6 年
7. 国际的产品认证有( )种形式。
   A. 7   B. 8   C. 9   D. 10
8. 我国强制标准的代号是( )。
   A. GB/T   B. GB   C. ANSI   D. NF
9. 我国农业行业的推荐标准表示方法是( )。
   A. SC   B. NY/T   C. QB/T   D. YC
10. 制定 ISO 9000 族标准的国际标准技术委员会的代号是( )。
    A. ISO/TC167 B. ISO/CT167 C. ISO 9001—2000 D. ISO/TC176

四、判断题(10×1 分)
(   )1. 一个组织内因为生产不同产品可以建立多个质量体系。
(   )2. 生产过程质量控制就是控制影响生产过程质量的因素。
(   )3. 质量是一组固有特性满足要求的程度。
(   )4. 只要严格控制生产过程中的人、机料、法、测,就会消除产品质量波动。
(   )5. 开展质量管理首先应确定质量目标和质量的一些职责。
(   )6. 判断产品是否合格的依据是产品的技术标准。
(   )7. 在国际贸易中 ISO 9000 族标准是制定产品技术要求的依据。
(   )8. 质量体系的要求是通用的,产品要求也是通用的。
(   )9. 顾客满意度是对顾客满意程度的定量化描述。
(   )10. 质量信息是指质量活动中的各种数据、报表、资料和文件。

五、简答题(4×2.5 分)
1. 简述产品质量国家免检制度对促进商品质量进步的作用。
2. 符合什么条件的产品可以获得国家质量监督免检资格?
3. 绿色食品、无公害食品的定义及二者的异同点。
4. 质量体系认证与产品质量认证的区别与联系是什么?

第六章 食品商品的检验与检疫

> **学习内容**
>
> 1. 食品检验、检疫的概念;食品检验检疫技术的现状与发展趋势;
> 2. 食品商品的检验内容和感官检验、理化检验、微生物检验;
> 3. 动物性食品检疫的内容和方法;植物性食品检疫的内容和方法;
> 4. 食品商品品级的概念、分级指标、分级方法。

> **学习目标**
>
> 1. 了解食品检验检疫技术的现状与发展趋势;
> 2. 掌握食品商品的检验内容和检验方法;
> 3. 掌握动物性食品检疫的内容和方法;
> 4. 掌握植物性食品检疫的内容和方法;
> 5. 熟悉食品商品的分级方法;
> 6. 能依照相关分级标准对常见的食品进行分级。

第一节 食品商品的检验、检疫概述

一、检验与检疫的定义

(一)检验

"检验"的定义是通过观察和判断,适宜时辅以测量、测试或度量,进行符合性评价(ISO/IEC 指南 214.2)。它在出入境检验检疫学中有狭义和广义之分。狭义的"检验"仅指对于出入境商品的品质检验。其具体的含义是指在国家的授权下,根据合同、标准或来样的要求,应用感官的、物理的、化学的或微生物的分辨分析方法,对出入境的商品,含各种原材料、成品和半成品进行检验,分辨是否符合规格的过程。广义的"检验",包含两个层次。第一层次包括检验管理的水平、效果,以衡量管理是否得力有效。第二层次包括检验商品的质量、规格、数量、重量、包装以及是否符合安全、健康、环保、卫生要求。其具体的含义是指根据国家的授权,对出入境的商品进行检验、监督管理以及公证鉴定。

(二)检疫

"检疫"是以法律为依据,包括世界贸易组织(WTO)惯例、法律与法规和国家法律与法规,国家授权特定机关对有关生物及其产品和其他相关的商品实施科学检验鉴定与处理,以防止有害生物在国内蔓延和国际间传播的一项强制性行政措施,或者说是为防止疫病的传播所采取的防范管理措施。

(三)食品检验检疫的主要内容

食品检验检疫大致分为两大类:一类是用各种方法检查食品的营养、化学组分和特性等各种质量特性及安全、卫生要求和条件等,另一类是用各种方法检查食品在贮运、装卸过程中的情况以及包装、运输工具的运载条件、卫生条件等。第一类大多是通过抽取样品在实验室完成;第二类大多数是在现场进行,有时辅以实验室的检验。特别是食品污染,是检验检疫的重要组成部分。食品污染是指食品在生产(包括农作物种植和动物饲养与兽医服务)、加工、包装、贮存、运输、销售和烹调等环节混进食品中有毒有害物质。这些有毒有害物质可以来自环境污染和由生产加工过程中产生,还可能是食品本身天然存在的。

二、食品检验、检疫技术现状与发展趋势

检验检疫能力是一个国家(地区)食品安全工作水平的重要标志。为此,各国都把发展检测技术和方法置于优先地位。总体来看,检验检疫技术日益呈现出速测化、系列化、精确化和标准化的特征,而这又是以高技术化为支撑的。

(一)速测化

利用快速检测方法,可以在很短的时间内就可以确定食品的安全性。国际上特别是美国、欧盟等通行的做法是,按一定的规范对受检产品取样进行快速检验。这些快速筛检的方法,例如酶联免疫法、放射免疫法、受体传感器法、金(荧光素)标记法、cDNA 标记探针法等一般是在非实验室的条件下在现场对样品进行筛检。如果检验结果为阳性,受检食品就不允许上市。快速检测方法有以下几个方面的特点:第一,灵敏度高,可达到 1×10^{-13},甚至更低;第二,方法的特异性高、假阳性相对较低;第三,适用范围较宽,可测定各类食品;第四,检测的费用低。在农、兽药残留和生物毒素快速筛检的试剂盒方面,国外已有不少产品。当需要时,把样

品送到实验室内,进行进一步的确证和定量分析。

(二)系列化

欧美国家对农药残留的检测已从单个化合物的检测发展到可以同时检测几百种化合物的多残留系统分析,兽药残留的检测也向多组分方向发展。目前国际上最具代表性的多残留分析方法主要有美国 FDA 的方法(可检测 360 种农药)、德国 DFG 的方法(可检测 325 种农药)、荷兰卫生部的方法(可检测 200 种农药)、加拿大多残留检测方法(可检测 251 种农药)。同时为了适应于不同介质样品的分析,一些国家(如美国 FDA 等)将农药残留分析的主要步骤所采用的不同方法建成不同的模块,根据样品及分析要求的不同,组合成不同的处理分析流程,从而建立程序可选择性前处理技术平台,使复杂的技术流程简化而又保证分析质量。

(三)精确化

目前,发达国家对残留的限量越来越低。这对检测方法的精确性提出了很高的要求。例如,对二噁英及其类似物,检测方法灵敏度的要求达到超痕量水平($10^{-15} \sim 10^{-12}$),需要用高分辨质谱分析和采用稳定性同位素稀释技术的严格质量控制手段。由于色质联机结合稳定性同位素稀释技术具有灵敏、特异、可靠的特点,不仅用于二噁英及多氯联苯等超痕量分析,在酱油中氯丙醇的痕量检测方面已成为欧盟唯一认可的方法;而在激素和克伦特罗等兴奋剂检测也从奥运会兴奋剂检测领域向食品禁用兽药监控的确证技术发展。传统的原子吸收分光光度方法检测食品中矿物质和元素,也开始在一些发达国家中被更加灵敏和快速的 ICP – MS 取代。

(四)标准化

食品检验检疫具有法定性和权威性,因此食品检验检疫技术标准化就尤为重要,各国和国际组织都高度重视。食品检验检疫技术的标准化不仅仅国内有需求,而且已呈现国际化趋势。一方面,传统方法不断完善并推广应用,另一方面,新技术层出不穷,正在或有待建立通行标准。

(五)高技术化

高新技术在检验检疫领域的应用已越来越广泛。首先,残留检测技术进一步更新换代,包括气相色谱与质谱联用技术、液相色谱与质谱联用技术、毛细管电泳与质谱联用以及气相、液相色谱与多级质谱联用技术等。这些技术的应用大大提高了农药残留检测的定性能力、检测的灵敏度、检测限和检测覆盖范围。其次,在样品前处理方面,快速溶剂提取系统(ASE)、固相萃取系统(SPE)、超临界萃取系统(SPF)、免疫亲和层析(IAC)等样品的处理、浓缩技术被广泛用于食品中痕量级成分的提取、纯化技术。再者,在生物性危害方面,国内外已建立了致病菌分子鉴别与溯源新技术。美国已在全国范围内建立了细菌分子分型国家电子网络,并成功地应用于沙门菌食物中毒暴发原因的溯源及控制。而基于 PCR 的快速检测技术,特别是基因芯片的高通量能力,可以从众多肠道致病菌或致泻性病毒和寄生虫中筛检病原并达到溯源的能力。这些技术已成为当前各国食源性疾病监控领域技术发展的方向,不过,有待建立国际通行标准。

第二节 食品商品检验的内容与方法

一、食品商品的检验内容

(一)营养成分的检验

1. 食品中水分、水分活度的检验

(1)水分 水是维持动植物和人类生存必不可少的物质。水分含量是食品的一个质量因素,控制食品的水分含量关系到食品组织形态的保持,食品中水分与其他组分的平衡关系的维持,以及食品在一定时期内的品质稳定性等各个方面。《GB 5009.3—2010 食品安全国家标准 食品中水分的测定》中规定水含量的检测方法有直接干燥法、减压干燥法、蒸馏法。

(2)水分活度 食品中的水有结合水和自由水两种主要存在状态,而对食品的贮藏性起作用的是食品中的自由水,为了表示食品中自由水的量引入了水分活度(A_w)的概念,可更好地阐明水分含量与食品保藏性能的关系。A_w常采用水分活度测定仪来测量。

2. 食品中蛋白质的检验

蛋白质是食品中重要的营养指标,测定食品中蛋白质的含量,对于评价食品的营养价值、合理开发利用食品资源等均具有极其重要的意义。蛋白质的测定原来常用凯氏定氮法,但该方法存在一定的缺陷,故国家重新组织修订了蛋白质的检验标准《GB 5009.5—2010 食品安全国家标准 食品中蛋白质的测定》中规定蛋白质的测定方法有凯氏定氮法、分光光度法、燃烧值法。

3. 食品中脂肪的检验

脂肪也是组成生物体的重要成分,也是生物体的能量提供者。食品中脂肪含量的多少及种类,与人体健康息息相关。《GB 5009.6—2010 食品安全国家标准 食品中脂肪的测定》中规定脂肪的测定方法有索氏抽提法、酸水解法。需要强调的该标准适用于肉制品、豆制品、谷物、坚果、油炸果品、中西式糕点等粗脂肪含量的测定,不适用于乳及乳制品。

4. 食品中碳水化合物的检验

糖是食品的主要成分之一,也是人体内热能的主要供给源,食品中糖含量的高低,直接影响其口味和营养价值。从化学结构角度来看,碳水化合物是一类多羟基醛或多羟基酮。碳水化合物包括三类:单糖、低聚糖、多糖,常测定的项目有总糖、还原糖、蔗糖、淀粉、膳食纤维等。《GB 5009.7—2008 食品中还原糖的测定》中规定还原糖的测定方法有直接滴定法和高锰酸钾滴定法。《GB 5009.8—2008 食品中蔗糖的测定》中规定蔗糖的测定方法有高效液相色谱法和酸水解法。《GB 5009.9—2008 食品中淀粉的测定》中规定淀粉的测定方法是酸水解法。《GB 5009.88—2008 食品中膳食纤维的测定》中规定了总的、可溶性和不溶性膳食纤维的测定。

5. 食品中矿物质的检验

食品中的矿物质有三类：一类为必需元素，如钙、磷、铁、碘、锌、硒、铜等；一类为非必需元素，如铝、硼、锡等；另一类为有毒元素，常见的有汞、铅、砷等。如果有毒元素污染食品，被人体大量摄入后，会对机体生理功能及正常代谢产生阻碍作用，造成人体中毒，所以在国家的相关标准中汞、铅、砷往往是必检项目。

6. 食品中维生素的检验

维生素是一类维持人体正常生理功能所必需的有机营养素，每种维生素履行着特殊的生理功能，缺乏时将引起相关的营养缺乏症。常检的脂溶性维生素有维生素 A、总胡萝卜素、β-胡萝卜素、维生素 D、维生素 K_1、维生素 E 等，常检的水溶性维生素有维生素 B_1、维生素 B_2、维生素 B_6、维生素 B_{12}、维生素 C、叶酸等。

（二）食品添加剂的检验

食品添加的广泛使用满足和促进了食品工业的发展，同时其安全性也引起了国际上各相关组织的重视。毕竟添加剂不是食品天然成分，少量长期摄入也可能会对机体产生危害。FAO/WTO 等组织以及世界各国对每一种允许使用的添加剂的质量标准、规格、添加范围和 ADI 值都做了严格的规定，并作为法规来执行，食品添加剂的检验对于保证食品安全是必不可少的一环。

1. 防腐剂的检验

常检的防腐剂有苯甲酸、苯甲酸钠、山梨酸、山梨酸钾、脱氢乙酸、脱氢乙酸钠等，《GB/T 5009.29—2003 食品中山梨酸、苯甲酸的测定》中规定的检测方法有气相色谱法、高效液相色谱法、薄层色谱法，《GB/T 5009.121—2003 食品中脱氢乙酸的测定》中规定了脱氢乙酸的测定方法。

2. 抗氧化剂的检验

常检的抗氧化剂有 BHA、BHT、PG、异抗坏血酸及其钠盐等，《GB/T 5009.30—2003 食品中叔丁基羟基茴香醚（BHA）与 2,6-二叔丁基对甲酚（BHT）的测定》中规定其检测方法是气相色谱法，《GB/T 5009.32—2003 油脂中没食子酸丙酯（PG）测定》中规定其检测方法是分光光度法。

3. 其他食品添加剂的检验

常检的食品品质改良剂有磷酸及其盐类；常检的食品甜味剂有糖精和糖精钠、甜叶菊苷、甜蜜素等；常检的食品漂白剂有亚硫酸盐、二氧化硫等；常见的食品发色剂有硝酸钠和亚硝酸钠；常检的食品着色剂有苋菜红、亮蓝、赤藓红、靛蓝、新红等;常检的乳化剂、增稠剂、稳定剂有甘油脂肪酸、藻酸钠和藻酸丙二醇酯、羧甲基纤维素钠和羧甲基淀粉钠、磷脂乳化剂、蔗糖乳化剂等。

(三)食品中有毒有害物质的检验

1. 食品中农药残留的检验

我国有近200种农药原药,历史上使用过的杀虫剂农药包括有机氯、有机磷、氨基甲酸酯、有机硫、有机砷、有机汞、有机氟等。有机氯农药主要是氯代苯、氯代烷烃两类化合物,如六六六、滴滴涕等,它们的稳定性很高,在自然界中降解缓慢,食品的加工、贮藏也不会对其残留产生较大的影响。虽然在20世纪80年代我国已经停止了有机氯农药的使用,但是作物仍然可以从土壤中吸收,而在长时间内使粮食、蔬菜等中含有一定水平的有机氯残留,所以很多的有机氯农药依然是需要检测的内容。常用的有机磷农药降解速度较快,在一个月的时间内可以分解,同时清洗、加热等食品加工过程可降低食品中有机磷残留量,所以有机磷农药的检测主要是针对新鲜蔬菜。氨基甲酸酯类农药的情况与有机磷农药类似。

各种农药的化学结构、性质各有不同,在食品中其残留水平的分析方法也不一样。生物学分析方法由于快速、简易的特点,在快速检测中有较多应用,但生物学分析方法存在干扰,准确性还不是令人十分满意。从发展趋势来看,仪器分析在农药残留测定中是最常用的手段,特别是可以对多种农药残留的定性、定量分析。有机氯类农药稳定性高,适用于气相色谱分析,有机磷、有机氮类农药稳定性差,气相色谱分析时容易分解,一般需要将其进行衍生化处理,用电子捕获器检测,或者使用高效液相色谱测定。GS/MS分析技术和毛细管柱的应用也越来越广泛,其优点是一次处理可以分析、鉴别出的农药可达上百种。

2. 食品中兽药残留和激素残留的检验

在畜牧生产与兽医临床上,使用的兽药主要有抗微生物制剂(包括抗生素与化学治疗制剂)、驱寄生虫制剂、激素和生长促进剂等。在畜禽动物体使用的抗生素药物包括:①青霉素类,如青霉素、苄青霉素、氨苄青霉素、阿莫西林等;②四环素类,如四环素、金霉素、土霉素、强力霉素等;③磺胺类,如磺胺嘧啶、磺胺二甲基嘧啶、磺胺甲噁唑等;④氨基糖苷类,如庆大霉素、链霉素、双氢链霉素、卡那霉素、新霉素等;⑤头孢菌素类,如头孢氨苄、头孢噻吩类;⑥大环内酯类,如红霉素、螺旋霉素等;⑦多肽类,如杆菌肽、维吉尼亚霉素;⑧呋喃类;⑨氯霉素。驱寄生虫制剂包括主要是抗球虫药,如人工合成的抗球虫药乙氧酰胺苯甲酯、氯羟吡啶、磺胺氯吡嗪钠,此外,常用的聚醚类抗生素盐霉素、马杜霉素、莫能菌素等也具有抗球虫作用。激素和促生长剂一般包括生长激素、性激素、甲状腺素、蛋白质同化激素、同化作用增强剂(如瘦肉精)。

兽药残留的检测最常用的方法是高效液相色谱法,不同的兽药需要选择相应的提取液、分析液、流动相、色谱柱及检测条件等。

(四)食品掺伪的检验

食品掺伪主要包括掺假、掺杂和伪造,这三者之间没有明显的界限,食品掺伪即为掺假、掺杂和伪造的总称,一般的掺伪特质能够以假乱真。

食品掺假是指向食品中非法掺入外观、物理性状或形态相似的非同种类物质的行为,掺入的假物质基本在外观上难以鉴别。常见的掺假现象除掺水以外,还有掺碱、掺淀粉、掺盐等。例如,小麦粉中掺入滑石粉、味精中掺入食盐、油条中掺入洗衣粉、食醋中掺入游离矿酸等。我国目前对牛乳的掺假的检验项目最多,包括牛乳掺水的检验、牛乳掺碱的检验、牛乳掺亚硝酸盐检验、牛乳掺碳水化合物检验、牛乳掺淀粉、豆浆、面粉类物质的检验、牛乳掺乳清粉的检验、牛乳掺羊乳的检验等。

掺杂是指向粮食食品中非法掺入非同一类或同类的劣质的物质,如大米中掺入沙石,糯米中掺入大米,将价格便宜的玉米淀粉、马铃薯等掺入价格较高的藕粉中。其特征都是以廉价的原料掺入价格较高的食品中,欺骗消费者来牟取暴利。

伪造是指人为地用一种或几种物质进行加工仿造,而冒充某种食品在市场销售的违法行为,如用工业酒精兑制白酒,工业酒精中含有甲醇,会对人体健康造成危害。再比如"牛肉膏"造假牛肉,牛肉膏是一种添加剂,违规超量和长期食用,则对人体有危害,甚至可能致癌。

由于食品中的掺伪物存在未知性和不确定性,给食品掺伪检验带来了难度。其检验方法往往先采用感官检验,然后结合理化检验进行综合判定。

(五)食品中微生物的检验

1. 菌落总数

菌落总数是指在一定培养条件下(如需氧状况、培养基成分、pH、培养温度和时间等)每克(或每毫升)食品检样所生长出来的细菌菌落总数。菌落总数测定是用来判定食品被细菌污染的程度及卫生质量,它主要反映了食品在生产过程中是否符合卫生要求,以便对被检样品做出适当的卫生学评价。菌落总数的多少在一定程度上标志着食品卫生质量的优劣。

2. 大肠菌群

大肠菌群指的是具有某些特性的一组与粪便污染有关的细菌,其定义是需氧及兼性厌氧、在37℃能分解乳糖产酸产气的革兰阴性无芽孢杆菌。一般认为该菌群细菌可包括大肠埃希菌、柠檬酸杆菌、产气克雷白氏菌和阴沟肠杆菌等。大肠菌群是作为粪便污染指标菌提出来的,主要是以该菌群的检出情况来表示食品中有否粪便污染。大肠菌群数的高低,表明了粪便污染的程度,也反映了对人体健康危害性的大小。大肠菌群是评价食品卫生质量的重要指标之一,目前已被国内外广泛应用于食品卫生检验检疫工作中。

除了以上五大项检验内容外,食品商品的检验内容还包括食品中有毒有害物质的检验、食品中毒素的检验、转基因食品的检验等。

二、食品商品检验方法

食品检验所采用的方法主要有感官检验、理化检验和微生物检验。

（一）食品感官检验

所谓食品感官鉴别检验的基本方法，其实质就是依靠视觉、嗅觉、味觉、触觉和听觉等，来鉴定食品的外观形态、色泽、气味、滋味和硬度（稠度）。其主要还是通过四觉来检验。

1. 视觉鉴别法

这是判断食品质量的一个重要感官手段。食品的外观形态和色泽对于评价食品的新鲜程度、食品是否有不良改变，以及蔬菜、水果的成熟度等有着重要意义。视觉鉴别应在白昼的散射光线下进行，以免灯光隐色发生错觉。鉴别时应注意整体外观、大小、形态、块形的完整程度、清洁程度，表面有无光泽、颜色的深浅色调等。在鉴别液态食品时，要将它注入无色的玻璃器皿中，透过光线来观察；也可将瓶子颠倒过来，观察其中有无夹杂物下沉或絮状物悬浮。

2. 嗅觉鉴别法

人的嗅觉器官相当敏感，甚至用仪器分析的方法也不一定能检查出来的极轻微变化，用嗅觉鉴别却能够发现。当食品发生轻微的腐败变质时，就会有不同的异味产生。如核桃的核仁变质所产生的酸败而有哈喇味，西瓜变质会带有馊味等。食品的气味是一些具有挥发性的物质形成的，所以在进行嗅觉鉴别时常需稍稍加热，但最好是在15～25℃的常温下进行，因为食品中的气味挥发性物质常随温度的高低而增减。在鉴别食品的异味时，液态食品可滴在清洁的手掌上摩擦，以促进气味的挥发；识别畜肉等大块食品时，可将一把尖刀稍微加热刺入深部，拔出后立即嗅闻气味。食品气味鉴别的顺序应当是先识别气味淡的，后鉴别气味浓的，以免影响嗅觉的灵敏度。在鉴别前禁止吸烟。

3. 味觉鉴别法

感官鉴别中的味觉对于辨别食品品质的优劣是非常重要的一环。味觉器官不但能品尝到食品的滋味如何，而且对食品中极轻微的变化也能敏感地察觉。如做好的米饭存放到尚未变馊时，其味道即有相应的改变。味觉器官的敏感性与食品的温度有关，在进行食品的滋味鉴别时，最好使食品处于20～45℃，以免温度的变化会增强或减低对味觉器官的刺激。几种不同味道的食品在进行感官评价时，应当按照刺激性由弱到强的顺序，最后鉴别味道强烈的食品。在进行大量样品鉴别时，中间必须休息，每鉴别一种食品之后必须用温水漱口。

4. 触觉鉴别法

凭借触觉来鉴别食品的膨、松、软、硬、弹性（稠度），以评价食品品质的优劣，也是常用的感官鉴别方法之一。例如,根据鱼体肌肉的硬度和弹性,常常可以判断鱼是否新鲜或腐败;评价动物油脂的品质时,常须鉴别其稠度等。在感官测定食品的硬度(稠度)时,要求温度应为 15~20℃,因为温度的升降会影响到食品状态的改变。

(二)食品理化检验

食品理化检验是在实验室的一定环境条件下,利用各种仪器、器具和试剂作手段,运用物理、化学的方法来检验食品的质量。根据测定原理、操作方法等的不同,食品理化检验分析法又可分为物理分析法、化学分析法和仪器分析法三类。

1. 物理分析法

通过对被测食品的某些物理性质如温度、密度、折射率、旋光度、沸点、黏度等的测定,可间接求出食品中某种成分的含量,进而判断被检食品的纯度和品质。物理分析法简便、实用,在实际工作中应用广泛。

2. 化学分析法

化学分析法是以物质的化学反应为基础的分析方法,主要包含称量分析法和滴定分析法两大类。化学分析法适用于食品中常量组分的测定,所用仪器设备简单,测定结果较为准确,是食品分析中应用最广泛的方法。同时化学分析法也是其他分析法的基础,虽然目前有许多高灵敏度、高分辨率的大型仪器应用于食品分析,但现代仪器分析也经常需要用化学方法处理样品,而且仪器分析测定的结果必须与已知标准进行对照,所用标准往往要用化学分析法进行测定,因此经典的化学分析法仍是食品检验分析中最重要的方法之一。

3. 仪器分析法

仪器分析法是以物质的物理和物理化学性质为基础的分析方法。这类方法需要借助较特殊的仪器,如光学或电学仪器,通过测量试样溶液的光学性质或电化学性质从而求出被测组分的含量。在食品分析中常用的仪器分析方法有以下几种。

(1)光学分析法 根据物质的光学性质所建立的分析方法,主要包括吸光光度法、发射光谱法、原子吸收分光光度法和荧光分析法等。

(2)电化学分析法 根据物质的电化学性质所建立的分析方法,主要包括电位分析法、电导分析法、电流滴定法、库仑分析法、伏安法和极谱法等。

(3)色谱分析法 是一种重要的分离富集方法,可用于多组分混合物的分离和分析,主要包括气相色谱法、液相色谱法(又分为柱色谱和纸色谱)以及离子色谱法。

此外,还有许多用于食品分析的专用仪器,加氨基酸自动分析仪、全自动牛奶分析仪等。仪器分析方法具有简便、快速、灵敏度和准确度较高等优点,是食品检验分析发展的方向。随着科学技术的发展,将有更多的新技术、新方法在食品检验分析中得到应用,这将使食品分析的自动化程度进一步提高。

(三)食品微生物检验

食品微生物检验常采用的方法有显微镜形态观察、培养检验、生化检验等。

1. 显微镜形态观察

在食品微生物检验中,为了能够发现微生物,并观察其形态、排列及某些结构,必须借助于显微镜。显微镜观察的微生物标本一般分为两种:染色标本和不染色标本。检验不染色标本是为了观察微生物细胞在生活时期原有的形态、大小及确定细胞能否运动等。经过染色,微生物细胞与其背景的色差增加,镜检时更加清晰可见。染色标本除能显示微生物的形态、排列和一定的构造外,还能显示某些细胞成分的性质及其分布的位置、区别活菌与死菌、鉴定微生物的种类。

2. 培养检验

在食品微生物学检验中,培养检验技术是一项非常重要的工作,它既可以用于确定食品中的微生物数量,也可进一步确定微生物的种类和研究它们的特性。根据被检材料的不同和检验步骤中的要求不同,在同一种培养基上可以有不同的接种方法。在进行菌落总数测定时,用的是倾注法接种,在进行各种被检微生物的分离时,常采用画线法接种,虽然他们用的都是琼脂平板,但接种方法各异。食品微生物学检验中常用的接种方法有涂布法、画线法、倾注法、定植法、穿刺法。

3. 生化检验

各种微生物含有各自独特的酶系统,用于进行代谢活动,在代谢过程中产生的产物也有各自的特点,可借此区别和鉴定微生物的种类。利用这种特点可鉴别微生物。生化试验或生化反应是通过利用生物化学的方法来测定微生物的代谢产物、代谢方式和条件等来鉴别细菌的类别与属种的试验。

第三节 食品商品检疫的内容与方法

食品检疫的目的是发现、检出和鉴定食品中可能携带的各种病原性的外来疾病或者致病微生物、动物疫病和植物病虫害,作为出证或检疫处理的依据。检验检疫包括现场检查和实验室检验。现场检查除能检出和鉴定部分病原性外来疾病或者致病微生物、动物疫病和植物病虫害外,还需抽取代表性样品送实验室检验。

一、动物性食品检疫的内容与方法

(一)动物性食品检疫的内容

动物性食品包括各种动物、肉类及其制品、乳及其制品、蛋及其制品、水产品、蜂蜜等,实验室检验的主要内容是确定样品是否感染或携带以及感染和携带何种检疫性动物疫病或食源性病原。动物法定检疫对象是指动物疫病(传染病和寄生虫病)。

1. 动物性食品中的致病性病毒

(1) 口蹄疫病毒　口蹄疫是由口蹄疫病毒引起的偶蹄动物共患的急性接触性传染病,人也可以感染。口蹄疫是世界范围内危害和造成经济损失最大的人畜共患病之一。本病有强烈的传染性,一旦发病,传播速度很快,发病率极高,往往造成大流行,不易控制和消灭。口蹄疫病毒检验不仅在疫病诊断中意义重大,在食品检验检疫,尤其是生鲜肉食品检验检疫中占有重要地位。

(2) 流行性感冒病毒　简称流感病毒,属于正黏病毒科的三属,根据其和蛋白和膜蛋白抗原特性及其基因特性的不同,分为甲、乙、丙三型。甲型流感病毒危害大,宿主范围也很广泛,从禽和人、猪、马等哺乳动物中都能分离到;乙、丙型流感病毒宿主范围很窄,危害相对较小。2003年以来,H5N1亚型禽流感病毒在家禽内的大流行,造成巨大经济损失,同时还发生感染人的病例,引起各国的关注。

(3) 传染性水泡病　又名猪水泡病,是一种病毒性传染病,以口和蹄部产生水泡性损伤为特征。其临诊症状不能与口蹄疫、水泡性口炎和猪水泡疹相区别。其病症是体温升高,起初口部有水泡出现.在口腔发生水疱的同时或稍后,趾间及蹄冠的柔软皮肤上也发生水疱,也会很快破溃,然后逐渐愈合。

(4) 猪瘟　俗称"烂肠瘟"是一种具有高度传染性疫病,是威胁养猪业的主要传染病之一,其特征是:急性,呈败血性变化,实质器官出血,坏死和梗死;慢性呈纤维素性坏死性肠炎,后期常有副伤寒及巴氏杆菌病继发。是猪的一种急性接触性传染病,又称猪霍乱。

(5) 炭疽　是由炭疽杆菌引起的人畜共患急性传染病。主要因食草动物接触土生芽孢而感染所导致的疾病。人类因接触病畜及其产品或食用病畜的肉类而发生感染。炭疽杆菌从皮肤侵入,引起皮肤炭疽,使皮肤坏死形成焦痂溃疡与周围肿胀和毒血症,也可以引起肺炭疽或肠炭疽,均可并发败血症。

除此之外,新城疫病毒、冠状病毒、朊病毒、马立克病毒及一些新出现的病毒都是动物性食品检验检疫的内容。

2. 动物性食品中的致病性寄生虫

(1) 旋毛虫　旋毛虫病是一种以动物为主的动物源性人畜共患寄生虫病。人体感染旋毛虫主要是生食或半生食含有旋毛虫包囊的动物肌肉(尤其是猪肉或其肉制品)所致。因此,世界各国都十分重视肉品的旋毛虫检疫,我国在1999年已将旋毛虫病列为二类病。由于动物感染自然感染旋毛虫后一般无明显的体征,所以旋毛虫的生前检疫或诊断较困难,还需借助宰后检验。

(2) 囊尾蚴　又称囊虫病,是由囊尾蚴寄生于人和动物的横纹肌、心肌、脑、眼等组织器官中所引起的一种带绦虫幼虫病。在动物体内寄生的囊尾蚴有多种,可通过肉食品传播给人类的主要有猪囊尾蚴和牛囊尾蚴,以前者对人体危害最大,也最为常见。

（3）猪蛔虫　是寄生于猪小肠中最大的一种线虫,新鲜虫体为淡红色或淡黄色,虫体呈中间稍粗、两端较细的圆柱形。猪蛔虫病呈世界性流行,集约化养猪场和散养猪均广泛发生。我国猪群的感染率为17%～80%,平均感染强度为20～30条。感染本病的仔猪生长发育不良,增重率可下降30%。严重患病的仔猪生长发育停滞,形成"僵猪",甚至造成死亡。因此,猪蛔虫病是造成养猪业损失最大的寄生虫病之一。

除此之外,肉孢子虫、弓形虫、棘球蚴等寄生虫都是动物性食品检验检疫的内容。

3. 动物性食品中的致病性细菌

动物性食品中常见的致病性细菌既是食品检验的内容也是食品检疫的内容,常见的有沙门菌、致病性大肠杆菌、副溶血弧菌、金黄色葡萄球菌、溶血性链球菌、单核细胞增生李斯特菌、肉毒梭菌、结核分枝杆菌、空肠弯曲杆菌、炭疽杆菌、产气荚膜梭菌、蜡样芽孢杆菌、变形杆菌等。致病性细菌引起的食物中毒,其发生与不同区域人群的饮食习惯有密切关系,美国多食肉、蛋和糕点,葡萄球菌食物中毒最多;日本喜食生鱼片,副溶血性弧菌食物中毒最多;中国食用畜禽肉、禽蛋类较多,多年来一直以沙门菌食物中毒居首位。

（1）沙门菌　沙门菌属是肠杆菌科中最重要的病原菌属,该属细菌形态和培养特性类似。人的沙门菌带菌和感染较为普遍,家禽、蛋和肉类产品是沙门菌的主要传播媒介,感染主要取决于沙门菌血清型和食用者身体状况,受威胁最大的是小孩、老年人及免疫缺陷个体。沙门菌常作为进出口食品和其他食品的致病菌指标。

（2）副溶血弧菌　是在海洋及咸水湖中分布极为广泛的一种致病性嗜盐菌。沿海地区在夏秋季节经常由于食用含有大量副溶血性弧菌的海产品而引起暴发性食物中毒。在非沿海地区,食用被此菌污染的盐渍食品亦常有中毒发生。

（3）金黄色葡萄球菌　在自然界中无处不在,空气、水、灰尘及人和动物的排泄物中均可分离到,因而食品受污染的概率很高。金黄色葡萄球菌是人类化脓感染中最常见的病原菌,可引起局部化脓感染,也可引起肺炎、伪膜性肠炎、心包炎等,甚至败血症、脓毒症等全身性感染。

（二）动物性食品检疫的方法

检疫对象和有害生物的种类不同,适用的检验方法也不同。动物寄生虫(主要是蠕虫和节肢动物)、植物的昆虫、螨虫、线虫和杂草种子主要由直接检验和机械分离而检出,根据形态特征鉴定。真菌则主要由培养方法检出,根据形态特征鉴定。细菌、病毒以及类似有害生物则需采用生物学的、生理生化的、免疫学的或分子生物学技术进行检验。选用的检验技术应符合下述基本要求:①准确可靠,灵敏度高,能检出低量病原或有害生物;②快速、简单、方便易行;③有标准化的操作规程,检验结果重复性好;④安全,不扩散病原或有害生物。目前,病原检查、血清学试验和病理学检验是动物检疫中实验室检验的主要方法。

1. 病原检验

主要是对各类病原进行分离、培养以及种类的鉴定,包括病毒、细菌的分离培养和鉴定,寄生虫病检验等。如用于分离培养病毒的方法有单层细胞培养分离病毒、鸡胚或鸭胚接种分离病毒、实验动物接种分离病毒等。目前,主要的鉴定方法是利用显微镜(光学显微镜和电子显微镜)进行的形态学鉴定、利用生理生化试验进行生化特性鉴定等。

2. 血清学试验

依据动物的免疫应答反应机制,利用抗原和抗体之间特异性结合现象而研制的各种血清学实验试剂和方法来诊断动物体内是否有病原体或相对应抗体的存在。主要方法包括中和试验、琼脂凝胶免疫扩散试验、血球凝集抑制试验、试管凝集反应试验、平板凝集反应试验、补体结合反应试验、间接血凝反应试验、对流免疫电泳试验、免疫荧光染色试验和过氧化物酶染色试验等。

3. 病理学检验

主要通过对患病或死亡动物的病理解剖、病理组织学检查,发现动物各器官组织的形态变化,分析这些变化,进而对疾病做出诊断或为疾病的综合诊断提供科学依据。目前的主要方法是形态学鉴定,对组织进行切片,再利用显微镜进行鉴定。

二、植物性食品检疫的内容与方法

(一)植物性食品检疫的内容

植物性食品主要是指小麦、大米、花生、茶叶、水果和蔬菜等,实验室检验检疫内容是确定样品是否感染或携带何种(属)检疫性植物有害生物或食源性疾病。

1. 植物性食品中的病虫害

世界上至少有1万种以上的昆虫和螨类,它们对农作物的危害程度不同,被列为检疫对象的极少,在《中华人民共和国进境植物检疫危险性病、虫、杂草名录》中,列出了84种有害生物,以及中朝、中蒙、中俄、中罗植物检疫双边协定中涉及的其他79种有害生物,共计163种。

(1)鞘翅目害虫 是农业和林业植物中最常见的害虫,也是植物检疫中最重要的一类害虫。它们的成虫和幼虫都能危害植物,常造成毁灭性的损害,如各种甲虫、蠹虫和象甲等。

(2)鳞翅目害虫 此类害虫是仅次于鞘翅目的一大类害虫,它们主要是以幼虫吃食危害植物,成虫很少危害植物。如苹果蠹蛾,是危害严重而较难防治的苹果害虫,我国将其列为一类检疫对象。

(3)双翅目害虫　包括地中海实蝇、蜜柑大实蝇、苹果实蝇、高粱瘿蚊、黑森瘿蚊等。其中大部分在我国都被列入二类检疫对象。

(4)其他有害昆虫　包括葡萄根瘤蚜、可可褐盲蝽等。

(5)有害螨类及软体动物　螨类如木薯单爪螨,在非洲和南美洲木薯产区进行检验有一定的重要性,在我国属于禁止进境的二类检疫性害虫。软体动物如非洲大蜗牛,此蜗牛食性杂,适应性强,危害严重且难以控制。我国将其列为二类检疫对象。

2. 植物性食品中的致病微生物

植物的侵染性病害种类很多,各种植物上都有许多种侵染性病害,有一些是在世界各国都十分严重的,如麦类锈病、稻瘟病、棉枯萎病、大白菜软腐病、茄科植物青枯病、烟草花叶病等,有一些只在某些地区或国家严重发生,如可可肿枝病、马铃薯环腐病、柑橘溃疡病和甜菜锈病等。危害很大的病害,各国都较重视,对调运植物的检查也较严格。局部地区危害严重的病害,各国检查更为严格,谨防传入。在植物病害中,真菌病害和病毒病害数量最大,细菌病害和线虫病害较少。

(1)致病性真菌　植物性食品中的致病性真菌中,是我国公布的《中华人民共和国进境植物检疫危险性病、虫、杂草名录》中规定的一类危险性病害包括:小麦矮腥黑粉菌、印度腥黑粉菌、玉米霜霉病菌、大豆疫霉、马铃薯癌肿病菌、黑白轮枝菌、咖啡美洲叶斑病菌等。

(2)致病性病毒　重要的植物病毒病害至少有170种,在64个国家已检出的病毒有342种,是仅次于真菌病害的重要病原类型。我国颁布的检疫性病毒A1类5种,A2类7种,A3类71种,B类1种。《中华人民共和国进境植物检疫危险性病、虫、杂草名录》中规定的一类检疫性病毒有非洲木薯花叶病毒、可可肿枝病毒、椰子致死黄化类菌原体、马铃薯帚顶病毒、马铃薯黄化矮缩病毒、番茄环斑病毒等。

(3)致病性细菌　大多数国家将以下12种细菌病害列在检疫名单中,它们是癌肿土壤杆菌、梨火疫病菌、马铃薯环腐病菌、菜豆晕疫病、香蕉枯萎病菌、稻白叶枯病菌和条斑病菌、甘蔗宿根矮化病菌和流胶病菌等,我国目前列出要求检疫的细菌病害有57种,其中对外检疫的A类为52种,国内检疫的B类为5种。

(二)植物性食品检疫的方法

实验室检验的主要方法包括密度检测、染色检测、洗涤检测、保温萌芽检测、分离培养与接种检测、鉴别寄生接种检测、噬菌体检测、血清学检测等。有的方法可以同时检验病、虫、杂草,有的方法则适用或专用于检验某种害虫或病原物。

1. 密度检测

一般用于检验粮谷、豆类中的钻蛀性害虫,也可检验其中的菌瘿、菌核和病秕籽粒及菟丝子等杂草籽。其原理是有害虫的籽粒及菌瘿、菌核、病秕籽、草籽比健康籽粒轻,浸入一定浓度的食盐水或其他溶液中,前者会浮于液面。摄取漂浮物,再结合解剖、镜检,即可鉴定种类。

2. 染色检测

依据的原理是某些植物或植物器官,被害虫危害或病原物感染后,或某些病原物本身,常可用特殊的化学药品处理,使其染上特有的颜色,以帮助检出病虫和区分病虫的种类。例如,谷象、米象等危害的粮谷或种子可通过高锰酸钾或品红染色法予以检测。

3. 洗涤检测

主要用于检查附着在种子表面的各种真菌孢子、细菌或颖壳上的病原线虫。其主要步骤是取适量样品两份,分别放入三角瓶内,注入无菌水并振荡,使附着在种子表面的病菌孢子洗下来;然后将悬浮液分别倒入洁净的离心管内,离心,使病原物完全沉于管底;弃去上清液,直接用手摇动离心管,让孢子重新均匀地悬浮起来,再将两管合并;立即用干净的细玻璃棒,将悬浮液滴于载玻片上,用显微镜检查,鉴定病原种类。

4. 鉴别寄主检测

依据的基本原理是许多不同类的病毒和一些细菌,接种到某些特定的敏感植物上可以产生特定的症状。根据这些症状的特点,可以判断是否有某种病原物存在。对特定病原物有特殊反应或表现特定症状的植物称为鉴别宿主。

第四节 食品商品的品级

一、商品分级

品级是依商品质量高低所确定的等级,它是对商品内在质量和外在质量的综合判定。根据商品质量标准(包括实物质量标准)和实际质量检验结果,将同类同种商品划分为若干等级的工作,称为商品品级。

商品品级通常用"等"或"级"的顺序来表示,其等级顺序反映商品质量的高低,如一等(级)、二等(级)、三等(级)或甲、乙、丙等。商品质量等级的确定,主要依据商品的标准和实物指标的检测结果,由行业归口部门统一负责。

我国的国家标准《GB/T 12707—1991 工业产品质量分等导则》,规定了我国境内生产和销售的工业质量等级的划分和评定原则。它将工业产品的实物质量原则上按照国际先进水平、国际一般水平和国内一般水平相应地划分为优等品、一等品和合格品三个等级。优等品必须达到国际先进水平,综合水平达到国际先进的现行水平,与国外同类产品相比达到近五年内的先进水平。一等品必须达到国际一般水平,综合水平达到一般的现行水平,与国外同类产品相比达到近五年内的一般水平。合格品按中国现行标准组织生产,实物质量水平必须达到上述相应标准的要求。这样分级有利于从整体上综合反映我国工业产品质量水平,有助于推动技术和管理进步,促进产品更新换代和质量提高。

商品种类的不同,分级的指标内容也不一样。如食糖按其主要成分(蔗糖)含量和杂质含量分等;茶叶按色、香、味、外形等感官指标分级;乳和乳制品则同时按感官指标、理化指标、微生物指标进行分级。对每种商品每一等级的具体要求和分级方法通常在该商品标准中都已规定。

商品分级工作有利于促进生产部门加强、提高生产技术水平和产品质量,有利于限制劣质商品进入流通领域,并且便于消费者选购商品。此外,商品分级还有利于物价管理和监督,促进我国商品经济市场健康发展。

二、商品分级方法

商品分级的方法很多,主要可归纳为百分计分法、限定计分法和限定缺陷法三类。

(一)百分计分法

百分计分法是按商品的各项质量指标的要求,规定为一定的分数,其中重要的质量指标所占分数较高,次要的质量指标所占分数较低。各项质量指标完全符合标准规定的要求,其各项质量指标的分数总和为 100 分。如果某一项或几项质量指标达不到标准规定的要求,相应扣分,其分数总和就要降低。分数总和达不到一定等级的分数线,则相应降低等级。这种方法在食品商品分级中被广泛采用,例如表 6 - 1 是玫瑰花酱的感官评分标准。

表 6 - 1 玫瑰花酱感官评分标准

评定项目	评定细则及分值
色泽 (20)	暗红色酱体,玫瑰花瓣丰富,色泽均匀(16 ~ 20 分) 暗红色酱体,含有玫瑰花瓣,色泽较均匀(11 ~ 17 分) 深红色酱体,玫瑰花瓣较少,色泽较均匀(0 ~ 15 分)
组织状态 (30)	口感细腻,底部没有沉淀(25 ~ 30 分) 口感稀薄,底部没有沉淀(20 ~ 25 分) 口感黏稠,底部有较少沉淀(0 ~ 20 分)
糖度 (25)	糖度适中,甜味适中(20 ~ 25 分) 糖度较高,甜味较重(17 ~ 21 分) 糖度较低,甜味较淡(0 ~ 17 分)
风味 (25)	无异味,玫瑰香味适中,口感细腻(22 ~ 25 分) 无异味,玫瑰香味比较浓,口感不佳(16 ~ 20 分) 无异味,玫瑰香味比较淡,口感不佳(0 ~ 17 分)

(二)限定计分法

限定计分法是将商品的各种质量缺陷(即质量不符合质量标准)规定为一定的分数。由缺陷分数的总和来确定商品的等级。商品的缺陷越多,分数的总和越高,则商品的品级越低。该方法主要用于工业品商品的分级。

(三)限定缺陷法

限定缺陷法是在标准中规定商品的每个质量等级所限定的质量缺陷的种类、数量以及不允许有哪些质量缺陷。此法多用于工业品商品的评级。

三、常见食品的分级

(一)猪肉分级(SB/T 10656—2012 猪肉分级)

将感官指标、胴体质量、瘦肉率、背膘厚度作为评定指标(其中瘦肉率、背膘厚度可由企业根据自身情况选择1项或2项),将胴体等级从高到低分为1、2、3、4、5、6六个级别,见表6-2。

表6-2 猪肉胴体等级分级表

级别	感官	带皮胴体质量(m) [去皮胴体质量(m) 下调5kg]	瘦肉率(P)	背膘厚度(H)
1级	体表修割整齐,无连带碎肉、碎膘,肌肉颜色光泽好,无PSE肉(俗称水猪肉)。带皮白条表面无修割破皮肤现象,体表无明显鞭伤、无炎症。去皮白条要求体面修割平整,无伤斑、无修透肥膘现象。体形匀称,后腿肌肉丰满	$60kg \leq m \leq 85kg$	$P \geq 53\%$	$H \leq 2.8cm$
2级		$60kg \leq m \leq 85kg$	$51\% \leq P < 53\%$	$2.8cm < H \leq 3.5cm$
3级	体表修割整齐,无连带碎肉、碎膘,肌肉颜色光泽好,无PSE肉。带皮白条表面无修割破皮肤现象,体表无明显鞭伤、无炎症。去皮白条要求体面修割平整,无伤斑、无修透肥膘现象。体形较匀称	$55kg \leq m \leq 90kg$	$48\% \leq P < 51\%$	$3.5cm < H < 4cm$
4级		$45kg \leq m \leq 90kg$	$44\% \leq P < 48\%$	$4cm < H \leq 5cm$
5级	体表修割整齐,无连带碎肉、碎膘,肌肉颜色光泽好。带皮白条表面无明显修割破皮肤现象,体表无明显鞭伤、无炎症。去皮白条要求体面修割平整,无伤斑、无修透肥膘现象	$m > 90kg$ 或 $m < 45kg$	$42\% \leq P < 44\%$	$5cm < H \leq 7cm$
6级		$m > 100kg$ 或 $m < 45kg$	$P < 42\%$	$H > 7cm$

（二）金华火腿分级（《GB/T 19088—2008　地理标志产品　金华火腿》）

金华火腿质量等级分为特级、一级、二级。

1. 感官指标

金华火腿的感官指标见表 6 - 3。

表 6 - 3　　　　　　　　　　金华火腿的感官指标

项目	要求		
	特级	一级	二级
香气	三签香	三签香	二签香、一签无异味
外观	腿心饱满，皮薄脚小，白蹄无毛，无红斑，无损伤，无虫蛀、鼠伤，无裂缝，小蹄至髋关节长度40cm以上，刀工光洁，皮面平整，印鉴标记明晰	腿心饱满，皮薄脚小，无毛，无虫蛀、鼠伤，轻微红斑、轻微损伤，轻微裂缝，刀工光洁，皮面平整，印鉴标记明晰	腿心稍薄，但不露股骨头，腿脚稍粗，无毛，无虫蛀、鼠伤，刀工光洁，稍有红斑，稍有损伤，稍有裂缝，印鉴标记明晰
色泽	皮色黄亮，肉面光滑油润，肌肉切面呈深玫瑰色，脂肪切面白色或微红色，有光泽，蹄壳灰白色		
组织状态	皮与肉不脱离，肌肉干燥致密，肉质细嫩，切面平整，有光泽		
滋味	咸淡适中，口感鲜美，回味悠长		
爪弯	蹄壳表面与脚骨直线的延长线呈直角或锐角		呈直角或略大于直角

2. 理化指标

金华火腿的理化指标见表 6 - 4。

表 6 - 4　　　　　　　　　　金华火腿的理化指标

项目		要求		
		特级	一级	二级
瘦肉比率/%	≥		65	60
水分（以瘦肉计）/%	≤		42	
盐分（以瘦肉中的氯化钠计）/%	≤		11	
质量/（kg/只）		3.0~5.0	3.0~5.5	2.5~6.0
过氧化值（以脂肪计）/（gKOH/100g）	≤		0.25	
酸价（以脂肪计）/（mgKOH/g）	≤		4.0	
三甲胺氮含量/（mg/100g）			2.5	
铅（Pb）含量/（mg/kg）			0.2	
无机砷含量/（mg/kg）			0.05	
镉（Cd）含量/（mg/kg）			0.1	
总汞（以 Hg 计）含量/（mg/kg）			0.05	
亚硝酸盐残留量		按 GB 2760 的规定执行		

(三)苹果分级(NY/T 1793—2009 苹果等级规格)

水果分级标准我国目前的做法是,在果形、新鲜度、颜色、品质、病虫害和机械伤等方面已符合要求的基础上,再按大小进行分级。

1. 等级

苹果的基本要求是完好,洁净,无害虫、虫伤、病疤,无异常外部水分,无异味,充分发育,达到市场和运输贮藏所要求的成熟度。在符合基本要求的前提下,苹果分为特级、一级和二级,等级划分应符合表6-5的规定。

表6-5　　　　　　　　　　　苹果等级

项目		特级	一级	二级
果形		具有本品种的固有特征	允许轻微缺陷	有缺陷,但仍保持本品种的基本特征
色泽[a]	鲜红或浓红品种	果面至少3/4着红色	果面至少1/2着红色	果面至少1/4着红色
	淡红或条红品种	果面至少1/2着红色	果面至少1/3着红色	果面至少1/5着红色
果锈[b]	褐色片锈	不粗糙,不超出梗洼	不粗糙,可轻微超出梗洼和萼洼	轻微粗糙,可超出梗洼和萼洼
	网状薄层[c]	轻微而分离的果锈痕迹,未改变果实的整体外观	不超过果面的1/5	不超过果面的1/3
	重锈斑	无	不超过果面的1/10	不超过果面的1/3
缺陷		允许有不影响果实总体外观、品质、耐贮性和在包装中摆放的非常轻微的表面缺陷	允许有不影响果实总体外观、品质、耐贮性和在包装中摆放的轻微的表面缺陷	允许有不影响果实品质、耐贮性和摆放方面基本特性的缺陷
轻微碰压伤		无	未变色,总面积不超过1cm²	轻微变色,总面积不超过1.5cm²
果品缺陷		无	总长度不超过2cm;疮疤总面积不超过0.25cm²,其他缺陷总面积不超过1cm²	总长度不超过4cm;疮疤总面积不超过1cm²,其他缺陷总面积不超过2.5cm²

注:a鲜红或浓红品种包括元帅系品种、着色系富士品种、嘎啦红色芽变品种、粉红女士、寒富、红将军、乔纳金及其芽变品种等;淡红或条红品种包括富士、国光、藤牧1号等;绿色或黄色品种包括澳洲青苹、金冠、金矮生、陆奥、王林等。

b金锈、橘苹等果锈为其果皮特征的品种除外。

c与果实整体色泽对比不明显。

2. 规格

以苹果的最大横截面直径作为规格划分的指标。规格划分应符合表6-6的规定。

表6-6 苹果规格

规格	小(S)	中(M)	大(L)
大型果品种	<65mm	65~70mm	>70mm
其他品种	<55mm	55~60mm	>60mm

注:1. 大型果品种包括乔纳金及其芽变品种、富士及其芽变品种、元帅系品种、寒富、红将军、澳洲青苹、金冠、金矮生、陆奥、王林等。其他品种包括嘎啦及其芽变品种、红玉、国光、藤牧1号、粉红女士、辽伏等。

2. 包装容器内苹果果径差异,层装苹果不超过5mm,散装苹果不超过10mm。

知识拓展

"三聚氰胺事件"是检测方法之过吗？

追溯问题乳粉三聚氰胺事件源头,蛋白质含量检测是关键环节之一,而蛋白质检测方法之凯氏定氮法就成了最为尴尬的角色。

1. 凯氏定氮法为什么会成为蛋白质检测的标准方法？

凯氏定氮法是传统的蛋白质标准检测方法,国内外都在广泛使用。主要原理是通过在强酸高温条件下把样品中的蛋白质中有机氮全部消化为无机氮形式,再通过强碱高温水蒸气蒸馏出氨气被硼酸吸收后,用标准盐酸进行滴定后测出无机氮含量后再通过蛋白质系数折算成样品中蛋白质含量。

蛋白质中含有碳、氢、氧、氮、硫等元素。其中,氮元素极为特别：氮在绝大多数蛋白质中含量相当接近,平均值为16%左右。因此,丹麦化学家约翰·凯达尔很巧妙的想到,既然氮元素含量稳定,那么,只要准确测量了氮的含量,便能推算出蛋白质的含量。也就是说,样品中每测得有1g氮,便相当于其中含有6.25g(1÷16%)蛋白质。所以,测定出生物样品中的含氮量,再乘以6.25(我们国家实际的标准乳制品是乘以6.38),就可以计算出样品中的蛋白质含量,即为凯氏定氮法。实际上测定的结果包括食品中的核酸、生物碱、含氮类脂、叶啉和含氮色素等非蛋白质氮化合物,故称为粗蛋白。发明于1883年的此方法,无疑为蛋白质的检测做出了巨大贡献。由于凯氏定氮法具有快速、稳定、成本低廉,目前是世界上被法规机构认可的食品中测定蛋白质的经典方法。

凯氏定氮法作为粗蛋白含量测定的经典方法之一,为全世界很多标准方法和实验室广泛采用。凯氏定氮法简单易行,在蛋白含量测定中发挥了非常重要的作用。但该法在样品制备阶段如果没有将蛋白与非蛋白物质分离,则所测的氮同时包括了蛋白氮与非蛋白氮,故被测样品中非蛋白氮的含量会直接影响蛋白含量测定的结果,造成蛋白含量结果的正偏差。

2. 凯氏定氮法为何没能守住"三聚氰胺"？

需要明确一点的就是，凯氏定氮法检测蛋白质的前提，被检测物质应是单纯的蛋白质，其含氮量才可达平均值 16%，凯氏定氮量乘 6.25，即为被检测物质的蛋白质量，该方法最为简单所以成为蛋白质检测的标准方法。方法优势简单快速和经济，但方法缺陷是也计入非蛋白质氮。

由此我们也可以看出，凯氏定氮法实际上测的不是蛋白质含量，而是通过测氮的含量来推算蛋白质含量，其最大的问题在于它只能检测样品中氮的含量，并不能鉴定蛋白质真伪。显然，如果样品中还有其他化合物含有氮，这个方法就不准确了。因此，使用凯氏定氮法这一技术的前提便是：样品是真正的蛋白质样品，没有被造假。参照此前提，技术便能准确为人服务。在通常情况下，这不是个问题，因为食物中的主要成分只有蛋白质含有氮，其他主要成分（碳水化合物、脂肪）都不含氮，因此凯氏定氮法是一种很准确的测定蛋白质含量的方法。但是如果有人往样品中偷加含氮的其他物质，就可以骗过凯氏定氮法获得虚假的蛋白质高含量，用兑水牛乳冒充原乳。

三聚氰胺的含氮量为 66% 左右，凯氏定氮法是通过测出含氮量来估算蛋白质含量，因此，添加含氮量较高的三聚氰胺会使得用凯氏定氮法所测得的含氮量结果升高，从而推算出的蛋白质测试含量亦提高，也就是说三聚氰胺能钻过凯氏定氮法技术的空子冒充蛋白质这也是不法分子添加三聚氰胺的原因。

由于凯式定氮的方法只能检测总氮含量，而如果在食品中加入三聚氰胺或甘氨酸等含氮量较高的化合物，容易造成"假阳性"的出现。但这是检测方法之过吗？

自我测试

一、填空题(10 × 1 分)

1. 食品感官鉴别检验其实质就是依靠 ＿＿＿＿、＿＿＿＿、＿＿＿＿、＿＿＿＿和听觉等，来鉴定食品的感官特性。

2. 食品的理化检验分析法又可分为 ＿＿＿＿ 法、＿＿＿＿ 法、＿＿＿＿ 法三类。

3. 食品微生物检验常用的方法有 ＿＿＿＿、＿＿＿＿、＿＿＿＿、血清学检验等。

二、名词解释(4 × 2.5 分)

检验　检疫　色谱分析法　百分计分法

三、选择题(10 × 1 分)

1. 在食品微生物学检验中，为了确定食品中的微生物数量，采用的检验方法是(　　)。

A. 显微镜形态观察　B. 培养检验　　C. 生化检验　　D. 血清学检验

2. (　　)是动物检疫中实验室检验的主要方法。

A. 密度检测　　　B. 染色检测　　C. 洗涤检测　　D. 病原检验

3. (　　)是植物检疫中实验室检验的主要方法。

A. 密度检测　　　B. 病原检查　　C. 血清学试验　D. 病理学检验

4. 食品商品分级中被广泛采用的方法是(　　)。

A. 平衡计分法　　B. 百分计分法　C. 限定计分法　D. 限定缺陷法

5. 在进行各种被检微生物的分离时,常采用(　　)接种。

A. 涂布法　　　　B. 画线法　　　C. 倾注法　　　D. 穿刺法

6. 对食品本身的形态、色泽、味道、气味、软硬度进行卫生评价,通常采用(　　)。

A. 感官检验方法　B. 质量分析法　C. 滴定分析法　D. 层析分离法

7. 对食品进行定性分析、定量分析、结构分析等,通常采用(　　)。

A. 生物学检验方法　B. 滴定分析法　C. 层析分离法　D. 仪器分析方法

8. (　　)按色、香、味、外形等感官指标分级。

A. 食糖　　　　　B. 猪肉　　　　C. 茶叶　　　　D. 牛奶

9. (　　)按其主要成分含量和杂质含量分等进行分级。

A. 食糖　　　　　B. 苹果　　　　C. 茶叶　　　　D. 牛奶

10. (　　)同时按感官指标、理化指标、微生物指标进行分级。

A. 食糖　　　　　B. 食盐　　　　C. 茶叶　　　　D. 牛奶

四、判断题(10×1分)

1. (　　)视觉鉴别应在白昼的散射光线下进行,以免灯光隐色发生错觉。

2. (　　)嗅觉鉴别时常需稍稍加热,但最好是在15~25℃的常温下进行。

3. (　　)在进行食品的滋味鉴别时,最好使食品处在15~20℃。

4. (　　)在感官测定食品的硬度时,要求温度应在15~20℃。

5. (　　)化学分析方法具有简便、快速、灵敏度和准确度较高等优点。

6. (　　)密度检测既可以用于检验粮谷类中的钻蛀性害虫,也可检验杂草籽。

7. (　　)鉴别寄主检测既常用于动物性食品检疫,也常用于植物性食品检疫。

8. (　　)鉴别几种不同味道的食品在进行感官评价时,应当按照刺激性由强到弱的顺序,最先鉴别味道强烈的食品。

9. (　　)为了观察微生物细胞活体的形态、大小及运动性,需要对检验标本进行染色。

10. (　　)食品安全标准是强制执行的标准,除食品安全标准外,不得制定其他的食品强制性标准。

五、简答题(4×2.5分)

1. 简答食品检验检疫技术的发展特征。
2. 简答 HACCP 与通过传统食品检验来控制食品安全的不同之处。
3. 简答动物性食品检疫的内容。
4. 简答食品添加剂的检验内容(至少五种添加剂,并各举两例)。

第七章 食品商品的保鲜与贮运

> **学习内容**
>
> 1. 食品原料贮藏保鲜特点;
> 2. 果品、粮食、肉、鱼、乳、蛋等食品原料的贮藏保鲜方法;
> 3. 干制食品、腌制食品、罐头食品、焙烤食品、发酵食品等成品食品的贮藏方法;
> 4. 食品冷链物流系统的概念、适用范围、特点、组成;
> 5. 实现冷藏链的条件;食品冷藏运输的方式和设备。

> **学习目标**
>
> 1. 掌握食品原料贮藏保鲜特点;
> 2. 掌握食品原料的贮藏保鲜方法;掌握食品成品的贮藏方法;
> 3. 了解食品冷链物流系统的概念、适用范围、特点、组成;
> 4. 熟悉实现冷藏链的条件;食品冷藏运输的方式和设备;
> 5. 能针对果蔬、肉、蛋、乳、水产品的贮藏特点选用合理的贮藏保鲜方法。

第一节 食品原料的保鲜与贮藏

一、食品原料的贮藏保鲜特点

食品原料按照其贮藏性可分为两大类:一类是有生命活动的食品原料,另一类是没有生命活动的食品原料。植物类生鲜食品(果品、蔬菜、食用菌、花卉、粮食作物等)和鲜活水产品的保鲜一般采取活体保鲜,其主要保鲜特点为:既要控制腐败和品质劣变,又要控制其呼吸、成熟、衰老、代谢和水分蒸发。而新鲜动物类食品(肉、禽、乳、部分水产品等)保鲜一般以非活体保鲜为主,其保鲜特点为:仅控制微生物和酶引起的腐败和品质劣变。

(一)食品原料组织代谢

1. 植物类食品原料采后代谢

植物类食品在采摘后,虽然失去了水分和营养物质的供应源,但其生命活动并没有因此而停止。因此在贮藏保鲜时,由于呼吸和代谢会不断消耗自身的各种有机物质和水分,从而使自身的外观、色泽、质地、风味发生变化,营养物质减少。如果把易腐植物类食品在采收前看作是从生长到成熟的过程,那么,在采收后它所经历的就是从成熟到衰老的变化。

2. 动物类食品原料组织代谢

肉类等动物类食品在屠宰后,生命终止,在保鲜贮藏时不会由于呼吸和代谢而消耗自身的各种有机物质和水分,其外观色泽、质地、风味、营养物发生变化的主要原因是微生物和酶等引起的各种生化反应。

(二)生鲜食品保鲜过程的呼吸特点

1. 呼吸作用

呼吸作用是一切生命的重要标志,食品原料是否具有呼吸作用以及呼吸类型的不同,贮藏保鲜方法也相差迥异。

作为活体的植物类食品在保鲜过程中的一切生理及品质的维持和变化,都是由于呼吸作用引起的。因为它们离开了栽种的条件,不能再进行光合作用,无法再制造养分,所以它们在进行呼吸作用时,只能将其自身所积累的复杂有机物如淀粉、糖类、脂肪以及纤维素、果胶等,经过一系列的生物化学反应而逐渐氧化分解成简单的有机物,最后形成二氧化碳和水,并产生能量。

动物活体保鲜过程中由于断食,其呼吸作用后的效果与植物类活体食品很相似。如在螃蟹活体保鲜过程中发现,螃蟹需要不断消耗蟹黄来维持呼吸和生命。

随着保鲜时间的延长,贮藏的营养物质逐渐被消耗。呼吸作用越强,体内的营养物减少得就越快,保鲜的产品衰老得也就越迅速,贮藏寿命就越短。例如,在这个过程中,果实逐渐由硬、酥脆变得绵软,果柄、叶柄脱落,绿色消失,表皮皱缩,失去光泽,显出衰老的样子,而风味越来越差,变得很不好吃。所以,对保鲜活体来说,呼吸作用既是本身生存的表现,又是自身消亡的动力。而保鲜的目的则是控制其呼吸作用,使其在延长生存的前提下,尽量消除衰老的动力。

2. 呼吸方式

根据氧气的存在情况,植物类食品的呼吸作用有两种方式:一是有氧呼吸,指生物在氧气充足的条件下进行的呼吸作用,这是生命进行正常活动的保证;二是无氧呼吸,指生物在氧气缺乏的情况下,被迫进行的呼吸作用,这对生命体是有害的。有氧呼吸就是在氧气的参与下将有机物质彻底分解并释放出很多能量。而在缺氧条件下的无氧呼吸作用,有机物质不能充分氧化,除产生二氧化碳以外,还产生酒精或乳酸等中间产物,释放的能量很少。一般当果实贮藏环境的氧含量低于2%时,就会出现缺氧呼吸,此时产生的热量不到正常呼吸作用的1/20。果实为了得到维持自身生命所需要的能量,只好以分解更多的贮藏营养物质为代价,这种"多吃库存"的结果,使果实衰老得更快。同时,分解出来的醇类、醛类、酮类等中间产物留在果实体内是有害的,当这些物质积累到一定程度,就会引起果实腐烂、变质。通常果堆出现带酒味的腐烂气味,就是由无氧呼吸引起的。因此,在植物类食品贮藏中一定要勤检查,勤测定分析空气成分,勤通风,防止因缺氧而导致无氧呼吸的发生。

在动物活体保鲜过程中一般均需有氧呼吸,无氧呼吸会导致生命体立即死亡。

二、果品蔬菜的贮藏

果品蔬菜种类繁多,生长发育特性各异,其中很多特性都与采后成熟衰老变化密切相关,因而对贮藏产生一定的影响。对于果品蔬菜的贮藏保鲜,首先要根据各种果品蔬菜的生物学特性,选择优良的品种给予适宜的栽培条件,以获得优质、耐藏的产品。其次是搞好采收、运输、商品化处理以及贮藏管理等各项工作,才能取得延缓衰老、降低损耗、保持质量的效果。

(一)果蔬简易贮藏技术

简易贮藏是果蔬传统的贮藏手段,主要包括堆藏、沟藏、窖藏、土窑洞贮藏和通风库贮藏几种基本形式以及由此衍生出来的假植贮藏和冻藏等。简易贮藏的特点就是利用气候的自然低温冷源,虽然受季节、地区、贮藏产品等因素的限制,但由于其设施结构简单、操作方便、成本低,只要运用得当就能获得较好的贮藏效果,故在果蔬产地得到广泛使用,至今仍占有一席之地。

(二)果蔬机械冷藏技术

机械冷藏是目前世界上应用最广泛的果蔬贮藏方式,也是我国新鲜果蔬的主要贮藏方法。它是在有良好隔热性能的库房中,安装机械制冷设备,通过机械制冷系统的作用,控制库内的温度和湿度,从而维持适宜的贮藏环境,达到长期贮存产品的目的。

(三)果蔬气调贮藏技术

气调贮藏是在冷藏的基础上,将果蔬放在特殊的密封库房内,同时改变贮藏环境气体成分的一种贮藏方法。在一定的范围内,降低果蔬贮藏环境中O_2浓度,提高CO_2浓度,可以大幅度降低果蔬的呼吸强度和底物氧化作用,减少乙烯的生成量,降低不溶性果胶物质的分解速度,延缓后熟衰老进程和叶绿素的分解速度,提高抗坏血酸保存率,能明显抑制果蔬和微生物的代谢活动,延长果蔬的贮藏寿命。

当然气调贮藏也必须考虑温、湿度等因素,仅靠调节气体组成难以达到预期贮藏效果,特别是温度对延缓呼吸作用、减少物质消耗、延长贮藏及保鲜期的决定性作用,是其他手段不可替代的。因此对气调贮藏来说,控制和调节最适宜的贮藏温度是气调贮藏的先决条件。气体成分的控制只能是冷藏的有利补充,而不能取代冷藏。此外,气体成分一旦控制不当,易使产品受到高 CO_2 或低 O_2 伤害,导致生理失调,成熟异常,产生异味,加重腐烂。

(四)果蔬化学保鲜技术

化学保鲜是利用化学药剂涂抹或喷施在果蔬表面,或置于果蔬贮藏室中,以达到杀死或抑制果蔬表面、内部和环境中的微生物,以及调节环境中气体成分的目的,从而实现果蔬的保鲜。相对于其他果蔬贮藏保鲜方法,化学保鲜方法具有自己的优势,其设备投资小、节能降耗、使用成本低、简便易行等。

目前,在果蔬保鲜中常用的化学保鲜剂主要有以下几类。

1. 吸附型防腐保鲜剂

主要通过清除果蔬贮藏环境中的乙烯,降低 O_2 的含量或脱除过多的 CO_2,抑制果蔬的后熟,以达到保鲜的目的。例如活性炭、矿物质、分子筛,以及合成树脂等物质可用作乙烯的吸收脱除剂;抗坏血酸、亚硫酸氢盐和铁粉等可用作 O_2 的吸收脱除剂;活性炭、消石灰和氯化镁等可用作 CO_2 的吸收脱除剂。

2. 溶液浸泡型防腐保鲜剂

将这类保鲜剂通过浸泡、喷施等方式达到防腐保鲜的目的,是最常用的防腐保鲜剂,其作用有的是能够杀死或控制果蔬表面或内部的病原微生物,有的还可以达到调节果蔬采后代谢的目的。例如,邻苯酚钠(SOPP)可用作洗果剂;苯并咪唑及其衍生物、抑菌唑等常用作防腐保鲜剂。

3. 熏蒸型防腐剂

熏蒸型防腐剂是指在室温下能挥发成气体形式以抑制或杀死果蔬表面的病原微生物,而其本身对果菜毒害作用较小的一类防腐剂。目前已大量应用于果蔬及谷物防腐,常用的有仲丁胺、O_3、SO_2 释放剂、二氧化氯和联苯等。

化学保鲜剂因具有延缓果蔬衰老、防腐杀菌、降低呼吸强度和减缓水分蒸发等效果,以及使用方便和价格低廉等特点,可以与其他贮藏保鲜手段结合使用,目前在我国果蔬贮藏保鲜中被广泛推广使用,成为许多果蔬采后、贮藏前或贮藏中的重要处理手段。

三、粮食的贮藏

粮食常用的贮藏技术包括控制接收粮食的质量、安排贮藏仓位、采用适当的堆放形式以及使用经济合理的贮藏技术等。

（一）控制接收粮食的质量

（1）对入仓粮食按国家标准进行严格检验。不符合标准的，如含水量大、杂质含量高等，需经过整理达标后才可接收；禁止接收出现过发热、霉变、发芽的粮食，误收的应分仓存放。

（2）对所含有毒有害物质超过国家卫生标准的粮食，以及由于使用化学药剂不当造成药剂残留超标的粮食，应禁止接收。

（二）安排贮藏仓位应做到"五分开"

（1）种类分开　粮食种类不同，其用途和加工要求亦不同，故入仓时要按粮食的种类或品种分开存放。例如，稻谷按粳、籼、糯稻和早、晚稻分存；小麦按红皮、白皮、硬质、软质分存；玉米按皮色分存；大豆按皮色、粒形大小分存；种子粮按农业生产的品种分存；名贵品种要单独存放。

（2）好次分开　好次是指粮食质量的好坏，例如杂质和不完善粒的多少、色泽和气味是否正常等。质量差的粮食不耐贮藏，商品价值和使用价值低，故应分开存放。有条件的应尽量做到分等贮存。

（3）不同水分分开　干湿粮混存会引起粮堆内水分的再分配，引起局部发热霉变，甚至扩大到全仓。故在储粮时尽可能做到同一粮堆内的粮食水分差异不超过1%。

（4）新陈分开　新粮与陈粮生理活性不同，食用品质也有差异，种用价值差异更大。分开存放，有利于安全贮藏、加工和供应。

（5）有虫无虫分开　有虫粮与无虫粮分开存放，防止害虫交叉感染，也便于及时处理虫粮，同时还可节约处理费用。

（三）采用适当的堆放形式

接收粮食入仓时，应根据储粮任务、仓库条件、粮食品种、粮质、用途、贮存期限以及入仓季节等进行合理的堆放。

粮食堆放形式有多种，如散装粮食有整仓散装、围包散装、隔仓板散装、围囤散装；包装粮食有实垛平桩、通风桩；另外还有露天囤、露天垛和土堤仓等堆放方式。

（四）常用的贮藏技术

（1）粮食干燥　粮食干燥的方法很多，常用的有日光暴晒、烘干机干燥、就仓加热干燥、远红外干燥、微波干燥和高频干燥等。

（2）密闭贮藏　采用密闭材料密封粮堆，以减少或隔绝外界温度、湿度、空气、害虫等对粮堆的影响，保持粮食品质、延缓陈化的一类贮藏方法。目前的密闭材料多用塑料薄膜。粮食长期密闭贮藏的基础条件是水分在安全标准以内，杂质低，无害虫。

（3）通风贮藏　贮藏过程中进行合理通风，利用粮堆内外空气的交换降低粮食水分含量和粮堆温度,既能抑制粮食的生命活动和虫、霉的繁殖,保持粮食品质,增进其耐储性,又能节省费用,是一种科学、经济的储粮方式。粮堆通风的方法有自然通风和机械通风两种。

(4)低温贮藏　贮藏期间使粮食保持一定水平的低温,抑制粮食、微生物和害虫的生命活动,减少干物质损失,增强粮食耐储性的一类贮藏方式。低温贮藏方式可分为自然低温和机械制冷低温两大类。具体方法有仓外冷冻降温、自然通风降温、机械通风降温、机械制冷降温、地下仓低温贮藏等。

(5)缺氧贮藏　指在密封条件下,使粮堆处于缺氧状态,从而抑制粮食的呼吸,防治虫、霉,达到安全储粮的目的。密封是缺氧贮藏的关键。常用的密封材料有聚氯乙烯薄膜、聚乙烯薄膜、聚乙烯复合薄膜等。

(6)化学贮藏　使用化学药剂的目的主要有:①作为储粮过夏的防虫措施;②缺乏低温贮藏或缺氧贮藏条件时,使大米安全过夏;③对有发热趋势的粮食进行临时性抢救或短期贮藏;④对水分高的新粮或严重受潮且暂时无法干燥处理的粮食进行临时抢救。常用的化学贮藏方法有磷化氢化学贮藏、低氧配合低药量贮藏、低温配合低药量贮藏、有机酸贮藏等。

(7)害虫防治　根据害虫种类、环境条件、防治目标等,可采用控制和杀灭害虫的方法有综合防治方法、清洁卫生防治方法、物理防治方法(高温杀虫、低温杀虫、气调杀虫、辐射杀虫)、习性防治方法(诱杀法、压盖法)、化学防治方法(化学药剂杀虫)、检疫防治方法等。储粮害虫的防治以幼虫和成虫为主要对象。其中幼虫是昆虫快速生长的时期,也是危害最重的时期。同时,由于幼虫自身的生理发育不完全,对环境变化和药剂的抵抗能力小,所以也是防治的最佳时期。

四、肉类贮藏保鲜

肉类是指畜禽肉,含有丰富的营养成分和水分,是微生物生长繁殖的极好培养基。肉中还含有酶,在贮藏、运输和销售过程中管理不当,极易造成腐败变质。肉类的腐败主要由微生物的生命活动和肉中酶的生物化学反应引起的。健康动物的血液和肌肉通常是无菌的,但在常温存放过久,会受到微生物的污染而发生各种反应,产生许多对人体有害甚至使人中毒的代谢产物。为防止肉的污染和腐败,首先就要抑制微生物的生长或杀灭微生物,二是要减缓和抑制肉本身酶类的活性,为了更好地贮藏,要对肉进行各种处理,适当改变其性质。肉的贮藏方法很多,国内外学者对此进行了广泛而深入的研究。传统方法主要有干燥法、盐腌法、熏烟法等;现代贮藏方法主要有低温冷藏法、罐藏法、照射处理法、化学保藏法等。目前最常用的方法是低温贮藏,此外还可以采用热处理、脱水处理、辐射处理、抗生素处理等方法进行贮藏。到目前为止,还没有任何一种保鲜措施能够完全解决肉的贮藏保鲜问题,必须采用综合保鲜技术,发挥各种保藏方法的优势,以达到优势互补、相辅相成的效果。

(一)肉的低温贮藏保鲜

低温贮藏是应用最广泛、效果最好、最经济的现代原料肉保鲜方法,是利用低温来抑制微生物的生命活动和酶活性,从而达到贮藏保鲜的目的。由于能保持肉的颜色和状态,方便易行,贮藏量大,安全卫生,在生产上被普遍应用于肉品保藏。

低温贮藏一般是把肉温降至0℃左右,达到短期保鲜目的。较长时间的贮藏,仍采用-18℃以下的冻藏法。

低温保鲜的不足之处是:①冷冻和解冻过程会因冰晶形成盐析效应,使肉的品质下降;②如包装不良,表面水分会升华而造成"冻烧"现象;③冻藏时运输成本高。

(二)肉的气调贮藏保鲜

我国鲜肉消费约占肉类总产量的70%~80%,销售方式以集市无包装销售和超市的速冻包装为主。前者虽然有较好的新鲜度,但在流通过程中易导致质量下降;后者虽可较长时间保存,但鲜度和食用品质较差,难以满足人们对新鲜食品的质量要求。在经济发达国家,鲜肉普遍采用保鲜包装的形式在超市销售,并在低温冷藏链中流通,可有效地提高鲜肉的保鲜期和质量。这种保鲜包装鲜肉须在0~5℃温度下贮存和销售。

气调保鲜就是利用适合保鲜的保护气体置换肉的包装容器内的空气,抑制细菌繁殖,结合调控温度以达到长期保存和保鲜的一种技术。CO_2是鲜肉气调贮藏中最为常用的气体。大量试验和实践证明,100%纯CO_2气调为最理想的鲜肉保鲜方式。通过研究各种气体及其组合对肉品中微生物生长情况及肉色的影响发现,在0℃的冷藏条件下,充入不含氧CO_2至饱和可大大提高鲜肉的保存期,同时可防止肉色由于低氧分压引起的氧化变褐。如果能做到从屠宰到包装、贮藏过程中有效防止微生物污染,则鲜肉在0℃气调条件下能达到20周的贮存期。

(三)肉的辐射贮藏保鲜

辐射保藏是世界上近二三十年来才发展起来的一项新技术。肉的辐射保藏就是利用原子能射线的辐射能量对新鲜肉类及其制品进行处理,使肉品在一定期限内不腐败变质、不发生品质和风味的变化,延长其保存期。这种方法处理肉类时,无须提高肉的温度就可以杀死肉中深层的微生物和寄生虫,而且可以在包装以后进行,不会留下任何残留物,既节约能源,又适合工业化生产。但肉经辐射后会产生异味,肉色变淡,且会损失部分氨基酸和维生素。

辐射保藏的原理是肉类辐射贮藏是利用放射性核素发出的γ射线或利用电子加速器产生的电子束或X射线,在一定剂量范围内辐照肉,杀灭其中的病原微生物及其他腐败细菌,或抑制肉品中某些生物活性物质和生理过程,从而达到保藏或保鲜的目的。1980年,世界卫生组织(WHO)、联合国粮农组织(FAO)和国际原子能机构(AEA)组成的食品辐照联合委员会(JECFL)经过验证后宣布:辐照剂量低于10kGy的食品是安全卫生的,均可食用。

(四)肉的其他保鲜方法

1. 防腐保鲜剂保鲜

防腐保鲜剂处理是肉品保藏中常用的一种方法。防腐剂又分为化学防腐剂和天然防腐剂。防腐保鲜剂保鲜经常与其他保鲜技术结合使用。

由于人们对食品安全越来越关注,天然保鲜剂更加符合消费者的需要,开发新型的天然保鲜剂已成为当今防腐剂研究的主流。常用的天然防腐剂有乳酸链球菌素(Nisin)、茶多酚、香辛料提取物(蒜辣素、肉豆蔻挥发油、丁香油等)。

化学防腐剂主要为各种有机酸及其盐类。肉类保鲜中使用的有机酸包括乙酸、甲酸、柠檬酸、乳酸及其钠盐、抗坏血酸、山梨酸及其钾盐、磷酸盐等。许多试验已经证明,这些酸单独或配合使用,对延长肉保存期均有一定效果,其中使用最多的是乙酸、山梨酸及其盐类、乳酸钠。

2. 抗生素处理

抗生素用于肉品保藏的价值是有限的:①抗生素是抑菌而不是杀菌性的,只有肉品中污染的微生物数量较少时才最有效;②不同微生物对某种抗生素的敏感性不同,抗生素在抑制了某种类型的微生物的同时,另一些类型的微生物的数量有可能增加;③使用抗生素可能会导致抗药性菌群的产生,使抗生素失去抑菌作用;④目前还缺乏有效的抑制霉菌和酵母菌的抗生素。虽然如此,抗生素仍可在不引起肉品发生化学或生物化学变化的情况下,延长肉品的贮藏寿命。但在使用时,必须慎重选择,所使用的抗生素必须在肉品进行热处理时容易分解,其产物对人体无毒害。

肉品贮藏中常使用的抗生素有氯霉素、金霉素、四环素、泰乐霉素等,它们可用于非常耐热的细菌。一般不允许将抗生素用于半保藏品,虽然抗生素可降低热处理强度和腌制程度,但也会使肉毒梭菌产生毒素的危险性增强。

五、鱼的保鲜(活)

水产品的贮藏保鲜实质上就是采用降低鱼体温度来抑制微生物的生长繁殖以及组织蛋白酶的作用,延长僵硬期,抑制自溶作用,推迟腐败变质进程。通常分为冷却保鲜和冻结保藏两类。

(一)冷却保鲜

冷却保鲜是使鱼降温到0℃左右,在不冻结状态下可保持5～14天不腐败变质。常用的方法有:冰鲜法,即用碎冰将鱼冷却,保持鱼的新鲜状态,其质量最接近鲜活水产品的生物特性,至今各国仍将它放在极其重要的位置。冷海水保鲜法,即是把渔获物浸没在混有碎冰的海水里(冰点为 -3～-2℃),并由制冷系保持鱼温在-1~0℃的一种保鲜方法。其最大的优点是冷却速度快,缺点主要是鱼体吸水膨胀,鱼肉略带咸味,表面稍有变色,蛋白质也容易损失。造成在流通环节中容易腐烂,并易受海水污染。

（二）冻结保藏法

冻结保藏法即是把鱼在-25~-40℃的环境中冻结,然后于-18~-30℃的条件下保藏,保藏期一般可达半年以上。

（三）鱼的保活方法

保活运输是保持水产品最佳鲜度,满足需求的最有效方式,已成为水产流通的重要环节。水产品活体运输的新方法越来越受到重视,水产动物活体运输的新方法主要有麻醉法、生态冰温法、模拟冬眠法。

麻醉法：使用麻醉剂为活鱼长途运输创造了条件。麻醉剂可使水产动物暂时失去痛觉和反射运动,且发生良好的肌肉弛缓,现在一般采用全身麻醉。常用的麻醉剂有乙醇、乙醚、二氧化碳、巴比妥钠、磺酸间氨基苯甲酸乙酯(MS-222)等。鱼体内的代谢程度降低,减少了水中溶解氧的消耗。

生态冰温法：鱼、虾、贝等冷血动物都存在一个区分生死的生态冰温零点,或称临界温度。从生态冰温零点到冻结点的这一温度范围称生态冰温区。生态冰温零点很大程度上受环境温度的影响,把生态冰温零点降低或接近冰点是活体长时间保存的关键。对不耐寒、临界温度在0℃以上的种类,驯化其耐寒性,使其在生态冰温零点范围也能存活。这样经过低温驯化的水产动物即使环境温度低于生态冰温零点也能保持冬眠状态而不死亡,此时动物呼吸和新陈代谢非常缓慢,为无水保活运输提供了条件。降温宜采用缓慢降温的方法,一般降温梯度每小时不超过5℃。这样可以减少鱼的应激反应,减少死亡,提高成活率。通常有加冰降温和冷冻机降温两种方法。

六、乳和蛋的保鲜

（一）乳的保鲜

牛乳营养丰富,也是微生物生长的理想培养基。挤乳过程（包括环境、乳房、空气、用具等）的污染及乳牛的本身健康状况是决定鲜乳中含菌量的关键因素。除尽量减少微生物的污染之外,牛乳的保鲜通常要求把刚挤出的新鲜牛乳迅速冷却至10℃以下,最好冷却至4~5℃进行贮存、运输,以防止微生物的生长而降低乳的质量。

贮存鲜乳时要求每罐需放满,并加盖密封。如果装半罐,会加快乳温上升,不利于原料乳的贮存。贮存期间要定时搅拌乳液防止乳脂肪上浮而造成分布不均匀。24h内搅拌20min,乳脂率的变化在0.1%以下。冷却后的乳应尽可能保持低温,以防止温度升高保存性降低。

鲜乳的运输是乳品生产上重要的一环,运输不妥,往往造成很大的损失。目前,我国乳源分散的地方,多采用乳桶运输;乳源集中的地方,采用乳槽车运输。无论采用哪种运输方式,都应注意必须防止乳在途中升温,特别是在夏季,运输最好在夜间或早晨,或用隔热材料盖好贮乳桶。所采用的容器需保持清洁卫生,并加以严格杀菌。乳桶盖内应有橡皮衬垫,绝不能用碎布、油纸或碎纸等代替。夏季必须装满盖严,以防振荡;冬季不得装得太满,避免因冻结而使容器破裂。长距离运送乳时,最好采用乳槽车。利用乳槽车运乳的优点是单位体积表面小,乳的升温慢,特别是在乳槽车外加绝缘层后可以基本保持在运输中不升温。

（二）鲜蛋的贮藏保鲜

根据鲜蛋本身结构、成分和理化性质,设法闭塞蛋壳气孔,防止微生物进入蛋内,降低贮藏温度,抑制蛋的酶活性,并保持适宜的相对湿度和清洁卫生条件,这是鲜蛋贮藏的根本原则和基本要求。

鲜蛋的贮藏方法很多,有冷藏法、涂膜法、气体贮藏法、浸泡法包括石灰水贮藏和水玻璃溶液贮藏法、巴氏杀菌法等,而最广泛运用的是冷藏法。

（1）冷藏法　利用低温,最低不低于 $-3.5℃$（防止到了冻结点而冻裂）,抑制微生物的生长繁殖和分解作用以及蛋内酶的作用,延缓鲜蛋内容物的变化,尤其是延缓浓厚蛋白的变稀(水样化)和降低重量损耗。鲜蛋冷藏前要把温度降至 $0 \sim -1℃$,相对湿度 $80\% \sim 85\%$,这样有利于保鲜。此法操作简单,管理方便,保鲜效果好,一般贮藏半年以上仍能保持蛋的新鲜。

（2）涂膜法　用液体石蜡或硅酮油等将蛋浸泡或利用喷雾法使其形成涂膜而闭塞蛋壳。此方法须在产蛋后尽早进行才有效。

（3）气体贮藏法　气体主要是二氧化碳,此法适用于大量贮藏,实践证明效果良好。如果将容器内原有空气抽出,再充入 88% 的二氧化碳和 12% 氮气,并维持 $0.2MPa$,鸡蛋可存放 6 个月。

运输鲜蛋多采用各种纸制或塑料制的模型衬垫为多,蛋放置的方式根据经验和实际效果以钝端向上为宜。

第二节　成品食品的贮藏

除少数成品食品(熟肉、黄油、奶酪和豆腐制品等)的贮藏特性较低外,大多数贮藏性都高于天然食品。

控制成品食品败坏,延长食品的贮藏时间,主要有两类方法:一类是通过采用一定的加工手段,改变食品本身性质,例如罐藏、干藏、腌渍和烟熏等,所以食品加工其实也是一种贮藏方法;另外一类是通过控制贮藏环境条件,来控制食品的败坏,如低温、气调、化学保藏、辐照保藏等。

一、干制食品贮藏

(一)干制品在贮藏中的变化

1. 吸湿受潮

食品原料经过干燥处理,含水量显著降低,而利于贮藏。但是,随着含水量的降低,产品的贮藏特性也在改变,主要是吸湿性能大为加强,当处于高湿环境中特别容易发生吸湿受潮的劣变现象。

粉粒状干燥食品如乳粉、豆乳粉、咖啡精等,因结构松散、表面积大、含水量低,特别易于吸湿而出现结块,同时溶解性降低影响食用品质,严重时还会发霉,丧失食用价值。所以,对这类干燥食品的相对湿度要求控制在 5%~10%,为此需要对产品进行密封防湿包装。

2. 香气与色泽变化

干燥食品在贮藏期间如果含水量升高,会导致食品的香气和色泽发生变化。干菜、果汁粉、菜汤粉等产品,如果水分含量在贮藏期间升高,会促进羰氨反应及多酚类物质、脂肪、抗坏血酸、叶绿素和花青素等成分的氧化,造成产品发生褐变。草莓、杏和葡萄等干燥产品的花青素,如在水溶状态时性质极不稳定,但是处于无水的干燥状态时,虽经年贮藏其变化也很微小,甚至在太阳的照射下,也几乎不分解。冻干食品若因干燥不足而水分含量较高,或在干燥后处理不当而导致吸湿,水分含量增加,则在贮存中有变色、褪色、发生异臭的可能,这些都与水溶性成分的变化有关。叶绿素在无水状态时也颇稳定,当水分含量在 6% 以上时,它逐渐变成脱镁叶绿素,并进一步分解为无色物质。

3. 脂肪及脂溶性成分变化

食品原料经干燥处理,不仅含水量降低而且改变了原料的形态,如液体食品经喷雾、涂膜等干燥方式所获得粉状、片状或多孔状的产品均扩大了产品表面面积,比原料扩大 100~150 倍,这样便增加了产品与空气中氧的接触面积,促使食品中脂肪氧化酸败而产生异味和变色;同时,一些脂溶性的色素如胡萝卜素,也因氧化而使食品丧失原有的颜色。为了防止制品中水溶性成分的变化,希望降低水分含量,但对于油脂及油溶性成分而言,恰恰相反。

冻干猪肉在不同湿度下贮藏,通过测定其游离脂肪酸含量及过氧化物值,可知其氧化程度在水分含量低时比水分含量高时要高。这是由于吸附于油脂上的水分子层在水分含量低时,部分破裂,导致油脂与空气中的氧相接触被氧化。相反,吸附于油脂上的水分子层在水分含量高时,油脂被水分包覆得较为严密,故氧化的机会较少。

4. 微生物及仓库害虫的危害

食品原料采取加热干燥,其品温在 60~70℃,可以杀灭绝大部分的微生物。但是,采用真空干燥和冷冻干燥的食品,因温度低而存活相当数量的微生物。例如,冷冻干燥食品中微生物的存活量,酵母约为 70%;霉菌为 80%~90%;乳酸菌为 50%。一般情况下,当食品中水分含量低于 8% 时,微生物不能生长。水分含量为 2%~4% 的脱水食品在贮藏时,没有形成孢子的微生物在贮藏中将缓慢失活。当水分含量高于 18% 时,某些微生物便会繁殖。

相比微生物,仓库害虫对干燥食品往往会造成更大危害,这是因为有许多仓库害虫能在低水分(或低相对湿度)条件下进行繁殖活动。例如,谷类粮食的含水量超过 10% 时,多数仓库害虫都能造成危害。此外,包装材料或贮藏环境的卫生管理不善也会有隐藏虫卵或害虫混入食品,而后在贮藏中繁殖蔓延。因此,防治仓库害虫也是干燥食品贮藏不可忽视的工作。危害粮食、油料、薯类及其加工产品的仓虫约有 50 余种,常见的有 29 种。其中,危害严重的主要害虫有玉米象、米象、谷象等十几种。

(二)干制品的杀虫及包装

经过干燥之后的干制品,一般需要经过防虫处理及包装。

1. 防虫处理

干制品容易遭受虫害,所以干制品必须进行防虫处理,以保证贮藏安全。防虫的方法如下。

(1)物理防治法 物理防治法是通过环境因素中的某些物理因子(如温度、氧、放射线等)的作用达到抑制或杀灭害虫的目的。

①低温杀虫:若要杀死害虫,有效的低温应在 -15℃ 以下,这种条件往往难以实现。可将干制品贮藏在 2~10℃ 的条件下,抑制虫卵发育,推迟害虫的出现。

②高温杀虫:将果蔬干制品在 75~80℃ 温度下处理 10~15min 后立即冷却。对于干燥过度的果蔬,可用热蒸汽处理 2~5min,既可杀虫,还可使产品肉质柔软、改善外观。

③高频加热和微波加热杀虫:冻干或真空干燥的脱水食品可以通过紫外线辐射来减少其细菌数。环氧乙烷可用于冻干可可粉、大豆粉、咖喱粉的杀菌。用 14mg/L 的环氧乙烷在 20℃ 时对这些产品处理 24h 后,可杀灭 99% 的霉菌和细菌。微波加热可减少脱水蘑菇的细菌总数及水分含量,同时对冻干蘑菇的可口性或风味没有影响。

④气调杀虫:气调杀虫法不同于一般的果蔬气调贮藏法,后者常需要低温环境,而前者可在常温下进行。气调杀虫是利用降低氧的含量使害虫因得不到维持正常生命活动所需的氧气而窒息死亡。据实验证明,若空气中的氧浓度降到 4.5% 以下大部分仓储害虫便会死亡。采用真空包装、充氮气或充二氧化碳气等办法可降低氧的浓度。气调杀虫法不具有残毒,也便于操作,因而是一种新的杀虫技术,有广阔的发展前景。

(2)化学药剂防治法 化学药剂防治法是以有毒的化学物质毒杀害虫的方

法，具有能迅速、有效地杀灭害虫，并具有预防害虫再次侵害食品的作用，是目前应用最广泛的一种防治方法，但容易造成污染，影响食品的卫生质量。由于干制品本身的特点，使用水溶液的杀虫剂有造成增加湿度的危险，故干制品杀虫药剂多采用熏蒸(气体)杀虫，常用的熏蒸剂有以下几种：

①二硫化碳(CS_2)：沸点为46℃，置于空气中可挥发，其气体比空气重，熏蒸时应置于室内高处，使其自然挥发，向下扩散。用量一般约为 $100g/m^3$，密闭熏蒸24h。

②二氧化硫(SO_2)：可用于干制前已熏过硫的果蔬干制品，用量为硫黄 $200g/m^3$，熏蒸时间 4~12h。

③氯化苦(CCl_3NO_2)：沸点为112℃，相对密度为1.66，在空气中可挥发，有剧烈毒性。杀虫力在20℃以上最为有效。宜在夏秋季使用，使用量为 $17g/m^3$，熏蒸24h。氯化苦忌与金属接触，应用陶瓷器具盛装。干制品未完全干燥时熏蒸容易导致药剂残留，故制品应在充分干燥后再熏蒸。熏蒸时房屋必须严密不漏气，以免发生危险。

④溴代甲烷：常用量为 $17g/m^3$，秋、冬季可稍多一些，熏蒸24h。

2. 包装

经过必要处理的干制品，宜尽快包装。包装是一切食品在运输、贮藏中必不可少的程序，脱水干制食品的耐贮性受包装的影响很大，故其包装应达到下列要求。

①能防止脱水食品的吸湿回潮，避免结块和长霉；

②对包装材料要求是能使干制品在常温、90%的相对湿度环境中，6个月内水分增加量不超过1%；

③避光和隔氧；

④包装形态、大小及外观有利于商品的推销；

⑤包装材料应符合食品卫生要求。

此外，为了能更长久地贮藏干制食品，往往还采取在包装袋中放干燥剂(石灰、氯化钙、活性炭、硅胶等)、充惰性气体或抽真空等方法。

二、腌制食品贮藏

(一)盐渍蔬菜贮藏

盐渍蔬菜贮藏包括利用渗透压、有机酸、防腐剂、加热灭菌和低温处理等方式。这些原理所对应的方式方法不是互相独立的，而是相互联系的，最好是综合起来考虑，以使制品保鲜效果更佳。

1. 小袋装保鲜贮藏技术

盐渍菜的包装向小型化方向发展，尤其是低盐化盐渍菜。小型包装包括小型瓶装、小型马口铁罐和小型袋装(塑料袋),特别是小型袋装盐渍菜在我国发展十分迅速。所以这里着重介绍小袋装盐渍菜保鲜技术。小型包装有许多优点:①便于携带,随吃随用;②有利于盐渍制品的灭菌,从而保证产品质量(如脆度等);③有利于低盐化和保鲜贮藏,小袋装盐渍菜制品含盐量可低至5%以下,而散装盐渍菜含盐量可达20%左右,小包装盐渍菜制品保鲜贮藏期长,一般在5~12个月。

2. 与加热灭菌配套的保鲜技术

加热灭菌是延长低盐化盐渍菜保藏期最有效的手段之一,与塑料软包装(即袋装)相结合,更具实用价值,为目前我国各蔬菜制品加工厂广泛使用的保鲜贮藏技术。

但加热灭菌的温度和时间是影响低盐化盐渍菜色泽和脆度的主要因素。在实际生产过程中为保证制品的质量,尽量缩短灭菌时间,但同时又要保证灭菌彻底、往往很难做到两全其美。可利用渗透压(如食盐、酒精)、有机酸(如醋酸、乳酸、柠檬酸、苹果酸等)和防腐剂等办法来辅助加热灭菌,则可以收到非常好的效果,既可以缩短灭菌时间,又可以达到灭菌彻底的效果。

3. 腌制菜的保脆保鲜

质地嫩脆是蔬菜腌制品的主要指标之一,腌制过程如处理不当,就会使腌制品变软。蔬菜的脆性主要与细胞的膨压和细胞壁的原果胶变化有密切关系。腌制时虽然蔬菜失水萎蔫,致使细胞膨压降低,脆性减弱,但在腌制过程中,由于盐液与细胞液间的渗透平衡,又能够恢复和保持腌菜细胞一定的膨压,因而不致造成脆性的显著下降。蔬菜软化的另一个主要原因是果胶物质的水解,保持原果胶不被溶解,是保存蔬菜脆性的物质基础。

生产上常用食醋对蔬菜腌制品进行保脆,也就是利用乙酸来达到保鲜保脆。醋渍能对农产品实现保脆,主要是利用蛋白质在乙酸中变性凝固的性质,一旦浸泡在乙酸中,细菌的菌体蛋白质就会变性凝固,生长繁殖被抑制。同时,用浸泡在乙酸中的农产品果肉(包括鱼肉等)会紧缩而变硬。

4. 腌制菜的保色保鲜

蔬菜腌制后,色泽都会有所加深,但除一些品种的特殊要求外,腌制品一般为翠绿色或黄、褐色。

(1)隔光保色技术　实践和研究表明,光线对颜色有很大的影响。长时间在光照下,光线会促进食品的变色和退色。光的红、橙、黄、绿、蓝、靛、紫几种光色中,紫外线对色彩的影响最为显著,其中在日常的阳光中所含有的紫外光就会使各种颜色退却和消失。

透明塑料包装材料虽然具有便于看到内装物品的优点,但另一方面因经常受到光线照射,有使农产品变色、退色和氧化变质的缺点。因此,为了尽量减少农产品的变色、退色,必须选择能阻挡促使色素分解波长光的包装材料。具体可采取

如下办法:

①使包装的农产品尽量不让光线直接照射,因此,可采用非透明的包装。

②如用透明的塑料包装时,应在贮藏环境中遮光,或在非透明包装上设置尽可能小的视窗。

③为了解决人们观察包装内物品而又避免光照,最理想的方法是在包装材料制造时加入阳光剂,根据紫外光的波长和频率选择阻止紫外光的添加剂,使包装材料具有透明效果又有隔光(紫外光)的作用。

(2)pH 保色技术 pH 对其天然色素的影响都很大,但不同的色素对 pH 的敏感程度是不尽相同的,一般在 pH 较小的环境中,也即在酸性环境中,其色素易于保存(不易分解)。果蔬中的叶绿素极不稳定,对酸很敏感。也就是 pH 越低,果蔬越易失去叶绿素的镁而变成黄色脱镁叶绿素,这是众多色素中的一种特殊情况。

(3)金属离子保色技术 控制农产品中或包装环境中的金属离子,也可以达到保鲜的目的。例如,蔬菜的盐渍,就可比其他贮藏方法(糖渍等)更能保色。这就是因为食盐中含有钠离子的缘故。

一般来说,铜、铁、镍、锰等的离子对色素的分解起促进作用。例如,番茄加工中的胭脂红色素、橘子汁中的叶黄素等类胡萝卜素色素,只要有微量的铜、铁离子就能促进其氧化。

(4)低温贮存 低温贮存是食品原辅料及食品保鲜贮存中最有效、最安全的物理保鲜贮存技术。10% 以下盐分的盐渍菜(即低盐化盐渍菜)在 10℃ 以下可以长期保鲜贮藏,但在室温下就不行。而 15% 以上盐分的盐渍菜(即高盐化盐渍菜)在室温下可长期保藏,相反,低盐化盐渍菜由于在低温下冷藏,可直接加工成成品而省去了脱盐这一过程,所以保持了制品的色泽和风味,其质量更好,也无废水处理问题,所以低盐度冷藏是盐渍菜保鲜贮藏的有效方法的发展方向之一。

(5)添加保鲜剂 一定量的防腐剂可以有效地抑制霉菌、酵母、细菌的生长和繁殖,如苯甲酸及苯甲酸钠和山梨酸及山梨酸钾等,这些在低盐化盐渍菜中得到了广泛的应用,但其使用量要严格按照《GB 2760—2011 食品安全国家标准 食品添加剂使用标准》执行。

(6)其他保色技术 其他保色技术可从如下几个方面加以考虑:

①维生素 C 可起到保色作用;

②亚硫酸盐等添加剂具有一定的保色作用;

③控制过氧化酶可达到保色作用。

(二)腌制畜禽产品贮藏

原料肉经预处理、腌制、脱水、保藏成熟而制成的腌制肉制品具有独特风味,由于传统生产一般需要在腊月气温较低时才能进行,所以此类产品一般称为腌腊肉制品。腌腊类制品包括咸肉、腊肉、酱肉、风干肉、火腿等。此类产品反季节生产时,更容易发生腐败变质。

1. 民间贮藏法

一般把制好的腌腊制品捆扎成小束,装入竹篓或木箱存在 -15~0℃冷库中保存最为理想。也可存贮于通风干燥的库中。库内晾挂较为理想,堆码不宜过高,以防重压出油。

因各地气温、人们消费习惯和食盐用量等的不同,保管方法也不相同。在农家有许多简易有效的方法。广东农村用大沙缸保存法,在清洁的缸底垫一层干净稻草,再放入腊肉,然后加盖密封,此法既适于农家又适于零售商店保管。不少地区民间贮藏腊肉多是挂在灶上,常年受烟熏;有时腊肉在稻谷、稻壳、面粉或其他原粮堆中保存。这些方法都可保存一年以上不至影响品质。还有浸在食用植物油或涂抹植物油于腊肉表面,可防止脂肪氧化,保存时间更长,效果更好。

2. 充气包装

这种包装通常是使用透气性薄膜,并充入非活性气体,大多是采用不同气体组合的气调式。充气包装的作用是防止氧化和变色,延缓氧化还原电位上升,可抑制好气性微生物的繁殖。这种包装形式,由于制品和薄膜不是紧贴在一起,包装的内外有温度差,使包装薄膜出现结露现象,这样就看不到包装内的制品了。如果把已被污染的制品包装起来,由于制品在袋中可以移动,会使污染范围扩大,同时袋中的露水有助于细菌繁殖,充气包装不适合于在表面容易析出脂肪和水的肉制品的包装。

气调包装所使用的气体主要为二氧化碳和氮气两种。置换气体的目的是排除氧气,充入二氧化碳时,可产生抑菌作用。这是由于二氧化碳的分压增大时,细菌放出的二氧化碳受到抑制,也就是说代谢反应受到抑制。一般来讲,氧气浓度在5%以下才有效。也就是说二氧化碳气的置换率为80%(残留氧气的浓度约为4%)时才有效。

各种气体对薄膜的透过率顺序为:氮气<氧气<二氧化碳。根据大气中气体的组成和包装袋内气体的组成关系,可以看到下列现象:充入氮气时,包装袋里的氧气浓度也随之增大,因为有一部分氧气也随着氮气进到包装袋里,所以包装袋的容积变为原来的1.2倍。充入二氧化碳气时,由于二氧化碳的透过率比其他气体都大,所以氧气的进入量比二氧化碳放出的量多,包装袋的容积就变小。而且二氧化碳溶解于制品中的水里会变成碳酸,使其体积减小,直到最后变成近似于真空包装的制品那样。这样一来就丧失了含气包装的特性,为了保持适当的包装容积,常采用氮气和二氧化碳混合充入的方法,氮气和二氧化碳的充入比例为6:4或7:3。

3. 加脱氧剂包装

隔绝氧气的方法有脱气收缩、真空、气体置换等。此外,还有一种把吸氧物质放入包装袋的方法,其效果与上述方法的效果相同。一般包装时,即使把氧气排除,也还会有从薄膜表面透进来的氧气存在,想完全隔绝氧气是不可能的。脱氧剂的作用是把透入包装袋内的氧气随时吸附起来,维持袋内氧气浓度在所希望的极限浓度以下,这样就能防止褪色、氧化,抑制细菌繁殖。加脱氧剂还具有成本低,不需要真空和充气结构,也不需要像真空和气体置换那样花很长的时间,包装机可灵活掌握等优点。知道脱氧剂的吸氧量,就能根据包装品的游离氧量计算出应加入的脱氧剂量。目前应用的脱氧剂大致有无机化合物和有机化合物两种类型。

三、罐头食品贮藏

罐头食品贮藏的形式有两种:一种是散装堆放,罐头经杀菌冷却后,直接运至仓库贮存,到出厂之前才贴商标装箱运出;另一种是装箱贮放,罐头贴上商标或不贴商标进行装箱,送进仓库堆存。

散装堆放费时费工,运输不便,且堆放高度不宜过高,否则容易倒塌造成损失。一般夹花堆成长方形,堆与堆之间,堆与墙之间应留出 0.33m 以上的距离以便于检查。

装箱贮存,对于大量罐头的贮藏有很多好处,运输及堆放迅速方便,堆高放置较为稳固,操作简便,不费工时。又因为外面有木箱或纸箱保护,罐头不直接受外界条件的影响,易于保持清洁,不易"出汗",但是它的缺点是不容易检查。

装好箱的罐头,按一定箱数堆叠在架板上,然后用铲车输送至仓库指定地点贮放,事先规划好堆放的位置,使堆置整齐,排列有序。这样既可充分利用仓库面积又能堆得高,堆得大。

作为堆放罐头的仓库,要求环境清洁,通风良好,光线明亮,地面应铺有地板或水泥,并安装有可以调节仓库温度和湿度的装置。

四、焙烤食品贮藏

(一)面包贮藏

面包是以面粉、酵母、水和其他辅料调制成面团,经发酵烘烤后制成的一种营养丰富、老少皆宜的方便食品。但新鲜面包的贮藏期很短,在贮存过程中很容易出现面包老化、瓤心黏、霉变等质量问题。

1. 低温冷冻保鲜

面包的老化与贮藏温度有很大关系,面包在室温下放置 0~5d,硬度呈线性增加。-7~20℃是面包老化速度最快的老化带,其中 1℃ 老化最快。贮藏温度在20℃以上,老化进行的较缓慢,温度降低到 -7℃ 以下,水分开始冻结,老化速度减慢。若要长时间贮藏面包,将面包速冻后冻藏可以有效地防止面包的老化和霉变,较好地保持面包的新鲜程度。另外,高温处理也是延缓面包老化的措施之一,已经老化的面包,当重新加热至50℃以上时,可以恢复到新鲜柔软的状态。

2. 包装保鲜

面包的气调包装主要以 CO_2 为主要调节气体。试验表明面包的货架期随着包装内 CO_2 含量(0~60%)的增加而增加。充氮包装(包装内有1% O_2)与99% CO_2、1% O_2 的气调包装相比较,前者5d后就有霉菌繁殖,后者的无霉菌货架期可达100d。

3. 食品添加剂保鲜

使用食品添加剂是一种简单有效的面包保鲜方法。常用的食品添加剂有抗老化剂、防霉剂等。日本已发明了一种改善面包品质的新方法,即在面包生面团中添加一定量的胶原蛋白和豆渣,使面团品质改良,延缓老化。在面包中添加甘油单硬脂酸酯,低分子糊精等可以有效地防止面包的老化。添加防腐剂是面包防霉常用的方法。常用的面包防腐剂主要有丙酸钙、山梨酸钾、双乙酸钠、脱氢醋酸等。按0.016%剂量将山梨酸和丙酸钙添加到面粉中制作面包,可以使面包的贮藏期由3d延长到15d,而不霉变。

(二)饼干贮藏

饼干是以小麦粉、糖类、油脂、乳品、蛋品等为主要原料经调制烘焙而成的制品。饼干口感酥松,水分含量少,体积轻,块形完整,易于保藏,便于包装和携带,使用方便。但是在饼干的生产和贮藏过程中,如果生产操作或管理不善,容易出现碎裂、油脂氧化酸败和吸潮变软等质量问题。

对饼干进行合理的包装可有效解决上述问题。饼干包装的目的就是防止饼干在贮运和销售过程中出现破碎、吸潮和"走油"等。因此,需要选择防潮、耐油脂且遮光、防止饼干破碎的包装。包含果浆的饼干容易长霉,包含果仁的饼干容易酸败,都应采取措施加以防护。饼干的包装形式主要有塑料薄膜密封包装、蜡纸裹装、纸盒包装以及铁听包装等。

一般饼干的货架寿命为3个月,饼干虽是一种耐贮食品,但也必须考虑贮藏条件。饼干适宜的贮藏条件是低温、干燥、空气流通、环境清洁、避免日照的场所。库温应在20℃左右,相对湿度不超过70%~75%为宜。

(三)糕点贮藏

糕点是以面粉、油脂、糖、蛋品等为主要原料,添加果仁、蜜饯等辅料混合后,经熟制而成的方便食品。各地生产的糕点种类特色各不相同,按照制作工艺,主要可以分为烤制糕点、炸制糕点、蒸制糕点、熟粉糕点以及其他类糕点。有的糕点含水量极高,如蛋糕、年糕;有的含水量极低,如桃酥等;有的含油脂很高,如油酥饼、开口笑等;有的包馅,如月饼等。因此,糕点如果贮藏不当或超过保存期,很容易发生回潮、干缩、"走油"、发霉、变味等变质问题。

不同种类的糕点,由于其原料特点和成品特性不同,所采用的包装材料和包装方式也有所不同。含水分较低的糕点如酥饼、香糕、酥糖、蛋卷等,应选择防潮、阻气、耐压、耐油和耐撕裂的材料。主要包装形式有塑料薄膜袋充填包装、纸盒、浅盘包装外裹包薄膜包装;纸盒内衬塑料薄膜袋包装、泡罩包装。对于含水量较高的糕点如蛋糕、奶油点心等应选用具有较好阻湿阻气性能的包装材料包装。如塑料薄膜包装、塑料片材热成型盒包装。或使用真空或充气包装技术,在包装中同时可封入抗氧化剂和抗菌抑菌剂,可有效地防止氧化、酸败、霉变和水分散失,显著延长其货架寿命。贮藏油炸类糕点如开口笑、麻花等食品的关键是防止氧化酸败,其次是防止油脂渗出包装材料造成污染而影响外观。因此,其内包装常采用防潮耐油的薄膜包装材料裹包或袋装。

贮存糕点的仓库应有防潮、防霉、防鼠、防蝇、防虫、防污染措施,库内通风良好,不能潮湿。产品入库时应分类、定位码放,离地面 20~25cm,离墙 30cm,防止虫蛀鼠咬,并有明显的分类标志。库内的温度应经常保持在 22℃ 以下,相对湿度应控制在 70%~75%。

五、发酵食品贮藏

(一)酱油的贮藏

酱油在生产过程中极易受到有害细菌、霉菌等的污染,在贮藏过程中再发酵或生霉,使酱油的成分发生变化,风味变酸变差,质量下降。

贮藏成品酱油的场所必须保持清洁卫生、干燥,尽可能减少空气湿度。当湿度大、温度在 20℃ 以上时,最适合微生物繁殖。酱油在 15℃ 以下贮存比较稳定,高于 20℃ 以上时,分子运动显著加速,水分蒸发和香气成分的挥发加快。因此,为使酱油成分变化缓慢,应使贮藏场所保持低温。酱油在贮藏过程中应避免光线直接照射。日光照射既能加速氧化又能引起温度升高,经日光照射过久,成品酱油颜色发乌,表面往往出现一层黑色薄膜。包装好的成品在库房内应分级分批分别存放,便于保管和提取。搬运堆垛时要轻搬轻放。瓶装酱油的保质期为 3 个月,散装酱油保质期为 1 个月。

(二)酒的贮藏

1. 白酒的贮藏

(1)贮存时间 根据白酒生产工艺的特点,对不同种类、不同香型、不同等级的白酒,有不同的贮存期要求。酱香型白酒贮存期较长,如茅台酒的贮存期达 3 年以上;浓香型白酒约 1 年以上;清香型白酒仅 1 年左右。应该注意的是,酒的贮存时间是有限度的,并非越长越好。贮存期过长,则老熟过度,乙醇挥发损失大,同时香气成分的损失也大,结果使酒的口味变得淡薄,风味受损。

(2)贮存条件 白酒是蒸馏酒,其乙醇含量在 30%~70%。应贮存在阴凉干燥,并有防火、防爆、防尘设施的仓库内;严禁与有腐蚀、污染的物品同库存放,纸箱码放高度不超过6层;贮藏容器应挂(贴)有产品名称、酒度、等级、生产日期的卡片;酒库应经常清理,保持洁净。

运输工具应清洁干燥,必须用篷布遮盖,避免强烈震荡、日晒、雨淋;装卸时应轻拿轻放,严禁与有腐蚀、有毒、有害的物品一起混运。

2. 黄酒的贮藏

黄酒是由糯米、粳米等粮食经过霉菌糖化、酵母菌发酵酿成的液体食品。刚酿制出来的黄酒各成分的分子很不稳定,分子之间的排列又很混乱,因此,必须经过贮存。贮存的过程,也就是黄酒的老熟过程,通常称为"陈酿"。黄酒经过陈酿,色泽加深、香味逐渐浓厚、酒味逐渐醇厚柔和。一般普通黄酒要求陈酿一年,名优黄酒要求陈酿3~5年。

由于黄酒是低度酒,含有糖、氨基酸、蛋白质、酚类物质等,因此,在贮运过程中也存在稳定性问题,容易出现混浊、沉淀现象、色泽变深、风味变淡的现象。这些现象的发生与黄酒中的蛋白质、金属离子、酚类物质、糖、氨基酸、微生物污染情况等因素有关。因此,在黄酒的贮运过程中,控制好贮藏条件,加强贮藏过程中的管理,对于黄酒品质的保持很重要。贮存黄酒的适宜温度是5~20℃。过冷会减慢陈酿的速度,过热会使黄酒的酒精减少、发生混浊变质。贮存黄酒的仓库要通风良好、干燥、避光、卫生,在贮藏过程中,每年天热或适当时间,注意翻堆、倒坛,以创造均匀的供氧条件和温度条件。在黄酒的运输过程中,首先应避免剧烈地振荡,做好防震包装的工作,以防酒体发生混浊、沉淀。其次,在运输途中防止酒坛直接暴晒在太阳下,避免酒精挥发、酒体混浊。经过长途运输后,一般要静置3~5d,使酒脚沉淀下来,酒色清亮。

3. 葡萄酒的贮藏

刚发酵结束的葡萄酒,酒体粗糙、酸涩,饮用质量较差,经过一定时间的存放,葡萄酒发生了一系列的物理、化学变化后,才能达到最佳饮用质量,这个过程是葡萄酒的老熟和陈酿。葡萄酒在贮藏过程中常见的质量问题主要有变色与沉淀、生膜、变酸、异味等。

葡萄酒在运输和贮存过程中,应保持场地稳定、干燥、黑暗、冷凉,避开潮湿和有震动的地方。光线易使酒变质,白葡萄酒较长时间地被光线照射后色泽变深,红葡萄酒则易发生混浊。因此,葡萄酒应采用深色(深绿色、褐色)玻璃瓶贮存。最好贮藏在阴暗湿冷的地窖,长期贮酒的仓库温度最好保持在较低温度下,温度过高,酒成熟太快,温度过低则不易成熟。白葡萄酒以10~12℃为宜;红葡萄酒以15~16℃为好。最佳贮藏湿度为70%左右,太潮湿使软木塞及标签腐烂,太干燥则容易让软木塞干燥,失去弹性。葡萄酒存放时尽量平放,让酒和软木塞能充分接触,以保持软木塞湿润。软木塞若干燥,无法紧闭瓶口,容易使酒质变差。开瓶后的酒尽量避免放置过久,因为酒与空气接触后容易变质产生酸味。在葡萄酒的贮运过程中,频繁地震动会促进葡萄酒的早熟,因此,在葡萄酒贮运过程中应尽量避免葡萄酒的频繁搬动或运输。经过长期运输的葡萄酒应静置一段时间再消费,让酒的香气与味道能稍稍恢复。特别是老酒长途运输,易使酒的气味散失。

（三）酸乳的贮藏

酸乳营养非常丰富,并且含有大量对人体有益的乳酸菌,在 0~4℃条件下贮藏较好,凝固的酸乳在此条件下存放 1 周,能保证质量。但存放过久,一旦表面产生霉点或霉斑就不能食用了。天然酸乳的冰点在 -1℃左右,若存放温度过低,则导致其结冰,会破坏酸乳的组织结构,使乳清析出。所以,酸乳应存放在家用冰箱的冷藏室内,以防酸乳结冰。由于酸乳凝固结构主要是由蛋白质的胶体组成,质地嫩软,易于破碎,因此酸乳在震动较强和颠倒的情况下,虽然乳清容易析出,但营养价值不变。

第三节 食品冷链物流系统

一、食品冷链物流概述

食品冷链物流是指食品在生产、贮藏、运输、分销、零售,直到消费前的各个环节中始终处于产品规定的最佳低温环境下,才能保证食品质量,减少食品损耗,防止污染的特殊供应链系统。它是一项系统工程,是随着制冷技术的发展而建立起来的,是以冷冻工艺学为基础、以制冷技术为手段的低温物流过程。

食品冷链物流的适用范围包括:

（1）初级农产品　蔬菜、水果;肉、禽、蛋;水产品、花卉产品。

（2）加工食品　速冻食品、禽、肉、水产等包装熟食、冰淇淋和乳制品;快餐原料。

由于食品冷链是以保证易腐食品品质为目的,以保持低温环境为核心要求的供应链系统,所以它比一般常温物流系统的要求更高、更复杂,建设投资也要大很多,是一个庞大的系统工程。由于易腐食品的时效性要求冷链各环节具有更高的组织协调性,所以,食品冷链的运作始终是和能耗成本相关联的,有效控制运作成本是食品冷链运行的关键。

二、食品冷藏链的组成

（一）食品冷藏链的结构

冷藏链中各环节都起着非常重要的作用,食品在生产、采购、运输、销售和消费等环节必须在作业上紧密衔接,相互协调,形成一个完整的冷藏链,见图 7-1。组成冷藏链的各个环节和设施,在运作上的一般原则是:一要保证冷藏链中的食品初始质量应该是好的,最重要的是新鲜度,如果食品已经开始变质,低温也不可能使其恢复到新鲜状态;二是食品在生产、收获后尽快予以冷加工处理,以尽可能保持原有品质;三是产品从最初的加工工序到消费者手中的全过程,均应保持在适当的低温条件下。

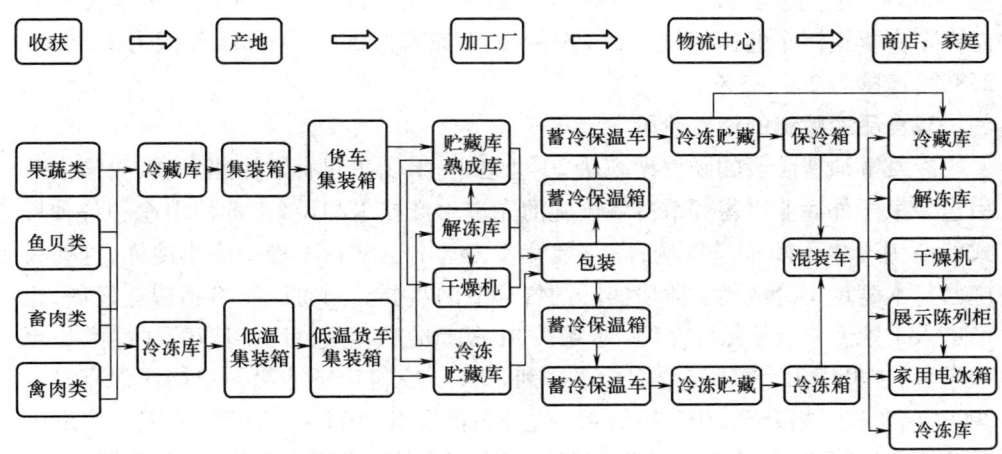

图7-1　食品冷藏链的组成及相关设备

(二)食品冷藏链的三阶段

1. 食品冷藏链的生产阶段

食品冷藏链的生产阶段指易腐食品收获后的现场冷冻保鲜至低温贮藏阶段。它关系到食品保鲜质量的起点,主要冷链设施是肉联厂、水产冷冻厂、外贸冷藏厂、制冰厂、冷冻库及恒温库等。上述设施统称为冷藏库,简称冷库,是食品冷藏链不可缺少的重要环节,也是食品冷藏链的硬件设施和主体。

冷库按照温度的不同可分为:①恒温冷藏库:主要贮藏新鲜的水果、蔬菜、禽蛋、生鲜肉等,温度维持在0℃左右。②低温冷藏库:主要贮藏冻鱼、冻肉、速冻制品、冰淇淋、雪糕等,温度一般维持在-18℃左右。③急冻库:主要用于速冻食品、冻鱼、冻肉等的快速冻结,温度一般保持在-23℃以下。

2006年,我国冷藏库容量约为880万t(折成库容积约为3800万m^3),为我国的食品保鲜提供了坚实的基础。但与发达国家相比还远远不够,如美国人口是我国的1/6,而美国2003年冷藏库容量就达到8848万m^3,2007年美最大的20家公司经营着4 900万m^3的冷库,美国美利冷公司(Ameri Cold)一家就有1180万m^3冷库。

2. 食品冷藏链的流通阶段

流通阶段主要是指流通过程的冷藏运输,包括冷藏火车、冷藏汽车、冷藏船和冷藏集装箱等。2008年统计,我国保温车辆约有3万辆,这对于我国每年4000多万吨易腐食品的运输来说是远远不够的,缺口非常大。如广东省每年水产品的实际调运量只有所需调运量的一半,而且只有七成是冷藏运输(其中大部分为冰藏),每年约有20%的水产品变质腐烂。冷藏运输的能力与发达国家相比还有差距,2008年美国拥有冷藏运输车辆20多万辆,日本拥有12万辆左右;我国冷藏保温汽车占货运汽车的比例仅为0.3%左右,而美国为0.8%~1%,英国为2.5%~2.8%,德国为2%~3%。

3. 食品冷藏链的消费阶段

冷藏链消费阶段的硬件设施从20世纪90年代初起有了快速发展,我国先后引进多家国外商业零售环节冷藏设施的先进生产技术和设备,各种用途和各种形式的商用冷柜不断推进市场,商业批发零售基本也配置了冷柜或小冷库,这些设施已基本满足了冷链消费阶段实际销售环节的需要。同时冰箱冷柜快速发展,也已进入千家万户,据资料介绍,冰箱冷柜总产量从2001年的1770万台增长至2010年的9095万台,年复合增长率达到20%。农村市场冰箱百户居民保有量从2009年的37%提升至2010年的45%,进而提升至2011年的62%。城市家庭的普及率已达85%,广东等经济发达地区城市家庭的冰箱普及率已接近100%。

三、实现冷藏链的条件

虽然恒定的低温是冷藏链的基础和基本特征,也是保证食品质量的重要条件。但这并不是唯一条件,因为影响食品贮运质量的因素很多,必须综合考虑,协调配合,才能实现真正有效的冷藏链。归纳起来,实现冷藏链的条件有以下几个方面。

1. "三P"条件

食品原料(Products)、加工工艺(Processing)、包装(Package),要求原料品质好,加工工艺质量高,包装符合食品特性。这就是食品进入冷链的早期质量要求。

2. "三C"条件

在整个加工与流通过程中,对食品的小心(Care)、清洁卫生(Clean)、低温冷却(Chilling),这是保证食品流通质量的基本要求。

3. "三T"条件

"T.T.T."理论,也就是时间(Time)、温度(Temperature)、耐藏性或容许变质量(Tolerane)。要点包括:①对每种易腐食品而言,在一定的温度下,食品所发生的质量下降与所经历的时间存在确定的关系。以橘子为例,贮藏的基准温度为-2℃时,在环境温度5℃下存放10d时的质量降低为原来的83%。而在10℃下存放10d,则质量降低为原来的71%。②冻结食品在贮运过程中因时间-温度的经历而引起的品质降低是累积的,也是不可逆的,但与经历的顺序无关。例如把相同的冻结食品分别放在两种场合冻藏:一种先在-10℃下贮藏1个月,然后在-30℃下贮藏6个月;另一种先在-30℃下贮藏6个月,然后在-10℃下贮藏1个月,两种方式贮藏7个月后的品质下降是相等的。③对大多数冻结食品来说,都符合T.T.T.理论,温度越低,品质变化越小,贮藏期越长。

4."三Q"条件

冷藏链中设备的数量(Quantity)协调、设备的质量(Quality)标准一致以及快速(Quick)的作业组织。

冷藏设备的数量协调就是能保证食品总处在低温环境中。因此要求预冷站、各种冷库、冷藏汽车、冷藏船、冷藏列车等都应按照食品货源物流的客观需要,相互协调发展。设备的质量标准一致,是指各环节的标准应当统一,包括温度条件、湿度条件、卫生条件以及包装条件。快速的作业组织,是指生产部门的货源组织、车辆准备与途中服务、换装作业的衔接、销售部门的库容准备等应快速组织并协调配合。

四、食品冷藏运输

1. 运输方式

从我国现有的情况来看,食品运输的形式通常有陆运(包括公路、铁路)、水运(包括内河运和海运)、空运及上述几种形式的联运。各种运输方式都有自身的优缺点,应在充分了解各种运输工具的优缺点后加以选择利用。

(1)公路运输　公路运输是我国最重要和最常见的短途运输方式。公路运输机动方便,可实现直达上门服务,中间搬运少,短距离运输成本低;但存在振动大、运量小、能耗大的缺点。主要工具有各种大小车辆、汽车、双挂车、拖拉机等。公路运输可针对特殊用途准备特殊车辆,例如,液体油罐车,活鱼运输车,对需要保持低温的货物,可以使用保温车、冷冻车或冷藏车。

(2)铁路运输　铁路运输运载量大、速度快、效率高、不受季节影响;但机动性差,没有铁路的地方不能直接运达。运输的基本单位是货车或集装箱,货车的载重量为15~30t,集装箱为5t,10t或20t左右,运输量比较大的时候也可以专列运输。对需要保持低温的货物,可使用冷藏、冷冻车或冷冻、冷藏集装箱。

(3)水路运输　利用船舶运输运载量大、成本低(各种运输方式中成本最低)、行驶平稳;但受地理条件限制,运输速度慢,受季节影响,运输连续性差。发展冷藏船、集装箱专用船和车辆轮渡是水路运输的发展方向。

(4)航空运输　航空运输的优点是不受地理条件限制,运行速度快、损伤少;但运量少、运费高,适于特供高档生鲜食品。空运由于时间短,只要提前预冷,采取一定保温措施即可,一般不用制冷装置,较长时间飞行可用干冰制冷。

(5)联运　联运是指食品从产地到目的地的运输全过程使用同一运输凭证,

采用两种或两种以上不同运输工具的相互衔接的运送过程。如铁路公路联运、水陆联运、江海联运等。国外普遍应用的联运方式是：把适用公路运输的拖车装于火车的平板车上或轮船内，到达车站或港口时，把拖车卸下来，挂在牵引车后面，进行短距离的公路运输，直达目的地。联运可以充分利用运输能力，简化托运手续，缩短途中滞留时间，从而节省运费。现在推行集装箱运输，是用集装箱为装卸容器，将食品装进各种规格不同的集装箱内，直接送达目的地卸货，可适用于多种运输工具，具有安全、迅速、简便、节省人力、便于机械化装卸的特点，有利于食品质量的保持和联运的发展。

2. 冷藏运输设备

冷藏运输是食品冷藏链中十分重要而又必不可少的一个环节，由冷藏运输设备来完成。冷藏运输设备是指本身能造成并维持一定的低温环境，以运输冷冻食品的设施及装置，包括冷藏汽车、铁路冷藏车、冷藏船和冷藏集装箱等。从某种意义上讲，冷藏运输设备是可以移动的小型冷藏库。对冷藏运输设备的要求主要有以下几点：

（1）产生并维持一定的低温环境，保持食品的低温；
（2）隔热性好，尽量减少外界传入的热量；
（3）可根据食品种类或环境的变化调节温度；
（4）制冷装置在设备内所占用的空间尽可能得小；
（5）制冷装置重量轻，安装稳定，安全可靠，不易出事故；
（6）运输成本低。

目前，食品运输的工具有公路运输工具、水路运输工具、铁路运输工具和航空运输工具。公路运输所用的运输工具包括汽车、拖拉机、人力拖车等；汽车有普通货运卡车、保温车、冷藏汽车、冷藏拖车和平板冷藏拖车。水路运输工具用于短途的一般为木船、小艇、拖驳和帆船；远途则用大型船舶、远洋货轮等，远途运输的轮船有普通舱和冷藏舱。铁路运输工具有普通篷车、通风隔热车、加冰冷藏车、冷冻冷藏车。集装箱有冷藏集装箱和气调集装箱。

五、食品冷藏销售和消费

冷藏链不仅要求食品在适宜的温度下加工、运输，而且要求在适宜的温度下销售和消费。现在常用的销售设备是销售陈列柜，消费设备为家用冰箱或冰柜。

1. 销售陈列柜

冷藏陈列柜是菜场、副食品商场、超级市场等销售环节的冷藏设施，目前已成为冷藏链建设中的重要环节。它要求具有制冷和隔热装置，能保证食品处于适宜的温度下，又能很好地展示其外观，便于顾客选购。根据陈列食品种类可分为冷冻和冷藏食品用两类；根据陈列柜的结构形式，可分为敞开式和封闭式两种。

2. 家用冰箱

在冷藏链中,家用冰箱是最小的冷藏单位,也是冷藏链的终端。家用冰箱通常有冷冻室和冷藏室。冷冻室用于食品的冷冻贮藏,贮存时间较长,根据冻结食品的种类或贮藏期限,冷冻室温度可以分为 $-18℃$(三星级)、$-12℃$(二星级)或 $-6℃$(一星级)。冷藏室用于冷却食品的贮藏,温度为 $0\sim10℃$。在一些新型的冰箱中,还有冰温室或微冻室($0\sim5℃$)、解冻室。

| 知识拓展 |

无线射频技术(RFID)及其在食品冷链物流中的应用

一、RFID 概述

冷链物流过程中的温度监控,对于保证运输产品的质量安全具有重要的现实意义。温度监控的方法有多种,其中无线射频技术的应用越来越受到重视。

1. RFID 的概念

无线射频技术(RFID)是一种非接触式识别技术,RFID 技术的识别工作不需要人工干预,它是通过射频信号自动识别目标对象并获取相关数据,通过空间耦合(交变磁场或电磁场)实现无接触信息传递,并通过所传递的信息达到识别目的的技术。

2. RFID 的组成

冷链物流中基于 RFID 的温度数据采集传输任务是由 RFID 标签、阅读器、天线三个组件完成。

(1)RFID 标签 俗称电子标签或智能标签,由耦合元件及芯片组成,每个标签具有唯一的电子编码,附着在物体上标识目标对象,可以看作条形码的无线版本。

(2)阅读器 是读取(有时还可以写入)标签信息的设备,阅读器与电子标签可按约定的通信协议互传信息,通常的情况是由读写器向电子标签发送命令,电子标签根据收到的读写器的命令,将内存的标识性数据回传给读写器;阅读器的阅读距离从 $0\sim100m$ 不等。

(3)天线 在标签和读取器间传递射频信号的设备。

3. RFID 的工作原理

当 RFID 温度标签进入由天线发射的磁场感应区时产生感应电流从而获得能量,发送出自身编码、采集的数据等信息,这些信息被阅读器读取并解码上传到数据库中。即首先将设定好参数的 RFID 温度标签粘贴在食品的包装箱上,伴其运输的整个过程;然后当载有 RFID 标签的货物经过天线的感应区时,RFID 标签将内部的温度数据通过接收器传到数据库,供生产商和经销商查询,见图 7-2。

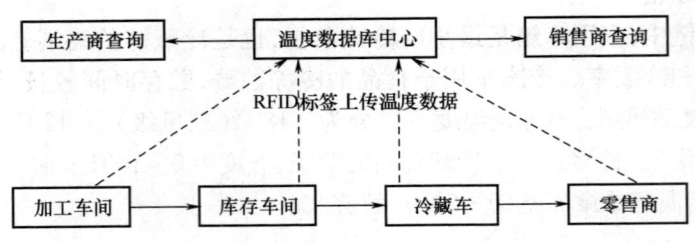

图 7-2　RFID 温度监控系统流程

二、RFID 的应用

1. RFID 在商品流通领域的应用

中国的铁路调度和统计系统堪称目前国内最大的 RFID 应用系统。据了解，国内有 55 万辆车厢、机车都安装了 RFID 标签，网络遍布全国。机车底部的标签上写有该列车的车种、车型、车号及所载货物等信息，铁路沿线有读取器，列车在行驶过程中，车辆信息就能够被读取到，读取到的数据被传到国家铁道部的中央服务器。通过 RFID，铁路局提高了统计调度水平，减少了人工，但它不对外开放，标准是封闭的。

2. RFID 在交通运输领域的应用

北京公交系统所实施的市政、公交"一卡通"项目有效地缓解了公交司乘人员售票环节人工效率低下的问题，受到了广大人民的好评。另外，在高速公路实施应用了不停车收费系统后，大大提高了高速公路收费站的通过率，有效地缓解了高速公路堵塞现象的发生。

3. RFID 在仓储物流领域的应用

我国显著的例子是中国邮政采用 RFID 技术追踪大型包裹的试点研究。为 RFID 技术在物流领域内进一步推广奠定了良好的基础。

4. RFID 在食品冷链物流领域的应用

目前 RFID 在食品冷链领域应用主要有对冷藏车实时定位、追溯食品的来源、产品温度记录、仓储与运输管理等，依靠 RFID 技术可使冷链物流中温度监控切实可行。RFID 技术应用于食品冷链物流过程，可及时了解生鲜食品的生产、加工、贮藏信息，并掌握供应链中冷冻冷藏产品的数量及位置，进行及时的提货和补货，从而提高冷链物流的作业效率与管理水平。在运送冷藏冷冻食品的货车中，放一到两个 RFID 标签，可随时监测冷链运输过程中的车厢内温度变化，进行实时货物追踪，对各种冷藏车的运输进行全面的动态监控，为食品安全审查提供可溯源性信息支持，对于问题食品可以追查到底。

三、RFID 在食品冷链物流应用中的优势

RFID 是一种新型自动识别技术，它比目前应用最普遍的条码技术更加先进

和实用。RFID 标签不同于条形码，它可以贮存大量信息而且还可以更改；RFID 阅读器可以同时识别大量的 RFID 标签，而条形码只能一次一个；RFID 标签可以远距离被阅读器读取，还可以传送货物的实时信息等。这些优点决定了 RFID 技术可以满足冷链的严格需求，它们的比较可以简单总结如表 7-1 所示。

表 7-1　　　　　　　　　　RFID 卡与条码的比较

识别技术	数据密度	成本	读/写性	抗干扰能力	寿命	信息载体	读写距离	保密性
条码	小	低	只读	差	短	纸、塑料薄膜、金属表面	紧挨物品	差
RFID 卡	高	高	读/写	很好	长	芯片	远距离	很好

由于 RFID 标签上的芯片贮存信息量大，而且可以提供物理对象的唯一标志，RFID 温度标签还可以实时向系统传送即时温度信息，所以在整个供应链上 RFID 技术的实时跟踪功能可以发挥得淋漓尽致。特别是冷链物流，对温度的控制非常严格，有了 RFID 技术的帮助，在整个冷链过程上跟踪货物，可以实时地掌握货物处于供应链的哪个节点上，以及此时的温度。相比条码技术，RFID 可以动态识别多个数据，识别距离大的优势使整个供应链应用 RFID 后效率大大提高，也增强了安全性和可靠性。应用 RFID，可以实现下面几个目标。

1. 实现冷链物流跟踪，增加冷链管理的透明度

RFID 的核心是标签上的 EPC（产品电子代码），由于 EPC 提供对物理对象的唯一标识，所以利用 EPC 可以实现货物在整个冷链上货物的物流跟踪，而且 RFID 温度标签还可以提供温度的监控，应用 RFID 后，产品从生产开始，它在供应链上的整个流动过程都会被及时、准确地跟踪，做到透明化。

2. 简化作业流程，提高冷链物流效率

在托盘上和包装箱上贴上 RFID 标签，在配送中心出/入口处安装阅读器，这样验货不需要人工操作；出/入库时，利用叉车将货物送出/入仓库，无须停止就可以进行扫描，而且可以远距离动态的一次性识别多个标签。这样大大节省了出/入库的作业时间，提高了作业效率。

3. 信息的传送更加迅速、准确

由于远距离、动态识别、一次识别等多个优势，RFID 技术将使信息的传递更加迅速，远远超过了现在广泛采用的条码技术。同时信息的产地也更加准确，减少了错误和遗漏的发生。

4. 缩短付款时间

在顾客付款的时候，只需将选好的商品通过 RFID 阅读器，就可以直接在电脑屏幕上看到自己所消费的金额，而不用再花很长时间用扫描仪一件一件地扫描商

品后再付款,这样节省了付款的时间,也提高了零售商的工作效率。

自我测试

一、填空题(10×1分)

1. 植物类食品的呼吸作用有两种方式:一是_____,这是生命进行正常活动的保证;二是_____,这是被迫进行的呼吸作用,对生命体是有害的。
2. _____是目前世界上应用最广泛的果蔬贮藏方式。
3. 气调贮藏是在一定的范围内,降低果蔬贮藏环境中_____浓度,提高_____浓度。
4. 保活运输是水产流通的重要环节。水产动物活体运输的新方法主要有_____、_____、模拟冬眠系统法。
5. 一般情况下,当食品中水分含量低于_____%时,微生物不能生长。
6. 保持_____不被溶解,是保存蔬菜脆性的物质基础。
7. 防腐保鲜剂可以有效地抑制霉菌、酵母、细菌的生长和繁殖,但其使用量要严格按照食品添加剂使用卫生标准GB_____执行。

二、名词解释(4×2.5分)

呼吸作用　辐照保鲜技术　食品冷链物流　"三P"条件

三、选择题(10×1分)

1. (　　)保鲜一般以非活体保鲜为主,其保鲜特点为控制微生物和酶引起的腐败和品质劣变。
   A. 肉　　　　　　B. 苹果　　　　　C. 蔬菜　　　　　D. 活鱼
2. 果蔬保鲜中常用的化学保鲜剂不包括(　　)。
   A. 仲丁胺　　　　B. SO_2　　　　C. 联苯　　　　　D. 乙烯
3. 面包的老化与贮藏温度有很大关系,面包在室温下放置0~5d,硬度呈线性增加,其中(　　)℃老化最快。
   A. -18℃　　　　B. 0℃　　　　　C. 15℃　　　　　D. 37℃
4. 面包的气调包装主要以(　　)为主要调节气体。
   A. CO_2　　　　B. O_2　　　　C. N_2　　　　D. C_2H_4
5. (　　)是酱油在贮藏过程中发生质量劣变的主要原因。
   A. 氧化　　　　　B. 酸败　　　　　C. 生霉　　　　　D. 水分散失
6. 贮存黄酒的适宜温度在(　　)℃,过冷会减慢陈酿的速度,过热会使黄酒的乙醇减少、发生混浊变质。
   A. -18℃　　　　B. 0℃　　　　　C. 15℃　　　　　D. 37℃
7. 酸乳营养非常丰富,并且含有大量对人体有益的乳酸菌,在(　　)℃条件下贮藏较好。

A. -18℃　　　　　B. 0℃　　　　　C. 15℃　　　　　D. 37℃

8. 鲜蛋冷藏时要把温度降至0~-1℃,相对湿度80%~85%,其贮藏时间可达(　　)。

A. 2个月　　　　　B. 3个月　　　　　C. 6个月　　　　　D. 12个月

9. 冷库按照温度的不同可分为恒温冷藏库、低温冷藏库、急冻库,其中低温冷藏库的温度一般设定为(　　)。

A. -23℃　　　　　B. -18℃　　　　　C. -12℃　　　　　D. 4℃

10. "三C"条件是保证食品流通质量的基本要求,其内涵不包括(　　)。

A. 小心(Care)　　　　　　　　　B. 清洁卫生(Clean)

C. 冷冻(Cold)　　　　　　　　　D. 低温冷却(Chilling)

四、判断题(10×1分)

(　)1. 蔬菜保鲜一般采取活体保鲜,其主要保鲜特点为:既要控制腐败和品质劣变,又要控制其呼吸、成熟、衰老、代谢和水分蒸发。

(　)2. 当果实贮藏环境的氧含量较低时,果实就不进行呼吸作用,不再消耗养分,有利于贮藏。

(　)3. 气调贮藏是在一定温度条件下进行的。在控制空气中的氧气和二氧化碳含量的同时,还要控制贮藏的温度、并且使三者得到适当的配合。

(　)4. 苹果贮藏的相对湿度不宜超过80%。

(　)5. 罐头贮存的相对湿度不宜超过80%。

(　)6. 将原料肉的温度降至0℃左右,可达到长期保鲜目的。

(　)7. 贮存鲜乳时要求每罐需放满,并加盖密封,贮存期间不可搅拌乳液。

(　)8. 葡萄酒存放时尽量平放,让酒和软木塞能充分接触,以保持软木塞湿润。

(　)9. 恒温冷藏库主要贮藏新鲜的水果、蔬菜、禽蛋、生鲜肉等,温度维持在0℃左右,也称作高温库。

(　)10. 铁路运输是我国最重要和最常见的短途运输方式。

五、简答题(4×2.5分)

1. 简述干制食品在贮藏中易发生的变化。
2. 简述蔬菜腌制品的保色保鲜技术。
3. 简述常用的粮食贮藏技术。
4. 简述食品冷藏运输设备的基本要求。

第八章 食品商品的营销

> **学习内容**
>
> 1. 营销战略意义及战略制定;
> 2. 营销 4P's,连锁经营与管理;
> 3. 网络营销策略和模式;
> 4. 品牌营销策略及要素。

> **学习目标**
>
> 1. 掌握食品商品营销中营销战略;
> 2. 掌握营销策略、连锁经营、网络营销、品牌营销的基本理论及相关策略;并初步具备相关分析能力;
> 3. 初步具有对食品商品营销特点分析的能力。

第一节 食品商品营销概述

一、食品商品营销的作用

食品商品营销是食品企业为开拓市场,进行经营战略相关策划的一系列活动。食品商品营销能改善食品行业经营管理、提高营销工作的服务质量,正确调整营销活动中的人际关系,为食品行业创造更多的经济效益,为更好地满足营销工作的需要提供理论依据。食品商品营销具有为商品正确定位、实现商品的价值和增值、满足顾客需求和确保销售渠道畅通无阻等作用。

二、食品商品营销的特点

食品与其他商品相比,有其特殊性。食品商品营销必须结合食品本身的特性和消费者对食品的需求。营销特点如下。

(1)注重安全性　在食品所有属性中,安全性最重要。除原料和生产外,营销与食品安全也密切相关,如贮运、食品展示、货架期等。企业在营销中,必须把食品相关安全因素放在首位,做到全过程控制。通过广告和公共关系,诚信经营,强化品牌,取得消费者信任,建立"××品牌＝安全"的联想。特仑苏比普通牛乳贵一倍,但市场销售良好,就是得益于其天然有机牛乳乳源的营销策略。

(2)注重感受性　食品的色、香、味、形是对食品的直接体验,对消费者影响相对更大。据此在营销中要注重营业推广和人员推销,通过讲解、品尝、买赠等营销手段,促使消费者购买。

(3)注重营养性　食品的核心功能是提供营养。消费者对同类产品的选择很多都会依据食品成分和功能。

(4)注重时效性　时效性指食品的保质期和时令性。消费者一般对食品生产日期都很关注,这就要求在营销中,要注重加快商品的流转,渠道建设是核心因素之一;时令性商品在短期内销量很大而其他时间无法形成销售,针对此类商品,要加大促销力度。食品营销要能跟随市场的变化迅速做出调整。

三、研究食品商品营销的意义

食品商品营销是食品企业的基本职能之一,它渗透于生产和消费领域之中,是通过科学、合理的方法和手段促进买方和卖方进行交换以满足人类需要和欲望的活动。研究意义可概括为:

(1)有利于食品经营者做出正确的决策;
(2)有利于食品企业制定和调整经营计划;
(3)有利于食品企业提高经营水平,增强竞争能力;
(4)有利于食品企业走向国际市场。

第二节　食品商品营销战略

一、营销战略的意义

营销战略,是指企业在分析内外环境的基础上,确定企业营销发展的目标,做出营销总体性的长远谋划及其实施的措施。营销战略,是制定战术性的市场营销组合的基础,规划、指导和约束市场营销活动,有效利用企业资源,增强企业经营活动的科学性和稳定性,是企业生存和发展的根本保证。

二、营销战略的特征

营销战略具有指导性、全局性、长远性、竞争性、系统性、风险性六大主要特征。

(1) 指导性　企业战略界定了企业的经营方向、远景目标,明确了企业的经营方针和行动指南,并筹划了实现目标的对策。

(2) 全局性　企业战略规定了企业发展的总体目标,追求企业发展的总体效果,它以企业全局的发展规律为研究对象,为各个局部经营行为指明方向。

(3) 长远性　战略的着眼点在于未来和长远。战略目标所规定的,是一种长期的发展方向,它所提出的,是一种长期的任务。

(4) 竞争性　制定企业战略的目的就是谋求在市场和资源的争夺战中打败竞争对手,占据市场制高点并不断发展壮大自己。

(5) 系统性　企业战略确立了远景目标,并围绕远景目标设立阶段目标及各阶段目标实现的经营策略,以构成一个环环相扣的战略目标体系。

(6) 风险性　市场研究深入,行业发展趋势预测准确,设立的远景目标客观,各战略阶段人、财、物等资源调配得当,战略形态选择科学,制定的战略就能引导企业健康、快速的发展。反之,仅凭个人主观判断市场,设立目标过于理想化或对行业的发展趋势预测偏差,制定的战略就会产生管理误导,甚至给企业带来破产的风险。

上述战略"六性",是企业战略必须具备的基本属性,脱离这些特征就不能称之为企业战略。

三、营销战略的制定

营销战略旨在最大化企业的竞争优势,企业的竞争优势与企业(Corporation)、顾客(Customer)、竞争对手(Competition)息息相关,一项成功的战略要同时满足三个条件:一是选择的方向和目标一定要基于企业资源能力的优势;二是消费者所期望的价值;三是竞争者的弱点,称为战略三角或战略 3C。其关系如图 8-1 所示。

(一) 企业优势导向战略

通过对企业战略业务单位的分析评估,确定投资方向,合理有效地分配资源。通常采用波士顿矩阵法(BCG Matrix：Boston Consulting Group),又称波士顿咨询集团法、四象限分析法(见图 8-2)。

图 8-2 中横轴表示食品企业的相对市场占有率,即市场占有率与最大竞争者市场占有率之比。纵轴表示市场增长率,即销售额的增长率。图中的圆代表战略业务单位,其面积大小代表销售额大小,其位置表示各战略单位的市场增长率和相对市场占有率的变化。由此将所有战略业务单位划分为四类。金牛

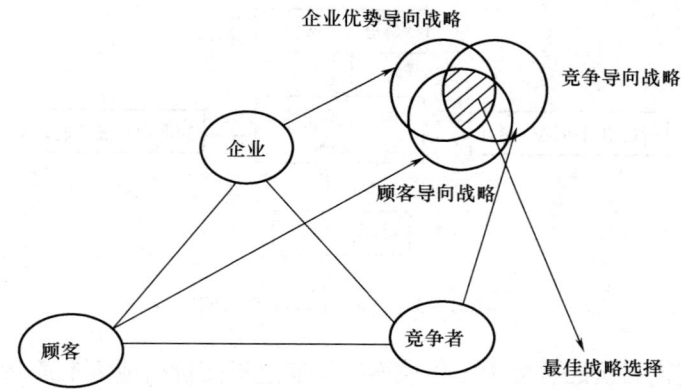

图 8-1 战略三角形(战略 3C)

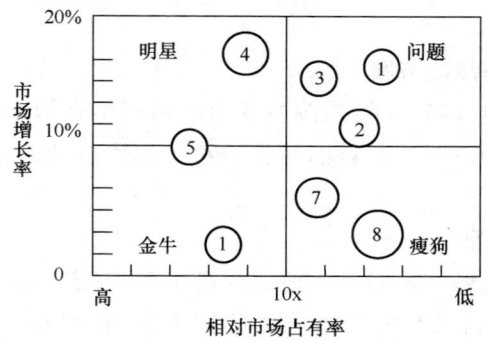

图 8-2 波士顿"增长—份额"矩阵

类:低增长高市场份额;明星类:高增长高市场份额;问题类:高增长低市场份额;瘦狗类:低增长低市场份额。通过对现有业务的评估和发展前景分析,企业由此得出对原投资组合的调整,通常有发展、维持、收缩和放弃四种战略可供选择。

(二)竞争导向战略

1. 竞争环境分析

竞争环境分析是在营销环境分析的基础上,就竞争因素进行具体深入的分析。竞争因素采用波特五力竞争模型分析,如图 8-3 所示。

(1)新进入者威胁　所谓新进入者也称潜在进入者,指新创办或新进入本行业的企业。如可口可乐生产果粒橙,对果汁行业产生了巨大的冲击和威胁。

(2)替代品威胁　替代品是指那些与本行业的产品具有相同或相似功能的其他产品。

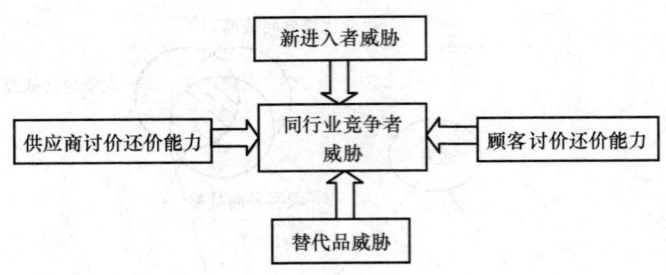

图8-3 波特五力竞争模型

(3)供应商讨价还价能力 供应商往往通过提高价格或降低质量及服务的手段,向企业施加压力,并以此来榨取企业利润。

(4)顾客讨价还价能力 顾客的竞争压力,主要表现为要求企业提供的产品尽可能价格低、质量高、服务好;同时,顾客还可以利用竞争产品对生产厂家施加压力。

2. 确定市场竞争战略方案

一般有两类竞争战略:一类是按所涉及的营销组合因素划分的通用战略;另一类是根据企业市场占有率及目前与竞争对手相比所处的市场地位来划分的市场战略。

(1)通用竞争战略

①总成本领先战略。是指企业通过改进工艺、改进产品结构、扩大生产规模等手段,尽可能降低自己的生产和经营成本,在同行业中取得最低的生产成本和营销成本的战略。总成本领先战略是传统和比较常见的竞争战略。

②差异竞争战略。是指从产品、价格、渠道、促销等营销因素上造就差异,形成企业对于整个产业或主要的竞争对手的"独特性"。差异竞争战略在市场营销活动中占主流,不仅适应目标市场营销,而且最符合"营销观念"。

③目标集中战略。是指企业集中力量,以更好的效果、更高的效率为某一狭窄的服务对象提供产品或服务。对象为某个特定顾客群。如太太口服液针对的是中年女性。

(2)市场战略

①市场领先者的竞争战略。市场领先者占有最大市场份额,这类企业更关心的是自己市场地位的稳固性。可采取扩大市场总需求、维持防御和扩大市场份额等具体战略措施。

②市场挑战者的竞争战略。市场挑战者往往可以采取两种竞争战略:一是夺取更多的市场份额的进攻目标战略;二是保持已有的市场地位的固守目标战略。

③市场追随者的竞争战略。市场追随者是市场份额相对较小的企业，可采用与市场领先者相对应的紧紧追随、距离追随和选择追随战略措施。

④市场补缺者的竞争战略。食品行业中，都存在一些数量众多的小企业，为一个更小的细分市场提供产品或服务。如广东地区就有不少制造商，专为肯德基、麦当劳提供小包砂糖和番茄酱。由于这些企业对市场的补缺，可使许多大企业集中精力生产主要产品。市场补缺者可采用专业化战略措施。

(三)顾客导向战略

顾客导向战略又称为目标市场营销(STP)，是现代战略营销的核心，包括市场细分(Segmentation)、目标市场选择(Targeting)和市场定位(Positioning)。

1. 市场细分

市场细分是指根据消费者需求的不同特征或某些变量，把消费者划分为具有相似需求与欲望的消费者群的过程，每一个消费者群就是一个细分市场。市场细分的目的是选择目标市场进行市场定位，提高企业的竞争力，增加企业的经济效益。市场细分的原则要符合可衡量性、可进入性、可营利性和可区分性，市场细分的标准有地理细分、人口细分、心理细分和行为细分四种。

2. 目标市场选择

目标市场选择是指企业经过市场分析、比较，决定进入的细分市场。根据所选的细分市场覆盖整个产品市场的范围大小，目标市场战略有三种类型。

(1)无差异市场营销战略　是指企业只生产一种产品，运用一种市场营销组合去满足整个市场的需求。适用于产品性质相似的市场。

(2)差异市场营销战略　是指企业同时选择若干个细分市场作为目标市场，设计不同的产品或服务，运用不同的营销组合策略，去满足不同细分市场的需求。大多企业采用此战略。

(3)集中市场营销战略　也称密集市场营销战略，是企业选择一个或几个性质相似的细分市场作为目标市场，集中企业资源实行专业化经营，在特定市场上扩大市场占有率。适用于实力较弱的企业。

3. 市场定位

市场定位也称产品定位，就是企业在特定的细分市场上塑造出与众不同的产品，以引起消费者的偏爱。定位方法有针对新产品的初次定位、重塑产品特色的重新定位、针对竞争者的迎头定位、针对空白市场的创新定位和针对消费者某种需求的心理定位。

第三节 食品商品的营销策略

一、食品产品策略

(一)食品产品概念

商品营销中,食品产品包含三个层次,即核心产品、形式产品和延伸产品,称之为食品产品整体概念。

(1)核心产品 是指顾客真正的基本服务和利益。这是顾客购买产品时追求的最基本、最主要的部分,也是市场营销人员向顾客推销产品的根本任务。

(2)形式产品 是核心产品借以实现的形式。如果形式产品是实体物品,则通常包含五个标志,即特征、形态、质量、商标和包装。而作为食品,其质量还应该包括内在成分、营养、口味和卫生状况等。

(3)延伸产品 是指消费者获得的全部附加利益和服务,如食用指导、特定馈赠等。延伸产品的竞争在市场中表现得最为明显和激烈。

(二)食品产品组合策略

1. 食品产品组合及要素

很少有食品企业只提供单一的产品。产品组合也称产品经营结构,是指一个企业生产经营的全部产品线和产品项目的组合或结构。食品产品组合包含以下要素。

(1)产品线 称产品大类,是一组密切相关的产品。

(2)产品项目 称产品品种,是指产品线内由尺码、型号、外观、价格、品牌及其他属性来区别具体产品。

(3)产品组合的宽度 称广度,是指一个企业拥有产品线的数量。

(4)产品组合的深度 指企业每条产品线中所拥有的产品项目的数量。

(5)产品组合的长度 指企业产品组合中产品项目的总数。

(6)产品组合的关联性 指企业各条产品线在最终用途、生产条件、分销渠道等方面的相关程度。

表 8-1　　　　　　　　　　某企业产品组合

	组合宽度		
	日化用品	食　品	服装
组合深度	护肤用品	调味品	羊毛衫
	洁肤用品	糕　点	夹克衫
	护发产品	干　果	内衣
	洗涤用品	饮　料	
	护齿产品		

分析表8-1,某企业产品组合的宽度为3,日化用品的产品组合深度为5,食品产品组合深度为4,服装产品组合深度为3,产品组合的长度为5+4+3=12,日化用品、食品、服装这三条产品线关联性不强,只有分销渠道比较相似,在大型超市、百货公司都有销售。

2. 食品产品组合策略

常见的产品组合策略有:

(1)扩大产品组合策略　是指企业拓展产品组合的宽度和加强产品组合的深度。

(2)缩减产品组合策略　是指企业减少产品组合中产品线的数量或减少产品线中产品项目数量。

(3)产品线延伸策略　产品线延伸策略是指企业全部或部分地改变原有产品的市场定位,采取向上延伸、向下延伸和双向延伸三种形式。

(三)产品的生命周期策略

1. 食品产品生命周期概念

是指产品从进入市场到最后被淘汰退出市场的过程,分为导入期、成长期、成熟期和衰退期四个阶段。其典型情况如图8-4所示。

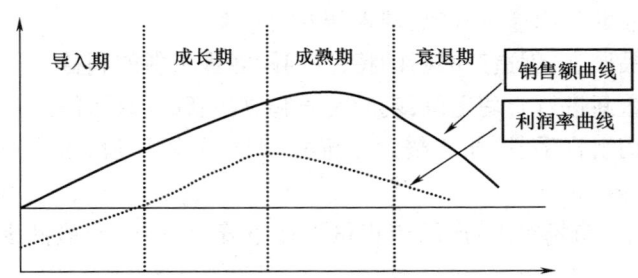

图8-4　食品产品生命周期曲线

2. 各时期的产品特点与营销策略

(1)导入期　市场特点:知晓新产品的消费者人数少,产品销量低,制造成本高,分销渠道不完善,利润少乃至亏损,竞争者少。

从价格和促销因素考虑,导入期市场营销策略类型主要有以下四种:

①快速掠取策略:也称双高策略,以高价格和高促销费用推出新产品,目的是实现经济效益最大化。

②缓慢掠取策略:以高价格低促销费用推出新产品。

③快速渗透策略:以低价格高促销费用推出新产品,目的是市场占有率最大化。

④缓慢渗透策略:也称双低策略,是指企业以低价格低促销费用推出新产品。

(2)成长期　市场特点:消费者对新产品已经熟悉,老顾客重复购买并带来新顾客,产品销量迅速扩大,利润迅速增长并达到最高水平。竞争者纷纷加入,市场竞争加剧。

成长期市场营销策略的核心是尽可能维持高速的市场增长率,以获取最佳的经济收益。具体策略为:

①努力树立品牌优势,增强消费者的信赖度。消费者在食品的挑选上往往有比较固定的偏好,一旦品牌优势树立了,顾客就极有可能保持对品牌的忠诚。

②拓展新产品市场,使消费者都能很方便地购买到该食品。

③重新评价分销渠道的选择。以求最大限度地扩大食品销售并加强本企业在分销渠道中的地位。

④通过改良食品品质、增加花色品种,发展食品的新款式、新规格、新用途来保持畅销趋势。

⑤适时降价以吸引更多的购买者。

⑥加强促销力度,扩大宣传范围,提升市场占有率。

(3) 成熟期　市场特点:产品销量逐渐达到最高峰,销售利润在逐渐走低,市场竞争呈白热化,产品差异化程度日益加深。

成熟期是企业利润的主要来源。因此,延长产品的成熟期是该阶段的主要任务。具体策略为:

①发展产品的新用途,使产品转入新的成长期。

②提高食品质量,创造产品新的特色,向顾客提供新的利益。

③对产品重新进行心理定位,刺激购买和寻找新的购买者。

④改良营销组合手段,如调整食品价格,调整分销渠道,采取新的促销方式,增加销售网点等。

(4) 衰退期　市场特点:产品销售量迅速下降,价格降到最低水平,大量竞争者退出市场。

衰退期市场营销策略包括提高服务质量的维持策略、缩小经营范围的集中策略和采用"自然销售"缩减策略。

3. 食品产品生命周期的管理

导入期:新品刚刚上市,食品企业工作的重点是投入的有效性,而不是急于赚取利润。成长期:食品企业应该考虑如何迅速提高市场占有率。成熟期:是获取利润的主要阶段,工作重点是强化管理,降低成本。衰退期:工作重点不是盈利,而是最大限度地回笼资金,并考虑新旧产品的替代。

(四) 食品商品的淘汰策略

1. 淘汰食品商品的判定

该食品商品是否还在成熟期?该食品商品是否与企业资源匹配?淘汰该食品对企业的影响有多大?该食品对企业产品组合的获利作用有多大?该食品对中间商或购买者影响如何等。如果以上答案都是"很少"或者是"不",那么这种食品就该淘汰了。

2. 淘汰策略

（1）逐步淘汰策略　老产品维持自然销售，用新产品逐步替代老产品，以充分利用企业营销资源，并保持企业总的市场占有率。

（2）完全放弃策略　淘汰该产品对市场影响很小，应采用完全放弃，从而加大其他产品的市场投入。

二、食品商品价格策略

（一）食品商品的定价目标

定价目标取决于企业的总体目标。企业在不同的时期、不同的市场条件下，都可能有不同的定价目标。主要定价目标有以获取利润为目标、以提高市场占有率为目标和以防止竞争为目标。

（二）影响食品商品的定价因素

1. 影响企业定价的内部因素

（1）成本　食品企业最低价格限度以成本为底线，一个企业的成本是指在生产和销售过程中发生的固定成本和变动成本。

（2）产品特征　是产品自身构造形成的特色，能反映产品对消费者的吸引力，包括外形、颜色、功效、质量、品牌、商标、包装以及附加在产品上的服务等。

（3）企业的推销能力。一般包括选择分销渠道与开展促销活动。

2. 影响企业定价的外部因素

（1）市场供求　产品供给与价格的运动一般呈正方向变化，即市场价格越高，产品供给越多；市场价格越低，供给就越少。成本是制定价格的下限，而市场供求则是制定价格的上限。

（2）竞争状况　市场竞争程度取决于竞争者的数量和竞争环境。

（3）政府的价格管制　价格是政府调控经济的重要手段之一。政府对价格的管制包括政府定价、政府指导价和市场调节价等。

（三）食品商品定价策略

1. 成本导向定价法

企业以成本作为商品定价的最低界限，分为成本加成定价法和目标收益定价法。

2. 需求导向定价法

从"愿意买的人"出发，主要考虑购买者的接受程度，依据购买者对商品价格的反应和接受能力制定价格的方法，分为认知价值定价法和需求差别定价法。

3. 竞争导向定价法

以竞争的同类商品价格为依据，而不过多考虑成本及市场需求因素，分为通行价格定价法、主动竞争定价法和随行就市定价法。

4. 差别定价法

对于同质的食品商品,根据消费者对品牌的认知,选取低于或高于竞争者的价格。如百事可乐低于可口可乐的差别定价。

三、食品分销渠道策略

（一）食品分销渠道概念及作用

1. 食品分销渠道概念

指商品从生产者向消费者转移过程中所经过的路线和通道,包括中间商、代理商,还包括处于分销渠道起点和终点的生产者和消费者。

2. 食品分销渠道作用

产品从生产者转移到消费者的过程中,分销渠道发挥了一系列重要的作用。如表 8 - 2 所示。

表 8 - 2　　　　　　　　　　分销渠道的作用

作用	方法
调研	为计划和促成交易收集有关信息
促销	发布和传播有关供应产品的富有说服力的信息
联系	寻找潜在购买者,并与其进行沟通
匹配	按购买者要求调整供应物,包括加工、分类和包装等活动
谈判	尽力达成有关产品的价格和其他条件的最终协议
实体分配	运输和贮存商品
财务	收集和分配资金,用以负担渠道工作所需费用
承担风险	在执行分销渠道职能的过程中承担经营风险

（二）食品分销渠道策略

1. 食品分销渠道的长度策略

（1）零渠道策略　即生产者—消费者。其形式有以下几种:企业直销、派员上门推销、邮寄、电话销售、电视销售和网络销售等。

（2）短渠道策略　即生产者—零售商—消费者。其形式有以下几种:大卖场、超市和百货商场等。

（3）长渠道策略　即生产者—批发商—零售商—消费者,或生产者—代理商—批发商—零售商—消费者。

分销渠道长度策略的结构如图 8 - 5 所示,长度策略的特点比较见表 8 - 3。

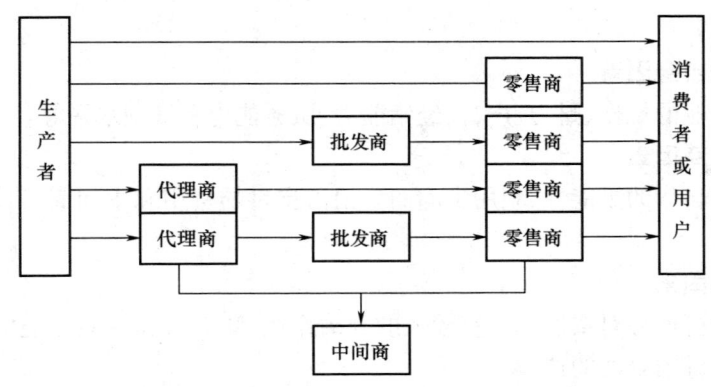

图 8-5　食品商品分销渠道长度结构

表 8-3　食品商品分销渠道长度特点比较

类型	优点及适用范围	缺点及基本要求
短渠道	企业对渠道控制程度高；适用于奢侈品、时尚品等	企业承担大部分渠道功能，市场覆盖面窄；企业必须具备优势资源
长渠道	市场覆盖面广，减轻企业的费用压力；适用于一般消费品	企业对渠道控制程度低，增加了渠道的不确定性；企业须具备对渠道的协调能力

2. 食品分销渠道的宽度策略

宽度指企业在同一层次上并列使用的中间商的多少，食品分销渠道的宽度策略一般为三种：独家分销策略、密集分销策略和选择性分销策略。具体特性见表 8-4。

表 8-4　食品分销渠道的宽度策略分类比较

分销类型	概念	优点	缺点
独家分销	产品渠道每一层次只有一家经销商	竞争性低，厂家与经销商关系密切，适用于专卖品	经销商对企业反控制能力强，顾客满意度可能会受到影响
密集分销	凡是符合厂家要求的经销商均可参与	市场覆盖率高，适用于日用品等快消品	渠道管理成本高，经销商之间的竞争易扰乱市场，不能很好地贯彻企业的营销意图
选择性分销	从入围者中选择一部分作为分销商	优、缺点介于以上两者之间	

（三）影响食品分销渠道的因素

1. 产品因素

包括价格、体积、款式、质量、技术、服务和保存性等。

2. 市场因素

包括目标市场范围及消费者水平、顾客的消费习惯、需求的季节性及市场竞争状况等。

3. 企业自身因素

包括企业的规模、财力、声誉、经销能力、服务能力和管理水平等。

4. 中间商因素

中间商合作的可能性、利用中间商分销需支付的费用和中间商可以提供的服务等。

5. 环境因素

宏观经济形势对渠道选择有较大的制约作用,政府有关商品流通的政策和法规也会影响分销渠道的选择。

四、促销策略

(一)促销概念和实质

促销是指企业通过人员和非人员的方式把产品和服务的有关信息传递给顾客,以激起顾客的购买欲望,影响和促成顾客购买行为的全部活动的总称。

在市场经济中,社会化的商品生产和商品流通决定了生产者、经营者与消费者之间存在信息上的分离,这就需要企业对商品信息专门设计,再通过一定的媒体形式传递给顾客,以增加顾客对商品的注意和了解,并激发起购买欲望,为顾客最终购买提供决策依据。因此,促销实质是一种信息的传播和沟通活动。

(二)促销方式和特点

促销方式分为广告、人员推销、公共关系、营业推广,各种促销方式在具体应用上都有其优势和不足,了解各种促销方式的特点是促销策略的前提和基础。

1. 广告

传播面广,形象生动,但针对性不足,难以立即促成交易。

2. 人员推销

直接和目标对象沟通信息,建立感情,及时反馈,并可当面促成交易,但人员多,费用大,接触面较窄。

3. 公共关系

影响面广,信任度高,提高企业的知名度和美誉度,但花费力量较大,效果难以控制。

4. 营业推广

简称 SP,吸引力大,容易激发消费者的购买欲望,并能促成立即购买,但接触面窄,效果短暂,特别不利于树立品牌。

(三)促销策略的程序和内容

1. 确定目标受众

这是促销的基础,目标对象不同,信息内容、形式和传播媒体等都不同。

2. 确定目标购买阶段

消费者的购买过程一般包括六个阶段:知晓—认识—喜欢—偏好—确信—购买。促销的目标是根据消费者不同阶段和特点,使用对应的促销方式,最终促进购买的实现。

3. 确定促销沟通的信息

说什么——信息内容(诉求点、主题、创意);

如何说——信息结构(表达次序);

怎样说——信息形式(表现形式)图片设计、广告语、情节设计等;

谁来说——信息源(专家、百姓)企业形象代言人。

4. 选择信息沟通渠道

通常分为两类:人员沟通与非人员沟通。

人员沟通:双向性、互动性,成本高,范围有限。适合昂贵、复杂,购买不频繁的产品。

非人员沟通:单向性、面广、速度快。适合单价不高、简单、重复购买的商品,如食品、日用品等。

5. 决定促销组合

决定促销组合要考虑以下因素。

(1)产品类型　产品类型不同,购买差异就很大。一般来说,消费品主要依靠广告,然后是营业推广、人员推销和宣传;生产资料主要依靠人员推销,然后是营业推广、广告和宣传。

(2)产品生命周期　处在不同时期的产品,促销的重点目标不同,促销方式也有所区别。见表8-5。

表8-5　　　　　　　产品生命周期的不同阶段促销组合对比

	导入期	成长期	成熟期	衰退期
促销目标	打开知名度	培育品牌忠诚	保持品牌忠诚	不亏损
促销手段	公关、广告、SP推动分销	大量广告	SP、广告激励分销	少量广告
促销侧重点	说明、介绍、示范、诱导	说服、劝说、诱导	提醒、优惠折扣	新、老产品对比

6. 促销预算

企业制定促销预算的方法很多,常用的主要有:以企业支付能力为基础的量力支出法、依照销售额的销售额百分比法、根据竞争者的促销费用来确定的竞争对等法和依据企业预期任务的目标任务法。对于某项促销活动,预算应该具体详细,所有促销项目都应明确。见表8-6。

表 8-6　　　　　　　　　　某超市假日促销明细

项目	总量	要求	作用	费用预算
发放 DM 广告	15000 份	投递 10000 份 门店发放 5000 份	使顾客了解促销商品及价格	7500 元
张贴促销海报	1000 张	店内张贴	介绍卖场赠送销售的商品	2000 元
悬挂特价 POP	1000 张	店内悬挂	介绍卖场特价销售的商品	2000 元
放置广告牌	100 个	店外放置	宣传活动内容	1000 元
悬挂吊旗	4000 面	店内悬挂	突出活动主题	800 元
悬挂红灯笼	1500 个	店内外悬挂	烘托卖场气氛	15000 元
悬挂国旗	100 面	店门口布置	突出活动主题	3000 元
悬挂彩色气球	8000 个	店堂布置	渲染节日气氛	160 元
张贴征文海报	100 张	店内外张贴	传递活动信息	200 元
合计				31660 元

7. 促销活动主题的设计

(1)促销活动主题设计的方法

①理性诉求。提供有关产品质量、品质一致性和服务信赖性等方面的理性信息。如乐百氏——27 层过滤;沃尔玛——天天平价。

②情感诉求。通过使消费者产生正面或负面的情感,来激励其购买行为的一种诉求方式。如使用幽默、喜爱、欢乐等促进购买,使用羞耻促使刷牙、健康检查,使用恐惧阻止吸烟、酗酒等。

③道德诉求。诉求于人们心目中的道德规范,促使人们分清是非,弃恶从善,如遵守交通规则,保护环境,尊老爱幼等。这种诉求方式特别适用在企业的形象宣传中。

(2)促销主题设计的角度

①以产品为主题的促销活动——围绕产品展开,产品广告。

②以季节特点为主题的促销活动——与季节性消费联系在一起,如夏季的冷饮,冬季的奶茶;这类食品季节促销很明显。

③结合特定节假日的促销活动——如端午的粽子、咸鸭蛋,中秋的月饼等,有明确的时间限制。

(3)促销主题设计的要求

①促销活动主题要与产品品牌诉求和定位相一致,要贴近目标消费者利益。

例:世界知名品牌促销主题设计

雀巢咖啡:味道好极了。这是人们最熟悉的一句广告语,也是人们最喜欢的广告语。简单而又意味深远,朗朗上口。

M&M 巧克力:只溶在口,不溶在手。这是著名广告大师伯恩巴克的灵感之作,堪称经典,流传至今。它既反映了 M&M 巧克力糖衣包装的独特性,又暗示 M&M 巧克力口味好,以至于我们不愿意让巧克力在手上停留片刻。

百事可乐:新一代的选择。在与可口可乐的竞争中,百事可乐终于找到突破口,它们从年轻人身上发现市场,把自己定位为新生代的可乐,邀请新生代喜欢的超级歌星作为自己的品牌代言人,终于赢得青年人的青睐。

②促销主题要充分利用时势热点,要有创新和新闻价值,能够引起社会舆论的关注。

例:奥运主题广告语

激情成就梦想——青岛啤酒

畅想奥运,点燃神州——可口可乐

伊利品质,奥运标准——伊利

③促销主题要简洁明了,富有创意,能反映促销活动的核心思想。一个好的促销总是集中于一个中心的促销主题,而不必涉及太多的产品信息。

8. 制作促销策划书

策划书的结构:包括封面、前言、目录、摘要、正文和附录。正文包括市场状况分析、市场竞争状况分析、企业产品分析、目标消费者分析、促销分析和促销组合方案实施。

第四节　食品连锁经营管理

一、连锁经营管理的起源与发展

连锁经营起源于美国,距今已有 150 多年。世界公认的第一家直营连锁商店——大西洋和太平洋茶叶公司于 1859 年在美国纽约市建立了两家茶叶店,目的是集中购买、减少中间环节、分散销售。这种经营方式十分有效。连锁经营从 20 世纪 80 年代开始进入现代连锁时代,如今,在许多国家和地区的大街小巷,随处可见麦当劳汉堡包、肯德基快餐、星巴克咖啡馆等著名的标志。随着全球经济联系的日益紧密,连锁经营国际化将成为一股不可阻挡的潮流。

二、连锁经营管理概念和特征

(一)连锁经营管理概念

所谓连锁经营管理,是指在流通领域中,若干同业商店以统一的店名、统一的标志、统一的经营方式、统一的管理手段连接起来,共同进货,分散销售,共享规模效益的一种现代组织形式和经营方式。其实质是把现代化大生产原理应用于商业流通领域,达到提高协调运作能力和规模效益的目的。

(二)连锁经营管理特征

标准化(Standardization)、专业化(Specialization)、简单化(Simplification)称为

连锁经营管理的 3S 特征。

1. 标准化

包括企业整体形象标准化和管理作业标准化。

2. 专业化

根据经营过程,将各个环节分成各个业务部门。

3. 简单化

将作业流程尽可能地简单,去掉不必要的环节和内容,以减少经验因素对经营的影响。

坚持连锁经营管理"3S 原则"的意义:提高企业对经营管理的控制力,提高劳动生产率。

三、连锁经营的基本模式

根据运作方式的不同,分为直营连锁(RC)、特许连锁(FC)和自由连锁(VC)。

(一)直营连锁

直营连锁又称正规连锁,是大资本通过独资、控股,或吞并、兼并等途径,发展壮大自身实力和规模的一种形式。

直营连锁的特征如下。

1. 所有权集中单一

这是正规连锁与特许连锁、自由连锁最大的区别。全部门店是由同一个投资主体投资,各分店之间不具备独立的法人资格。

2. 经营管理高度集中统一

直营连锁的经营管理权完全集中于总部。

3. 实行统一核算

所有门店都仅是分设的销售单位。全部销售利润都归总公司支配。

(二)特许连锁

特许连锁又称合同连锁,特许加盟连锁,是指主导企业将自己独有的商品,技术,服务,商号等以契约的方式授予加盟店进行连锁经营的一种方式。特许连锁有两种类型:一是经营特许权加盟型,又称商业转让型特许加盟,如各地的奶茶店;二是商品和商标特许加盟型:又称产品转让型特许加盟,如茅台酒专营店。

特许连锁的主要特征如下。

(1)以特许权所有者为主导企业构成的连锁经营组织体系,主导企业为连锁总部。

(2)维系特许连锁经营的经济关系纽带是特许授权经济合同,是由特许者制定的定式合同,非双方议定合同。

(3)特许经营的所有权是分散的,而经营权集中于总部。

（三）自由连锁

又称自愿连锁,是保留单个资本所有权的联合经营。

自由连锁特征为：

(1)拥有一个或几个核心企业作为主导企业,核心企业发挥着连锁总部的作用。

(2)各门店的产权、经营权和财权具有独立性。每个门店都可以使用各自的店名商标,与总部间仅保持经营活动的协商和服务关系,如统一订货和送货、统一使用信息及广告宣传等。

(3)合同是维系自由连锁体系的经济关系纽带,合同是各成员之间通过民主协商制定的,而不是特许连锁那样的定式合同。

(4)共同进货是自由连锁的最大诱因。可使中小型商业企业获得低廉的进货价格,从而能与大型零售企业展开竞争。

（四）连锁经营与传统商业模式的比较

连锁经营与传统商业模式比较见表8-7。

表8-7　　　　　　　　连锁经营与传统商业模式比较

	连锁经营	传统商业模式
优势	①统一采购、统一配送、统一价格、统一核算、统一管理 ②获取规模效益 ③3S特征,迅速扩张 ④规范管理,人为因素少	①门店自主性、灵活性强 ②易于沟通,反应迅速 ③特色经营
劣势	①管理体制使连锁企业缺乏灵活性 ②缺乏特色经营 ③易出现上下沟通障碍	①管理落后 ②难以取得规模效益 ③经营项目有限,难以吸引消费者

四、食品连锁经营管理优势

主要表现在体系和物流管理两个方面。

（一）连锁经营管理的体系优势

1. 优化资源配置

连锁经营的"八个统一"是基本的要素:统一店名,统一进货,统一配送,统一价格,统一服务,统一广告,统一管理,统一核算。这些统一有利于企业资源共享。

2. 提高市场占有率

连锁经营是在合适的地理位置,开设数量合适的分店。

3. 强化企业形象

企业的统一性能给顾客一种整洁、规范的感觉,提升企业在公众心目中的形象。

4. 提高竞争实力

各分店在资产和利益等方面的一致性,使连锁企业的优秀管理制度、方法和经验能迅速有效地贯彻实施,加强了连锁企业的总体竞争力。

5. 降低经营费用

企业员工相对较少,且超市场地利用率高。调查显示,连锁经营企业的总成本费用比其他零售商场低10%左右。

6. 合理生产

连锁经营企业使生产与消费紧密挂钩,是连接生产与需求的桥梁。

7. 保护消费者利益

管理更趋向专业化、标准化、现代化和科学化,购物环境更加舒适、宽敞,服务人员素质日益提高,商品质量高且价格低廉,让消费者买得放心、买得舒心。

(二)连锁经营的物流管理优势

1. 连锁经营物流的系统化

连锁经营物流系统是由采购、仓储、流通加工、装卸、配送和信息处理六个功能构成。这些功能相互作用、相互联系、相互制约。

2. 连锁经营物流的合理化

物流合理化首先可以降低物流费用,减少商品销售成本;其次可以压缩库存,减少流动资金的占用;最重要的是可以提高企业的管理水平。

3. 连锁经营物流的标准化

物流标准化能加快流通速度,降低物流成本。

4. 连锁经营物流的核心化

连锁经营的集中化、统一化管理在很大程度上是通过配送中心具体实施,它是连锁经营的核心。通过配送中心的管理,可以简化门店的管理,降低连锁企业物流的总费用。

五、连锁经营组织结构和管理职能

连锁经营的组织结构由总部、配送中心、连锁门店三大部分构成。较小的连锁经营企业可不设配送中心。

(一)连锁总部的职能

连锁总部作为门店的服务和管理机构,划分为"总经理室"、"营业本部"和"管理本部"三个部分。其管理职能为:

(1)经营管理业务的决策、指令与监控。

(2)财务管理。

(3)制度管理。

(4)信息的收集、分析、整理和研究工作。

(5)重大经营、投资、开发、营销、发展问题的决策。

(二)配送中心的职能

配送中心是连锁企业专门从事货物配送活动的物流机构。当连锁经营企业的分店数量和商品经营规模都达到一定水平时,则需设立。配送中心的职能为:

(1)负责商品的验收与入库工作。

(2)负责库存商品的日常管理工作。

(3)负责对各连锁分店所需商品的加工、整理、包装、集配和送货工作。

(三)连锁门店的管理职能

门店是连锁企业直接向顾客提供商品和服务的单位,主要是商品的销售和服务,以及相关的管理作业。连锁门店的管理职能为:

(1)环境管理 包括门店外观管理与卖场内部的环境管理。

(2)人员管理 包括员工、顾客及供应商的管理。

(3)商品管理 包括商品质量、商品缺货、商品陈列、商品盘点、商品损耗以及商品销售活动的实施等方面的管理。

(4)现金管理 包括收银管理和进货票据管理等。

(5)信息资料管理 包括经营信息管理、顾客投诉建议管理和竞争者信息管理等。

第五节 食品商品的网络营销

一、网络营销概述

食品网络营销就是以国际互联网络为基础,利用数字化的信息和网络媒体的交互性来辅助食品行业实现营销目标的一种新型的市场行为。

目前我国网络营销发展迅猛,CNNIC(中国互联网信息中心)调查显示,截至2011年12月底,中国网民数量突破5亿,达到5.13亿,互联网普及率达到38.3%。但是与发达国家相比较,我国网络营销发展的总体水平较低,国内食品企业的网络营销水平尚处于试验阶段。网络营销主要存在以下问题:

1. 政府方面

我国的市场经济目前发展还不够成熟,无论是商家还是消费者都存在信用不足的问题。网络营销需要政府建立相应的法律体系以及良好的信用环境。

2. 企业方面

首先,在实物商品市场中,假冒伪劣产品层出不穷,使大多消费者对网络营销更无法信任;其次,企业管理水平和计算机应用水平落后;最后,大多数企业没有为网络营销调整其组织结构,这都制约了网络营销的发展。

3. 消费者方面

目前我国人口知识水平总体而言不是很高,导致对网络营销认识不足。网络上产品的直观性差,消费者担心网上购物风险和售后服务保障等问题,从而造成市场缺乏规模。

4. 网络方面

我国网络基础设施差、线路少、网速慢、安全性差,网络用户虽然增长较快,但总量太小,覆盖率低,分布不均匀;这些因素已成为阻碍网络营销发展的"瓶颈"。

5. 商品方面

贵重和个性化产品,消费者更愿意选择亲临现场再做出决策;易碎商品,无法通过物流发货,也不适合互联网营销;食品类,由于安全性、保质期及感官等因素,消费者一般不愿意通过网络购买。

6. 物流方面

当前能够拥有全国物流能力的企业为数不多,特别是中小企业,物流能力较差,效率不高,不能及时与网络用户进行实物交割,已成为阻碍网络营销发展的主要因素。

二、网络营销的优势

1. 市场范围扩大

互联网覆盖全球市场,通过它企业可以更加方便、快捷地进入任何一国的市场,推销自己的产品和服务。

2. 减本增益

网络营销方便了企业与供应商的信息交流,减少了采购成本;开拓了企业与消费者之间的直接联系,缩短了交易的流程,减少了销售成本;建立了企业内部信息的一体化,减少了管理成本;网络营销使企业和消费者即时沟通供需信息,降低库存率,甚至实现零库存,从而降低库存成本。

3. 信息沟通高效

网络实现了企业与消费者之间的即时互通。

4. 拓宽消费者的选择空间

在互联网上,消费者不受地域和时间限制,快速寻找到满意品。

5. 竞争趋向公平

网络为企业提供了一个更加平等、自由的市场体系。

三、网络营销策略

互联网和电子商务技术的发展,加速了营销组合从 4P's 到 4C's 的演变过程。

4P's	4C's
产品(product)	顾客(customer)
价格(price)	成本(cost)
分销(place)	便利(convenience)
促销(promotion)	沟通(communication)

1. 从产品策略到以顾客为中心

传统营销活动以产品为中心,已不能满足顾客需求,迫使企业不得不向以顾客为中心的经营模式发展,对传统企业的营销产生巨大的冲击和影响。

2. 从价格策略到顾客成本策略

顾客成本策略是指在市场信息对称,交易过程透明的情况下,同样质量和性能的产品,成本最低的将会赢得顾客、赢得竞争、赢得市场。

3. 从分销策略到为顾客提供便利

顾客便利策略是利用互联网技术,将订货系统、结算系统和配送系统集于一体,既节约了企业外部流通领域的成本,同时又降低了顾客的交易成本,为顾客带来很多的方便。

4. 从推出式为主的促销策略到双向沟通

传统营销组合中促销是推出式、单向的,顾客只能是被动接受。在网络环境下,促销变为双向沟通模式,它是通过客户参与,与客户充分沟通来了解市场需求,引导消费趋势,其效果远比传统的促销好得多。

四、网络营销模式

(一)构建企业网站

网站既是企业信息发布平台,也是企业与消费者的互动平台。企业构建网站目的是通过网站吸引消费者关注,因此更加强调互动性。

(二)基于搜索引擎的优化和营销

所谓搜索引擎优化(SEO),是针对搜索引擎的检索特点,让网站建设和网页设计的基本要素适合搜索引擎的检索原则,从而获得搜索引擎收录并在检索结果中排名靠前。搜索引擎优化是网站构建就需要考虑,包括网站的结构、板块、属性和网站的核心关键词等。

(三)网络社区营销

网络社区是网上特有的一种虚拟社会,社区主要通过把具有共同兴趣的访问者集中到一个虚拟空间,达到成员相互沟通的目的。由于有众多用户的参与,实际上已成为一种网络营销场所。如网易与百事可乐共同主办的"百事我创"网络广告创意征集活动,一时间吸引了无数用户的响应,而且每个参与者都努力让周围更多的人了解活动并参与进来,或写创意,或投票。一传十,十传百,"百事我创"红极一时,极大地促进了百事可乐的品牌美誉度和销量的增长。

(四)网络视频营销

视频营销与其他营销方式相比具有很多优势,一是好的视频能够不依赖媒介推广即可在受众之间横向传播。二是目前视频营销的价格也相当低廉,不到同类电视广告的十分之一,但传播效果并不逊色。三是优秀的视频营销能够与用户互动,摆脱了电视广告的强迫式,加强传播效果。如维他奶"要来就来真的",首先在土豆网推出多段搞笑视频,受到了年轻人的喜爱和关注;接着推出了以"要来就来真的"为主题的视频征集活动。由于主题极具趣味,用户参与度高,获得了惊人的传播效果。

(五)即时通信营销

即时通信营销即利用互联网即时聊天工具进行推广宣传的营销方式。2008年,可口可乐与腾讯合作,开展了奥运火炬在线传递活动,鼠标轻轻一点,QQ用户就可以实现自己参与奥运火炬传递的愿望,短短一个月之内吸引了1亿名网民的关注,近2000万人参与了该活动。

(六)网络游戏植入

IGA(in game advertisement,即游戏植入广告)是一种潜移默化的信息沟通和传播手段,在网络游戏中植入品牌信息、产品信息,可以接触到大量网民。如可口可乐在网络游戏《魔兽世界》中,作为神奇魔水出现,游戏角色饮用后可以立刻恢复体力、提高作战能力,给予玩家一种隐含着喝可口可乐,要爽由自己的品牌联想;还有《大唐风云》中的绿盛牛肉店和绿盛QQ能量枣等。

(七)新媒体营销

新媒体较之传统媒体改变了传播状态,如手机媒体、交互式网络电视、移动电视、移动信息平台等。快餐连锁企业德克士,2008年推出针对中国移动用户的手机点餐,拨打12580,享受优惠和点子付费方式的促销活动,将营销渗入到移动终端上,让有需求的用户主动参与品牌促销,最大限度地实现了促销精准性,实现了从"推送"到"拉入"的转变。

第六节 食品商品的品牌营销

一、食品品牌概述

(一)品牌概念

美国营销学家菲利浦·科特勒定义为:品牌是一种名称、标记、符号或设计,或是它们的组合运用,其目的是借以辨认某个销售者或某群消费者的产品或服务,并使之同竞争对手的产品和服务区分开来。品牌是一个集合概念,包括品牌名称(品牌中可以读出的部分,如麦当劳)、品牌标志(品牌中不能读出来的部分,如绿色食品的标志)和可注册的商标三大部分。

品牌经国家有关部门注册以后,就成为商标,企业拥有专用权。因此,商标不能等同于品牌,其区别在于商标通过了一定的法律程序,具有排他性,而品牌没有。

(二)食品品牌的命名

品牌命名是指企业为了能更好地塑造品牌形象、丰富品牌内涵、提升品牌知名度等,遵循一定的命名原则,应用科学系统的方法提出、评估并最终选择适合品牌的名称的过程。品牌包括六个层次:属性、利益、价值、文化、个性、用户,它们构成了品牌的实质。历史悠久的品牌更能显示出其独特的文化和个性的魅力,如"茅台""五粮液"等。品牌命名需注意以下几个方面。

1. 合法

合法是指能够在法律上得到保护,这是品牌命名的首要前提。

2. 各国文化

不同国家和地区,由于历史文化、风俗习惯、价值观念的不同,对同一品牌的看法也有所不同。Whisky 是世界知名的酒类品牌,被译成"威士忌",意为"威严的绅士忌讳喝它",所以绅士们自然对它有所顾忌。而 Brandy 译成"白兰地",意为"洁白如雪的兰花盛开大地",意境优美至极,绅士们更愿意喝它。

3. 易记忆和传播

如蒙牛,把内蒙古的简称"蒙"字作为商业品牌的第一个组词要素,大家只要看到"蒙"字,就会自然联想到那"风吹草低见牛羊"的绿色内蒙古大草原。

4. 提示产品属性

如太太(口服液),是一种专为已婚妇女设计的营养补品,这个品牌名称不用过多的言语描述,一听就知道它所针对的消费者是谁。

(三)食品品牌的意义

在产品日趋同质化的现代市场,品牌对于食品企业具有相当重要的意义。好的食品品牌传达给消费者的是质量(品质、服务)的保证。在营销活动中,食品品牌的意义包括以下几个方面。

(1)食品品牌能够区分企业与竞争对手的产品或服务。

(2)品牌能为顾客提供其认为值得购买的功能利益及附加值。

(3)受法律保护,防止别人伪造假冒。

(4)更容易获得顾客忠诚,使顾客在购买时更放心。

(5)有助于企业细分市场,在市场上树立良好的形象。

二、食品品牌营销的概念及作用

(一)食品品牌营销概念

食品品牌营销指食品企业运用各种营销策略展示企业的形象、知名度、良好的信誉等,从而在消费者心目中形成对企业产品和服务的品牌形象,最终形成品牌效益的过程。

（二）品牌营销作用

(1)有助于企业适应市场,满足消费者需求。

(2)有助于提高企业的整体素质。

(3)有助于企业在激烈的市场竞争中占有优势。

(4)有助于提高企业的经营效率,风险最小化。

三、食品品牌营销策略

（一）品牌数量策略

1. 个别品牌

个别品牌指企业对各个产品项目(不同产品)分别使用不同的品牌,如我国大型肉制品企业"雨润"公司的洗发水产品就有"雨润"、"福润"、"旺润"等多种不同品牌。

2. 统一品牌

统一品牌又称家族品牌,即企业的所有产品组合都统一采用同一个品牌名称。多见"品牌名＝企业名"的操作方式。如顶新公司生产方便面、糕饼、饮料等,所有产品就只采用"康师傅"品牌。

3. 分类品牌

分类品牌又称系列品牌,是指在产品组合中对产品项目按一定的标准分类,各类别使用不同的品牌。如健力宝集团的饮料类使用品牌"健力宝""第五季"。

（二）品牌所有权策略

企业在决定给产品加上品牌时,常常会有三种选择:自有品牌、销售商品牌和租用品牌。大多企业会毫不犹豫地考虑选自有品牌。但食品属于快速消费品的特性,决定了销售商在营销过程中举足轻重的地位。家乐福、沃尔玛和苏果等大型连锁都有自己的品牌,而未来商品销售的趋势,除强有力的自有品牌外,销售商品牌最终将占据营销的主导地位。

（三）品牌延伸策略

品牌延伸策略又称品牌扩展决策,企业利用知名品牌的声誉,推出改进型产品或新产品。有两种基本方法。

1. 纵向延伸

其特点是同一品牌始终用于有所变化的同类产品,巩固企业在该市场领域的地位。如顶新公司的"康师傅"方便面成为名牌后,企业充分利用这一品牌的强大的辐射功能,在原有产品基础上,推出了"面霸",同时利用其"红烧牛肉面"的畅销,推出其他系列方便面品种,取得了巨大的成功。

2. 横向延伸

即把成功的品牌用于新开发的不同产品。如"娃哈哈"在儿童保健食品市场享有声誉,公司利用品牌名称和卡通人物的品牌标志,又推出八宝粥、纯净水和儿童服装等不同系列的产品。

品牌延伸策略也有其风险。滥用品牌可能会失去该品牌在消费者心目中原有的地位,新产品推广失败也会损害企业及其他产品的形象。

（四）品牌资产扩张策略

品牌资产是企业的无形资产,2012年全球品牌价值排行榜,可口可乐高达778.4亿美元,连续13年蝉联品牌价值榜榜首;中国排第一位的海尔,品牌价值达692.8亿元人民币。品牌资产扩张是指利用品牌资产进行企业兼并,或者通过特许经营来扩大企业的经营规模,获取更多的市场份额,增加企业的利润。如遍及世界各地的"麦当劳",该品牌代表着优质的服务、整洁明快的用餐环境和可口的快餐,形成了数量庞大的忠实消费群。利用品牌扩张,迅速成为全球性的强势品牌。

（五）品牌再定位策略

消费者对商品往往有喜新厌旧的心理,偏好会发生转移;另外,市场竞争者的品牌定位与企业产品相似甚至超过,都会导致企业食品商品市场份额的下降。

四、食品品牌策略要素

产品竞争要经历产量、质量、价格、服务到品牌的竞争,食品品牌策略是以上几个方面的综合体现,需具备以下要素。

（一）质量第一

恒久、旺盛的产品生命力无不来自稳定、可靠的质量。如众所周知的雀巢、东阿阿胶等具有悠久历史的传统品牌;相反,一次质量事故,对企业都可能是灭顶之灾,如三鹿奶粉。

（二）诚信至上

为什么同仁堂、胡庆余堂、九芝堂等的品牌形象能历久不衰？除了产品的市场属性和生命周期等因素外,更重要的原因就是靠脚踏实地、诚信为本。品牌失去诚信,终将无品牌可言。

（三）定位准确

营销大师菲利普·科特勒说过:市场定位是整个市场营销的灵魂。前几年"老干妈"（豆酱制品）走红,时隔不久,就冒出了"老干爹"。在中国传统文化中,"老干妈"代表慈祥、温顺和勤劳,与产品结合度好,所以品牌接受度高;但是"老干爹"做豆酱,不仅让人们在情感上难以接受,而且名字俗不可耐。

（四）个性鲜明

好的食品品牌,绝不只是味道好、高品质等诉求,而是要在独特个性的基础上力求单一性和准确性。单一性可以赢得目标群体较为稳定的忠诚度和专一偏爱；准确性能提升诚信指数，成为品牌营销的着力支点。就像吉普车适于越野、轿车适于坦途、赛车适于运动比赛一样。"红牛，提神醒脑"，"怕上火，喝王老吉"等个性十足、鲜明独特的诉求，就较容易得到消费者的认同，品牌形象也伴随着这些朗朗上口的广告语而迅速建立。

（五）巧妙传播

包括独特的产品设计、优秀的广告创意、合理的表现形式、恰当的传播媒体、最佳的投入时机和完美的促销组合等。

五、食品品牌的维护

食品品牌维护，是指企业针对外部环境的变化所进行的维护品牌形象、保持品牌的市场地位和品牌价值的一系列活动的统称。品牌维护包括：

（1）品牌发展的法律维护　主要是通过商标的注册和驰名商标的申请对品牌进行保护。

（2）品牌发展的自我维护　企业不断优化产品，以及防伪打假。

（3）品牌发展的经营维护　品牌发展进入成熟期后需要进行经营维护，是企业在营销中采取的一系列维护品牌形象、保护品牌市场地位的行动。经营维护使著名品牌价值不断提升。

知识拓展

肯德基的营销之道

今天带扬扬坐车，在车上，扬扬看到一家肯德基，就大声喊道："妈妈，那儿有肯德基！"通过这件事情，可以看出来肯德基的市场营销做得很到位，在一个三岁小孩的心里已经深深地埋下了他们品牌的影子，在中国许多老字号日渐式微的今天，为什么像肯德基、麦当劳这样的洋快餐能快速占领中国的快餐市场，其实是有许多地方值得我们思考的。

一、先进的营销手段

肯德基经常搞各种的促销，我们去过肯德基都会有经验，会经常收到各种优惠券，为了占点小便宜，就不断地购买。今天送个气球，明天送个帽子，后天送个小玩具，我相信大家一定不陌生。原来听一个朋友讲过这样一个实例：有段时间，肯德基推出一个活动，只要买某款汉堡，就会得到一个小图片，而只要收集全一套肯德基的图片就会得到一个礼品，有个朋友家孩子为了得到这个礼品天天去肯德基吃汉堡，一个多月后收集全了，小孩也变成个胖墩了。可见他们的促销多成功，生生把小孩给催胖了。

二、市场从娃娃抓起

扬扬为什么会对肯德基记忆那么深刻,这要源于以下几件事情:田水源的肯德基有一个儿童区,那儿有滑梯,在那儿孩子比较多,为了让扬扬多和小朋友接触,以前经常带孩子去那儿玩;因扬扬经常去那儿玩,肯德基的工作人员就来问我们,扬扬的生日是什么时候,等到过生日的时候可以免费给他过生日,后来我们登记了。快到过生日的时候,肯德肯打电话给我们预约了,后来就去过生日了,当然过去过生日自己还得买各种食品吃,只不过肯德基送了个小礼物,并送了免费食品券,那个免费食品券不是一次可以花光的,是每个月只可用一张,分12次用完,为了领免费食品,又得每个月跑肯德基;前两天,扬扬从幼儿园回来告诉我们,说他在幼儿园表现好,老师送他礼物了,拿出来一看,是带有肯德基标志的一把小剑,可能是肯德基把这些小礼物送给幼儿园,又由老师送出去,做了广告,皆大欢喜。

孩子还那么小,根本还没有什么品牌意识,可是在他们的潜意识当中已经被培养了吃洋快餐的习惯,并在脑海里打下了这个商标的烙印。对教育,国家宣传百年大计,教育为本,从娃娃抓起,洋快餐很懂其中的精髓。

三、环境策略

像肯德基之类的西式快餐一般都营造出一种轻松亲切而又值得依赖的氛围,既洁净又方便,店堂宽敞明亮,环境赏心悦目。传统中餐馆给人的普遍印象是:室内照明不够、餐桌餐椅简陋、桌面肮脏杂乱以及厨房阴暗潮湿,卫生状况、就餐环境不太令人满意。中国许多食品卫生状况有待改善。

四、成功的选址

我们可以看到,像肯德基之类的快餐店的店址原则应设在商业区、购物区、写字楼及住宅区附近等人口密集与交通比较方便的地段。这些地方客流量一般较大且方便顾客到达,更重要的是拥有巨大的快餐消费群体:到商业区购物的游客、在写字楼做事的白领阶层、住宅区的居民及附近学校的学生等都是快餐店的潜在顾客。

五、连锁经营

快餐业与其他餐饮业的一个重要区别就是:快餐业的毛利率较低,必须实现大量的销售才能获得足够的利润。肯德基目前在全球38个国家拥有4700多个连锁店,是西方最大的快餐连锁店之一。中国老字号开分店是常有的事,其实,分店和连锁店有本质的区别,因为分店到底是一种自主经营,而连锁经营却是集约化经营。连锁经营加盟费就要800万元人民币,一年仅收加盟费就是好大一笔收入。

肯德基从一个地道的外国企业成长为中国最大的餐饮连锁企业,很明显它有自己的竞争优势,从扬扬对肯德基的认知上,可以看出肯德基的营销是多么到位,很是发人深省。

自我测试

一、填空题(10×1分)

1. 营销战略具有指导性、全局性、长远性、竞争性、系统性、_____六大主要特征。
2. 营销战略旨在最大化企业的_____。
3. 市场补缺者可采用_____竞争战略。
4. 促销方式分为广告、人员推销、_____、_____。
5. 连锁经营管理3S特征为_____、专业化、简单化。
6. 连锁经营的组织结构由总部、_____、连锁门店三大部分构成。
7. 游戏植入广告缩写为_____。
8. 品牌包括六个层次：属性、_____、价值、文化、个性、_____，它们构成了品牌的实质。

二、名词解释(4×2.5分)

市场定位　食品商品营销　食品产品生命周期　食品网络营销

三、选择题(10×1分)

1. 分销渠道指的是(　　)。
   A. 产品由生产者向消费者转移过程中所经过的路径
   B. 产品由生产者向消费者的转移
   C. 产品由经销商向消费者的转移
   D. 产品由经销商向消费者转移过程中所经过的路径
2. 企业在市场营销活动中所使用的各种手段,如产品、定价、分销和促销等组成的系统称为(　　)。
   A. 核心市场营销系统　　　　B. 企业内部管理系统
   C. 市场营销策略系统　　　　D. 市场营销环境系统
3. 在新产品上市初期,采用高价格高促销,这种策略是(　　)。
   A. 缓慢掠取策略　　　　　　B. 快速渗透策略
   C. 缓慢渗透策略　　　　　　D. 快速掠取策略
4. 制造商在某一市场仅仅选择几个有良好声誉、对产品的性能特点有充分了解的中间商来经销企业的产品,这是(　　)。
   A. 密集性分销　　　　　　　B. 选择性分销
   C. 广泛分销　　　　　　　　D. 独家分销
5. 企业对经营多少个产品项目所作出的决策,是属于产品组合的(　　)。
   A. 广度决策　　　　　　　　B. 长度决策
   C. 深度决策　　　　　　　　D. 关联性决策
6. 在制定生产资料的促销策略时,通常首先考虑的促销手段是(　　)。

A. 广告　　　　　B. 人员推销　　　C. 营业推广　　　D. 公共关系

7. 无差异性目标市场策略主要适用于(　　)的情况。

A. 企业实力较弱　　　　　　　B. 产品性质相似

C. 市场竞争者多　　　　　　　D. 消费需求复杂

8. 具有较高增长率和较高市场占有率的经营单位是(　　)。

A. 问题类　　　B. 明星类　　　C. 金牛类　　　D. 瘦狗类

9. 连锁经营的基本模式有(　　)。

A. 直营连锁　　B. 特许连锁　　C. 自由连锁　　D. 以上都是

10. 网络营销媒体其中不包括的是(　　)。

A. 手机媒体　　B. 交互式网络电视　　C. 移动电视

D. 移动信息平台　　　　　　　E. 连锁平台

四、判断题(10×1分)

(　　)1. 品牌就是商标。

(　　)2. 在《食品商品学》中,食品还包括茶叶和烟草。

(　　)3. 波特五力竞争模型把消费者也视为竞争因素。

(　　)4. 顾客导向战略又称为市场定位。

(　　)5. 市场细分是指根据消费者需求的不同特征或某些变量把消费者划分为具有相似需求与欲望的消费者群的过程。

(　　)6. 产品组合是指一个企业生产经营的全部产品线和产品项目的组合或结构。

(　　)7. 产品项目又称产品线。

(　　)8. 零渠道就是指没有渠道。

(　　)9. 规模效应是自由连锁的最大诱因。

(　　)10. BCG 是波士顿矩阵缩写,又称波士顿咨询集团法、四象限分析法。

五、简答题(4×2.5分)

1. 简述完整的产品概念包含的内容。

2. 简述我国连锁经营存在的问题。

3. 简述网络营销的优势。

4. 简述品牌营销的作用。

第九章 食品商品的包装与商标管理

> **学习内容**
>
> 1. 食品商品包装的意义与要求；
> 2. 食品商品包装材料与容器的种类；
> 3. 食品商品标签的内涵；
> 4. 食品商品商标的注册与管理。

> **学习目标**
>
> 1. 掌握食品包装的意义及基本要求；
> 2. 掌握食品标签的内涵；
> 3. 熟悉常用的食品包装材料；
> 4. 熟悉食品商标注册的要求及管理规定；
> 5. 能根据要求选择适宜的食品包装材料；
> 6. 能识别食品标签各项内容的正误，鉴别假冒伪劣食品。

根据《GB/T 4122.1—2008(包装术语 第1部分:基础)》，包装的定义是：为在流通过程中保护产品、方便贮运、促进销售，按一定的技术方法而采用的容器、材料及辅助物等的总体名称(即 package)，也指为了达到上述目的而采用容器、材料和辅助物的过程中施加一定方法等的操作活动(即 packaging)。在《中华人民共和国食品安全法》中，将预先定量包装或者制作在包装材料和容器中的食品称为预包装食品。而食品包装，是指采用适当的包装材料、容器和包装技术，把食品包裹起来，以使食品在运输和贮藏过程中保持其价值和原有状态。

商品除少数可裸装(如木材、铝锭、生铁)和散装(如小麦、砂糖、矿砂)外，都需要一定的包装,包装能为商品在运输、贮存、分配、销售和消费等环节带来便利。在现代商品社会,包装对商品流通起着极其重要的作用,包装的好坏影响到商品能否以完美的状态流通到消费者的手中,包装的设计和装潢水平直接影响到企业形象乃至商品本身的市场竞争。

第一节 食品商品包装的意义与要求

一、食品商品包装的意义

食品营养丰富,但是易腐败变质而丧失其可食用性和商品价值,绝大多数食品必须进行适当包装才能贮存和成为商品。在某种程度上,食品包装与食品质量同等重要。包装是食物的"外衣",没有"外衣"的保护,食品安全也将受到威胁。食品商品包装的意义主要有以下4个方面。

(一)保护商品

包装最重要的作用就是保护商品。商品在贮存、运输、销售、消费等流通过程中常会受到各种不利条件及环境因素的破坏和影响,采用合理的包装可使商品免受或减少这些破坏和影响,以达到保护商品的目的。

对食品产生破坏的因素大致有两大类:一类是自然因素,包括光线,氧气,水及水蒸气、高、低温、微生物、虫、鼠害、尘埃等,可引起食品变色、氧化、变味、腐败和污染等;另一类是人为因素,包括冲击、振动、跌落、承压超载、人为损毁(盗窃、异物混入、污物污染)等,可引起内装物变形、破损和变质等。包装对于保护食品免受这两大类因素的影响至关重要。

(二)方便贮运,减少浪费

包装能为生产、流通、消费等环节提供诸多方便,防止商品的丢失、散失。例如,方便厂家及运输部门搬运装卸,方便仓储部门堆放保管,方便商店陈列销售,方便消费者的携带、取用和消费。现代包装还注重包装形态的展示方便、自动售货方便及消费时的开启和定量取用的方便。

在流通环节,食品质量更大程度上取决于实现食品安全和预期货架寿命的载体——包装。故食品包装已成为保障食品质量和货架寿命的重要手段,也是当今发展快速、最具活力的新领域。

在食品供应中,物流的重要性日益增长,包装可以减少食品浪费并且保证消费者的健康。在许多欠发达国家,产生了巨大的食品浪费,由于不适当的保藏、保护、贮存、运输方法,所生产食品的30%~50%浪费了(据WHO数据)。在发达国家,现代化加工、包装、流通系统运用广泛,食品到达消费者之前的浪费仅占2%~3%。与产品损坏的成本相比,食品浪费会造成更大的经济损失,为了最大限度地减少整个供应链内食品的浪费并节约成本,食品需要达到最佳的包装水平。包装有助于保护世界资源,使产品免于变质和浪费,保护产品直到实现其功能。

(三)促进销售

包装是提高商品竞争能力、促进销售的重要手段。精美的包装能在心理上征服购买者,巧妙的包装形状与构造具有吸引顾客的魅力;包装的文字、图案、色彩可以刺激顾客的购买欲,故包装被人们称为"不会说话的推销员"。随着市场竞争由商品内在质量、价格、成本竞争转向更高层次的品牌形象竞争,包装形象将直接反映一个品牌和一个企业的形象。作为快速消费品,有品牌的食品能给人们带来安全感,故通过包装来传达和树立企业品牌形象更为重要。

在现代产品市场营销策略中,包装作为提高商品竞争力的直接手段,起着越来越显著的作用,商品包装已成为企业营销策略的重要组成部分。商品包装的创意和造型,不但能传递出商品本身的特性、功能、档次等信息,也能在一定程度上传递出企业的形象,传递出民族性、时代性和地方文化特色。有的包装造型本身就可以称得上是一件精美的艺术作品,具有较高的收藏价值。商品包装所体现的这种审美特性和传播文化的精神性功能,不但能使消费者通过包装对商品产生信任感,而且也能使消费者通过商品包装感受到商品生产企业的企业理念信息和不同的文化品位。对食品来说,包装还可传递出食品的外观、口感、风味、质构等感官特性。

(四)提高商品价值

包装是商品生产的继续,产品通过包装才能免受各种损害而避免降低或失去其原有的价值。包装是提高商品附加值的重要手段,故投入包装的价值不但在商品出售时得到补偿,而且能给商品增加价值,利乐包装有句名言:"包装获得的远比其花费的要多!"包装的增值作用不仅体现在直接给商品增加价值,更体现在通过包装塑造所体现的品牌价值这种无形的增值中。在市场经济中,同类商品不同品牌其售价差别很大,品牌虽然本身不具有商品属性,但如果运用得当将会给企业带来巨大的直接或潜在的经济效益。

随着消费水平的日益提高,人们对食品包装的要求也越来越高。食品包装的迅猛发展,既丰富了人们的生活,也逐渐改变着人们的生活方式。

二、食品商品包装的要求

要实现保护商品、方便贮运、促进销售、提高商品价值等主要作用,食品商品包装应满足以下要求。

(一)食品包装的一般要求

(1)食品包装的防护要求　卫生性、安全性、封闭性、阻隔性、遮光性、防静电性。

(2)装潢要求　产品外观、印刷效果。

(3)其他要求　合理选材、造型结构科学、材料廉价经济、容器质量符合标准、销售包装符合商品销售的需要。

(二)包装对食品的特定要求

不同食品、不同的流通环境,对包装的保护功能有不同的要求。例如,脂肪含量高的油炸食品、肉制品等极易氧化变质,要求其包装能阻氧、避免光照,若在包装容器内封入能除去氧气的脱氧剂则效果更好;饼干、粉状结构(如奶粉)等干制食品易吸湿,面包、蛋糕等疏松多孔的食品易失水,要求其包装能防潮,若在包装容器内封入能除去水分的吸潮剂则效果更好;薯片、虾条等膨化食品易碎,有棱角的食品易刺破包装,要求对其进行充气包装(如充氮气、二氧化碳等),以使包装内外压力趋于平衡而保护内装食品;水果蔬菜等有生命的生鲜食品,其包装应具有一定的氧气、二氧化碳和水蒸气的透过率。

(三)国际市场对食品包装的要求

名称易记,外型瞩目,印刷简明,体现信誉,颜色悦目,有地区标志,有环保意识。

此外,食品包装还受到大量来自法律、法规、规则等的制约,满足其相应的要求。例如,《中华人民共和国食品安全法》第二十七条规定:食品生产经营应当符合食品安全标准,并符合下列要求:直接入口的食品应当有小包装或者使用无毒、清洁的包装材料、餐具;销售无包装的直接入口食品时,应当使用无毒、清洁的售货工具。第二十八条规定:禁止生产经营下列食品:被包装材料、容器、运输工具等污染的食品;无标签的预包装食品。第四十二条规定:预包装食品的包装上应当有标签。第六十六条规定:进口的预包装食品应当有中文标签、中文说明书。预包装食品没有中文标签、中文说明书或者标签、说明书不符合本条规定的,不得进口。《GB 23350—2009 限制商品过度包装要求　食品和化妆品》对食品包装的包装空隙率和包装层数都有规定,例如要求包装层数为"3层及以下"。

三、食品商品包装的分类

现代商品包装的种类很多,从不同的角度可对包装进行不同的分类。

(1)按包装在流通过程中的作用分类,可分为运输包装和销售包装。运输包装又称大包装,应具有很好的保护功能以及方便贮运和装卸功能,其外表面对贮运注意事项应有明显的文字说明或图示,如"防潮"、"易碎"、"此端向上"等。瓦楞纸箱、各种托盘、集装箱等都属于运输包装;销售包装又称小包装,不仅具有对商品的保护作用,而且更注重包装的促销和增值功能,通过包装装潢设计手段来树立商品和企业形象,吸引消费者,提高竞争力。袋、罐、盒、瓶、异形容器及其组合包装,一般都属于销售包装。

(2)按包装的防护功能分为　防水包装、防潮包装、防霉包装、防静电包装、缓冲包装(见图9-1)、防辐射包装、防虫包装、保鲜包装、速冻包装等。

图9-1 食品的缓冲包装

(3)按包装层次分为 内包装、外包装。
(4)按销售对象分为 出口包装、内销包装、礼品包装、民用包装、军用包装、多用途包装等。
(5)按包装件抵抗变形的能力分为 软包装、硬包装等。
(6)按包装材料分为 木材、金属、塑料、玻璃、纸类、陶瓷、复合材料等。
包装分类方法没有统一的模式,应根据实际需要进行选用。

第二节 食品商品包装材料与容器

根据国家标准《GB/T 4122.4—2010 包装术语 第4部分:材料与容器》,包装材料(packaging material)的定义是:用于制造包装容器和构成产品包装的材料总称,如木材、纸、塑料、金属、玻璃、陶瓷、复合包装等。包装容器(packaging container)的定义是:为贮存、运输或销售而使用的盛装物品的容器总称。如:盒、箱、桶、罐、瓶、袋、筐等。

一、纸包装材料与容器

(一)纸包装材料

根据用途,纸大致可分为文化用纸、工农业技术用纸、生活用纸、包装用纸等。在现代化的包装工业体系中,纸和纸包装容器占有非常重要的地位。从发展趋势来看,在重视环境保护的背景下,纸包装材料的用量会越来越大。纸包装材料之所以在包装领域占有重要位置,是与其独特的包装性能和丰富的品种分不开的。

纸类的包装性能主要有:①机械性能。纸类具有一定的强度和挺度,机械适应性较好;纸具有折叠性、弹性及撕裂性等,很适合制作成型包装容器或用于裹包。但纸类包装材料的强度受环境温度、湿度的影响明显,使用中应注意。②阻隔性能。纸类主要由多孔性的纤维组成,对水分、气体、光线、油脂等具有一定程度的渗透性,而且其阻隔性受温度和湿度的影响较大,可以通过适当的表面加工来改善其阻隔性能。纸类的阻隔性能需要辩证地看待,对于某些商品的包装恰是应用纸类阻隔性较差的特性,如袋泡茶的包装。③印刷性能。纸类吸收和黏结油墨的能力较强,印刷性能好,在包装上常用于提供印刷表面。④卫生安全性能。单纯的纸是卫生、无毒、无害的,且在自然条件下能够被微生物降解,对环境无污染。但是纸在加工过程中会残留一定的化学物质,因此必须根据包装内容物来正确合理选择合适的种类。⑤回收利用性好。纸可直接回收利用,或用废纸再制造,对环境不产生污染,是对环境友好的包装。

纸是产品包装的主要材料,纸类产品一般分纸与纸板两类,凡定量在 $225g/m^2$ 以下的称为纸,定量在 $225g/m^2$ 以上的称为纸板。但是这一划分标准不是很严格,如有些瓦楞原纸的定量虽小于 $225g/m^2$,通常也称为纸板;有些定量虽大于$225g/m^2$的纸,如白卡纸通常也称为纸。

在包装方面,纸主要用作包装商品、制作纸袋、印刷装潢商标等;纸板则主要用于生产纸箱、纸盒、纸桶等包装容器。

包装用纸品种很多,包装食品时必须选择适宜的种类,常用食品包装用纸有:①牛皮纸。牛皮纸是用未漂硫酸盐木浆抄制的高级包装用纸,具有高施胶度。因其坚韧结实似牛皮而得名。牛皮纸机械强度高,并富有弹性,抗水性、防潮性和印刷性良好;牛皮纸多为黄褐色的本色纸,该色彩赋予它丰富多彩的内涵力,以及朴实憨厚感,故被大量用于食品的包装。②羊皮纸。又称硫酸纸,它是用未施胶的高质量化学浆纸在硫酸中浸泡一定时间,待表面纤维胶化后(即纤维交织形态基本消失),成为半透明乳白色磨砂玻璃状的双面平滑纸张,再经一系列的处理使纸形固定。羊皮纸的防潮性、气密性、耐油性和机械性能明显提高,适于油状食品、冷冻食品、防氧化食品的防护要求,可以用于乳制品、点心、糖果等食品的包装。③玻璃纸。又称纤维素薄膜,它是用高级漂白亚硫酸木浆经过一系列化学处理制成黏胶液,再成型为薄膜而成。玻璃纸有优良的光泽度、印刷性、阻气性、耐油性、耐热性、不带静电,是透明性最好的包装材料,多用于中、高档商品包装,主要用于糖果、糕点等商品美化包装,也可用于纸盒的开窗包装。但玻璃纸防潮性差,有吸湿性,撕裂强度较小,干燥后发脆,不能热封,将玻璃纸和其他材料复合,可以改善其性能。④过滤纸。主要用于袋泡茶的小包装,要求纤维组织均匀,无折痕皱纹,无异味,具有较大的湿强度和一定的过滤速度,耐沸水冲泡。⑤复合纸。是一类加工纸,是将纸与其他挠性包装材料相贴合而制成的一种高性能包装纸。常用的复合材料有塑料及塑料薄膜、织布、金属箔(如铝箔)。复合纸具有许多优异的综合包装性能,从而改善了纸的单一性能,使纸基复合材料大量用于食品等包装场合。

常用的食品包装用纸板有:①箱纸板。是以化学草浆或废纸浆为主的纸板,以本色居多,表面平整、光滑,纤维紧密,纸质坚挺、韧性好,具有较好的耐压、抗拉、耐撕裂、耐戳穿、耐折叠和耐水性能,印刷性能好。按质量分为五个级,适宜制造不同用途的商品包装。②瓦楞纸板。是由瓦楞原纸轧制成屋顶瓦片状波纹,然后将瓦楞纸与两面箱纸板黏合制成。瓦楞波纹宛如一个个连接的小型拱门,相互并列支撑形成类似三角的结构体,既坚固又富有弹性,能承受一定重量的压力。瓦楞的形状有 U 形、V 形和 UV 形,其形状直接关系到瓦楞纸板的抗压强度及缓冲性能,目前广泛使用的是 UV 形瓦楞制造的瓦楞纸板。③加工纸板。是为了改善原有纸板的包装性能,对纸板进行再加工的一类纸板。如在纸板表面涂蜡、涂聚乙烯或聚乙烯醇等,处理后纸板的综合包装性能大大提高。

(二)纸包装容器

纸包装容器主要有纸箱和纸盒,两者形状相似,没有严格区分的界限。作为包装容器,纸盒一般用于销售包装,而纸箱则多用于运输包装。

包装用纸箱按结构可分为瓦楞纸箱和纸板箱两类,包装上用得最多的是瓦楞纸箱。瓦楞纸箱是由瓦楞纸板制作而成,是使用最广泛的纸包装容器,广泛用于运输包装。其性能特点有:轻便、牢固、缓冲性能好;原料充足;成本低;加工简便;贮运使用方便;使用范围广;易于印刷装潢等。

纸盒是一种中小型销售包装容器,占地空间小、展销陈列方便、印刷装潢效果好,具有展示商品、推销商品、保护商品等作用。通常按制盒方式可分为折叠纸盒和固定纸盒。纸盒结构变化多,可以实现机械化生产。因其成本低,近年来在食品的包装上发展很快,目前不仅有印刷装潢精美的固体食品盒,还有盛装流体食品的纸盒。一般来说,对于饼干、糕点等易碎,又不易从盒的狭窄面放入或取出的食品,常选用(盘式)折叠纸盒;对于保健品、生日蛋糕等带有装饰美感的食品,常选用透明开窗纸盒。

其他纸包装容器主要有纸袋、复合纸罐、复合纸杯、纸制托盘及纸浆模产品等。

二、塑料包装材料与容器

塑料是以树脂为基本成分,再加入一些用来改善其性能的各种添加剂(如增塑剂、稳定剂、抗氧化剂、填充剂等)制成的高分子材料。塑料的主要来源是煤、石油和天然气,目前应用最广泛的聚乙烯塑料发明于 20 世纪 30 年代,塑料用作包装材料是现代包装技术发展的重要标志。塑料及其复合包装材料所用原材料来源丰富,具有阻隔性、稳定性、抗生物侵入性等优良性能,成为近几十年来世界上发展最快、用量巨大的包装材料。塑料具有牢固、轻便、美观、经济等优点,尤其是可塑性强,能适应各种容器对造型的要求。形态有硬有软、透明或不透明,并可配制出各种彩色和质感。在食品包装材料中,塑料大量取代玻璃、金属、纸类等传统包装材料,体现了包装形式丰富多样、流通使用方便的发展趋势,成为最主要的食品销售包装材料。其用于食品包装的缺点是:存在某些卫生安全方面的问题及包装废弃物对环境污染的问题。

(一)塑料包装材料

塑料的品种很多,性能差异很大,通常根据塑料在加热和冷却时表现出来的性质不同,将塑料分为热塑性塑料和热固性塑料。热塑性塑料广泛应用于食品包装,它是以加成聚合树脂为主要基料,加入适量添加剂而制成,在特定温度范围内能反复受热软化流动和冷却硬化成型,而树脂化学组成基本性能不发生变化的塑料品种,包装上常用的有:聚乙烯、聚丙烯、聚氯乙烯等塑料。热塑性塑料的成型加工简单,包装性能良好,可反复成型,但刚硬性低,耐热性不高。热固性塑料一般不用于食品包装,它是以缩聚树脂为主要基料,加入适量添加剂而制成,在一定温度下经一定时间固化后再次受热,只能分解,不能软化,因此不能反复塑制成型,如酚醛树脂。

塑料家族的成员很多,食品包装上常用的种类如下。

1. 聚乙烯(Polyethylene,PE)

聚乙烯树脂是乙烯单体经加聚聚合而成的高分子化合物,无臭、无毒、柔顺性好、外观呈乳白色蜡状固体。聚乙烯塑料是由聚乙烯树脂加入少量润滑剂和抗氧化剂等添加剂构成。主要包装特性为:阻湿性好;化学稳定性好,常温下与一般酸碱不起作用;有一定的抗拉和抗撕裂强度,柔韧性好;耐低温性好,适应食品冷冻处理;加工成型方便,热封性能好等。但阻气和阻有机蒸汽的性能差、耐油性稍差、耐高温性能差、印刷性能差。

2. 聚丙烯(Polypropylene,PP)

聚丙烯塑料的主要成分是聚丙烯树脂,为无味、无毒、白色蜡状固体,是通用塑料中最轻的一种。主要包装特性为:防潮性和抗水性优良;防止异味透过性较 PE 好;耐热性好,可热封;耐 80℃ 以下的酸、碱、盐溶液及大多数有机溶剂等。但突出的缺点是耐老化性差。

聚丙烯膜可用于糖果、点心的扭结包装;制成热收缩膜进行热收缩包装;用于耐热食品如热充填包装和微波加热包装;金属镀膜的聚丙烯薄膜可用于小吃食品和松脆食品等要求高阻隔性或长货架寿命产品的包装;用作层合薄膜的内层材料等。

3. 聚氯乙烯(Polyvinyl chloride,PVC)

聚氯乙烯塑料由聚氯乙烯树脂为主体加入增塑剂,稳定剂等构成,柔顺性差且不易结晶。主要包装特性为:化学稳定性优良,透明度、光泽性比 PE 优良;机械性能好等。但耐高低温性差、阻湿性比 PE 差。聚氯乙烯一般不用于直接接触食品的包装,这是因为它的安全性较差,虽然聚氯乙烯树脂本身无毒,但其中的残留单体氯乙烯有麻醉和致畸、致癌作用;使用的稳定剂和增塑剂也是聚氯乙烯塑料的不安全因素。

硬质 PVC 可用作巧克力和饼干的透明或有色托盘包装,结合气调包装技术可用作盛装食品的热成型托盘;经印刷的 PVC 薄膜可用作塑料和玻璃容器的热收缩套标,也可用于制作显窃启收缩带。

4. 聚酯(Polyethylene terephthalate,PET)

聚对苯二甲酸乙二醇酯的简称,俗称涤纶。聚酯树脂是由对苯二甲酸二甲酯和乙二醇经缩聚而成。主要包装特性为:优良的阻气、阻湿、阻油等阻隔性;化学稳定性良好;具有其他塑料所不及的高强韧性能,具有良好的耐磨和耐折叠性;具有优良的耐高低温性能,且高低温对其机械性能影响很小,如可在 120℃下长期使用,短期使用可耐 150℃,可耐 -70℃的低温。但由于其熔点高,成型加工和热封较困难;不耐强酸、强碱,易带静电,且尚无适当防止带静电的方法。

聚酯塑料的回收利用十分方便,回收后经熔融、吹塑等又可以制成新瓶,可完全循环利用。聚酯大量用于制作饮料包装瓶;与其他材料复合(如真空涂铝)可制成高阻隔包装材料用于保质期较长的高温蒸煮食品和冷冻食品的包装。

(二)塑料包装容器

塑料通过各种加工手段,可制成具有各种性能和形状的包装容器及制品,食品包装上常用的有塑料中空容器、热成型容器、塑料箱、钙塑瓦楞箱、塑料包装袋等。

食品包装用塑料中空容器有瓶、桶、管、罐等,瓶为用量最多。大部分普通的螺旋盖是用聚丙烯注塑成型的。塑料包装瓶具有许多优异的包装性能而广泛应用于食品包装,在软饮料包装上已基本取代玻璃瓶。

塑料包装袋分单层薄膜袋和复合薄膜袋。单层薄膜袋多用聚乙烯、聚丙烯薄膜制成,尺寸大小各异、厚薄及形状不同,用于多种物品包装,有口袋形塑料袋,有为市场购物制作的背心式购物袋。多层复合薄膜制成的包装袋主要为满足食品包装对高阻隔、高强度、高温灭菌、低温保存保鲜等方面的要求,蒸煮袋是复合薄膜包装袋的重要品种。

塑料注射容器以运输包装用的塑料周转箱为代表;用可发性聚苯乙烯生产的 EPS 发泡塑料周转箱作为生鲜果蔬的低温保鲜包装,具有隔热、防震、缓冲等优越性而广泛应用;钙塑瓦楞箱是用防潮性能优良的钙塑材料制成,取代部分特殊场合使用的纸箱;网眼袋是用高密度聚乙烯制成的,质地柔软、轻,有一定机械强度,适用于水果、蔬菜、大蒜等的包装。此外,塑料注射容器还有塑料托盘,塑料杯、盒等。

食品中约有一半的包装是以塑料或塑料为基材,塑料包装质量轻,减少了包装材料和被包装产品的运输成本(从而减少了燃料的使用废气的排放),塑料对食品工业的发展起了重要的推动作用。但是,塑料包装带来的环境污染也必须正视,目前在塑料工业开展的减量包装就是一种积极的努力。在 INCPEN 网站上发表的《减量包装:用更少的材料做更多的事》有很多这方面的例子。

三、金属包装材料与容器

人类早在 5000 多年前就开始使用金属器皿,但现代金属包装材料用作食品包装则始于 100 多年前,20 世纪 60 年代末,易开盖的使用把金属容器的发展推向一个新的高峰。铁和铝是两种主要的金属包装材料,其中的主要产品是镀锡薄钢板(马口铁)、无锡钢板、铝和铝箔等。金属包装材料的包装性能主要有:①优良的阻隔性能。可以阻隔气体、阻光(特别是紫外光)、良好的保香性能。这一特点使食品具有较长的货架寿命。②优良的机械性能。耐高温、耐温湿度变化、耐压、耐虫害、耐有害物质的侵蚀。这一特点使食品的销售半径大为增加。③方便性好。金属包装容器不易破损,携带方便,易开盖的使用,更增加了消费者使用的方便性。④表面装饰性好。金属具有表面光泽,且可以通过表面设计、印刷、装饰提供理想美观的商品形象,以吸引消费,促进销售。⑤废弃物处理性好。金属包装容器一般可以回炉再生,循环使用,既回收资源,节约能源,又可减少环境污染。金属包装材料的缺点是:价格较贵;化学稳定性差,耐酸碱的能力较小,包装高酸性食品易腐蚀,金属及焊料中离子易析出而影响食品的感官与风味,但应用各种不同的涂料后,使得此缺点得以弥补。

(一)金属包装材料

1. 马口铁

马口铁是将薄钢板放入熔融的锡液中热浸或经酸洗后在电解槽中将其两面镀上薄锡层的低碳钢薄板。镀锡层使马口铁具有美丽的金属光泽,且表面可有石纹、光亮、银光、无光泽等几种类型。

由于锡的电极电位比铁高,且化学性质稳定,故镀锡层对铁起到一定保护作用,一般食品可直接用镀锡板罐包装。但对于酸性较大的食品如番茄酱、含硫量较多而与锡作用产生黑色硫化物的水产类和肉禽类食品等会对马口铁罐产生腐蚀作用,这种情况下需要使用涂料镀锡板制罐,涂料主要成分是油料和树脂,起隔绝食品与镀锡层的作用。

2. 铝质包装材料

主要有铝合金薄板和铝箔,铝合金薄板(很少使用纯铝)主要用于食品罐的制作,铝箔主要用于制作复合材料软包装容器。铝质包装材料的主要包装特性:表面性能优异,光亮度高、不易生锈、装潢效果好等,是其他金属材料无法比拟的;质轻,铝的相对密度仅为马口铁的 1/3,运输费用低;成型加工性好;再循环性能好等。但铝质包装材料耐腐蚀性差（正常耐酸碱范围为 pH4.8~8.5）、焊接性差、强度较低。

（二）金属包装容器

金属包装容器主要有两大类：一类是以铁、铝或铜等为基材的金属板、片加工成型的桶、罐、管等，如饮料罐、啤酒罐及其他食品罐（饼干罐、茶叶罐、糖果罐等）、金属桶等；另一类是以金属箔（主要是铝箔）制作而成的复合材料——纸铝复合、铝塑复合、真空镀铝等容器，如蒸煮袋，多层复合袋，利乐包式包装盒、软管，直接裹包糖果的薄铝箔，泡罩包装的盖材，杯、盒、盘的盖材，浅盘、盒等容器。

四、玻璃包装材料与容器

在公元前3000年前后的青铜器时代后期，玻璃球和玻璃制的弓箭头就已出现在中海地区东部。在埃及和美索不达米亚出土了装饰用的玻璃饰品。而罗马时代玻璃吹制技术的发明导致了玻璃容器制造业的诞生，玻璃成为最早的包装形式之一。我国在唐宋时已有使用吹管垂直的中空玻璃容器。在19世纪晚期的美国，玻璃容器的制造已机械化。

从化学的观点上来看，玻璃是由石英砂、纯碱、石灰石、长石等为主要原料经高温炉（约1600℃）熔融、凝固而成的固体物质。玻璃这种古老的材料用于食品包装有以下优点：①无毒无味，化学稳定性好，耐腐蚀，卫生清洁，耐气候性好。②光亮透明，造型美观，可见内容物，利于引起消费者的购买欲望。③耐热、耐压、耐清洗，既可高温杀菌，也可低温贮藏。④阻隔性能极好，可加色料改善遮光性，密封性能好，不透气。⑤原料来源丰富，价格便宜，成形性好，加工方便，品种形状灵活，可回收及重复使用。玻璃包装容器的主要缺点是：重量大，运输费用高；脆性大、易破碎、有伤人的危险；加工能耗大；印刷等二次加工性差。

常用于制造瓶罐的玻璃是钠钙玻璃，出于感官上的需要，食品包装玻璃大多采用透明色，有时也通过着色剂着上所需的颜色，以使其对影响食品品质的主要光线有较强的屏蔽阻挡作用。常用的玻璃有：①白火石玻璃。常称作透明玻璃，由氧化钠、氧化钙和二氧化硅组成。这种成分也是其他有色玻璃的基本组成。②浅绿色（半白色）玻璃。增加铁（Fe_2O_3）的含量就能生产出浅绿色的玻璃。加入铬的氧化物（Cr_2O_3）可以产生轻微的蓝绿色。③深绿色玻璃。加铬的氧化物和铁氧化物即可获得深绿色玻璃。④琥珀色（浓淡不一的棕色）玻璃。通常通过在强熔融条件下加入氧化铁得到，同时加入碳。琥珀玻璃可以防紫外线，适用于对光敏感的产品包装。⑤蓝色玻璃。常通过往低铁玻璃里加入钴得到。几乎所有的有色玻璃都可以通过在炉中操作或通过前炉着色得到。前炉着色是一种费用比较高的生产方法，造成产品的价格高，因此多用于含汽饮料的玻璃制品。

五、陶瓷包装材料与容器

陶瓷制品是我国传统的包装容器,主要用于酒、咸菜、传统食品和风味食品等的包装。陶瓷包装物美价廉,经过彩釉装饰的瓷器,不但外观漂亮,而且增加了气密性,提高了对内容物的保护作用。

陶瓷是以黏土、长石、石英砂等天然矿物为主要原料,经粉碎混合塑化,按用途成型,并经装饰、涂釉,然后在高温下烧制成的制品,是一种多晶、多相的硅酸盐材料。陶瓷这种传统的材料用于食品包装有以下优点:①耐火、耐热、隔热性好、耐酸碱性好。②可反复使用,原材料丰富,废弃物不污染环境。③用陶瓷容器包装的食品常给消费者以纯净、天然、传统的感觉,有些彩色和造型美观的容器既可包装食品,又可作为装饰品。④与其他包装材料相比,陶瓷容器保护食品风味性能更佳,故很多酒和风味食品长期以来一直使用陶瓷包装容器。陶瓷包装容器的缺点是:重容比大、耐冲击性差、易碎、有伤人的危险,因而其应用范围受到一定限制。

用于食品包装的陶瓷容器主要有瓶、罐、缸、坛等,根据要求可把坛罐设计成腰鼓形或带耳环形。瓶、罐、坛主要用于酒、咸菜、腐乳及风味食品等的包装。缸常用于食品原料或中间体包装。

六、其他包装材料与容器

在商品流通中,一些天然生态材料也可用于食品包装,如各种贝壳、竹、藤、木、柳、芦苇、叶子、棉麻丝毛等织品、草编织品等自然材料,可应用于土特产品和礼品的包装。这些天然材料不仅色彩含蓄沉稳、造型柔美,还能赋予产品浓郁的民族文化底蕴以及天然感、亲和感、温馨感。

针对已有包装材料的不足,采用高新技术不断开发出新型的包装材料以满足人们的需求,例如金属陶瓷是在陶瓷生产原料中加入金属(镁、镍、铬、钛等),制出的陶瓷兼有金属韧而不脆的特性和陶瓷耐高温、硬度大、耐腐蚀、耐氧化性等特点;泡沫陶瓷是一种质轻而多孔的陶瓷,其孔隙是通过加入发泡剂而形成的,具有机械强度高、绝缘性好、耐高温的性能。这两类新型特种陶瓷均可用于特种包装容器。

随着生活质量的提高,人们对包装材料质量、功能效用有了更高的要求。保鲜功能日益完善,开启食用更为便利,走绿色环保道路是食品包装发展的大趋势。

现代生活离不开包装,却也为包装所困。可喜的是,包装业的发展要保护环境、可持续发展、走循环经济已成为社会的共识,并且有了相应的立法。例如,为缓解包装带来的污染问题而研制新型易降解、可替代的材料;为减少浪费,包装材料使用趋向减量化,制造和使用(玻璃、塑料、金属的)薄壁轻瓶;为遏制食品行业过度包装现象,规范食品包装行为,由商务部商业改革司组织商业联合会起草的我国首部《食品包装规范》行业标准等。

第三节　食品商品的标签

食品商品的标签是向消费者传递产品信息的载体,也是对食品商品进行保管和养护的依据。做好食品商品标签管理,既是维护消费者权益、保障食品行业健康发展的有效手段,也是实现食品安全科学管理的需求。国际上与食品标签相关的法规主要有食品法典委员会(CAC)标准《预包装食品标签通用标准》(CODEX STAN 1—1985)。在我国,与食品商品标签相关的法律法规主要有:《GB 7718—2011 食品安全国家标准　预包装食品标签通则》《GB 28050—2011 食品安全国家标准　预包装食品营养标签通则》《GB 13432—2004 预包装特殊膳食用食品标签通则》和《食品标识管理规定》《中华人民共和国产品质量法》《中华人民共和国食品安全法》《消费者权益保护法》等法律也对食品标签做出了相应的规定。

《GB 7718—2011 食品安全国家标准　预包装食品标签通则》是关于食品标签的基本标准,也是基本的法律依据。它与《食品标识管理规定》有很多相同之处,但也有不同之处,如前者规范的主体是"预包装食品"的标签,不包括违规处罚条文;后者规范的主体是"所有食品"的标签,有违规处罚条文。因此二者不能相互取代,食品企业都要执行。

一、相关概念

(1)预包装食品　预先定量包装或者制作在包装材料和容器中的食品,包括预先定量包装以及预先定量制作在包装材料和容器中并且在一定量限范围内具有统一的质量或体积标识的食品。

(2)特殊膳食用食品　为满足某些特殊人群的生理需要,或某些疾病患者的营养需要,按特殊配方而专门加工的食品。这类食品的成分或成分含量,应与可类比的普通食品有显著不同。

(3)食品标签　食品包装上的文字、图形、符号及一切说明物。

(4)营养标签　预包装食品标签上向消费者提供食品营养信息和特性的说明,包括营养成分表、营养声称和营养成分功能声称。营养标签是预包装食品标签的一部分。

(5)核心营养素　营养标签中的核心营养素包括蛋白质、脂肪和钠。

(6)营养成分表　标有食品营养成分名称、含量和占营养素参考值(NRV)百分比的规范性表格。

(7)营养素参考值(NRV,Nutrition Reference Values)　专用于食品营养标签,用于比较食品营养成分含量的参考值。

(8)营养声称　对食品营养特性的描述和声明,如能量水平、蛋白质含量水平。营养声称包括含量声称和比较声称。含量声称是描述食品中能量或营养成分含量水平的声称,声称用语包括"含有""高""低"或"无"等;比较声称是与消费者熟知的同类食品的营养成分含量或能量值进行比较以后的声称,声称用语包括"增加"或"减少"等。

（9）营养成分功能声称　某营养成分可以维持人体正常生长、发育和正常生理功能等作用的声称。

（10）配料　在制造或加工食品时使用的,并存在（包括以改性的形式存在）于产品中的任何物质,包括食品添加剂。

（11）生产日期（制造日期）　食品成为最终产品的日期,也包括包装或灌装日期,即将食品装入（灌入）包装物或容器中,形成最终销售单元的日期。

（12）保质期　预包装食品在标签指明的贮存条件下,保持品质的期限。在此期限内,产品完全适于销售,并保持标签中不必说明或已经说明的特有品质。

（13）规格　同一预包装内含有多件预包装食品时,对净含量和内含件数关系的表述。

（14）主要展示版面　预包装食品包装物或包装容器上容易被观察到的版面。

二、食品商品标签的作用

1. 引导、指导消费者选购食品

预包装食品不同于裸装食品,消费者难以识别包装内食品的详细情况,只能通过标签上的文字、图形、符号等来了解预包装食品的原始配料、营养成分、生产日期、保质期、质量（品质）等级等,从而决定购买或不购买。

2. 促进销售

食品标签就像一份广告,食品制造者可以在标签上展示产品的优越性,真实地宣传产品的独特风格,吸引消费者购买。

3. 向消费者承诺

食品制造者通过食品标签,向消费者承诺所售食品的质量（品质）水平、达到的标准、保质期限等。标签上标明的厂名、厂址及相关信息便于消费者投诉。

4. 向监督机构提供监督检查依据

食品标签上标示的产品标准代号和编号是监督机构监督检查的依据。

5. 维护食品制造者的合法权益

食品制造者在食品标签上标明的生产日期、保质期、贮藏条件同样便于企业维护自身权益。超过标签上标示的期限,或消费者、经销者未按标签上标示的贮藏条件贮存食品发生意外,食品制造者不再承担责任。从这个意义上讲,食品标签也是维护食品制造者合法权益的凭证。

三、食品标签的基本要求

(1)应符合法律、法规的规定,并符合相应食品安全标准的规定。

(2)应清晰、醒目、持久,应使消费者购买时易于辨认和识读。

(3)应通俗易懂、有科学依据,不得标示封建迷信、色情、贬低其他食品或违背营养科学常识的内容。

(4)应真实、准确,不得以虚假、夸大、使消费者误解或欺骗性的文字、图形等方式介绍食品,也不得利用字号大小或色差误导消费者。

(5)不应直接或以暗示性的语言、图形、符号,误导消费者将购买的食品或食品的某一性质与另一产品混淆。

(6)不应标注或者暗示具有预防、治疗疾病作用的内容,非保健食品不得明示或者暗示具有保健作用。

(7)不应与食品或者其包装物(容器)分离。

(8)应使用规范的汉字(商标除外)。具有装饰作用的各种艺术字,应书写正确,易于辨认。

可以同时使用拼音或少数民族文字,拼音不得大于相应的汉字。

可以同时使用外文,但应与中文有对应关系(商标、进口食品的制造者和地址、国外经销者的名称和地址、网址除外)。所有外文不得大于相应汉字(商标除外)。

注:"规范的汉字"指《通用规范汉字表》中的汉字,不包括繁体字。食品标签可以在使用规范汉字的同时,使用相对应的繁体字。"具有装饰作用的各种艺术字"包括篆书、隶书、草书、手书体字、美术字、变体字、古文字等。

(9)预包装食品包装物或包装容器最大表面面积大于 $35cm^2$ 时,强制标示内容的文字、符号、数字的高度不得小于 $1.8mm$。

(10)一个销售单元的包装中含有不同品种、多个独立包装可单独销售的食品,每件独立包装的食品标识应当分别标注。

(11)若外包装易于开启识别或透过外包装物能清晰地识别内包装物(容器)上的所有强制标示内容或部分强制标示内容,可不在外包装物上重复标示相应的内容;否则应在外包装物上按要求标示所有强制标示内容。

(12)营养成分表应以一个"方框表"的形式表示(特殊情况除外),方框可为任意尺寸,并与包装的基线垂直,表题为"营养成分表"。

(13)食品营养成分含量应以具体数值标示,数值可通过原料计算或产品检测获得。

(14)营养标签应标在向消费者提供的最小销售单元的包装上。

四、食品商品标签的标示内容

一般来说,食品标签的内容根据要求可分为推荐性标示和强制性标示。对于某些预包装食品,根据实际情况,其部分强制性标示内容可以豁免标示。

(1)推荐性标示内容有:批号、食用方法、致敏物质。

(2)强制性标示内容有:食品名称;配料表;营养成分表;净含量和规格;生产者和(或)经销者的名称、地址和联系方式;生产日期和保质期;贮存条件;食品生产许可证编号及QS标志;产品标准代号;其他标示内容(包括辐照食品,转基因食品,营养标签,质量或品质等级,特殊膳食用食品的食用方法、能量和营养素标示)。

对于营养标签强制性标示内容有:能量、核心营养素的含量及其占营养素参考值(NRV)的百分比(当标示其他成分时,能量和核心营养素的标示应更加醒目);对其他营养成分进行营养声称或营养成分功能声称时,在营养成分表中应标示出其含量及其占营养素参考值(NRV)的百分比;使用了营养强化剂的预包装食品,在营养成分表中还应标示强化后食品中该营养成分的含量值及其占营养素参考值(NRV)的百分比;食品配料含有或生产过程中使用了氢化和(或)部分氢化油脂时,在营养成分表中还应标示出反式脂肪(酸)的含量。

(3)豁免标示内容 当预包装食品包装物或包装容器的最大表面面积小于$10cm^2$时,可以只标示产品名称、净含量、生产者(或经销商)的名称和地址。豁免标示保质期的预包装食品有:乙醇含量≥10%的饮料酒;食醋;食用盐;固态食糖类;味精。豁免强制标示营养标签的预包装食品有:生鲜食品,如包装的生肉、生鱼、生蔬菜和水果、禽蛋等;乙醇含量≥0.5%的饮料酒类;包装总表面积≤$100cm^2$或最大表面面积≤$20cm^2$的食品;现制现售的食品;包装的饮用水;每日食用量≤10g或10mL的预包装食品;其他法律法规标准规定可以不标示营养标签的预包装食品。对于豁免强制标示营养标签的预包装食品,如果在其包装上出现任何营养信息时,应按照GB 28050—2011标准执行。

五、食品包装上的其他标志与图案

(一)食品包装上的认证标志

有关政府部门和组织制定了一系列食品质量标准和法规,大体可分为两种:一是强制性指标,这些必须达到的标准也是市场准入的标准;二是非强制性指标,主要用来表示其产品达到某种标准。这些标准和法规是通过一些认证标志体现出来的,认证和认证标志保证了食品质量与安全的可靠。对于这些认证标志本身也有"保质期"即有效期,这一点却很少有人知晓,因此熟悉这些食品认证标志的常识,对于日常选购优质的食品,做好食品商品的进货审核都很有帮助。

1. 食品质量安全市场准入标志

即 QS 认证标志(详见第四章第四节),该标志的有效期为 3 年,实行年审制度。它是一项强制性标准,食品有 QS 标志,意味着该食品符合了质量安全的基本要求。QS 标志的式样和使用办法由国家质量监督检验检疫总局统一制定。

我国自 2004 年 1 月 1 日起实行食品质量安全市场准入制度。第一批实行的五类食品是:大米、食用植物油、小麦粉、酱油、醋;2005 年 7 月 1 日第二批实行的十类食品是:肉制品、乳制品、方便食品、冷冻食品、速冻面食品、膨化食品、调味品、饮料、饼干、罐头;2006 年 12 月 30 日之后,全部 28 类食品实施市场准入制度,没有 QS 标志的食品将拒绝进入流通领域进行销售(28 类食品详见第二章第一节)。

2. 无公害农产品标志

无公害农产品标志(见图 9 - 2)图案主要由麦穗、对钩和无公害农产品字样组成,麦穗代表农产品,对钩表示合格。标志整体为绿色,象征环保和安全;其中麦穗与对钩为金色,寓意成熟和丰收。该标志的有效期为 3 年。主要由农业部农产品质量安全中心和各省级农业行政主管部门实施认证(详见第五章第四节)。

图 9 - 2 无公害农产品标志

3. 绿色食品标志

绿色食品标志(见图 9 - 3),许可的使用期限为 3 年。经中国绿色食品发展中心认定,对其进行统一编号并颁发绿色食品标志使用证书。编号形式为:

A级绿色食品标志　　　　AA级绿色食品标志

图 9 - 3 绿色食品标志

```
LB      ××      ××      ××      ××      ××××    A(AA)
标志代码  产品分类  认证年份  认证月份  省份国别  产品序号  产品分级
```

绿色食品标志由三部分构成:上方的太阳、下方的叶片和中心蓓蕾,分别代表了生态环境、植物生长和生命的希望。标志为正圆形,意为保护、安全。A 级允许限量使用限定的化学合成物质,标志颜色底色为绿色,图形与字体为白色;AA级禁止使用化学合成物质,标志颜色底色为白色,图形与字体为绿色。获得认证的绿色食品在包装上除了需要使用图形标志以外,还必须注明"中国绿色食品发展中心许可使用绿色食品标志"字样的文字和批号。消费者可登录"中国绿色食品网"(www.greenfood.org.cn)辨认所购产品的真伪。

4. 有机食品标志

有机食品有4个标志(见图9-4),有效期均为1年。

通过中绿华夏有机食品认证中心的有机食品标志由圆形、人手、叶片构成和中英文文字组成,图案整体为绿色,文字为白色。通过国环有机产品认证中心的有机食品标志由两个同心圆、图案以及中英文文字组成,图案整体为绿色,文字为白色。中国有机产品认证标志是由外围圆形、中间的种子及其周围环形三部分组成的,外围全是绿色、种子是红色、写着"中国有机产品"的是国家标准规定使用的有机产品的标志,所有有机食品必须贴有该标志。"中国有机转换产品认证标志"外围全是金黄色、种子是红色、写着"中国有机转换产品"的是国家标准规定使用的,有机食品生产企业正处于认证过程中,其产品尚需要转换,在产品转换期间使用该标志。转换期的开始时间一般从提交认证申请之日算起:一年生作物的转换期一般不少于24个月(2年);多年生作物的转换期一般不少于36个月(3年)。

中国有机产品GAP认证　　中国有机转换产品认证　　南京国环OFDC有机认证　　中绿华夏有机认证

图9-4　有机食品标志

5. 保健食品标志

保健食品标志(见图9-5),该标志的有效期为5年。

保健食品是指表明具有特定保健功能的食品,即适宜于特定人群食用,具有调节机体功能,不以治疗疾病为目的的食品。国家规定保健食品外包装或产品说明书上不能出现"抗癌"、"降低血糖"等绝对性医疗表示。

保健食品标志为天蓝色图案,下有"保健食品"字样。

6. 安全饮品标志

安全饮品标志(见图9-6),该标志的有效期为3年。由中饮标(北京)安全饮品认证中心实施认证。

图9-5　保健食品标志　　　　　　图9-6　安全饮品标志

"安全饮品标志"也称"绿色饮品企业环境质量合格标志",作为饮品安全的证明性商标已在国家工商行政管理总局注册。"安全饮品标志"应用于软饮料类、含酒精饮料类、保健饮品类等饮品产品,它是国际市场的准入证明。

安全饮品标志中绿色麦穗代表健康、安全,中间的杯是饮品的汉语拼音(Yin Pin)的首字母 YP 的拼写,杯底蓝色代表洁净水。

7. "优"字产品标志

"优"字产品标志(见图9-7),"国优"有效期为3～5年,"省优"有效期为3年。

图9-7　"优"字产品标志

我国自1979年6月开始实行评选优质产品活动。一些结构、性能先进,在国民经济中占有重要地位的产品,被评为国家优质金质奖、银质奖,行业优质产品奖,省、自治区、直辖市优质产品奖。很多名特优产品是值得信赖的,优质、价廉、实用是它们的特点,不过当今这一系列的标志已开始慢慢淡出市场。

8. 原产地保护标志

原产地保护标志（见图9-8），有效期为3年。

原产地域产品是指产自特定地域的原材料，按照传统工艺在特定地域内所生产的，质量、特色或者声誉在本质上取决于其原产地域地理特征的，并按照法定程序批准以原产地域名称命名的产品。原产地食品是原产地域产品中的一种。

原产地域产品专用标志的轮廓为椭圆形，灰色外圈，绿色底色，椭圆中央为红色的中华人民共和国地图，椭圆形下部为灰色的万里长城。在椭圆形上部标注"中华人民共和国原产地域产品"字样，字体为黑色、综艺体。

图9-8 原产地保护标志

9. 地理标志产品标志

地理标志产品标志（见图9-9）。地理标志产品，是指产自特定地域，所具有的质量、声誉或其他特性本质上取决于该产地的自然因素和人文因素，经审核批准以地理名称进行命名的产品。

地理标志产品专用标志

地理标志

图9-9 地理标志产品标志

地理标志产品标志是由"原产地名称"逐步发展而来的，在国际上被广泛运用于农副土特产品、传统的工业产品和手工艺品等诸多领域。2007年2月1日，国家工商行政管理总局公布了地理标志产品专用标志，并同时公布了《地理标志产品专用标志管理办法》。地理标志产品专用标志的基本图案由中华人民共和国国家工商行政管理总局商标局中英文字样、中国地理标志字样、GI的变形字体、小麦和天坛图形构成，绿色和黄色为专用标志的基本组成色。专用标志应与地理标志一同使用，不得单独使用。

10. 清真食品标志

清真食品标志见图 9-10。清真食品是指通过 Halal 认证的食品,又称清真认证。清真饮品、清真副食品、清真食品,简称为"清真三食"。清真食品标志是被伊斯兰教所允许的,它是国际上通用的清真标志,泛指与伊斯兰教饮食相关的场所、原料、用具。许多国家把穆斯林能吃的(主要有牛羊肉、鸡、鸭、乳制品、粮食制品和调味品等)都标上 Halal,有了这个标志,就表示穆斯林可以放心食用。

图 9-10 清真食品标志

11. 洁食认证

Kosher 认证标志又称洁食认证或犹太认证(见图 9-11),有效期为 1 年。

图 9-11 洁食认证(Kosher)标志

Kosher 是犹太法律定义食物的章节,定义了犹太人可以或不可以吃的食物和其正确的加工方法,"Kosher"一词在犹太传统中,大多意味着食品符合犹太饮食法规。而 Kosher 又可以理解为:Keep Our Souls Healthy, Eat Right(保持我们灵魂健康,饮食得当)。Kosher 认证涵盖了食品生产各个方面,包括使用的原料、生产设备和生产方式,以确保所有 Kosher 犹太洁食要求都得到满足。

Kosher 认证有其完善的法规和理论、实践基础及管理。通过 Kosher 认证的公司,可以在其生产的食品上使用国际最著名的、被广泛认可的"洁食认证(Kosher)"标记。Kosher 认证按照不同的认证机构有不同的 Kosher 洁食认证标志。Kosher 认证机构在美国、以色列、加拿大、欧洲等国和地区都有不同品牌的认证机构。全球最大的 Kosher 认证机构均在美国,如 OU、KOF-K、OK、STAR、cRc 等,在全球主要的犹太市场都设立直属的办事处。OU 在中国的北京,KOF-K 在中国上海,OK 在中国西安,cRc 在中国深圳均开设直属办事机构。目前以色列的 Badatz 没有在华设立办事机构。

(二)食品包装上的回收标志

目前我国年包装废弃物的数量在 1600 万 t 左右,每年还在以超过 10% 的速度增长,食品包装的回收中除啤酒瓶、塑料饮料瓶和塑料周转箱较好外,其他的包装回收率还是较低。环保节能、资源循环已成为当今时代发展的一大趋势,很多食品包装上都印有"人与垃圾桶"的符号,以提醒消费者注意环保,但是这个符号只是一个通用的提醒符号而已,并不是可回收利用的标志。那些带有回收标志的食品包装可以回收再利用,如瓶装饮料的标签中就有回收标志。

根据《GB/T 18455—2010 包装回收标志》的规定,常用包装材料的回收标志及说明见表 9-1。

表 9-1　　　　　　　　常用包装材料的回收标志及说明

材料名称	纸	塑料	铝	铁
回收标志	♲	△	Al	Fe
说明	适用于纸盒、纸箱和纸浆模塑等制品。在标志下方可标注"纸"	仅为基本图形	在标志下方可标注"铝"	在标志下方可标注"铁"

一般塑料包装回收标志按《GB/T 16288—2008 塑料制品的标志》附录 A 标示代号和缩略语,常用于包装的塑料代号和缩略语见表 9-2。图 9-12 给出了标示示例。

表 9-2　　　　　　　　常用塑料代号和缩略语

材料术语	聚对苯二甲酸乙二醇酯（聚酯）	高密度聚乙烯	聚氯乙烯	低密度聚乙烯	聚丙烯	聚苯乙烯
代号	01	02	03	04	05	06
缩略语	PET	PE-HD	PVC	PE-LD	PP	PS

当用于包装的可生物降解塑料包括在《GB/T 16288—2008 塑料制品的标志》附录 A 之内,其回收标志见图 9-13(1),表示"含有 15% 质量分数矿物粉和 5% 质量分数玻璃纤维的聚乳酸生物分解塑料餐盒"(聚乳酸的代号是 92,缩略语是 PLA)。当用于包装的可生物降解塑料不包括在《GB/T 16288—2008 塑料制品的标志》附录 A 之内,其回收标志见图 9-13(2),可生物降解塑料标志中的代号"00"表示"可生物降解",缩略语×××的表示方法见《GB/T 1844.1—2008 塑料　符号和缩略语　第 1 部分:基础聚合物及其特征性能》。当需要表达材料的

生物降解技术条件时,可以在标志的下方或左右两侧标注简要的文字说明。

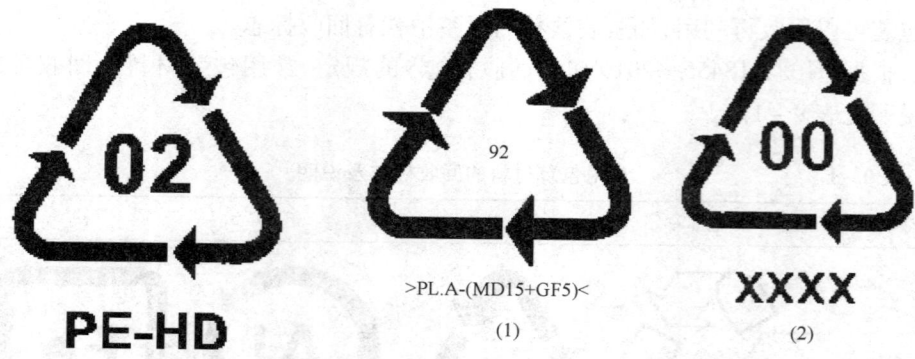

图 9-12　一般塑料包装回收标志的标示示例

图 9-13　可生物降解塑料包装回收标志的标示示例

第四节　食品商品商标注册与管理

一、商标及其作用

商标是企业、事业单位和个体工商业者对其生产、制造、加工、拣选或经销的商品所使用的标志。通常由文字、图形或者其组合构成,印在商品表面或包装上。是知识产权中工业产权的一种,须由工商行政管理部门认定注册。

在现代商品经济中,商标对于促进商品生产、发展商品流通以及方便消费者等方面都起着越来越重要的作用。

1. 商标有区别商品来源的作用

商标是特定的企业在特定的商品上所使用的特定的标记,因此通过商标可以区别商品的来源。

2. 商标具有标志商品、稳定质量水平的作用

商标一旦用于某一特定商品,经过长期反复使用,在消费者心目中便会留下一种印象,这种印象自然关系到该商品的质量水平,从而成为人们选择商品的标志。

3. 商标具有宣传、推销商品的作用

在使用过程中,经过广告媒介宣传,商标在消费者中广为人知,产生影响,使其发挥宣传、推销商品的作用,成为商品竞争的有力武器。

4. 商标对在国际上开辟和巩固市场、发展对外贸易和经济技术合作有重要作用

在国际市场上创牌子、做广告、洽谈生意都离不开商标,国际市场的商品供求渠道,要靠有信誉的商标来维持和发展。

二、商标的特征及其分类

（一）商标的特征

商标是随着社会生产的不断发展而不断演变、发展起来的，具有以下基本特征。

1. 识别性

商标是商品的标志，因此必须具有显著特征，易于识别。例如台湾的"旺旺牌"食品，其商标"旺仔"是一个可爱的儿童，引人注目。

2. 排他性

商标是生产者和经营者的无形财产，能够产生价值，因而不允许其他人侵犯或侵害，不许出现混淆和误认。例如，茅台酒将其商标、瓶型等全部注册登记，其他厂家就不能再生产这种商标并且不允许假冒，更不能将相同或类似的商标申请注册。

3. 竞争性

商标可以通过树立信誉、标示商品的质量，在市场上向消费者提供商品信息使消费者得以认牌选购，因而使商标在竞争中处于优势地位。

4. 固定性

商标经过国家商标局注册登记功后，其文字、图样及使用的商品范围均不得随意变动。如需变动，必须按法定程序申请，否则将不受法律保护，还可能因此而侵犯其他人的已注册的商标，构成侵权行为。

（二）商标的分类

按商标的结构可分为文字商标。图形商标和文字、图形组合商标三种。文字商标的主体是由文字构成，文字的读音即商标名称。图形商标主体由图形构成。文字、图形商标是由文字和与文字相关联的图形构成的，这种商标图文并茂，至今我国大多数产品采用这种组合商标。以上这些商标均为平面视觉商标，在国外，有的国家还允许立体商标、音像商标注册。

根据商标的性质、作用和特殊性来看，可分为如下几种。

1. 服务商标

服务商标指广告、实业、保险、金融、建筑、运输、教育、文娱、旅馆等服务行业用以将自己与他人的服务项目区别开来的标记。

2. 联合商标

联合商标指商标所有人在自己相同的商品上注册几个相近似的商标，这些相近似的商标称为联合商标。联合商标是一个整体，相互间互为近似，不能分割转让。

3. 防御商标

防御商标指商标所有人在非类似商品上为其商品分别注册，这种商标一般是著名商标,是为了防御他人在不同类别商品上使用其商标而采用的措施。

4. 保证商标

保证商标指能够区别商品来源、材料、制造方法、质量精密度和其他特征的商标。保证商标未经领导机关批准不准转让,使用保证商标,须经商标所有人许可,其经营的商品必须保证其质量标准,如达不到标准,按其侵犯商标专用权处理。

5. 驰名商标

驰名商标也称周知商标,即商标信誉卓著,极为著名,并为广大公众所熟知。各国并无统一标准,也无统一认定,一般由各国商标主管机关自行制定。

根据2013年8月30日新修正的《中华人民共和国商标法》的规定,经商标局核准注册的商标为注册商标,包括商品商标、服务商标和集体商标、证明商标;商标注册人享有商标专用权,受法律保护。集体商标是指以团体、协会或者其他组织名义注册,供该组织成员在商事活动中使用,以表明使用者在该组织中的成员资格的标志。证明商标是指由对某种商品或者服务具有监督能力的组织所控制,而由该组织以外的单位或者个人使用于其商品或者服务,用以证明该商品或者服务的原产地、原料、制造方法、质量或者其他特定品质的标志。

三、商标的注册与管理

商标法是确认商标专用权,规定商标注册、使用、转让、保护和管理的法律规范的总称。它是国家运用法律手段对注册商标专用权实行保护,并以此监督商品质量,反不正当竞争行为的有效工具。它对于加强商标管理、维护商标信誉、保障消费者的利益、促进商业竞争都具有十分重要的意义。

《中华人民共和国商标法》规定,国务院工商行政管理部门商标局主管全国商标注册和管理工作。国务院工商行政管理部门设立商标评审委员会,负责处理商标争议事宜。集体商标、证明商标注册和管理的特殊事项,由国务院工商行政管理部门规定。商标国际注册遵循中华人民共和国缔结或者参加的有关国际条约确立的制度,具体办法由国务院规定。

(一)商标的注册

任何能够将自然人、法人或者其他组织的商品与他人的商品区别开的标志,包括文字、图形、字母、数字、三维标志、颜色组合和声音等,以及上述要素的组合,均可以作为商标申请注册。商标注册人有权标明"注册商标"或者注册标记。申请注册的商标,应当有显著特征,便于识别,并不得与他人在先取得的合法权利相冲突。但是在商标注册中有一些标志不得使用,如中华人民共和国的国家名称、国旗、国徽不得作为商标使用。

商标注册程序分为必经程序和特别程序。必经程序是申请人申请商标注册必须要经过的注册程序,它包括:商标注册的申请、审查(形式、实质)、审定并公告、注册并公告四大程序。特别程序是在商标注册过程中发生矛盾、冲突或其他原因时采用的补救程序,并不是必经的程序,包括商标驳回复审、商标异议复审、商标争议三个程序。

商标注册基本流程见图9-14。

(二)商标的管理

商标成功注册之后的管理主要涉及:注册商标的续展、变更、转让、使用许可、无效、使用管理、专用权的保护等几个方面。

1. 注册商标的续展

注册商标的有效期为十年,自核准注册之日起计算。注册商标有效期满,需要继续使用的,商标注册人应当在期满前十二个月内按照规定办理续展手续;在此期间未能办理的,可以给予六个月的宽展期。每次续展注册的有效期为十年,自该商标上一届有效期满次日起计算。期满未办理续展手续的,注销其注册商标。商标局应当对续展注册的商标予以公告。

2. 注册商标的变更

注册商标需要变更注册人的名义、地址或者其他注册事项的,应当提出变更申请。

3. 注册商标的转让

转让注册商标的,转让人和受让人应当签订转让协议,并共同向商标局提出申请。受让人应当保证使用该注册商标的商品质量。转让注册商标的,商标注册人对其在同一种商品上注册的近似的商标,或者在类似商品上注册的相同或者近似的商标,应当一并转让。对容易导致混淆或者有其他不良影响的转让,商标局不予核准,书面通知申请人并说明理由。转让注册商标经核准后,予以公告。受让人自公告之日起享有商标专用权。

4. 注册商标的使用许可

商标注册人可以通过签订商标使用许可合同,许可他人使用其注册商标。许可人应当监督被许可人使用其注册商标的商品质量。被许可人应当保证使用该注册商标的商品质量。经许可使用他人注册商标的,必须在使用该注册商标的商品上标明被许可人的名称和商品产地。许可他人使用其注册商标的,许可人应当将其商标使用许可报商标局备案,由商标局公告。商标使用许可未经备案不得对抗善意第三人。

5. 注册商标的无效宣告

已经注册的商标,违反《中华人民共和国商标法》的相关规定,或者是以欺骗手段或者其他不正当手段取得注册的,由商标局宣告该注册商标无效;其他单位或者个人可以请求商标评审委员会宣告该注册商标无效。

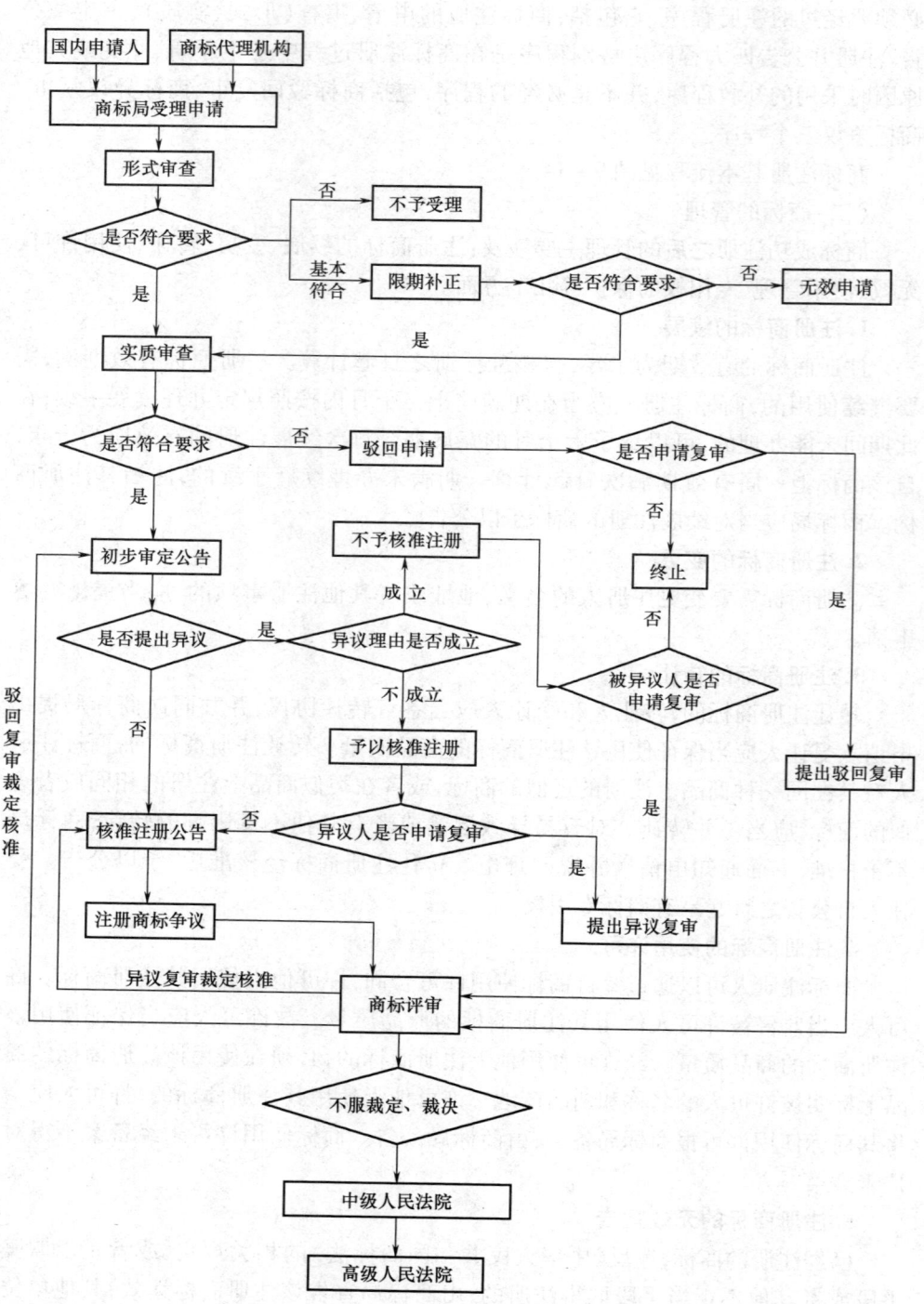

图 9-14 商标注册基本流程

6. 商标使用的管理

商标的使用,是指将商标用于商品、商品包装或者容器以及商品交易文书上,或者将商标用于广告宣传、展览以及其他商业活动中,用于识别商品来源的行为。

商标注册人在使用注册商标的过程中,自行改变注册商标、注册人名义、地址或者其他注册事项的,由地方工商行政管理部门责令限期改正;期满不改正的,由商标局撤销其注册商标。注册商标成为其核定使用的商品的通用名称或者没有正当理由连续三年不使用的,任何单位或者个人可以向商标局申请撤销该注册商标。注册商标被撤销、被宣告无效或者期满不再续展的,自撤销、宣告无效或者注销之日起一年内,商标局对与该商标相同或者近似的商标注册申请,不予核准。被撤销的注册商标,由商标局予以公告,该注册商标专用权自公告之日起终止。

7. 注册商标专用权的保护

注册商标的专用权,以核准注册的商标和核定使用的商品为限。对于侵犯注册商标专用权的行为,引起纠纷的,由当事人协商解决;不愿协商或者协商不成的,商标注册人或者利害关系人可以向人民法院起诉,也可以请求工商行政管理部门处理。将他人注册商标、未注册的驰名商标作为企业名称中的字号使用,误导公众,构成不正当竞争行为的,依照《中华人民共和国反不正当竞争法》处理。对侵犯注册商标专用权的行为,工商行政管理部门有权依法查处;涉嫌犯罪的,应当及时移送司法机关依法处理。

(三)新修正的《中华人民共和国商标法》简介

共有八章七十三条。与以前相比,新修正的《中华人民共和国商标法》(于2014年5月1日起正式施行)有6大亮点:增加商标审查时限的规定、完善商标注册异议制度、厘清驰名商标保护制度、禁止抢注他人商标、规范商标代理活动、加强商标专用权保护。

在此仅对新商标法"厘清驰名商标保护制度"做一简单介绍。对于"驰名商标"的注册,以前存在将其作为一种荣誉称号的误区,盲目追求驰名商标认定,甚至出现弄虚作假的行为。新商标法明确了对"驰名商标"的保护制度,只有当持有人认为其权利受到侵害时,可以依照本法规定请求驰名商标保护。即新法遵循"个案认定、被动保护"的原则,明确规定商标局、商标评审委员会、人民法院不得主动适用商标法有关保护驰名商标的规定,只有当事人在商标案件中提出保护其驰名商标的申请后,才可以适用相应的规定;同时规定,认定结果仅对该案件有效。新商标法禁止以"驰名商标"的名义进行广告宣传,避免误导消费者;规定生产、经营者不得将"驰名商标"字样用于商品、商品包装或者容器上,或者用于广告宣传、展览以及其他商业活动中。违反上述规定的,由地方工商行政管理部门责令改正,处10万元罚款。

知识拓展

净含量里有多少水?

"净含量"是食品毛重扣除包装容器重量后食品的净重量,从中可以读出食品的性价比。

净含量是食品标签的一项重要内容,其标注方法在强制性国家标准《GB 7718—2011 预包装食品标签通则》有明确规定。净含量是很关键的信息,以方便面为例,一方面,有总重量(面饼+配料)和面饼重量之分;另一方面,有独立包装的产品应注意独立包装的内容物重量,以及总重量,以防内外包装上产品重量标注不同的情况。另外,消费者还要注意罐头等食品中标注的"固形物"等概念。

1."净含量"标注问题多多

目前,市场上有许多定量包装食品存在"净含量"标注不规范的现象,主要表现在以下几个方面:

一是"净含量"的标注与产品名称不在同一展示版面内。这类产品包装袋的正面往往只标注产品名称、商标、厂名、厂址等,而将净含量与配料、执行标准、生产日期、保质期等标注在包装的另一面。《预包装食品标签通则》第4.1.5.5条明确规定,净含量应与食品名称在包装物或容器的同一展示版面标示。显然,这种"净含量"的标注方法不够规范。

二是标注"净含量"字符高度不符合规定,普遍表现为所用字体太小,不容易使消费者看到净含量的标注。标注净含量所用字号太小使消费者不易看到,有在净含量上欺瞒消费者的倾向。《预包装食品标签通则》规定按包装产品的分量不同,其标注的"净含量"字体最小高度分别为2毫米、3毫米、4毫米和6毫米,也就是说净含量的字体能大不能小,并且要求其标注部位应与食品名称一起标示在食品包装的主展示版面上。

三是"净含量见袋内"。消费者在购买此种包装的产品时,不打开包装袋不可能知道净含量的多少,而商家是不会允许消费者随意打开包装的。因此,这种"净含量"的标注方法剥夺了消费者对净含量的知情权,而且装在包装袋内的标志易对食品造成污染。

四是"净含量"见封口。这种标注方法既不符合产品名称与净含量在同一视野内的规定,而且同样大小的包装袋内装的食品净含量不同,尤其是在净含量相差不大的情况下,容易误导消费者,对消费者的利益造成损失。

2.固形物是什么意思?

大家在注意净含量时,可能还会因"固形物"一词而困惑。国家标准《预包装食品标签通则》规定,食品企业必须标明容器中食品的净含量,固态食品要标重量,容器中含有固、液两种物质的食品,除标明净含量外,还必须标明该食品的固形物含量,用质量或百分数表示。

那么什么是"固形物"呢?像八宝粥、豆腐乳、醪糟、水果罐头等食品都涉及"固形物"的概念,因为它们都是由固态和液态两种形态的食品构成的混合食品。固形物就是指的其中的固态食品,固形物含量是指固体食品质量与总质量的比值,一般以质量分数的形式标注。

3. 净含量的三种标注方式

食品的净含量有三种标注方式:①液态食品,用体积或用质量;②固态食品,用质量;③半固态或黏性食品,用质量或用体积。所谓半固态食品,指的是番茄酱、酸牛乳、果酱、黄豆酱之类流体状的食品。容器中含有固、液两种状态的食品,除标明净含量外,还必须标明该食品的固形物含量,如水果罐头需标明固形物(果肉)含量。

自我测试

一、填空题(10×1 分)

1. 包装最重要的作用是_____。
2. 豁免标示保质期的预包装食品有:乙醇含量≥10%的饮料酒_____、_____、_____、_____。
3. 注册商标的有效期为_____。
4. 商标按结构可分为文字商标、_____和_____商标三种。
5. 商品条码中的前2位或3位数字为前缀码,国际物品编码协会分配给我国的前缀码为_____——_____。

二、名词解释(4×2.5 分)

包装容器　食品标签　预包装食品　证明商标

三、选择题(10×1 分)

1. 下列回收标志中(　　)是纸、(　　)是可生物降解塑料、(　　)是铝、(　　)是一般塑料、(　　)是铁的包装回收标志。

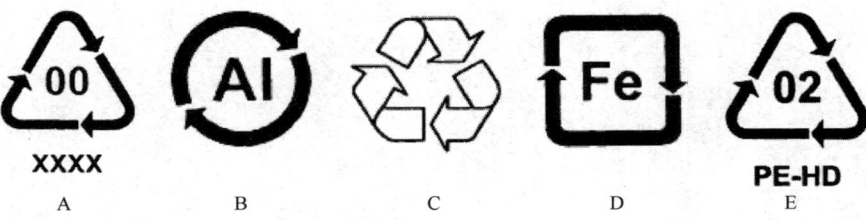

A　　　　B　　　　C　　　　D　　　　E

2. 常用塑料包装材料的缩写(　　)是聚乙烯、(　　)是聚酯、(　　)是聚氯乙烯、(　　)是聚丙烯。

A. PP B. PE C. PVC D. PET

3.《中华人民共和国商标法》规定,( )主管全国商标注册和管理的工作。
A. 食品药品监督管理总局 B. 国务院工商行政管理部门商标局
C. 国家卫生和计划生育委员会 D. 国家质量监督检验检疫总局

四、判断题(10×1分)

( )1. 很多食品包装上都印有"人与垃圾桶"的符号,这是包装可回收利用的标志。

( )2. 对于纸类包装材料来说,某些商品需要阻隔性能好、某些商品需要阻隔性能差。

( )3.《限制商品过度包装要求 食品和化妆品》(GB 23350—2009)对食品包装的包装空隙率和包装层数都有规定,例如要求包装层数为"3层及以下"。

( )4. 标准组合包装的零售商品的商品代码可以与包装内所含单个商品的代码相同。

( )5. 国家规定保健食品外包装或产品说明书上不能出现"抗癌"、"降低血糖"等绝对性医疗表示。

( )6. 绿色食品分为A级和AA级两种,A级的要求更严格。

( )7. Kosher认证标志又称洁食认证或犹太认证,有效期为1年。

( )8. 注册商标成为其核定使用的商品的通用名称或者没有正当理由连续三年不使用的,任何单位或者个人可以向商标局申请撤销该注册商标。

( )9. 牛皮纸是用牛皮做成的纸。

( )10. 穆斯林可以放心食用带有清真食品标志的食品。

五、简答题(4×2.5分)

1. 请说出当前市场上流通的食品包装上QS标志的含义。
2. 商标有哪些特征?
3. 新修正的《中华人民共和国商标法》对"驰名商标"的使用是怎样规定的?
4. 请简述包装的作用。

第十章 食品商品的心理定位及影响

> **学习内容**
>
> 1. 食品商品的心理定位的基本概念;
> 2. 食品商品的心理定位的发展和作用;
> 3. 重点学习影响食品商品心理定位的主要因素。

> **学习目标**
>
> 1. 掌握食品商品的心理定位的概念、作用;
> 2. 理解影响食品商品心理定位的主要因素;
> 3. 熟悉受众对食品商品的认知过程;
> 4. 了解食品商品心理定位中的广告影响;
> 5. 初步具备食品商品心理定位的分析能力。

第一节 食品商品心理定位的理论分析框架

一、定位理论的发展与内涵

定位(positioning)一词最早是由广告公司经理杰克·特劳特于1969年6月在美国营销杂志 *Industrial Marketing* 上发表的《定位是人们在如今的仿效市场上所玩的游戏》一文中提出来的。特劳特认为,定位是你对未来的潜在顾客的心智所下的功夫,也就是把产品定位在你未来潜在顾客的心中。

1972年,艾·里斯和杰克·特劳特在为 *Advertising Age* 撰写题为"定位时代"

的系列文章时,宣称定位时代的来临。邓德隆(2005)将其概括为:定位就是让品牌在顾客的心智阶梯中占据最有利位置,使品牌围成某个类别或者某种特性的代表品牌,当顾客产生相关需求时,便会将该品牌作为首选。定位理论发展到今天,已经突破广告领域,由广告定位发展到营销策略定位再到企业战略定位,形成一种新的营销理论,对企业的营销战略和品牌规划产生了广泛而深刻的影响。

二、定位理论的基本框架

定位理论从我们所处时代的社会环境出发,里斯和特劳特指出,传统媒体报纸、电视广播以及新型媒体计算机网络和手机的出现,使得人们每天接触到的信息量在不断增加,而且技术的发展使得传播速度更快。但由于生理上的局限性,大脑不能处理全部的信息。人们会对所接收的信息进行筛选,并对所提供的信息进行抵制,大脑的自我防御机制就会发生作用,越来越多的信息被排除在大脑之外,即大脑是有限的。在进行信息选择的过程中,大脑会摒弃那些与大脑里原有观念相抵触的信息,大脑是不易改变的,我们将大脑的这种特性称为"大脑的不变性"。

承认大脑的有限性就是承认顾客的大脑是最重要、最稀缺的资源。在这种信息爆炸的环境中,营销者要使传播的信息不被淹没,只有用定位概念打入顾客大脑,与市场上的噪声区隔开来,才能充分利用好与顾客有限的接触机会。承认大脑的不变性就是说顾客的大脑是难以改变,不要试图去改变消费者的观念,一个产品或品牌必须在大脑里寻找新的定位,即所谓心智阶梯才能获得成功。大脑的有限性和不变性说明了为什么要定位,是定位理论的理论基础,这是定位区别并超越传统营销理论的根本所在。

因为大脑的有限性,大脑具有喜欢简单、厌恶复杂的特性。所以,有效的营销方法就是传播尽可能简单的信息,即简化传播;因为大脑的不变性,企图去说服消费者认可你的产品和服务比竞争对手更好往往会招致失败,所以,打造品牌的最佳方法不是为现有市场提供比竞争对手更优质、更便宜的产品或服务来满足顾客需求,而是开创一个新的产品类别,使你的品牌成为新品类的第一品牌,在潜在顾客心智中占据有利的位置。从战术角度讲,简化传播就是用最能表达产品或品牌特性的一个"字眼"在潜在顾客心智阶梯中占据品类中第一品牌的位置。只有在消费者的大脑里进行定位,品牌才能建立更好的认知,才能取得领先优势,这就是领先原理。

三、食品商品的心理定位

商品心理定位是指连锁企业针对目标消费者和生产商的实际情况动态地确定商品的经营结构,实现商品配置的最佳化。但值得注意的是,连锁企业更倾向注重消费者的利益,所以,商品心理定位同时是企业决策者对市场的判断分析的结果,同时又是企业经营理念的体现,也是连锁企业通过商品来设计出企业在消费者心目中的形象。

商品是提供连锁业者获利的主要来源,如何在竞争的市场中脱颖而出,有赖合理的商品心理定位及适当的商品组织,首先必须确定商圈的顾客群,深入了解消费变化趋势,适当予以调整,使消费者充分满足,进而产生忠诚,达到销售的最后目的。定位差异策略有三种方法:

1. ABC 法则

好卖不一定好赚,有赚头不一定是营业额最高的。因此,最畅销的商品不见得是利润最高的商品。ABC 法则就是在众多商品的组合中,经营者要依 80/20——80% 业绩来自 20% 商品的宗旨,定义到底创造业绩的精英是谁?换言之,运用 ABC 等级的评定,分出对营业贡献最大的商品,以作为进货的依据。

2. 商品分类组合

商品分类是依节庆、生命周期、策略目标的不同,定义商品组合。而分类法有三种定位的产品。

(1)集客品 用以吸引顾客主动上门的指标。可以说消费者的最爱就是"集客品"。集客品目标在于凝聚消费者目光,进而吸引他上门。面广、心动价格、符合节庆、节气、名牌是评选集客品的门槛。而"量足"、"低调"、"独性"、"唯新"则是选择集客品时所需注意的限制。

①门槛。

a. 面广:是"大家都需要"的定义。也就是说,集客品一定是高需求的商品。

b. 心动价格:在竞争市场的形势下,具备竞争力价格往往是促使顾客购买的临门一脚。所谓低价,并不是指一定是低于成本的流血定价,而是在直觉上比市场行情低价或比竞争者价格低。也就是说,集客品的定价一定是消费者有感觉的低价。此外,如名牌或是配合节气、节庆也是考虑集客品的依据。或者,别人没有唯我独有的商品,也可列为集客品。在营销策略运用上,集客品一定是广告诉求的主力。因此,集客品可以说是商品先锋部队。

②限制。集客品由于其毛利较低,所以一般而言,均以限量供应控制毛利额,预防过度销售集客品,损及整体利润。"量足"强调的就是不要让消费者入宝山空手而返。也就是说,在有点多又不会太多的情况下,控制货源,不要让消费者完全买不到,以免造成反效果。因此,集客品货源是否充裕,是否能准时供应是量足的要点。低调则是指事先保密周到,且不要引起供货厂商或者竞争者的围剿。独性是说保持集客品的独立性。也就是说,不要因为集客品的销售影响整条产品线销售,乃至使得其他产品无法销售。尤其要避免因为集客品销售拉低整体产品线的毛利。每次都给消费者新的利益是"唯新"的定义,也就是说,集客品要能推陈出

新,给予顾客不同的感受。

(2) 策略品　连锁业是动态业,随着时代变迁及生活形态的不同,如何随时运用商品组合紧紧抓住消费者,是策略品的关键。所以,策略品就是连锁事业的储备兵团,是依据连锁企业生存定义所衍生出来的商品。因此,潜在性及前、远瞻性是制定策略品的两大要素。也就是说,具备发展潜力或是未来可成为架构连锁企业基石的商品均可列为策略品。

(3) 重点品　重点品是目前的中坚部队。重点品就是指目前商品组合中获利主力。因此,好卖又好赚或是好卖但利润稍低者皆可列为重点品。尤其在策略性运用,销售主力应放在重点品。也就是说,透过集客品吸引顾客上门后,再以贩售技巧让消费者购买重点品,才能确保利润。

3. 商品排行

在业绩当先的前提下,创造利润的商品是什么？评定商品组合的准则是"贡献度",而非"营业额"。经营最后的结果是"净利"。因此,经营者应运用"毛利额"来评定商品组合,并依排名结果重新审阅调整商品中的策略品、集客品、重点品之定位组合,以营造最高价值的商品组合。

而在排名之中,经营者也不可以忽略"呆品",也就是说每月均排名末尾的滞销品往往是业绩的杀手。因为店面有限,在寸土寸金中,滞销品多占一个陈列空间,就等于减少一份业绩收入,而且太多的过时品也会影响门店光鲜度,影响顾客上门的意愿。因此,除了每月调整及检讨商品组合,也应淘汰"呆品"。

第二节　影响食品商品心理定位的主要因素

一、品牌对食品商品心理定位的影响

(一) 品牌定位理论概况

1. 基本内容

品牌定位理论是由艾·里斯和杰克·特劳特于20世纪70年代提出的,他们首次提出"定位"这一概念,并对营销市场产生了巨大的影响,引领着一个新的营销时代——"定位时代"的到来。所谓品牌定位,就是把一个品牌植入消费者的头脑,或者说,是通过广告为品牌在消费者的心中确定一个位置,使消费者在需要解决某一特定的消费问题时,会首次、其次或再次地想到某一品牌的商品。定位并不改变产品本身,而是使产品在顾客心目中占据一个有利的位置。

现在,市场竞争日趋于商品品牌竞争,从而使竞争的焦点集中到了品牌差异化的竞争上,而品牌定位也成为竞争的核心。

2. 品牌定位的心理效应

品牌不仅仅是产品的代名词,它还涵盖了企业声誉、产品质量、企业形象等多

方面内容。当消费者面临选择时,往往会对某一种品牌产生特定的偏好和品牌忠诚,这就依赖于品牌在市场中的定位。就好比在消费者的头脑中建立了一个二维坐标,把自己的产品定位在某一点上,当消费者在购买该类产品时,能从整个比较混乱的坐标中,准确地找到某一品牌的位置。

(1) 期望现象——人们只注意他们所期望看到的事物 人们已经形成既有的认知和观念,他们认为自己的这些既有认知、观念就是真理,就是事实。而这些既有的认知、观念会影响到人们对新事物的认知。这表现在两个方面:其一,心智中既有的认知、观念会让你有选择地接收信息,你"看到"、"听到"、"尝到"的事物往往是你"希望看到"、"希望听到"、"希望尝到"事物;其二,心智中既有的认知、观念有时会完全误导你,比如在一个装满自来水的瓶子上贴上"农夫山泉"的商标,你对"农夫山泉"既有的认知——天然水——会影响到你对事实——自来水——的判断。

当人们在知觉一项事物时,不仅仅依赖于感觉接收到的信息,更重要的是它受到已有知识、经验和思维的影响。当一种品牌给出的定位明确而清晰,那么当消费者对某一消费现象产生感觉时,知觉也会自动搜索到过去经验中的最清晰的那个定位,从而指导其消费行为。

(2) 记忆的容量是有限的——人们对同种事物的记忆是有限度的 人的短时记忆容量大约为"7 ± 2"个组块,即最小为5个,最多为9个,平均为7个。对于商品来说,很少有人能准确说出7中同类商品的名称,消费者通常会将同类商品做一个划分,排出心中的第一、第二,以方便记忆的提取。同时,消费者只能接收有限的信息。在超载的信息中,消费者会按照个人的经验、喜好、兴趣甚至情绪,选择接受哪些信息,记忆哪些信息。因此,较能引起兴趣的产品种类和品牌,就拥有打入消费者记忆的先天优势。

例如,我国的杭州娃哈哈集团,最初是以生产"娃哈哈"儿童营养液而一举成名。它的成功就是由于产品定位准确,而广告定位更是让人过目不忘,因为它源于一首人人熟知的儿歌,很容易引进儿童与家长的共鸣。直至今日,"娃哈哈"仍然在市场上占据着一定份额,这与"娃哈哈"市场定位鲜明,便于消费者记忆是分不开的。

(3) 思维定式与习惯——人们喜欢简单并且排斥与其消费习惯不相等的事物
消费者喜欢简单,讨厌复杂。在各种媒体广告的狂轰滥炸下,消费者最需要简单明了的信息。例如,七喜在推出产品时,主打"非可乐",使人们在选择非可乐类饮品时,第一个想到它,七喜将"非可乐"这一重点清楚地打入消费者心中,使其确保了非可乐类饮品中的巨大影响地位。

同时,人们在生活中容易养成固定的习惯,而习惯很难更改,虽然一般认为新品牌有新鲜感,较能引人注目,但是消费者真能记到脑子里的信息,还是耳熟能详的东西。对于与其消费不相等的事物产生排斥的态度。

(二)运用心理学理论来考察品牌定位的意义

品牌定位是一个基于心理过程的概念,通过明确消费者对品牌定位的心理认知情况,并且综合企业新产品的特点和优势,寻找消费者心理需求中尚未被其他品牌满足的市场空隙,根据产品自身的优势选定一个适合的空隙市场,满足目标消费群体的心理需求。只有抓住消费者心理的品牌定位才是成功的定位,所以也只有结合了心理学的理论知识才能更好地研究并设定品牌的定位。

综上所述,品牌定位不是定位者单方面的行为,除了考虑产品的自身因素,还要让消费者参与品牌定位,即保持与消费者的对话和互动。品牌定位者应当深入研究每一种可能的互动关系,在对话中综合运用这些互动关系,找到品牌定位的核心理念和消费者心理的契合点,并在充分了解消费者对品牌定位认知的情况下,结合产品的特点和优势,进行能够打破消费者原有的品牌心理位序、重塑消费者原有认知的品牌定位。

二、色彩对食品商品心理定位的影响

食品包装除了要实现盛装、保护产品等基本功能以外,还要美观、有一定的文化内涵,才能吸引消费者,从而给商家带来较好的经济效益。在食品的整体销售中,色彩有着很重要的作用,它可以营造醒目、清晰、对比等不同的效果,能帮助人们更好更快地阅读,可以吸引人们的视线,同时还能强调设计和解释信息,能传达感觉或情感。

(一)色彩的作用

(1)引人注意　色彩能起到吸引人注意的作用。色彩能吸引人的视线,让人产生继续观看的兴趣,实验表明,色彩在包装设计中更具有吸引力和视觉冲击力。

(2)反映商品特性　色彩能够更加真实地反映商品的特性。色彩能把商品的相关信息真切自然地表现出来,以增强消费者对产品的信任和了解,使人们能够更加直观地认识和了解商品。

(3)暗示商品质量　色彩能起到暗示商品质量的作用。包装运用独特的色彩语言,借以表达商品的种类、特性、品质,便于消费者购买。

(4)突出主题　色彩能够突出包装设计的主题。包装中色彩的设计的情调,能使消费者受到某种特定情绪的感染,直接领悟包装所要传达的宗旨,引起消费者的共鸣,使消费者对产品产生好感。

(5)赏心悦目　色彩具有悦目的视觉效果。良好的色彩设计不仅能够有效地传达商品的信息,而且还具有一定的审美功能,能引起消费者的观赏兴致,给消费者以赏心悦目的审美享受和熏陶。

(6)加强记忆　色彩能起到加强记忆的作用。包装就是运用色彩的反复传递同样的信息,使消费者对产品留下深刻的印象。

(7)树立产品和企业的威望　色彩能够有效的树立产品和企业的威望。把色彩作为一种传达信息的工具,通过视觉刺激和象征意义,宣传企业的经营理念和商品特点,更加有利于企业形象和品牌形象的树立。

(二)色彩体现食品的特点

色彩是食品中的一个重要因素,色彩搭配得当,食品就会格外引人注目。消费者在超市里选购商品,面对琳琅满目的商品,能瞬间给其留下深刻印象的必然是具有鲜明个性色彩的包装。食品中色彩应用得当,会加深消费者的注意力,促进购买行为。精美的食品包装色彩设计,不仅能美化商品,抓住消费者的视线,使他们在购买商品的过程中获得良好的审美享受,还能对产品起到一定的宣传作用,让人在不经意中注意到食品的品牌。通过研究消费者色彩喜好的普遍规律进行准确的商品心理定位,合理地运用色彩,才能设计出令人满意的食品。

1. 色彩的功能特点

色彩是食品中最能吸引顾客的因素,如果色彩搭配得好,消费者就会有一种赏心悦目的感觉。食品包装的色彩设计受食品属性的制约,而色彩本身也有它的属性,所以,用色要考虑消费者的生活习俗和欣赏习惯,也要考虑因商品的档次、销售场合、食品特点的不同而运用不同的色彩。

通过色彩的合理运用和色彩的相互关系,还可以很容易地表现食品的口感,比如可采用硬边风格的图形、折线式的纹样结合冷色系来表现入口松脆的食品。要充分表现食品的口感,除了依靠色彩、图形元素外,还可以采用表现实物的照片,尤其是一些产品本身形态和色彩比较好的食品。

2. 色彩的民族、地域特点

民族不同,风俗习惯不同,爱好、禁忌也会不同;受教育程度、文化层次不一,对色彩的喜好也不一样。黄土高原和云贵高原一些少数民族或者边远山区的人们,喜爱大红大绿等一些极鲜艳的颜色,这和他们生活的苍凉、浑厚的高原、大山背景相和谐、统一,同时鲜艳色彩也是他们顽强生命力以及他们对生活的热爱的外在表露;而普通城市居民,大多偏爱淡雅、清新、明快的颜色。对于中国人和西方人来说,西方人视粉红色为生命之色,因为粉红色有多愁善感、易激动和浪漫的感情色彩,这和西方人热情、外向、夸张的性格相对应;而中国人把绿色看成是生命之色,绿色象征着希望、青春、朝气,同时也代表着和平、稳定,有安于现状求安宁的情感成分,这又与中华民族含蓄、稳重、平和的美德分不开。

在东南亚和欧洲,视黄色为高贵的王室御用色,代表着神圣和尊严;在美国,黄色也是深受人们喜爱并被广泛运用的颜色;但在日本,黄色却有不成熟之感,象征着遭殃,有趋于死亡之意。所以,在美国行销不衰的"百事可乐"饮料,由于包装商标的主色调是黄色,却在日本市场滞销,惨遭失败(见图10-1)。

图 10-1　日本百事可乐的包装

3. 色彩必须吸引消费者的视线

人们在观察景物时,视觉的第一印象是对色彩的感觉。在食品包装设计上,色彩是影响视觉感受最活跃、最敏感的要素之一。色彩有较强的视觉冲击力,同时又容易引起人们的心理变化和情感反应。因此,色彩最易引起消费者的注意。如图 10-2、图 10-3 所示为两款椰子类食品的包装,形式相同,设计者以不同的色彩区分商品的种类,整体色调鲜亮饱满,摆放在超市的货架上形成了整体、显眼的视觉效果,特别容易引起消费者的注意。

图 10-2　偏绿色的椰子类食品包装

图 10-3　偏蓝色的椰子类食品包装

（三）食品包装的色彩心理

1. 色彩心理概述

色彩心理是指客观色彩世界引起的主观心理反应。人们对食品包装的色彩心理感受实际上是多种信息的综合反映,它通常包括由过去的生活经验积累起来的各种知识。比如"望梅止渴",就是因为人们看到了青色的梅子,而经验告诉我们,这种梅子非常酸,因而使人产生了相应的生理反应。

（1）色彩的冷暖感　红、橙、黄为暖色,容易使人联想到太阳、火焰等,产生温暖之感;而青、蓝为冷色,容易使人联想到冰雪、海洋、清泉等,产生清凉之感。另外,一般的色彩加入白色会倾向于冷,加入黑色会倾向于暖。饮料包装多用冷色,白酒类包装多用暖色。

（2）色彩的轻重感　色彩的轻重感主要由色彩的明度决定。明度高的浅色和色相偏冷的色彩感觉较轻,其中白色最轻;明度低的深暗色彩和色相偏暖的色彩感觉重,其中黑色最重。明度相同、纯度高的色彩感觉较轻,而冷色又比暖色显得轻。

（3）色彩的距离感　在同一平面上的色彩,有的使人感到突出或者近些,有的使人感到隐退或者远些。这种距离上的进退感主要取决于明度和色相,一般是暖色近,冷色远;明色近,暗色远;纯色近,灰色远;鲜明色近,模糊色远;对比强烈的色近,对比微弱的色远。鲜明、清晰的暖色有利于突出主题;模糊、灰暗的冷色可衬托主题。

（4）色彩的味觉感　在食品包装上,色彩可引起食品的味感。人们一见到红色的糖果包装,就会感到甜味浓;一见到清淡的黄色用在蛋糕上,就会感到有奶香味。一般来说,红、黄、白色具有甜味;绿色具有酸味;黑色具有苦味;白、青色具有咸味;黄、米黄具有奶香味。不同口味的食品,采用相应色彩的包装,能激起消费者的购买欲望,从而取得较好的效果。

（5）色彩的华贵、质朴感　纯度和明度较高的鲜明色,如红、橙、黄等具有较强的华贵感,而纯度和明度较低的沉着色,如蓝、绿等显得质朴素雅。

2. 食品包装的色彩心理与年龄的关系

人们随着年龄的变化,生理结构也发生变化,色彩所产生的心理影响也会有所差异。儿童大多喜欢极鲜明的颜色,红和黄两色是一般婴儿的偏好。4～9岁的儿童最爱红色,9岁以上的儿童最爱绿色。一项调查显示,男生喜爱的颜色排序为绿、红、黄、白、黑,女生喜爱的颜色排序为绿、红、白、黄、黑。绿色与红色为男女生共同喜爱的颜色,黑色普遍不受欢迎。这一统计结果表明,青少年偏爱绿色和红色,其原因是绿色和红色让人联想到生机勃勃的大自然和自然界中充满生机的红花绿树,这些色彩的偏爱与青少年精力旺盛、淳朴天真的心理特质相吻合。而成年人由于生活经验和文化知识的丰富,色彩的喜爱除了来自生活的联想以外,还有更多的文化因素。因此,按照不同年龄层次消费群体的色彩心理进行食品包装设计,可以做到有的放矢。

3. 食品包装的色彩与感官感觉

味道除了主要有甜、咸、酸、苦、辣之分外,各种味道又有浓与淡的区别。要在包装上表现这么多的味觉,并向消费者正确传递味觉的信息,设计者就要根据上述人认识事物的方法和规律来进行表现。例如,红色的硕果给予人甜美的口感,因此,红色用于包装主要就是要传递甜的味觉,此外,红色还给人以热烈、喜庆、革命的联想。因此,在食品、烟、酒上应用红色,又有喜庆、热烈的含义。而黄色使人联想到刚烘焙出炉的糕点,散发着诱人的香味。因此,在表现食品的香味时,多用黄色。橙黄色介于红与黄之间,其传递的味觉如橙子,甜而略带酸味。而表现新鲜、嫩、脆、酸等口感与味觉时,一般都以绿色系列的色彩来表现。

4. 食品包装的色彩设计

色彩的运用必须从食品的特点出发,设计需要表现出食品的特色,同时兼顾消费者的心理需求及欣赏习惯。合理而恰当地运用色彩,能引起消费者对食品的初始购买欲望。

在设计食品包装的色彩时,首先要确定包装的整体风格,在此基础之上,根据产品的特点与市场导向,从表达商品信息和吸引消费者的角度进行色彩设计。食品包装的色彩应当有效地表现商品的特点,配合文字内容和图形,相互完善,相互融合,形成商品的整体形象。

(1)果味奶糖包装盒 如图10-4所示的这款果味奶糖的色彩设计采用粉红色作为主色调,使用色彩艳丽明快的粉红色可以强调奶糖香、甜的嗅觉、味觉和口感。另外,草莓味的奶糖一般来说是小女孩比较喜爱的食品,而粉红色又是大多数小女孩喜欢的颜色,所以采用粉红色作为包装色彩是比较适合的。

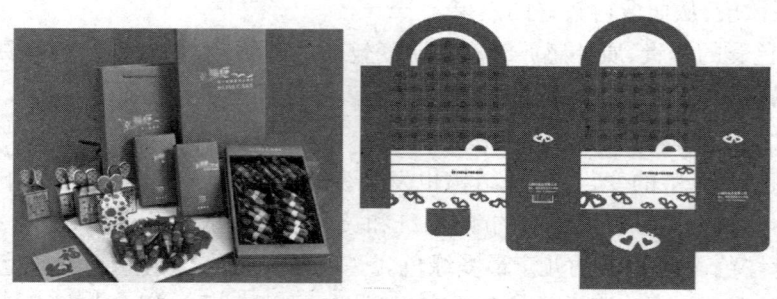

图10-4 粉红色的果味奶糖包装

(2)深海鱼片包装盒 如图10-5所示,深海鱼片为海产品,包装主色调采用透明的天蓝色,使人联想到浩瀚的大海、清新的空气。同时,天蓝色还给消费者一种卫生、安全、可靠的心理感觉。

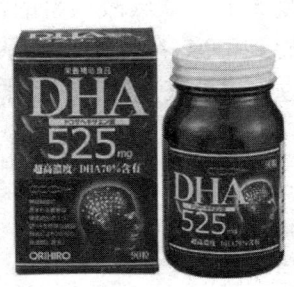

图 10-5　天蓝色的鱼片包装

（3）巧克力包装盒　巧克力包装一直以来都是一个热门的话题，每年推出的巧克力新款包装数不胜数，而最具传统性的包装色彩就是巧克力色，因为它不仅仅表现了食品（巧克力）的特征，更让人从中看到了产品本身的精良品质。如图10-6所示的包装将白色作为配色，白色虽然很少能引起食欲，但它看起来很纯洁，同时还能凸显巧克力色，从而使包装更能引人注目。

图 10-6　巧克力色的巧克力包装

（4）香辣酱包装盒　香辣酱最大的特点就是香、辣。辣就表示红红火火，用来表示劲辣的颜色一般使用黑色或者红色，如图 10-7 所示的包装采用大红色：底色是红的，辣椒也是红得让人垂涎。红色不仅能吸引爱好辣味的消费者的视线，更能刺激消费者的食欲。

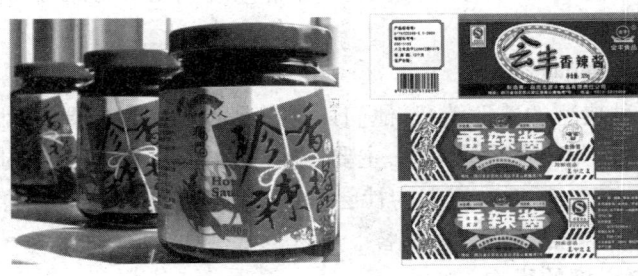

图 10-7　红色的香辣酱包装

(5)碳酸饮料标签　如图10-8所示为夏天的一款碳酸饮料的标签,采用白底蓝水纹的色彩搭配,蓝色和白色都是令人感到清凉、冰冻的冷色系。在饮料瓶上更能让人感到像夏天里一阵凉爽的风,左边采用黑底蓝字,更能衬托出"冰冻"的感觉。

图10-8　蓝色和白色组合的碳酸饮料标签

三、包装对食品商品心理定位的影响

由于人们生活水平的提高,消费者购买商品时越来越重视商品的外观,因此,商家应该更加重视商品的包装。所以研究包装和消费者心理的含义对企业发展有着重要的意义。

(一)商品包装对消费者心理的影响

俗话说"货卖一张皮"。对于不同性质的产品来说,包装的作用大小不一。在科学进步和经济高度发展的今天,商品包装设计已成为科学、艺术、文化相结合的产物,需要独特的创意、奇巧的构思以及和现代技术的完美融合。商品包装设计作为一种高度知识密集型的创造活动,在诱导消费、提高商品竞争力、促进企业发展等方面起着重要作用。因此,包装对消费者心理有很大的影响,甚至可以左右他们对产品的认识和感受。对此,企业要对商品包装的心里功能进行深入的研究。

1. 对少年、儿童心理的影响

少年、儿童是一种典型的感性消费,他们认为产品包装是最重要的因素,更注重对商品的直观印象。儿童在婴幼时期,主要是生理性需要,随着年龄的增长,需要便从本能的发展为有自我意识加入的社会的需要。其后,随着年龄的增长,模仿性消费逐渐被有个性特点的消费所代替。

2. 对青年消费者心理的影响

青年的自我意识是青年个性发展最集中的表现之一,青年的独立意向非常强烈,内心丰富,热情奔放,富于幻想。为此,青年人对商品的需求是时尚和新颖,往往是新产品的尝试者,他们不愿落后于时代,追求新时代潮流是他们中的大部分人的共同心理。

3. 对老年消费者心理的影响

老年消费者心理稳定程度高,注重实际,较少幻想。购买动机以方便实用为主,在购买过程中,要求商家提供方便、良好的购物环境和服务。消费中求方便是老年人生理变化促成消费生活变化的自然走向;大多数老年消费者是理智型的消费者,老年人消费心理受习惯的影响较大。随着年龄的增加,他们的消费经验也不断增加。老年消费者是把商品的实用性作为第一目的性,至于包装等因素是放在第二位考虑的。

4. 对女性消费者心理的影响

女性消费群体的审美观影响着社会消费潮流。女性消费者还注重商品的实用性和具体效益,以及商品的便利性和生活中的创造性。因此,设计师在进行商品包装设计时应恰到好处地应用现代女性的心理特征及其变化趋势,使包装的色彩、款式能诱发女性的情感。商品包装图案、色彩要明朗、热烈,商品包装要注意宣传时尚,表现消费趋向,只要了解了女性消费者的购买动机与需求,以及决策的心理活动过程,就能随时把握住女性消费市场的新契机乃至整个消费市场的变迁及发展趋势。

(二)基于消费者心理的包装策略

商品包装是商品构成要素的一个组成部分,失之便会降低商品的价值,破坏商品的完美性。在市场经营活动中,商品包装被冠以"无声推销员"的美称,对企业销售和消费者行为发挥着越来越大的影响;因此,研究消费者的心理并制定相应的策略对企业未来的发展有着很大的作用。

1. 尊重习惯的包装策略

尊重消费习惯的商品包装策略以顺从消费者的习惯为出发点,它能方便消费者使用商品,而且消费者能通过包装识别商品和记住商品。这主要包括:

(1)配套包装　即适应消费者对商品连带使用或匹配适用的习惯,将相关商品组合起来包装。如雀巢咖啡,将咖啡与咖啡伴侣同时装入。再如,南京雨润的熟肉类套装礼盒,内装烧鸡、盐水鸭、鸭肫等不同种产品,这种包装既方便购买又方便食用。

(2)系列包装　即将用途相似、品质相近或者同一品牌的商品,采用同一图案、色彩、形状的包装。这种不同商品的同一包装,能强化人的视觉,同时也可以借用某一商品的知名度来打开其他商品的销路。因此,它能产生容易识别、便于记忆商品的心理效应。

(3)分量包装　根据消费习惯、消费特点和家庭规模大小差异而设计不同容量的包装。如奶粉用大包装，内有小包装，一小包就是一天的食量。这种包装既能适应不同消费者的消费习惯，又能给消费者一个比较精确的数量和价格信息，满足消费者追求方便使用的心理效应。

(4) 惯用包装　即尊重消费者的传统观念，采用消费者喜欢并容易接受的包装。例如，各种酒类的包装大多数采用透明的高颈玻璃瓶等。一般来说，家喻户晓的包装不要轻易改变。

2. 个性需求包装策略

由于消费者年龄、性别、性格、气质等个性差异，就在生理和心理上形成很大的差别。所以在包装的设计上要突出个性特征，以满足消费者个性需求的包装策略。

(1) 高档包装　对高档优质产品，采用高级的包装材料、设计精美的包装造型和漂亮的包装装潢，给人以产品质优高档的感觉，以利于提高产品的定价。

(2) 分装与改装　将产品原来的大包装改变为小包装，或改变原有的包装。分装与改装除了方便销售之外，还可提高原有产品的定价。

3. 情感性包装策略

情感是人们对客观事物是否符合自己的需要而产生的一种主观体验。消费者对商品和劳务的消费过程能否满足他们的需要，都会产生不同的态度。消费者在长期的购买商品活动中接触各式各样的包装，相应地也会产生一种较为定势的情感体验；因此，企业根据消费者不同的情感心理需求选择和策划商品包装，可以激发消费者的情感，以达到促销目的。

(1) 礼品包装　这是一种用于馈赠他人商品的包装形式，消费者对这类商品的包装习惯上要求华丽、典雅、体面，赋予一定的情意和社会象征意义。

(2) 趣味包装　即在包装上增加趣味性和幽默感的包装形式。为了满足人们对趣味、幽默的情感需要，企业在包装上采用比喻、夸张、拟人等手法来体现趣味性和幽默感，以吸引消费者购买。

(3) 怀旧包装　这是为了迎合消费者追求返璞归真、怀念过去的商品包装形式。现代商品发展是历史的进化和继承，因此消费者在消费过程中总有一种怀旧的习惯，特别是一些历史悠久的有名商品更是如此。企业可以利用消费者这种心态进行怀旧包装。

4. 错觉包装策略

错觉是人们感觉器官在感知事物中，偏离事物的本来面目产生的一种歪曲形象。企业可将色彩、线条、图形巧妙地组合使消费者产生各种错觉，以满足其某种心理需求。

(1) 色彩错觉包装　色彩是商品包装中很重要的因素。我们生活在缤纷色彩之中会形成各种偏好和禁忌，而且色彩能引起人们不同的视觉和联想，产生不同的心理感受和错觉。利用这种现象,科学地选择色彩进行商品包装,有意识地掩饰商品的缺陷或突出商品的特点能引起消费者的购买兴趣。

(2)形体错觉包装　包装形状用得恰当给消费者造成商品数量多、体积大等错觉。其中图案也会给人以错觉,如两个同样形状的包装盒,一个图案简单、色彩明快,另一个图案复杂、色彩深暗,给人看起来前者显得大,后者显得小。

因此,人的心理活动是极其微妙的,也是难以捉摸的,人们往往凭自己的印象购买商品。商品包装是保护功能和艺术美感的融合,是实用性和新颖性的创新结合。作为一个设计师必须了解市场,研究设计形式因素和分析消费者的各种心理。只有这样才能准确地摸索到包装设计与消费者心理活动的规律,从而提高包装设计的效果,促使消费者产生购买商品的行动。

四、社会经济环境对食品商品心理定位的影响

(一)宏观社会经济环境对消费者心理行为的影响

宏观社会经济环境是指由社会生产力发展水平所决定的总体社会经济水平,以及与生产力水平相适应的社会生产关系。

社会经济发展水平影响消费品的供应数量和供应质量

社会经济发展水平的不同,影响消费品的供应数量和供应质量,在此基础上形成的消费心理也不同(见图10-9)。这种不同主要表现如下。

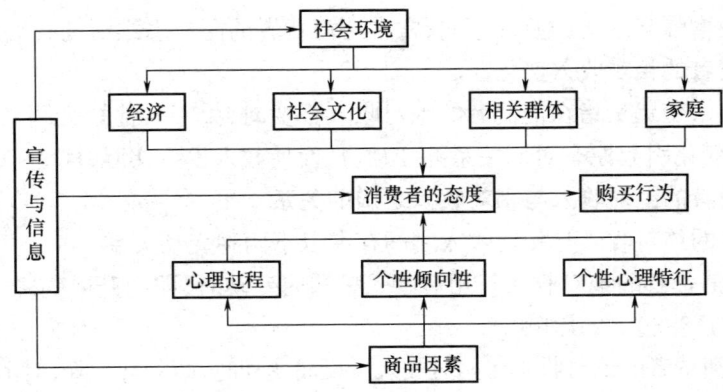

图10-9　社会环境对消费者心理的影响

1. 消费者求新、求奇心理的强弱对比。

当经济总体发展水平较低、消费品生产的更换周期较长、消费品的市场寿命周期相对较长时,消费者对消费品选择中的求新、求奇心理就会由于缺乏物质基础而被抑制,进而较长时间被压抑的心理活动就会逐渐弱化。比如,过去流行的所谓"新三年,旧三年,缝缝补补又三年"的观念,正是这种被弱化的求新、求奇心理的反映。随着生产力水平的迅速发展,各种消费品的品种、花色层出不穷,被激

发的消费活力大大强化了消费者的求新、求奇心理。再如,市场上"一日一个新款式,一季一种新流行",使得许多商品的寿命周期大大缩短。这种心理的强弱变化,归根结底取决于经济发展的总体水平。

2. 经济发展速度与消费者心理扩展速度的关系。

由于社会经济发展水平从总体上决定消费者心理的变化强度,所以,从一般意义上讲,消费者心理发展的速度应稍慢于经济发展的速度。也就是说,当一种新产品上市后,才会引起消费者的购买需求和购买兴趣。但是,在现实经济生活中往往并非如此,对于包括我国在内的许多发展中国家来说,随着开放与国际交往的不断增多,消费者的消费"目光"由原来仅局限于国内而转向"放眼世界"。以高度发达的经济水平引导的发达国家的消费方式,成为发展中国家消费者的"模仿"目标,造成发展中国家消费者心理的扩展速度快于经济发展的局面。这一点在我国居民经济生活中表现得也十分明显,反映出消费者心理对经济发展的巨大影响力。

(二)消费者的绝对收入变化与相对收入变化对心理的影响

1. 消费者的绝对收入变化

绝对收入变化是指消费者所获得的货币及其他物质形式的收入总量的升降变动。对大多数以货币收入为主的消费者来讲,影响消费心理的主要因素是货币收入绝对数额的上升与下降。一般来讲,当消费者的货币收入增加时,消费者的心理需求欲望随之增强;反之,当消费者的货币收入减少时,其心理需求欲望随之减弱。这种增强与减弱的心理倾向,常常与消费者的简单思维活动有关。

2. 消费者的相对收入变化

相对收入变化是指在消费者的绝对收入不变时,由于其他社会因素(如价格、分配等)的变化引起原有对比关系的变动,从而使收入发生实际升降的变动。

3. 消费者的绝对收入与相对收入之间的关系

消费者的绝对收入与相对收入之间存在以下两种变动关系。

(1)当消费者的绝对收入与相对收入呈同向变动时,即同升或同降,对消费者的变化不会产生过大的影响。

(2)当消费者的绝对收入与相对收入呈反向变动时,即一升一降,对消费者心理影响是较大的。它一般表现为绝对收入的上升、相对收入的下降。比如,当消费者的收入增加以后,需求和购买欲望随之增强。但是,当消费者进入市场以后,发现物价上升幅度快于自己收入上升的幅度或他人收入增加的幅度大于自己收入增加的幅度时,使原已膨胀的消费欲望受到打击,转而出现不稳定或失望的心理感觉。

五、社会文化环境对食品商品心理定位的影响

在影响消费者心理与行为的各种社会环境因素中,文化环境占有极为重要的地位。每个消费者都是在一定的文化环境中成长,并在一定的文化环境中生活

的,其价值观、生活方式、消费心理、购买行为等必然受到文化环境的深刻影响。

(一)社会文化的共同特征及其对消费行为的影响

就整体而言,各种形态的社会文化具有某些共性。把握这些共性或共同特征,有助于了解社会文化对消费者的影响和作用方式。

1. 共有性

文化是由社会成员在生产劳动和生活活动中共同创造的,因此它为全体成员所共有,并对该社会中的每个成员产生深刻影响,使其心理倾向和行为方式表现出某些共同的消费活动而言,文化影响表现为:消费者之间通过相互认同、模仿、感染、追随、从众,形成共有的生活方式、消费习俗、消费观念、态度倾向、偏好禁忌等。例如,红色用于庆典,白色用于丧葬之事,则是中国人特有的偏好和禁忌。

2. 差异性

每个国家、地区、民族都有自己独特的,区别于其他国家、地区、民族的社会文化,即有自己独特的风俗习惯、生活方式、伦理道德、价值标准、宗教信仰等。这些方面的不同,造成了不同社会文化的差异。例如,风靡全球的可口可乐在世界大部分地区采用红白相间色彩包装,而在阿拉伯地区却改为绿色包装,因为那里的人民酷爱绿色,对于他们来说绿色意味着生命和绿洲。又如,红色在中国人的观念中象征着热烈、吉祥、美好,但西方有些国家却认为红色是一种危险、令人不安、恐惧的颜色,容易使人联想到流血、事故和赤字。

企业在营销活动中应当高度重视不同社会文化之间的差异性,做到"入乡随俗,入境问禁",根据消费者的文化差异投其所好。唯有如此,才能被不同的文化群体接受。事实证明,在当今高度激烈的全球竞争中,产品越具有民族性,才越具有世界性。北京烤鸭之所以名扬四海、世人皆知,其魅力就在于独具特色的制作工艺和地方风味,以及它所承载的深厚的中国饮食文化。

3. 变化性

社会文化不是固定不变的。随着社会的发展演进,社会文化也将不断演化更迭。与之相适应,人们的兴趣爱好、生活方式、价值观念也必然随之发生变化和调整。消费品市场是反映社会文化变化的一个最敏感的窗口,因为社会文化的发展变化经常导致市场上某种消费时尚及商品的流行。20世纪60年代以前,西方国家的消费者大多喜欢高脂肪、高蛋白质的食物,结果导致很多人患肥胖症、心血管病及其他疾病。进入20世纪70年代后,在注重健康、讲求营养平衡和回归自然的消费导向下,西方国家消费者的饮食结构发生了巨大变化,各种低糖、低热量、低胆固醇、纯天然的健康食品受到消费者的青睐。

(二)社会文化、亚文化对消费者行为的影响

1. 不同的社会文化与亚文化对价值观念的影响

首先,在日常生活消费中,中国人的传统习惯多属节俭型,日常开支计划性较

强,在可能条件下总希望多一点积蓄,以备将来为子女、自身养老或未来其他事项进行购买,表现为较强的储蓄心理;而美国人则喜欢挣了钱就花掉,很少积蓄或从不考虑积蓄,表现为即时消费心理。

其次,在购买行为中,中国人习惯于用自己的钱购买,当需要买大件或贵重商品时,总是经过较长时间的储蓄,而不习惯于借钱买东西。在西方发达国家中,则盛行超收入支出的习惯,因此,赊销在西方商业活动中很盛行,购买中的分期付款和银行私人借款等都是很普遍的,而这些方式对大多数中国人则是不习惯的。

2. 不同的社会文化与亚文化对生活方式的影响

(1)在日常购买消费品的方式上,我国消费者特别是家庭主妇们大多习惯于每天去市场采购。即使目前冰箱、冰柜已在多数城市基本普及,他们仍然乐于每日上街采购。因此,遍及全国各大中城市的早市、夜市、集贸市场,正是中国城市人购物方式的产物。相比之下,美国的家庭主妇大多每周只购买一两次,他们认为每日上街购买生活用品(主要是食品)是很不合算的,是一种浪费。而对大多数中国人来说,"逛商场"、"赶集"、"赶场"是很惬意的,是一件趣事。

(2)每个民族在长期生存和繁衍过程中都逐步形成了本民族独有的、稳定的亚文化,并在生活方式、消费习俗和偏好禁忌中得到强烈体现,从而形成该民族特有的消费行为。我国是一个多民族国家,各个民族都有自己独特的消费习惯。例如,回族的饮食较严格,只吃牛、羊和某些家禽等肉类;朝鲜族则喜食大米、辣椒、狗肉汤。在穿着上,回族人习惯戴白帽或黑帽;朝鲜族男子习惯穿坎肩、肥腿裤,妇女穿小袄、长裙。

另外,饮食文化的变动趋势,更反映出消费者的生活方式与社会发展的同步性。具有制作精美食品传统的中国消费者,为了适应正在逐步加快的生活节奏,引进了各种快餐和方便食品;同时,中国的传统小吃、方便食品也得到了空前的发展。

3. 不同社会文化与亚文化条件下的审美观念

对美的追求具有普遍性,但美的内涵在不同社会文化与亚文化背景下,有着自身的特定指向性。以色彩为例,欧美一些国家的女性结婚时喜欢穿白色的婚礼服,在她们看来白色象征纯洁、美丽;而中国女性结婚时,大多喜欢红色服饰,在中国人的观念中,红色象征吉祥如意、幸福美满,而白色在传统结婚仪式中是很难被接受的色调。

第三节 食品商品心理定位中的广告影响

一、广告目标与广告心理效应

广告心理效应,是指广告对消费者的心理所产生的影响。它可能是认知方面也可能是情感方面,还可能是行为方面。在现代的广告活动计划中,广告目标的制订不仅仅以产品的销售作为指标,通常还以消费者认知、情感和行为变化作为指标。众所周知,广告活动的最终目的是把产品推销出去,然而广告能否达到这一目的,则取决于广告能否对消费者产生深刻的影响。广告对消费者的影响通常是多层次、多侧面的,见图 10-10。

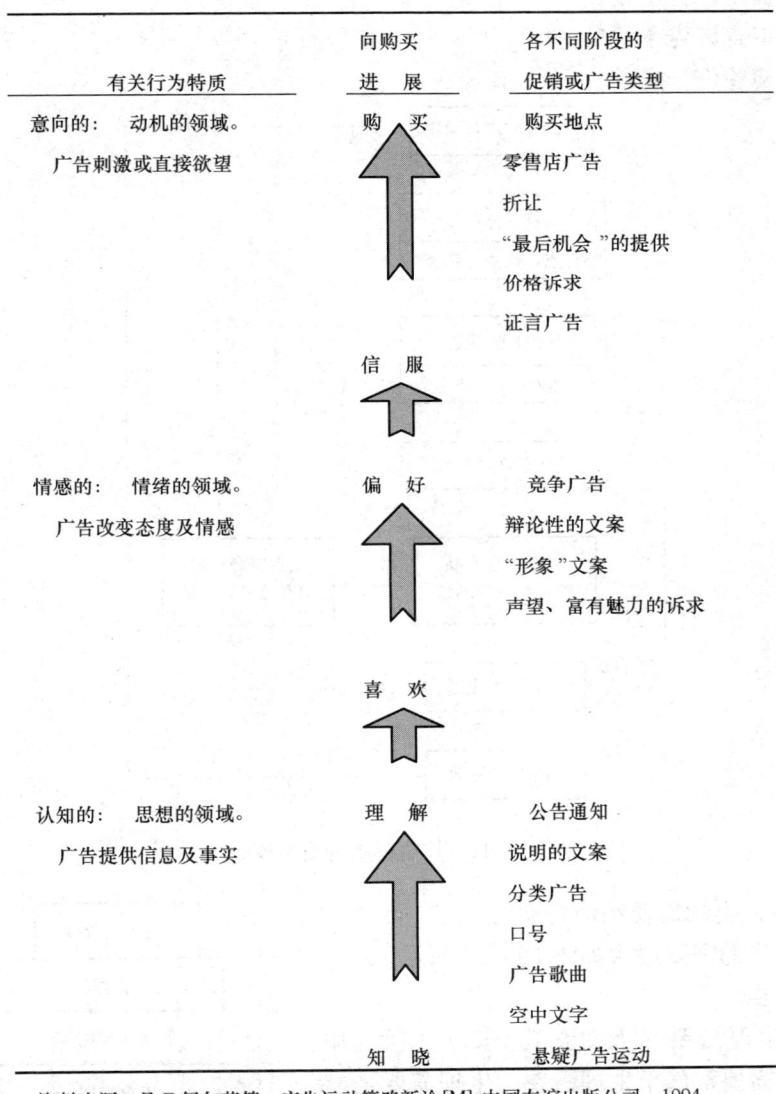

图 10-10　广告对消费者的效果:从知名到行动的进展

二、广告诉求决策及其心理依据

（一）广告诉求的决策模型

广告主题或诉求点的科学决策过程一般包括以下五个阶段（见图 10 - 11）：

（1）检讨已有广告主题。

（2）产品分析。

（3）提出广告主题。

（4）审查广告主题。

（5）检验广告主题。

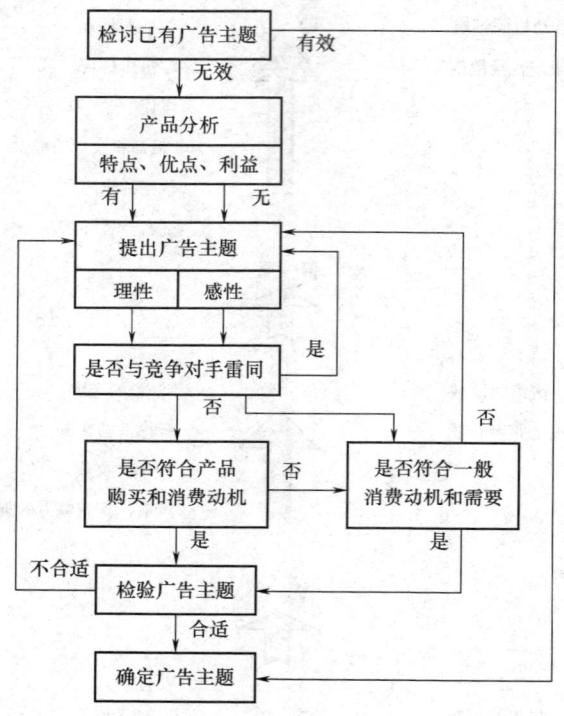

图 10 - 11　广告诉求的决策模型

（二）人类的需要和消费动机

马斯洛的需要层次如图 10 - 12 所示。

1. 需要

（1）生理需要　人对食物、水分、空气、睡眠和性的需要都属于生理需要。生理需要是最基本的，也是最有力量的。这类需要得不到满足，就会危及人的生存。所以它们是应当最先得到满足的需要。

图 10 - 12　马斯洛的需要层次

(2)安全需要　它表现为人们要求有一个安全、有秩序的环境,有稳定的职业,有生活的保障,能免除恐惧和焦虑等。

(3)归属和爱的需要　一个人希望与其他人建立情感联系或关系,如结交朋友、追求爱情、加入某一团体等,都是归属和爱的需要的表现。

(4)尊重需要　包括自尊和受到别人的尊重。自尊是相信自己的能力、才华和智慧;受到别人的尊重则表现为个人的能力和成就得到他人或社会的承认或赞许。

(5)自我实现需要　希望能充分地发挥自己的潜能,使自己越来越成为自己所期望的人物,完成与自己相称的一切事情。

马斯洛认为,这五种需要由低级到高级按层次组织起来。只有当较低层次的需要得到一定程度的满足之后,较高层次的需要才会出现并起主导作用。

马斯洛的"需要层次理论"从发展的角度对人类的需要进行了高度的概括。事实上人类的需要多种多样,既有先天需要(生理需要),也有后天需要(社会需要)。先天需要是人与生俱来的,如果长时期没有得到满足,就会产生强大的行为驱力,驱使人们去行动以达到需要的满足。美国广告学者史特朗(Strong)根据分析研究结果,列出以下 21 个先天需要的项目:

- 饮食
- 攫取
- 保有
- 逃避不喜欢的东西
- 男人常需要情绪上的刺激
- 需要若干程度的精神活动
- 社会性的需要
- 观察别人
- 表示自己的意见
- 向他人驯服或追随一位领袖
- 爱抚自己的孩子
- 猎取
- 搜集
- 逃避痛苦
- 常常显得很忙的样子
- 时刻需要去看、听、嗅、尝、触
- 克服别人的干扰
- 和他人在一起
- 被别人观察
- 管制别人
- 爱慕一位异性

后天需要是个体在后天获得的,它对于维系人类的社会生活、推动社会进步有着重要的作用。美国营销学者尼克逊(Nixon)在《销售原理》一书中指出,后天需要的重要性仅次于先天需要,后天需要因人而异,五花八门,但仍可以归纳为以下几种:

- 节省的需要
- 清洁的需要
- 金钱的需要
- 功利的需要
- 效率的需要
- 美观的需要
- 利益的需要
- 风格的需要

● 健康的需要

2. 动机

任何行为的发生往往都有其个人内在的原因。动机是指引起个体活动,并使活动朝向某一目标的内在心理过程或动力。

动机是以需要为基础的,只有需要转化为动机之后,才会导致行为反应。动机是由需要转变而来的,但是并非所有的需要都能转变为动机。需要转变为动机的一个重要条件是是否存在诱因(见图 10 – 13)。

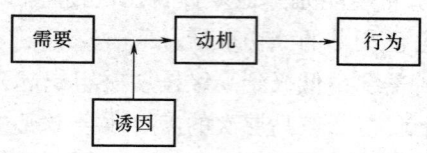

图 10 – 13 需要、动机、诱因和行为的关系

因此,从动机的范畴来考察广告活动,可以看出,广告的作用之一是激发消费者产生对某种商品和服务的需要;作用之二是展示给消费者某种诱因,让消费者知道满足他们某种需要的可能性和现实性,促使他们产生购买欲望。

表 10 – 1　　　　　　人的动机及其强度

动机	强度	动机	强度	动机	强度
1. 食欲	9.2	16. 休息(睡眠)	7.7	31. 模仿	6.5
2. 对子女的爱	9.1	17. 家庭安适	7.5	32. 礼貌	6.5
3. 健康	9.0	18. 节约	7.5	33. 游戏	6.5
4. 性吸引	8.9	19. 好奇心	7.5	34. 指使别人	6.4
5. 父爱或母爱	8.9	20. 效率	7.3	35. 闲谈	6.2
6. 野心(功名)	8.6	21. 竞争	7.3	36. 恐惧	6.1
7. 享乐	8.6	22. 合作	7.1	37. 体力活动	6.0
8. 身体舒适	8.4	23. 对神的信奉	7.1	38. 手的运动	6.0
9. 占有欲	8.4	24. 同情心	7.0	39. 建造	6.0
10. 别人的赞赏	8.0	25. 保护他人	7.0	40. 风格	5.8
11. 合群性	7.9	26. 驯服	7.0	41. 幽默	5.8
12. 味觉	7.8	27. 社会地位	7.0	42. 娱乐	5.8
13. 仪表	7.8	28. 对他人受信用	6.8	43. 害羞	4.2
14. 安全感	7.8	29. 好客	6.6	44. 揶揄	2.6
15. 清洁	7.7	30. 温情	6.5		

三、广告与消费行为

(一)消费行为

消费行为,是指消费者表现为寻求、购买、使用及评估用以满足其需要的产品或服务的行为。消费行为其实也是一个心理过程。消费个体的心理特点千差万别很难把握,但消费行为却能反映出消费者的大致心理模式。

(二)广告对消费行为的作用

1. 唤起消费者的潜在需求,激发消费欲望

广告人虽然无法创造人们的基本需要,但可以利用各种刺激手段来创造人们的欲望,进而激发消费动机。广告人员的任务不仅是唤起潜在需要,而且要激发消费动机,同时还必须设法激起消费者购买广告主产品的欲望与动机。例如,在德国的一种咖啡器广告中,演示者被蒙着双眼示范如何使用这种咖啡器煮咖啡,边说边做十分容易。咖啡煮好后装入杯中,当演示者将杯子放回碟子上时,却差点将杯子打翻,广告到这里戛然而止。广告观众先是一愣,略加思索后便会心而笑,原来用这种咖啡器煮咖啡,比把杯子放回碟子上还要容易。这则出人意料的广告极大地引发了消费者的兴趣,使不少消费者竞相购买。

2. 提供有关商品信息,进一步指向于具体的购买商品或服务

在现实生活中,公众对商品的了解,不少是从接受广告的刺激开始的,而现代广告的广泛采用,正是为了及时传播商品信息,引起公众的注意和兴奋,促成心理的认识过程,在记忆中留下尽可能深的印象。广告提供商品信息的作用就在于触发公众消费行为的开始。例如,炒菜时应该用哪种品牌的色拉油。

3. 增加某产品成为候选品牌的机会

广告的出现可以增强品牌的知名度,让品牌与此类商品的总称紧密地联系起来。例如,让消费者一看到补钙产品便想到"盖中盖"等。这样的知名度必须经过长期的市场活动培育。广告可以利用重复及联想来达到这个目的,使消费者在考虑购买某类商品时,一定会将这个品牌包括进去。提供某种商品在某一个或某几个评选标准中的评审情况。

4. 提供商品综合评价方法

任何一个品牌通常都不可能在消费者所采用的所有评价标准上得到全优,那么在这种必须衡量得失的情况下,如何选择一个品牌成为最后购买的商品呢?广告可以向消费者建议一些衡量取舍的原则。例如,消费者在选购牛奶时,往往不知道应该以何种标准为主来进行选择,针对这种情况,"蒙牛"高钙乳的广告提醒消费者"好钙源自好奶",因此,天然安全的优质乳源才是牛乳的首要标准。这就为消费者提供了一个综合评价的原则。

(三)广告诉求的心理策略

为了使广告诉求的决策合理、正确,下面几种心理策略是值得广告者加以重视的。

1. 诉诸特殊的需要

当一种产品或服务具有某种特殊的功效,而这种功效又正好是唯一能满足消费者某种特殊需要的产品属性,那么广告就应该以消费者的这种特殊需要和产品的这一特性为诉求点。

2. 激发低层次的需要

按照马斯洛的需要层次理论,层次越低的需要,其行为驱力就越大。新加坡航空公司的一则广告就是激发消费者低层次需要成功的典型案例。他们的广告以精美的餐点为广告的宣传重点。在广告中,他们呈现给人精美的食品服务,因而招来了大量的旅客。

3. 诉诸重要的需要

每个消费者在做购买决策时,都会考虑到他们有待满足的各种需要。而在他们的各种需要中,总有他们认为首先应该满足的。国内比较典型的广告是"今世缘"酒的一则特别强调交际应酬的电视广告,"成大事,必有缘"。

4. 强调特定需要满足的重要性

每一种产品都既有其长处,也有其短处,然而商品的长处不一定是消费者最迫切需要的。在这种情况下,广告就要强调这种长处的重要性。

5. 激发新需要

随着社会和科学技术的不断发展,一些用于丰富人们物质生活和精神文化生活的产品或服务不断出现。对于这些新的产品或劳务来说,消费者可能因为对它们不了解,也不知道它们能满足什么需要而敬而远之。在这种情况下,广告就应该努力去激发人们的新需要。

| 知识拓展

德芙巧克力——"爱是恒久忍耐"

德芙 = DOVE;
D = DO;O = YOU;V = LOVE;E = ME;
连起来是 DO YOU LOVE ME

dove 的翻译成中文是鸽子,还有和平的含义。

"你不能拒绝巧克力,就像,你不能拒绝爱情。"——《一颗巧克力的心声》。这部将巧克力与爱情巧妙衔接和融合的话剧,正是巧克力品牌德芙出品的艺术与商业跨界之作。事实上,从植入《杜拉拉升职记》到赞助艺术舞蹈演出,再到携手孟京辉团队推出这部话剧,德芙一直在敏锐地观察消费者情感、生活的变化,尝试触及消费者内心的情感和心灵。

"德芙巧克力希望为所有消费者的生活带来'More Moments,More Places,More Smiles',这也是我们品牌的愿景。"德芙品牌市场总监魏炜表示:"对于品牌来讲,除了最基本的产品创新和广告宣传手段之外,更重要的是如何去理解消费者的生活,在消费者的生活中找到更多的机会,能够跟消费者进行更深层次的沟通。"

在终端推广上,德芙一直坚持"市场生动化原则",这主要体现在三个方面:分布面广——买得到;显而易见——看得到;随手可及——拿得到。在终端陈列和展示上,讲究对消费者的第一印象,引起消费者的消费冲动和购买欲望。在宣传方面,德芙充分利用了海报、挂旗、粘贴、塑料架头牌、货架头牌、飘吊物、陈列纸柜、德芙专用陈列架、收银台货架、热点货架、散装货架等。在促销方面,德芙寻求最好的促销陈列机会,极大地促进产品销售。

一般德芙都会选择最好的陈列地点——消费者主流通道、有足够的空间;选择适当的品种——快销品种、应节产品;有准确清晰的价格标签;区域陈列个性化——针对不同的节假日或者不同层次的消费者,采取不同的陈列方式,迎合不同消费层面的需求,调动消费者的购买欲望。

"我一直在试图寻找的是,如何利用消费者生活中的某个时刻和一些片段,把德芙的信息有效地让消费者传递出去和感受到。这可能涉及两类因素:一是通过最基本的广告形式去做;二是在品牌的宣传和沟通形式上,体现我们对消费者在生活中重要时刻的理解。"魏炜认为,在经营理念中非常重要的一点,就是要去了解消费者和整个市场的变化。"需要用一整套的体系、方式去不断了解消费者对于巧克力口味的偏好。"

这是一个娱乐化的时代,通过电影、话剧、音乐这些消费者喜闻乐见的娱乐形式,与消费者深度沟通,潜移默化地提升品牌的认知度和美誉度,是娱乐营销的精髓。德芙正式通过这些娱乐手段,把一粒巧克力的美味晕染到消费者的情感和生活之中,不触动你的味蕾仍然可以让人感受到这款有百年历史的巧克力品牌浓郁的甜美。正如德芙品牌市场总监魏炜所说,"德芙巧克力希望为所有消费者的生活带来More Moments,More Places,More Smiles"。

自我测试

一、填空题(10×1分)

1. 1943年,亚伯拉罕·马斯洛提出了_____。
2. 心理是现实在头脑中的反映,它的表现形式基本上可分成两类:_____和_____。
3. 根据消费需求的对象不同,可分为_____和_____。
4. 消费者购买决策过程分为五个阶段,它们分别是:需要的认知、_____、比较评价、做出决策、_____。

5. 产品的生命周期一般可分为四个阶段,它们分别是:_____、成长期、_____和_____。

二、名词解释(4×2.5分)

催眠诱导　诱因　激情　群体

三、选择题(10×1分)

1. 在市场上影响消费行为的主要因素是(　　)。
  A. 营销活动　　　B. 促销手段　　　C. 消费心理　　　D. 货币收入
2. 喜欢标新立异,追求新颖奇特商品的消费者属于(　　)。
  A. 多血质　　　B. 胆汁质　　　C. 抑郁质　　　D. 黏液质
3. 某人去过苏宁电器,日后能够想起苏宁电器大楼的形象,属于(　　)。
  A. 感知形象记忆　B. 语词概念记忆　C. 情绪记忆　　D. 运动记忆
4. 人类消费行为的复杂多样性是基于(　　)。
  A. 需要的复杂多样性　　　　B. 动机的复杂多样性
  C. 消费品的复杂多样性　　　D. 生存环境的复杂多样性
5. 形成消费者稳定生活方式的心理基础是(　　)。
  A. 性格　　　B. 气质　　　C. 动机　　　D. 自我概念
6. 文化具有的前人向后人、由一个区域向另一个区域进行传递的特性,反映文化具有(　　)。
  A. 民族性　　　B. 发展性　　　C. 传播性　　　D. 历史性
7. 我们常说的"都市文化""乡村文化"是以(　　)为特点的亚文化群体。
  A. 人的社会职业　　　　B. 人口的行政区域分布
  C. 人所处自然条件　　　D. 共同的文化
8. 空巢家庭比较突出的消费动机是(　　)。
  A. 求名　　　B. 求美　　　C. 求实　　　D. 求新
9. 某消费者看到许多旅游广告,并且他的朋友都出去旅游了,于是他把旅游作为自己的最迫切的消费期望。这表明消费期望(　　)。
  A. 表现一定的期望概率　　　B. 表现个人的气质和性格
  C. 表现一定的行为动力　　　D. 具有一定的可诱导性
10. 商品陈列中确定重点摆放的依据是(　　)。
  A. 商品广告情况　　　　B. 商品销售情况
  C. 商品评价情况　　　　D. 商品打折情况

四、判断题(10×1分)

(　　)1. 人的梦属于无意想象。

(　　)2. 一个人的兴趣与其需要没有关系。

(　　)3. 气质是人典型、稳定的心理特点,主要由先天因素决定。

(　　)4. 性格是人的个性中最主要的心理特征,人和人之间的差别首先表现在性格差别上。

(　　)5. 求新心理动机的核心是"时髦"和"奇特"。

(　　)6. 所谓包装商品是指装于容器内的商品;所谓软性商品指那些属于流行的、装饰性的商品。

(　　)7. 产品生命周期就是指产品的使用寿命。

(　　)8. 老年人总是留恋过去的生活方式,对消费有一定的怀旧心理和保守心理。

(　　)9. 流行不是影响消费者购买心理和行为的重要因素。

(　　)10. 就饮食上看,我国历来就有南甜、北咸、东辣、西酸的饮食习惯。

五、简答题(4×2.5分)

1. 简述消费需求的一般特征。
2. 简述购买行为的特点。
3. 影响消费者态度的因素有哪些?
4. 简述消费者对价格的心理反应主要有哪些?

第十一章 食品商品的进出口贸易

> **学习内容**
>
> 1. 食品国际贸易的基本情况;
> 2. 食品进出口贸易的条件;
> 3. 食品出口的基本程序;
> 4. 食品国际贸易中的技术壁垒。

> **学习目标**
>
> 1. 了解当代国际食品贸易的基本状况;
> 2. 掌握中国食品进出口贸易的基本情况;
> 3. 熟悉食品商品出口贸易的条件和程序;
> 4. 掌握食品国际贸易中的技术贸易壁垒;
> 5. 能够根据所学知识,理论联系实际,分析我国食品进出口贸易的状况,预测发展趋势,应对各种技术贸易壁垒。

第一节 食品商品进出口贸易现状

食品贸易在国际贸易中占有重要地位,它与各国人民的生活息息相关。发展国际贸易可以实现自然资源在全球范围内的最佳配置。同时,食品贸易也是我国对外贸易的重要组成部分,它不仅可扩大出口创汇和促进农业现代化,而且有利于解决粮食供需矛盾并缓解粮食安全问题。

一、当代国际食品贸易的走势

1. 食品贸易不断增长,发展潜力巨大

当今世界虽然科技不断进步,经济结构不断调整,新兴产业不断出现,但食品业依然是永恒不衰的常青产业,食品贸易在世界经济贸易活动中占有重要地位。从近几年全球贸易活动情况来看:2001年全球商品出口贸易下降0.5%,而食品出口贸易却增长了4%,同期中国食品出口增长了4%。2002年全球商品出口贸易增长3%,而食品出口贸易却增长5%,同期中国食品出口贸易增幅高达11.8%。近几年来,由于恐怖事件、恶劣气候等因素的影响,国际贸易也受到一些影响,但国际食品贸易依然是增长走势。尽管食品贸易在全球贸易中所占比例有所下降,但其绝对量和绝对值还是保持稳中趋升的走势,这说明世界食品贸易发展潜力巨大。预计在未来几年内,世界各地的食品行业均会出现强劲的增长势头,这主要归功于世界人口的持续增长。据英国食品分销协会(IGD)估计,中国的食品交易额在2011—2015年将会从7000亿欧元增至10000亿欧元,而巴西、印度和俄罗斯的总销售额在这段时间内有望从7500亿欧元增至11000亿欧元。在印度尼西亚和美国,我们同样看到了其强劲的增长势头。尽管日本、法国、德国、英国、意大利等国家的食品交易额增长率仅实现了个位数,每年平均不到2%,但仍有望增加。

2. 绿色食品和有机食品成为消费中最有发展潜力的产业

随着经济的发展和社会整体福利水平的提高,人们对食品品质的要求越来越高,消费选择也从数量向质量转变。特别是绿色食品和有机食品的兴起,更加速了这一转变进程,引领食品消费进入了一个新的发展阶段。

国际贸易中心(ITC)的一份研究报告透露,有机食品已成为一项大宗贸易,其增速非其他食品可比。如美国,有机食品市场自1989年以来一直以20%的年增长速度增长,成为全球最大的有机食品市场。欧洲、日本有机食品销售也一路攀升,市场前景持续看好。预计今后几年许多国家的年增长率将达20%~50%。同时,据国际有机农业运动联盟(IFOAM)和瑞士有机农业研究所的共同报告,2006年全球有机食品和饮料的销售额达到386亿美元,比2000年增长2倍,并以每年50亿美元的速度快速增长。今后10年内,全球有机食品市场销售额将增加到1000亿美元。

可以预见,随着人们健康意识、环保意识的增强,有机食品贸易的迅速发展,有机食品将成为21世纪最有发展潜力和前景的产业之一。

3. 加工精细化和食品标准化成为食品业提高竞争力的有效途径

食品加工程度既反映了产业科技水平的高低,又测度着经济效益的大小。加工越精细,综合利用程度越高,产品附加值就越高。从作为基础原料的粮油加工来看,专用面粉在我国只有9种,而美国有上百种,日本和英国有数十种;专用油脂在我国台湾省有上百种,日本有几百种,而我国只有几种;玉米深加工品种美国有两三千种,我国只有20余种。一种原料如只能加工寥寥几种产品,许多物质的潜在价值就无法得以实现,这种损失不利于可持续发展。农业是食品业发展的基础,农产品的加工程序决定着食品业的规模和竞争力。目前发展中国家农产品加工产值与农业产值之比是3∶1,我国仅为0.5∶1;发达国家深加工用粮占粮食总产量的比例在70%以上,我国只有8%;发达国家农产品加工程度在80%以上,我国不足50%。未来食品市场竞争的核心因素将集中在加工业的规模和科技水平方面,即通过实现规模经济和提高核心竞争力来争夺更大的市场份额。当前世界食品市场主要由100家左右跨国公司所占有,它们以其资金、技术、规模经营等优势迅速向世界各地扩张,发展食品加工业是提高食品企业综合竞争力的有效途径。

4. 技术性贸易壁垒成为发展中国家食品贸易的巨大障碍

标准化是衡量一个国家食品工业发展水平的重要标志之一,也是进入世界市场的重要路径。发达国家以其技术优势率先制定了若干食品标准,并形成国际标准,这些标准既有益于保护人类健康和安全,但也成为发达国家限制进口保护本国市场的手段。目前技术贸易壁垒层出不穷,尤其是在关税大幅降低、传统非关税壁垒措施大大削减的情况下,越来越细、越来越苛刻的食品标准成为应对竞争对手的有效武器,技术贸易壁垒已成为发展食品贸易的重大障碍。根据商务部最新发布的数据,截至2012年,中国已经连续18年成为全球遭受反倾销调查最多的国家,连续5年成为全球遭遇反补贴最多的国家。一些贸易伙伴通过技术法规、标准、检验检疫措施、合格评定程序等限制我国产品出口,对我国农产品出口造成了极大的障碍(见图11-1)。

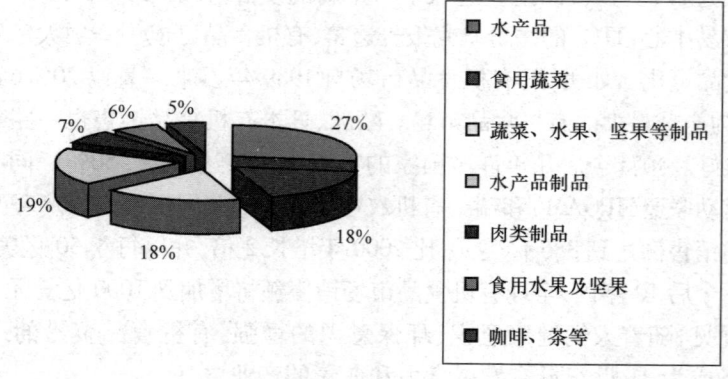

图11-1 我国遭遇技术性贸易壁垒损失较多的农产品
(数据来源:根据商务部网站中国农产品进出口月度统计报表计算得出。)

5. 食品市场竞争日趋激烈,贸易摩擦接连出现

食品、农产品贸易争端长期以来是国际争端的重中之重。乌拉圭回合将农产品贸易重新纳入了贸易自由化轨道,但WTO《农业协议》和SPS协议本身很不完善,各成员对其条款的理解和运用方式不同,从而导致了矛盾的发生。近年来随着市场开放度提高,贸易规模不断扩大,竞争日趋激烈,贸易摩擦也越来越多。

二、中国食品进出口贸易

加入世界贸易组织后,随着经济社会的发展与产业结构的调整,中国的食品对外贸易发生了巨大而深刻的变化,农产品的国际竞争力不断提升,出口创汇稳步增长,进口不断扩大。具体来说,呈现以下基本特征。

(一)贸易总量迅速扩大

我国 2002 年农产品进出口总额为 304.3 亿美元,2012 年增长至 1747.9 亿美元,翻了 5 倍还要多(见表 11-1)。十年间,中国农产品出口额年均增速达 11.7%。另根据世界贸易组织的统计,2008 年,我国已成为世界第五大农产品出口国,2010 年更是升至第三位。我国为水产品出口第一大国,占世界水产品出口总额 12%。我国大蒜、花生、烤鳗、苹果汁、香菇、蜂蜜、肠衣等农产品的出口量均位居世界前茅。谷物、棉花、食糖等主要农产品进口数量大幅增长。

表 11-1　　　　　2002—2012 年我国农产品贸易情况　　　　单位:亿美元

年度	进出口总额	出口额	进口额
2002	304.3	180.2	124.1
2003	401.3	212.4	188.9
2004	510.6	230.9	279.7
2005	558.3	271.8	286.5
2006	630.1	310.3	319.8
2007	775.9	366.2	409.7
2008	985.5	402.2	583.3
2009	913.8	392.1	521.7
2010	1207.9	488.8	719
2011	1556.2	504.93	1051.27
2012	1747.9	632.9	1115

数据来源:海关总署网站。

(二)在世界食品贸易中的地位逐渐上升

20 世纪 80 年代以来,我国食品出口值增长趋势比较稳定,食品出口值占世界食品进口总值的比重总体而言呈现上升趋势(见图 11-2)。1985 年我国食品出口值占世界食品进口市场的份额仅为 1.61%,1994 年上升到 3.15%;尽管 20 世纪 90 年代中后期有短暂下降,但 2000 年以来所占份额则继续稳定上升,2000 年为 3.55%,2004 年则达到 4.35%,之后虽有所下降,但也维持在 3%~4%。这表明我国作为世界食品市场的供应国地位在逐渐上升,是世界食品市场上比较重要的食品供给国。

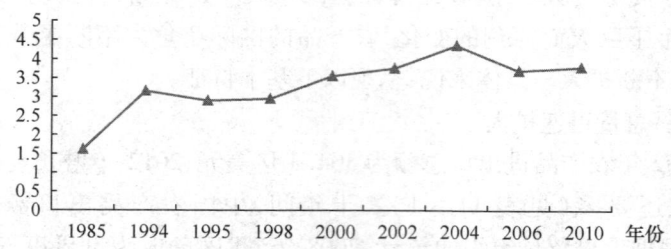

图 11-2　1985—2010 年中国食品出口值占世界食品进口总值的比重
（数据来源：中国产业信息网）

我国已成为世界水产品市场的主要供给国(见表 11-2)。1994 年我国水产类产品出口值占世界水产类产品进口值的比重只有 5.4%,2000 年上升到 7.35%,而 2010 年则达到 14.06%。果蔬类产品也是我国主要的出口食品,在世界市场的地位次于水产品,甚至在 2010 年达到 16.4%,超过了水产品的市场份额。由于谷物出口的不稳定,我国在世界谷物市场的地位也有所波动,所占份额在高的年份接近 4%,低的年份还不到 1%。咖啡、茶等饮品类作为我国出口值较大的一类食品,尽管在世界市场中的份额不大,但总体表现为上升趋势,2008 年经济危机时稍有影响,目前正在恢复中。20 世纪 90 年代中期以来,我国肉类产品的出口在世界市场中的地位下降,世界排名在前十位之外,这说明我国并不是世界市场上肉类产品的主要供应国。

表 11-2　　　　我国主要出口食物在世界食物进口市场中的地位　　　　单位:%

食物 \ 年份	1994	1995	1998	2000	2002	2004	2008	2010
肉类	1.53	2.32	1.99	1.59	1.41	1.21	3.63	2.59
水产品	5.4	6..24	5.69	7.35	9.11	12.25	13.78	14.06
谷物类	3.13	0.15	2.85	3.35	3.04	1.22	2.56	2.39
果蔬类	3.09	2.9	2.48	2.62	2.99	3.48	10.69	16.4
咖啡、茶等	1.56	1.41	1.48	1.73	1.93	2.46	1.92	2.13

数据来源:中国商务部对外贸易司网站。

（三）由贸易顺差向逆差转变

2004 年前的 20 多年中,中国农产品贸易一直是出口大于进口,是中国外贸顺差的重要来源。1992—2003 年间,农产品贸易累计顺差额达到 513.3 亿美元,占中国外贸顺差总额 2426.5 亿美元的 21.2%。特别在 1992 年,中国农产品顺差额占整个外贸顺差总额的比重高达 60.2%。但自加入 WTO 后,中国农产品的顺差额呈现递减趋势,并在 2004 年首次转变为逆差,逆差额高达 48.8 亿美元。自此以后,到目前为止,中国在农产品贸易中一直保持逆差状态,逆差额度累计达到 1685.84 亿美元(见表 11-3)。按照这种趋势,中国在可见的未来将有可能持续保持农产品贸易逆差状况。

表 11-3　　　　　2002—2012 年我国农产品贸易差额状况　　　　单位:亿美元

年份	出口额	进口额	贸易差额状况
2002	180.2	124.1	56.1
2003	212.4	188.9	23.5
2004	230.9	279.7	-48.8
2005	271.8	286.5	-14.7
2006	310.3	319.8	-9.5
2007	366.2	409.7	-43.5
2008	402.2	583.3	-181.1
2009	392.1	521.7	-129.6
2010	488.8	719	-230.2
2011	504.93	1051.27	-546.34
2012	632.9	1115	-482.1

资料来源:海关总署网站。

（四）进出口产品的特征明显

由于具有丰富的劳动力资源,我国劳动力密集型农产品生产和出口具有比较优势。在加入 WTO 后,我国这些产品的比较优势逐步得到发挥,出口比重稳步提高。2010 年,水产品及其制品、蔬菜水果及其制品、畜禽产品三大类劳动密集型农产品分别占农产品出口总额比重的 27.1%、32.1% 和 5%,三者合计为 64.2%。2012 年,我国农产品出口 632.9 亿美元,同比增长 4.2%。其中水产品出口额 181.2 亿美元,占 28.63%,蔬菜水果及其制品有所下降,出口 109.6 亿美元,占比 17.32%,但仍然占据我国农产品出口市场的第二把交椅,两者合计将近 50%。从单项产品来观察,2012 年出口金额排在前几位的产品是:冻鱼和冻鱼片、大蒜、苹果、苹果汁、小虾及对虾、番茄酱罐头、肠衣、豆粕、墨鱼及鱿鱼、干芸豆等。

而资源密集型产品在农产品进口中占主导地位。中国人口众多,土地相对稀少,水资源比较短缺,密集使用水土资源的农产品生产和贸易不具有比较优势,因此在贸易自由化程度逐步提高的环境中,资源等密集型产品的进口额显著增加。随着中国经济的发展,人民生活水平的提高,对畜产品和食用油的需求也逐步提高,因此我国对饲料(如豆粕)和油籽(如大豆)等原料性农产品的进口需求也将日益增加。2005年大豆、棉花等资源性农产品进口额高达180多亿美元,占全部农产品进口额的63%。特别是大豆的进口数量从1997年的626万t增加到2005年的2659万t,超过了国内产量的62.6%,进口量年增长速度达19.8%,稳居中国农产品进口首位。2012年,大豆进口继续增长,进口量达到5838万t,同比增长11.2%;进口额350亿美元,同比增长17.6%。纵观我国农产品贸易态势,大豆等土地密集型产品的进口是必然的,中国土地匮乏,资源性产品在国际农产品市场并无比较优势,通过进口来弥补国内需求缺口是必然趋势。

(五)出口食品安全水平有了明显提升

早在2007年8月22日,国家卫生部向世界卫生组织通报了中国食品安全状况。通报指出,自2004—2006年3年内,中国分别向美国出口食品89459批、81754批和94442批,合格率各为99.0%、99.0%和99.2%,出口日本食品合格率分别为99.8%、99.9%、99.8%,出口欧盟的食品合格率分别为99.8%、99.9%和99.9%。2007年上半年,中国出口食品总体合格率为99.75%,其中,中国出口美国食品合格率为99.1%,出口日本食品合格率为99.8%,出口欧盟食品合格率为99.8%。从上述统计数据可见,中国出口食品的合格率均保持在99.0%以上。

近年来,中国不断加强出口食品的安全管理,对出口食品形成了一整套较为严密的管理体系,初步实现从种植养殖基地到出口全过程的检验检疫和监督管理。具体措施包括:对出口食品原料种植养殖基地实施检验检疫备案管理;对出口食品生产企业实施卫生注册制度;严格生产过程监控,规范出口食品标签或标识,以便质量追溯和召回;出口食品逐批检验;根据进口国及地区要求,出具官方证书;实施"违规企业名单"制度,目前已有55家企业被列入"违规企业名单"。此外,进出口食品检验检疫能力不断提升,全国出入境检验检疫机构共建有163个食品检验检疫实验室,直接从事进出口食品检验工作的专业人员达6000多人。食品实验室技术先进,设备齐全,绝大多数拥有液质联用仪、气质联用仪、离子色谱质谱联用仪(ICP – MS)、高分辨质谱仪、同位素质谱仪、定量荧光PCR等先进仪器,具有很强的检测能力。同时,出口食品的结构不断优化,获得无公害农产品、绿色食品、有机食品认证的优质农产品市场占有率稳步提高,已成为出口农产品的主体,占到出口农产品的90%。近5年来,我国的绿色食品已得到40多个贸易国的认可,出口贸易额以年均40%以上的速度增长。

第二节　食品商品出口贸易的条件

食品工业承载着提高人民生活水平、带动农业发展、实现工业强国的希望和重托,是反映人民生活质量高低及国家文明程度的重要标志。在食品国际贸易中,基于未来国内外对食品需求多样化、营养化、安全化、个性化的基本特征,要想提升我国食品国际贸易竞争力,为食品出口创造条件,就必须在技术创新上下功夫。

一、发展农产品生态环保的技术

能源和环境问题是决定我国可持续发展的重要战略因素,也是当前制约我国国民经济发展的关键之一。最近20多年来国内外对能源利用以及相关科学问题的研究正呈现着加速发展的趋势。节能技术的研究工作在传热传质过程机理、强化传热、热力学分析、过程能量综合、能量利用系统优化等理论研究基础上取得了长足的进步和发展。因此,必须发展高效、节能、低污染的农产品与食品加工新技术。

（一）生物资源转化和高效利用技术

农林废弃物如秸秆、麦草和动植物下脚料如内脏、骨血、乳清、稻壳、油脚、麸皮等资源的充分利用和高效转化也是决定农业增效和农民增收的重要方面,对推动农村经济发展具有重大意义。重点研究和攻克生物质气化技术、生物质转化技术和酶工程技术,以有机碳水化合物、脂质及农业废弃物为原料开发生物煤气、生物氢、生物柴油、燃料酒精、生物可降解塑料、生物相容材料等,大力促进农副产品和农业废弃物资源梯度开发和高效利用,提高农业效益,长效地解决我国"三农"问题。

（二）农业环保材料、肥料的纳米技术

研制适用于农业用水及农业污水净化、土壤污染修复的纳米农业环保材料及其相关应用技术。针对污染农田或农业污水的主要无机、有机污染物,如重金属污染、稀土元素污染、化肥、农药污染,开发高效、低毒、廉价的纳米污染物去除剂。针对污染农田或农业污水的病原微生物,研制纳米除菌材料。开发农业、畜牧水产养殖业用水的纳米材料净化剂、净化技术和设备。研究纳米农业环保材料、纳米肥料用于农业领域后,对农田环境、农田生态系统可能带来的影响及应对措施。长效、缓释纳米氮、磷、钾肥、微量元素肥及其施用技术的研制及应用,氮、磷、钾肥、微量元素肥的纳米载体、纳米吸附剂、纳米稳定化剂的研制与应用,纳米光合作用及其他作物生理机能促进剂研制与应用。

（三）农产品生产环境控制与质量分子检测、纳米土壤修复技术与肥料低损耗技术

农产品生产环境控制与质量分子检测技术以保障农产品质量安全为目标,从

农产品生产环境控制和农产品质量检测两个环节入手,针对农产品生产环境中的化学污染物重点开展化学污染物源头控制和生物修复的前沿技术研究,为保障农产品质量安全提供洁净的生产环境。

针对植物营养、土壤生态、土壤酸碱度、土壤板结程度、土壤动植物生理的不同,研制能调节土壤生态系统、调节土壤酸碱度、保护土壤营养、保水保墒、清除有机和无机土壤污染物、降低和修复土壤板结程度的纳米土壤修复剂,研究能适合我国各个地区的大宗粮食和油料作物、各种水果蔬菜、各种特优经济农作物的高效、高吸收、高营养、低损耗的纳米肥料。

(四)食品工业低能耗干燥技术

主要是微波干燥技术,目前国外微波干燥技术已在轻工业、食品工业、化学工业、农业和农产品加工等领域得到应用。余热回收技术在低能耗干燥技术中已广泛应用,目前开展了吸收式和吸附式热泵、制冷系统的研究并在民用领域应用,但理论研究还不成熟,但是余热回收技术在食品领域的前景突出,特别是新型热泵技术和过热蒸汽利用技术目前引起了各个国家的重视。

二、发展可提高农产品与食品产量的技术

这一方面的技术非常重要,这既是中国的国情所决定,也是中国通过食品国际贸易对世界食品供应做出贡献的技术需求。

(一)动植物纳米育种、酶工程与生物转化技术

将纳米技术与现代生物育种技术相结合,利用分子生物学和生物信息学的研究成果,在原子水平上操纵和改变 DNA 链上载有对遗传信息有重要影响和决定作用的氨基酸序列或者对氨基酸序列进行修饰、增减、高效、快速、准确地选育出具有优良性状的甚至全新的动物和农作物新品种。

酶工程技术被公认为是农业产后制造领域涉及面最广、发挥作用最大的生物技术,在新型食品制造、资源转化、综合利用、食品配料、饲料添加剂、酿造过程及传统工艺改造等方面正发挥越来越重要的作用。通过酶法转化和生物合成,开发手性化合物、新型淀粉、蛋白质和糖源,重要日用和化工糖醇,食品添加剂与饲料酶,生理活性物质及药物等重大产品。

(二)微生物与现代发酵工程技术

发酵工程技术在大规模转化农产品、大幅度提高产品附加值方面发挥着越来越重要的作用。重点开展优良微生物资源发掘,筛选高发酵性能和优良生产性状的发酵菌种,定向选育具有特殊生理功能和保健作用的益生微生物,开展益生菌高密度培养、超浓缩发酵剂;制备及益生菌定植和保护,益生元和载体适配技术的研究。通过基于微生物代谢工程、自动控制、人工智能和系统工程等方法研究和系统集成,重点攻克大规模发酵过程的实时调控和过程优化的工程技术难题,实

现农产品资源的高效转化,开发氨基酸、有机酸、糖、醇、辅酶和维生素等食用、医药和化工新产品,满足国民经济发展需求。

(三)食品高效分离提取技术

高效提取分离技术从20世纪80年代后迅速兴起,是目前食品加工技术中的一个重要技术领域。就全球而论,虽然高效提取分离技术的研究和开发已经取得极大的成功,但是由于其应用领域的广泛性和复杂性,在生物产品、植物活性成分、食品风味成分等复杂物料上,依然存在很多问题。无论是膜分离、色谱技术,超临界萃取还是分子蒸馏技术,对于复杂的食品体系,如果要将有效成分充分分离并应用,单一技术无法达到满意的提取或者分离效果,对于热敏性、易失活、含量较低、易挥发、易氧化的成分,现有技术也很难达到高效提取分离效果。鉴于此,近几年来,一些新的提取分离技术或集成技术应运而生。

(四)食品级基因工程技术平台与重组微生物发酵技术

基因工程技术自问世以来,在多个领域取得了令人瞩目的发展,在食品领域也正显示出广阔的前景。食品级基因工程技术是利用分子生物学操控技术和DNA重组技术,以食品安全(非抗性标记、质粒骨架、宿主及诱导物安全)和高效分泌表达为核心构建的技术平台。重点开展以乳酸菌、芽孢杆菌(枯草和地衣芽孢杆菌)和酵母菌为代表的食品级基因重组菌的构建研究,以信号肽和高效启动子筛选、组装为前提高效、分泌表达策略的研究,以及以重组菌优化培养、高密度发酵和表达调控为手段的发酵技术研究。构建以外源基因高效分泌表达和完全符合食品安全为核心的食品级基因工程技术平台,为食品酶、饲用酶制剂、生物添加剂、功能性食品配料和食品大分子等高效安全表达提供技术支撑,推动基因工程技术在食品加工领域取得真正突破。

三、发展提升农产品与食品质量的技术

(一)农产品及营养素纳米化加工

纳米材料和纳米技术是当今新材料新加工研究领域中最富有活力、对未来经济和社会发展有着十分重要影响的研究对象,也是纳米科技中最为活跃、最接近应用的重要组成部分。正在研究的纳米级食品和食品配料或者食品用材料已经显示了重要的应用价值和发展前景。例如,纳米氧化剂、抗菌剂保鲜包装材料可提高新鲜果蔬等食品的保鲜效果和延长货架寿命。纳米银粉可加速氧化果蔬释放出的乙烯,减少包装中乙烯含量,从而达到良好的保鲜效果。具有缓释功能的纳米营养素微粒,进入人体后比通常营养素在体内滞留时间延长 2~3 倍,从而有利于人体的吸收,它的生物利用率是普通营养素的 1.8~2.2 倍。

(二)食品非热加工技术

传统的高温杀菌灭酶等熟加工会使食品中的热敏性物质和营养素大量损失,

造成食品的营养、色泽、风味、质构等发生劣变。近几十年来,国际上相继研究开发了超高压、高强度脉冲电场、辐照、脉冲磁场、脉冲强光以及高能射线等食品非热加工技术。发达国家超高压技术已应用于食品工业,高强度脉冲电场、辐照、脉冲磁场、脉冲强光以及高能射线等非热杀菌灭酶技术与设备的研究已经进入中试甚至产业化应用试验阶段。食品非热杀菌灭酶技术能有效保持食品原有的色泽、风味、营养等品质,已成为热敏性和生鲜食品加工的主要发展方向。

(三)食品包装新材料和智能化包装新技术

延长新鲜食品或者加工食品的保藏性和货架寿命是食品研究者孜孜不倦追求的目标。特别是近几年,面对环保问题、材料可再生循环使用问题、能源问题,以及被频频揭露的添加剂问题,食品加工的绿色、安全显得尤为重要。针对这些现象,包装材料的绿色安全可循环利用及包装技术的智能化显得尤为突出。

利用玉米、秸秆等农副产品为原料开发的绿色可循环利用的保鲜包装材料能完全降解,不会造成任何环境污染;采用蛋白质、脂肪和碳水化合物等制造可食包装材料,可直接用于加工食品或者新鲜果蔬的保鲜;具有吸湿、自动调节气体浓度、抑菌、微生物和转基因检测的活性包装能很好地解决目前很多食品防腐剂超标的问题;一些新型包装材料还可检测出沙门菌、弯曲杆菌、大肠杆菌和李斯特菌等病原菌,确保食品安全。包括 RFID 技术在内的自动资料收集、加工处理技术应用,显示出包装领域和流通领域结合的趋势,进一步确保食品供应的安全。

(四)生物酶催化技术与大宗食品配料和功能食品添加剂制造技术

针对目前有机食品和绿色农产品加工对高效安全食品添加剂的迫切需求,开展利用生物酶催化合成绿色食品添加剂和重要配料的催化方法和技术系统的研究,特别是具有前沿性的反向酶工程合成技术、非水相酶催化合成技术、界面酶催化合成技术、耦合物理场酶合成技术等。重点研究不同体系中生物酶催化技术,副产物的控制技术,产物连续分离技术,工业化连续生产技术以及产物的性质和应用体系。

(五)微生物细胞转化技术与活性物质的生物合成技术

重点研究微生物细胞合成食品工业重要生理活性物质,如微生物多糖、功能性色素、维生素、嘌呤、寡核苷酸等。研究真菌细胞代谢调控技术和液体深层发酵技术,益生菌遗传工程改良技术;利用乳酸菌、枯草芽孢杆菌等食品级微生物获得宽抑菌谱以及高 pH 和热稳定性的细菌素;研究用食品微生物开发针对不同病毒和细菌的可食性疫苗、抗体食品等免疫增强型物质。

四、发展保障农产品与食品安全的技术

随着中国经济的发展与人民生活水平的提高,食品的数量与种类日益丰富。过去我国在食品加工中安全限量及控制标准方面所进行的工作较少,检测的灵敏

度不高。迄今为止，我国的食品有害物检测分析技术还主要依靠色谱、波谱等理化分析手段，仪器化程度要求高，样品前处理繁杂、分析时间长、成本高，无法对大量待检样品进行快速检测，目前急需特异灵敏、廉价高效、简便快捷、多残留的检测分析技术。开发食品中主要有害物的酶标、金标和多残留免疫检测技术及仪器，建立食品有害物监控追踪技术体系，为保障食品安全和消费者健康、促进贸易和经济发展提供技术支撑。

（一）免疫分析技术

免疫技术主要有放射免疫技术（RIA）、酶联免疫吸附技术（ELISA）、免疫金标技术、免疫生物传感器技术和时间分辨荧光免疫分析技术等，它是以抗原、抗体特异性识别和结合反应为基础，将不同目标物以半抗原的形式与载体蛋白质共价耦联制备人工抗原，免疫动物分别获得目标物的特异性抗体。用探针标记抗体或半抗原，将不同抗原或抗体分别固定于固相载体，利用目标分析物、标记物和对应抗体或抗原竞争结合的原理，检测反应前后标记探针理化表征的变化，实现对目标农药、兽药和生物毒素等的检测。该方法具有特异性强、灵敏度高、方便快捷、不需要贵重仪器、成本低廉、一次能检测大量样品和安全可靠等特点，是当今食品有害物快速检测技术的主要发展方向之一。

（二）多组分免疫分析与胶体金标免疫检测技术

多组分免疫分析技术（MIA）是指在同一份样品中，同时测定两种或两种以上的相关分析物的免疫分析技术。它可以通过一次实验同时检测多种甚至一类药物的残留量，该技术有利于对食品中多种药物残留进行检测，特别是对混配药物接触分析以及对其联合作用及体内代谢动力学的探讨和研究具有重要作用，因此发展非常迅速。

胶体金标免疫检测技术是以胶体金作为示踪标记物，应用于抗原抗体反应的一种新型免疫检测技术。除抗体蛋白外，胶体金还可以与其他多种生物大分子，如 SPA、PHA、ConA 等结合，已成为继荧光素、放射性核素和酶之后，在免疫标记技术中较常用的一种非放射性示踪剂。胶体金标技术在大分子（如蛋白质）检测方面具有独特的优势，但在小分子检测上还存在很多问题，检测精度较低、稳定性较差，同时这种试纸条生产技术复杂、成本高、价格昂贵，因此，研制开发性能稳定、价格低廉的小分子物质胶体金标免疫检测技术是该技术的发展方向。

（三）表面等离子共振检测技术

表面等离子共振（SPR）是一种物理光学现象。当入射光以临界角入射到两种不同介质界面（如镀在玻璃表面的金属银或金的薄膜）时，可引起金属自由电子的共振，电子吸收光能量，从而使反射光在一定角度内大大减弱，其中使反射光完全消失的入射光角度称为共振角（SPR 角）。SPR 对附着在金属薄膜表面的介质折射率非常敏感，当表面介质的属性改变或者附着量改变时，共振角将不同。因此，可通过表面等离子共振角的动态变化获取生物分子相互作用的信息。这种方法无须添加任何标记物,适于混浊、不透明或者有色溶液的检测,能实时、连续监测反应动态过程,检测方便、快捷、检测灵敏度高、抗电磁干扰性能强,受到普遍关注。

（四）分子印迹固相萃取技术

分子印迹聚合物(MIPs)是以某种化合物的分子结构为模板合成的聚合物。MIPs 可以选择性地吸附印迹分子,成为建立各种选择性分离或检测方法的基础。目前国内外对分子印迹技术的研究正方兴未艾,研究及应用文献较多。固相萃取具有回收率和富集倍数高、有机溶剂用量少、对环境友好、无相分离操作、易于收集级分、能处理小体积试样、操作简单和易于实现自动化等优点,目前已成为最常用的样品前处理方法之一。但由于传统的固相萃取多采用 C18 键合硅胶、PS - DVB 以及石墨化炭黑等非选择性萃取吸附剂,选择性较差,因此传统的固相萃取方法得到的萃取液往往还需进行净化处理。MIPs 是人工合成的聚合物,其对特定分子具有特异的选择性,因此以 MIPs 作为固相萃取吸附剂必可提高萃取选择性。MIPs 具有制备容易、成本低廉、对加热、有机溶剂及强酸强碱稳定等优点,分子印迹固相萃取已成为固相萃取研究的热点之一。

（五）免疫亲和微球、多重 PCR 技术

免疫亲和微球技术就是利用微米级的微球代替传统的酶标板,将一定量的已经吸附目标物的免疫微球置于反应器中,依照竞争 ELISA 的方法原理和程序进行检测的技术。该技术具有准确灵敏、操作简单、测定快速、费用较低的特点,克服了现有免疫检测技术存在假阳性率高、时间长、过程繁杂及依赖于大型仪器的问题,免疫亲和微球和微柱与分子印迹固相萃取一样,也是一种快速检测的重要前处理手段,已成为国内外研究的热点。

随着分子生物学的迅速发展,遗传分子标记越来越成为病原性微生物鉴定检测的强有力工具。在美国、加拿大及欧洲等国家,采用快速、专一、灵敏的基于聚合酶链反应(PCR)技术检测李斯特弧菌等病原菌的各种方法已经得到发展,并广泛应用于食品、环境及临床医学领域。常规 PCR 技术,每个反应只检测一种特定的菌,费时、低效、成本高。而在常规 PCR 基础上改进并发展起来的多重 PCR,能在同一反应中用两种以上的引物同时扩增出多条目的 DNA 片段,同时完成几个特定菌种的检测与鉴定,具有操作简单、省时省力、高效、灵敏、特异的优点,是 PCR 技术发展的趋势。

五、发展可规范农产品与食品加工生产标准化的技术

（一）农产品加工重大安全标准的研究与制定

在分析国内外农产品加工标准发展现状及趋势的基础上,结合农产品原料加

工特性,针对重要粮油、果蔬、畜产加工对原料的要求,研究、制修订一批分级标准、加工用原料标准、质量规格标准、基础标准等当前制约我国农产品加工业发展的重大标准。

(二)食品加工国际标准的跟踪研究

危害分析与关键控制点(HACCP)已成为世界公认的最有效的质量控制体系之一。经过多年的努力,HACCP 体系在我国迅速发展,分别在果汁、冷却肉、液态乳、大豆分离蛋白等加工领域得到了推广和应用。同时通过对 CAC、ISO 等国际标准组织和欧美等发达国家标准体的研究,初步建立了由过程要素、产品门类、标准层次三维空间构成的食品加工业标准体系和框架,建成了"国家农产品加工标准数据库",实现资源共享。但与发达国家相比,我国食品工业在质量控制技术与标准研究方面还存在很大差距,极大地限制了我国食品的国际竞争力。为此,急需开展食品质量控制技术与国际标准跟踪研究,建立食品加工与贮藏过程中有害物的跟踪与控制体系以及食品国际标准跟踪信息平台,及时掌握、了解国际标准的发展动态,为我国食品加工企业组织生产、标准制定和政府决策提供参考。

(三)农产品安全风险评估、溯源与预警技术

针对我国风险评估基础数据缺乏、风险评估技术还未能全面应用等问题,重点开展农产品毒理学安全性评估技术、农产品污染物暴露评估技术研究,建立和完善我国农产品病原微生物、农兽药残留、化学污染物(含生物毒素)、新资源等风险评估技术,建立农产品安全风险评估模型,培育风险评估基地。考虑到目前我国农产品安全溯源与预警体系不完善的实际,重点开展食物中毒诊断与处理技术、农产品溯源与危害物溯源技术、农产品安全突发事件的预警技术研究,建立国家农产品安全溯源及预警监控网络体系。

同时,要积极提升农产品与食品加工技术装备。农产品加工业快速发展离不开先进的农产品加工装备。目前,我国的农产品加工装备达到或接近世界先进水平的加工机械仅占 5% ~ 10%,整个行业落后 20 ~ 25 年。研制农产品精深加工设备,提升农产品加工技术装备的现代化水平显得极为重要。重点是粮食和薯类产品资源精深加工关键设备、油料和油脂精深加工设备、纤维资源精深加工设备、果蔬特产精深加工设备、畜禽和水产品精深加工设备和饲料精深加工设备等。针对目前我国农产品及食品物流处于相对落后的状态,物流运作过程中发生的因人为失误或技术缺陷造成的货物损坏或失效、物流设施损坏及物流信息失真等安全问题较多,不能很好地适应食品市场变化的客观现实,要有重点地发展农产品与食品现代物流重大共性技术方面的研究,主要是生鲜农产品现代物流保鲜技术、农产品物流包装与标准化技术、农产品物流过程品质动态监测与跟踪技术等。

第三节　食品商品出口贸易的程序

在我国食品出口贸易中,多数按 CIF 条件成交,并按信用证支付方式收款,履行这种出口合同的程序,一般包括备货、报验、催证、审证、改证、租船订舱、报关、保险、装船、制单、结汇、核销、退税等工作环节。在这些工作环节中,以货(备货)、证(催证、审证和改证)、船(租船、订舱)、款(制单结汇)四个环节的工作最为重要。只有做好这些环节的工作,才能防止出现"有货无证""有证无货""有货无船""有船无货""单证不符"或违反装运期等情况。

为了保证按时、按质、按量交付约定的货物,在订立合同之后,卖方必须及时落实货源,备妥应交的货物,并做好出口食品的报验工作。

一、备货

(一)备货的含义

备货是进出口公司根据合同和信用证规定,向生产加工及仓储部门下达联系单(有些公司称其为加工通知单或信用证分析单等)要求有关部门按联系单的要求,对应交的货物进行清点、加工整理、刷制运输标志以及办理申报检验和领证等项工作。

出口企业组织出口货源的方式有企业自行生产和从其他企业购进两种方式。如果是企业自行生产,则需要按照合同、信用证的要求向生产部门下达生产通知单;如果是向其他企业订购,则需要同供货企业签订内贸合同。在下达生产通知单或签订内贸合同后,要及时跟踪货物的生产,控制好产品的质量、包装、数量、进度等情况,以确保顺利履行出口合同。

(二)备货工作应注意的问题

(1)备货要及时,不要延误装运期　为了保证按时交货,应根据对装运期的规定,并结合船期安排,做好供货工作,使船货衔接好,以防止出现船等货的情况。

在实际业务中,有时我们是根据买卖合同中的装运期等信息去组织货源,而有时则要等到对方信用证开到我方时才开始组织货源。

(2)货物的品质,规格　交付货物的品质、规格必须与合同和信用证规定相符,如果不符,应及时进行筛选和加工,直至达到要求为准。

(3)货物的数量　必须与合同和信用证的规定相符,而且应留有余地,以备必要时作为调换之用,如约定可以溢短装百分之若干时,则应考虑满足溢装部分的需要。

(4)货物的包装　应符合合同和信用证的规定,使之做到既能保护商品和便利运输,又要与规定相符。如发现包装不良或有破损,应及时修整或调换。

(5) 货物的运输标志　在包装的明显部位,应按约定的唛头式样刷制唛头,对包装上的其他各种标志是否符合要求,也应注意。若合同中规定运输标志由买方决定,而开来的信用证又未做具体规定,应催促对方及时提出,否则卖方可自行决定。刷唛时要注意图形字迹清楚,位置要醒目,大小要适当。

(6) 交付的货物　必须是第三方不能根据工业产权或其他知识产权主张任何权利或要求的货物。

二、报验

一切出口食品(包括各种供人食用、饮用的成品和原料以及按照传统习惯加入药物的食品),用于出口食品的食品添加剂等必须报检。海关凭口岸出入境检验检疫机构签发的"出境货物通关单"验放。凡检验不合格的货物,一律不得出口。

申请报验时,应填制出口报验申请单,向商检局办理申请报验手续。该申请单的内容,一般包括品名、规格、数量或重量、包装、产地等项。在提交申请单时,应随附合同和信用证副本等有关文件,供商检局检验和发证时作为参考。

当货物经检验合格,商检局发给检验合格证书,外贸公司应在检验证规定的有效期内将货物装运出口,如在规定的有效期内不能装运出口,应向商检局申请,并由商检局进行复验,复验合格后,才准予出口。

三、催证、审证和改证

(一)催证

催证是通过信函、电报、电传或其他方式,催促对方及时办理开证手续并将信用证送达卖方,以便卖方及时备货或装运货物出口。

1. 催证原因

在按信用证付款条件成交时,买方按约定时间开证是卖方履行合同的前提条件,尤其是大宗交易或按买方要求而特制的商品交易,买方及时开证更为必要,否则卖方无法安排生产和组织货源。需要催证的情形主要有:

(1)合同内规定的装运期距合同签订的日期较长。

(2)出口货物提前备妥,拟提前装运。

(3)进口商未在合同规定期限内开出信用证。

(4)其他情形。例如,买方信誉不佳等。

2. 催证函的撰写

催证的方法,一般为直接向进口商发函电通知。撰写催证函时,要注意用词得体,千万不要使用责怪和厌烦的口吻。如果第一封信函没有回音,可以发第二封信函。催证函的撰写要点是:

(1)告知对方合同项下的货物已备妥。

(2)陈述对方未按时开立信用证的事实。

(3)请对方尽快开证,并告知开到的时间。

(4)请对方保证开来的信用证条款与合同一致。

（二）审证

认真细致地对国外开来的信用证进行审核是出口商是否能够安全及时地收取货款的关键。出口商审核信用证时的主要依据是国内有关政策和规定、货物买卖合同和《UCP600》。

审核信用证是银行(通知行)与出口企业的共同责任,只是各有侧重。银行重点审核开证行的政治背景、资信能力、付款责任、索汇路线及信用证的真伪等。出口企业则着重审查信用证的内容与买卖合同是否一致。

（三）改证

在审证过程中如发现信用证内容与合同规定不符,应区别问题的性质,做出妥善的处理。一般来说,对于影响安全收汇,难以接受或做到的信用证条款,必须要求国外客人进行修改。

四、租船订舱、报关、投保和装运

（一）租船订舱

按 CIF 或 CFR 条件成交时,卖方应及时办理租船订舱工作。如系大宗货物,需要办理租船手续；否则则需洽订舱位。租船订舱的一般程序如下所示：

(1)外贸公司填写托运单递送外运公司,作为委托订舱的依据　托运单(Shipping Note,B/N)是指出口商(发货人/托运人)在报关前向船方或其代理人(承运人)申请租船订舱的单据,又称为"订舱委托书"。

(2)外运公司将托运单的配舱回单退回外贸公司　外运公司收到托运单后,审核托运单,并会同船代公司,在确定装运船舶后,将托运单的配舱回单签章后退回托运人一份(此时,订舱手续即告完成,运输合同业已成立)。

(3)外运公司将托运单一联交船代公司签发装货单　装货单(Shipping Order,S/O)俗称下货纸,它是船公司或其代理人在接受了托运人提出的托运申请后,签发给托运人的用以命令船长将承运的货物装船的单据。装货单的作用有三：①通知托运人已配妥××船舶、航次、装货日期,让其备货装船；②便于托运人向海关办理出口申报手续；③作为命令船长接受该批货物装船的通知。

(4)船代公司签发装货单(S/O)交外运公司。船代公司同意承运后,签发S/O,并要求托运人将货物送至指定的装船地点。

(5)外运公司持装货单办理报关手续,并将装货单送交理货公司。

(6)船公司编制货物配载图(C/P)经船代公司递送理货/装卸公司。

(7)货物装船后,理货公司将收货单(M/R)交大副签章,大副将签章后的M/R返还给理货公司。

(8)理货公司将大副签章后的 M/R 交外运公司。

(9)外运公司持 M/R 到船代公司处支付运费,换取提单(B/L)。

(10)外运公司将提单送交外贸公司或自营出口生产企业。

(二)报关

报关是指进出口货物收发货人、进出境运输工具负责人、进出境物品所有人或者他们的代理人向海关办理货物、物品或运输工具进出境手续及相关海关事务的过程。报关是履行海关进出境手续的必要环节之一。

在我国,货物的进出境须经过海关审单、查验、征税、放行四个作业环节。与之相适应,进出口货物收发货人或其代理人应当在按程序办理相对应的进出口申报、配合查验、缴纳税费、提取或装运货物等手续后,货物才能进出境。

出口货物办理报关时必须填写出口货物报关单,并提供装货单、装箱单、商业发票、商品检验证书等证件。海关查验有关单据后,即在装货单上盖章放行,装船出口。

(三)投保

凡按 CIF 或 CIP 条件成交的出口合同,在货物装船或装运前,卖方应及时向中国人民保险公司办理投保手续,出口货物投保都是逐笔办理,投保人应填制投保单,将货物名称、保险金额、运输路线、运输工具、开航日期、投保险别等一一列明,为了简化投保手续,也可利用出口货物明细单或货物出运分析单来代替投保单,保险公司接受投保后,即签发保险单或保险凭证。

(四)装运

理货人员和装卸人员凭海关签章的装货单、积载图和舱单等分批接货装船。装船完毕,理货组长与船方大副共同签署收货单交托运人。托运人向收货人发出装船通知,并凭收货单向船公司或其代理人换取已装船提单。

五、制单结汇

(一)出口制单

出口制单,是指出口商按照合同或者信用证的要求,根据货物的实际交易数量及运输情况,缮制各种单据的工作过程。在出口业务中,单据的制作对及时、安全收汇有着特别重要的意义。在信用证业务中,对议付单据的缮制应该做到:"正确、完整、及时、简洁、清晰。"

(1)正确　在制单工作的各项要求中,正确是最重要的一条。因为不管是托收还是信用证项下,若单据不正确,买方或者银行都有拒付货款的权利。

"正确",至少包括两个方面的内容:一方面是要求各种单据必须做到"三相符",即单据与信用证相符、单据与单据相符、单据与贸易合同相符;另一方面则要求各种单据必须符合有关国际惯例和进口国的有关法令和规定。

(2)完整　单证的完整性主要表现在三个方面:①各项单据的种类必须齐全,不能短缺;②各种单据的本身内容必须完备齐全;③各种单据的份数要如数交齐,不能短缺。

(3)及时　各种单证都要有一个适当的出单日期。及时出单包括两个方面的内容:

①各种单据的出单日期不能超过信用证规定的有效期限或按商业习惯的合理日期。例如,海运提单的签发日期通常就是装运日期,这个日期不能迟于信用证规定的装运期。而按国际惯例,保险单、检验检疫证书的签发日期则不能晚于提单签发日期。采用 FOB 或 CFR 贸易术语成交,应在装船时或装船完毕后立即发送装运通知。

②向银行交单议付的日期不能超过信用证规定的交单有效期。在信用证支付方式下,一般都规定有装运后限制交单议付日期。若未规定,按照《UCP600》的规定,最多不得迟于装运后 21 天交单。

(4)简洁　单证的内容应力求简化,如果画蛇添足,反而有可能弄巧成拙。

(5)清晰　单证的清晰要求单证格式的设计和缮制,力求标准化和规范化,单证内容的排列要行次整齐、字迹清晰,重点项目要突出醒目。清晰的单证应该尽量减少甚至不应该出现差错涂改的现象;各种单证的更改都要有一个限制点,不允许在一份单证上做多次涂改,更改处一定要盖校对章或简签;如涂改过多,最好应重新缮制。

(二)交单结汇

1. 交单

交单,是指出口商在信用证有效期内和交单期限内,向指定银行提交符合信用证条款规定的单据。这些单据经银行审核确认无误后,根据信用证规定的付款条件,由银行办理出口结汇。

2. 结汇

我国出口业务中,大多使用议付信用证,对这种信用证的出口结汇方法,主要有三种:

(1)买单结汇,又称"出口押汇"　是指银行(议付行)根据企业的申请,凭企业提交的全套单证相符的单据作为质押进行审核,审核无误后,从票面金额中扣除从议付日到估计收到票款之日的利息及手续费,将余款按当日外汇牌价折成人民币,先行垫付给信用证的受益人。然后向开证行寄单索汇,并保留追索权的一种短期出口融资业务。议付是可以追索的。如开证行拒付,议付行可向出口商追还已垫付的货款。

(2)收妥结汇,又称"先收后结" 是指议付行收到受益人提交的单据,经审核单证一致后,将单据寄给国外付款行索汇,等付款行将外汇划给议付行后,议付行再按当日外汇牌价结算成人民币交付给受益人。

(3)定期结汇 是指议付行根据向国外付款行索偿所需时间,预先确定一个固定的结汇期限,到期后主动将票款金额折成人民币拨交外贸公司。此项期限视不同国家地区,根据索汇时间的长短分别确定。

六、出口收汇核销和出口退税

（一）出口收汇核销

出口收汇核销是以出口货物的价值为标准,核对是否有相应的外汇收回国内的一种事后管理措施。就是出口企业在货物报关出口后,向外汇管理部门报送银行出具的收汇证明以进行核对的程序。这是出口单位必须履行的义务。

出口收汇核销制度,是国家加强出口收汇管理,确保国家外汇收入,防止外汇流失的一项重要措施。实行出口收汇核销制度,不仅可以提高出口收汇率,加快结汇速度,而且严格结汇制度,有力地配合有关主管部门对出口贸易的管理。

主管出口收汇核销的部门是出口企业所在地的外汇管理局。

（二）出口退税

出口退税是一个国家或地区对已报送离境的出口货物,由税务机关将其在出口前的生产和流通的各环节已经缴纳的国内增值税或消费税等间接税税款退还给出口企业的一项税收制度。并不是所有的出口产品都能获得退税,具体退税比率可以到国税局网站上查询。

出口企业应在货物报关出口之日[以出口货物报关单(出口退税专用)上注明的出口日期为准]起90日内,向退税部门申报办理出口货物退(免)税手续。逾期不申报的,除另有规定者和确有特殊原因经地市级以上税务机关批准者外,不再受理该笔出口货物的退(免)税申报。

出口商自营或委托出口的货物,除另有规定外,可在货物报关出口并在财务上做销售核算后,由出口所在地国家税务局批准退还或免征其增值税、消费税。出口企业向税务机关申报出口货物退(免)税时,应提交下列单据:

(1)实行"免、抵、退"税管理办法的生产企业提供出口货物的出口发票;外贸企业提供购进出口货物的增值税专用发票或普通发票。

(2)出口货物报关单(出口退税证明联)。

(3)出口收汇核销单。

第四节　食品商品国际贸易中的技术壁垒

技术性贸易壁垒(Technical Barriers to Trade,TBT)又称"技术性贸易措施",是

以国家或地区的技术法规、协议、标准和认证体系(合格评定程序)等形式出现,涉及的内容广泛,涵盖科学技术、卫生、检疫、安全、环保、产品质量和认证等诸多技术性指标体系,运用于国际贸易当中,呈现出灵活多变、名目繁多的规定。它是当代国际贸易中占主流地位的非关税贸易壁垒,日益成为商品在全球范围内自由交易的主要障碍,而且在食品国际贸易中表现尤为明显。因此分析其主要特点与表现形态有助于深化对技术性贸易壁垒的认识,以便寻求对策。

一、技术性贸易壁垒的主要特点

全球范围内的技术性贸易壁垒非常复杂,名目繁多,但就其本质特点而言,主要有以下八个特点。

(一)合法性

技术法规、标准、合格评定程序主要是为了保护国家安全及消费者利益,因而有其合理性的一面。WTO/TBT 协议并不否认各成员国技术性贸易壁垒存在的合理性和必要性,允许各国根据自身特点等制定与别国不同的技术标准。比如,WTO 规则体系中的"环境保护例外条款"和以此为基础制定的多边协定成为制定技术性贸易壁垒的法律基础。因此,技术性贸易壁垒在形式上是合法的。到目前为止,国际社会已制订许多环境协定或协议,其中有 20 多个含有明确的贸易条款,提倡用贸易控制的手段来保护资源与环境。同时,GATT 1947(后被 GAT 1994 所取代)中的"环保例外权"以及《TBT 协议》、《SPS 协议》中的相关条款也都规定了技术性贸易壁垒存在的合理性和必要性。

(二)广泛性

从产品范围看,技术性贸易壁垒不仅涉及与人类健康有关的初级产品,而且涉及所有的中间产品和工业制成品,产品的加工程度和技术水平越高,所受的制约和影响也越显著;从产品过程来看,包括研究开发、生产、加工、包装、运输、销售和消费的整个产品的生命周期;从领域看,已从有形产品扩展到金融、信息等服务贸易、投资、知识产权及环境保护等各个领域。技术性贸易壁垒因涉及的技术和适用范围的广泛性,远比一般非关税壁垒复杂。以绿色壁垒为例,迄今为止,国际社会已制定了 156 个环境与资源保护条约,各国制定的环保法规越来越多,仅德国就制定了 1800 多项环保法律、法规和管理规章。不仅如此,发达国家绿色贸易措施的制定频率高且繁杂。以日本为例,日本几乎每个月就要出台一项关于农产品技术性措施方面的政策。由于农产品直接关系到人们的身体健康,诸多发达国家对其更是格外的重视。

(三)灵活性

世界各国的 TBT 措施名目繁多,错综复杂。它可以引用国际公法、环保公约、议定书等,也可以引用 WTO 的相关协议所规定的内容,还可以引用国内的法律、法令、规定、要求、程序等,对进口的产品或服务加以限制。而且 TBT 措施的制定程序比较简便,伸缩性较大,可随时针对进口商品灵活改变标准水平或变化标准种类,这就使得出口国生产厂商很难适应。与关税等贸易措施相比,关税是通过一定的立法程序来制定具有一定延续性的贸易政策法规,在特殊情况下做出必要的灵活性调整比较困难。而制定和实施某些技术性贸易壁垒可根据需要,运用行政手段做必要的调整,具有较大的灵活性和时效性。

(四)双重性

根据 WTO 有关协议的规定,实施 TBT 是为了保护生态环境、保护人类与动植物的健康和安全。如禁止或限制濒危动植物贸易,以保护生物多样性;禁止危险废物越境转移,可以保护进口国的生态环境;强制规定产品的安全标准,可以保护消费者的安全与健康。但发达国家凭借着雄厚的经济实力和发达的科技水平,以保护环境为借口,利用环境制度,使进口商品在运输、销售、分配或使用等方面所享受的待遇低于本国,从而给予出口国歧视性贸易待遇。一些发达国家所设置的绿色壁垒,涉及产品的范围越来越大,针对某些产品的绿色壁垒的指标要求也越来越高,甚至达到了苛刻的程度。实际上,这些国家是为了保护本国的贸易利益,这是贸易保护的一种新形式。

(五)隐蔽性

事实上,把技术标准和技术法规作为技术性贸易壁垒是各国政府或多或少、或明或暗一直在使用的方法。特别是当经济萧条或进口商品影响本国生产者的利益时,常以安全、卫生不符合标准或有违法规为由限制进口。因此,在传统的关税壁垒或进口配额、许可证等直接非关税壁垒逐渐弱化和取消之后,由于技术性贸易壁垒形态各异,科技含量高,涵盖范围广泛,包含了研究、生产、加工、包装、运输、检测、销售及处置等各个环节,使其具有隐蔽性和突发性,必然成为影响国际贸易的最重要的因素。

(六)先进性

不断发展的科学技术(含检验技术)和技术性贸易壁垒的多样性,为灵活运用技术性贸易壁垒提供了可操作性。严格而先进的环境与技术标准是技术性贸易壁垒的重要内涵,突破壁垒必须依靠科学技术的进步,同时还需要辅以相应的产业结构调整。同时,技术性贸易壁垒的设置无论是从严格的生产程序、产品质量等角度,还是从环境保护、消费者权益保护的角度,都代表了一种和谐社会发展的内在要求和必然走向。因此,只要发展中国家正确对待技术性贸易壁垒,其将有助于加速发展中国家与国际标准的接轨,突破发展"瓶颈",缩小同发达国家的距离。

(七)扩散性

技术性贸易壁垒影响深远且扩散效应明显,一旦生效实施,其效应不仅扩散迅速而且覆盖面广,易产生连锁反应,从一个企业到整个行业,从一种商品到一个领域的多种商品,从一国到多国,此种扩散性在发达国家间表现尤为明显。例如,2002年1月,欧盟宣布全面禁止对中国动物源产品进口后,瑞士、日本、韩国等国家相继采取措施,加强对中国动物源性产品的检测,德国、荷兰等国提出更高更严的要求,而沙特阿拉伯实施了暂停中国此类产品进口。

(八)争议性

由于TBT涉及的领域十分广泛,有大量技术、卫生、环保的贸易政策、法律方面的问题等,显得非常复杂。不同的国家从不同利益关系去分析,会有不同的结果。由于评判标准难以统一,结果难以协调,容易引起争议。即使通过WTO争端解决机构,要公平地解决争端也绝非易事。

二、技术性贸易壁垒的表现形态

虽然世界各国的技术性贸易壁垒种类繁多,层出不穷,但主要表现形式为以下六种形态。

(一)技术标准

为了阻碍外国产品的进口,保护本国市场,许多国家制定了繁多、严格的标准甚至用法律明确规定进口商品必须符合进口国标准。目前,欧盟拥有的技术标准就有10多万个,其中德国的工业标准约1.5万个;根据日本1994年3月调查的结果,日本约有8184个工业标准和397个农产品标准;美国的技术标准也相当多且繁杂。发展中国家由于经济技术条件的限制,很多产品难以达到发达工业国家的标准。发达国家的这些标准往往就扮演了技术性壁垒的角色。另外,发达国家的技术标准越来越细,指标越来越高。欧盟的OKO-100纺织品生态标准中对服装和纺织品中某些物质的含量要求高达ppb($\mu g/kg$)级,如对苯乙烯的要求不超过$5\mu g/kg$,乙烯环乙烷不超过$2\mu g/kg$,这无疑给发展中国家的纺织品出口制造高难度且短期内难以逾越的门槛。另一方面,由于技术有限,发展中国家很难检测到ppb($\mu g/kg$)级的物质。如果由发达国家的检测机构检测,昂贵的费用迫使成本增高,从而变相起到了技术壁垒的作用。

(二)技术法规

欧盟于1985年公布的《关于技术协调过程和标准化的新方法》,简化并加快了欧洲各国技术标准间的协调。新方法指令规定,欧委会按照欧盟的法律程序公布指令,指令是对成员国有约束力的欧盟法律,各成员国需要制定相应的执行法令。指令的内容仅限于与卫生和安全有关的基本要求,只有涉及产品安全、工业安全、人体健康、消费者权益保护的内容时才制定相关的指令,指令中只写出基本要求,细节将由技术标准规定。经过十几年的发展,欧盟逐步形成了由上层约300个具有法律强制力的欧盟指令,下层则是上万个、包括具体技术内容、厂商可自愿选择的技术标准组成的两层结构的欧盟指令和技术标准体系。技术标准的制定完全根据市场决定,可以采用国际标准,也可以采用欧洲标准、协会标准或行业标准,由厂商根据市场需要做出选择。该体系的建立明令要求进入欧盟市场的产品凡涉及欧盟指令的,必须符合指令的要求,并需通过指定的认证,这一规定对欧盟以外的国家产生了严重的贸易障碍。另外,欧盟常针对具体国家、具体产品做出基于技术法规性质的"决定",随时刊登在《欧盟官方公报》上,令出口国应接不暇。例如,对我国水产品、禽肉产品的禁令就是根据指令做出的。

(三)合格评定程序

任何直接或间接用以确定是否满足技术法规或标准有关要求的程序即为合格评定程序。特别包括抽样、检验和检查,评估、验证和合格保证、注册、认可和批准以及各项的组合。合格评定程序没有独立的存在形式,是依附于技术法规、标准的一个概念,即它可以是强制性的,也可以是自愿性的,这取决于其出现的形式:以技术法规形式出现的合格评定程序就是强制性的,以标准形式出现的合格评定程序就是自愿性的。其一般由认证、认可和相互承认组成,影响较大的是第三方认证。

认证是指由授权机构出具的证明,它是第三方通过对当事人提出的文件或实物进行审核之后,对当事人的某一事物、行为或活动的本质或特征给予的证明,通常也被称为"第三方认证"。认证可以被分为产品认证和体系认证。产品认证主要指产品符合技术法规或技术标准的规定。其中,因产品的安全性直接关系到消费者的生命健康,所以产品的安全认证通常为强制认证。例如,进入美国市场的药品必须获得 FDA 认证。体系认证是指确认企业的生产或管理体系符合相应的规定。进入欧盟市场的产品必须至少达到以下三个条件之一:符合欧洲标准,取得欧洲标准化委员会 CEN 的认证标志;与人身安全有关的产品,取得欧盟安全 CE 的认证标志;进入欧盟市场的产品厂商,取得 ISO 9000 的认证证书。同时,欧盟还明确要求进入欧盟市场的产品凡涉及欧盟指令的,必须符合指令的要求并通过相应的认证,才允许在欧洲统一市场流通。目前最为流行的国际体系认证有 ISO 9000 质量管理体系认证和 ISO 14000 环境管理体系认证等。

(四)商品包装和标签的规定

由于包装材料及其所形成的包装废弃物和包装容器结构可能对生产者和使用者的安全与健康或环境造成负面影响,许多国家专门颁布了有关包装的法律、法令,对包装材料的内容、包装废弃物的处理、包装容器结构等做了明确规定,要求生产者、进口商、批发商和零售商等强制执行,否则不准相关商品进口。如美国和新西兰禁止利用干草、稻草、谷糠等作为包装或填充材料,在某些情况下,这类包装只有在提供消毒证明后才允许使用;德国和法国禁止进口外型尺寸与本国食品罐头不一致的罐头产品。美国食品与药物管理局(FDA)要求大部分的食品必须标明至少14种营养成分的含量,仅仅是在这一领域处于领先地位的美国制造商每年就要为此多支出10.5亿美元。由此可以想象其他落后国家出口商的成本压力了,尤其是对没条件进行食品成本分析的国家而言,这无疑就是禁止性贸易措施。

标签是附在商品或包装容器上的说明和图样,一般包括制造者、产品名称、商标、成分、品质特点、使用方法、包装数量、贮存及应注意的事项与警告标识等内容。许多国家为保护消费者利益、向消费者提供商品质量和使用方法的信息,对进口商品标签做了严格的规定。美国FDA对食品标签的要求不仅包括必须标注营养成分,而且对标签的版面格式、字体尺寸、标识标示用语及议程等都有严格的规定,进口食品只要标签不符合规定,不论其内在质量如何,往往被扣留或退货;相关进口商、经销商、原产国被列入黑名单,再要进入美国市场则要经过更为严格的检验,从而对进口食品构筑了一道厚实的技术性贸易壁垒。此外,一些国家已规定,具有环境标志的产品在进口时享有优惠,没有环境标志的产品则受到数量和价格方面的限制,从而为本国市场罩上一层保护网。

同时对商品品种、规格、花色、款式、材质和外观还有具体的其他要求。通过制定与进口国农业产品不同标准的等级、尺寸、质量和成熟度来设置技术性贸易壁垒也是发达国家常用的手段。例如,美国为了防止墨西哥的马铃薯输入,对马铃薯的标准规定有成熟度、个头大小等指标,使墨西哥马铃薯对美国出口造成了困难,因为要销往美国的马铃薯不太熟就得收获,否则易烂,难以符合成熟度的要求。德国和法国禁止进口外形尺寸与本国不同的食品罐头,这给出口商改造生产线增加了很大负担,提高了生产成本,削弱了出口产品的市场竞争力。

(五)卫生检疫措施

卫生检疫措施是指在成员国境内为保护人类、动植物的生命或健康而采取的技术性措施,包括保护人类免受食品和饮料中添加剂、污染物、毒素以及外来动植物病虫害传入危害的措施;保护动物免受饲料中添加剂、污染物、毒素以及外来病虫害传入危害的措施;保护植物免受外来病虫害传入危害的措施;防止外来病虫害传入而造成危害的措施;以及与上述措施有关的法律、法规、要求、标准和程序。发达国家一直把海关的卫生检疫制度作为控制从发展中国家进口的重要工具,对食品的安全卫生指标十分敏感,尤其对农药残留、重金属含量的要求更日趋严格。因而受影响最大的产品是农产品、食品及药品。2002年9月7日日本实施新的《食品卫生法》修正案,其规定如果发现有残留农药超标问题,可以预先禁止该食品的进口。

(六)信息壁垒

商品能否顺利出口,有时还取决于所使用的计量单位制。世界上绝大多数国家都采用了国际单位制(SI),但一般来说,国际单位制单位对许多国家来说还不够用,所以要结合本国的情况选用一些非 SI 单位。如英美是 SI 与英制混用;中国的法定计量单位不仅完整包含了 SI,而且又增加了 16 个单位。这些非 SI 单位是根据传统和习惯保留下来的,往往具有广泛的地区性。比如英国的质量单位为"磅",体积单位为"加仑"等,在英美两国普遍使用,如果相关器具不是以此为单位,则很难在英美市场上销售。

条形码是一种可供电子设备识别的符号系统。使用这一系统能使物品符合市场自动扫描结算的要求,为快速、有效地自动识别、采集、处理和交换信息提供了保障,为商品进入超级市场提供了先决条件。据统计,西欧各国的商品条形码普及率已达 90% 以上,日、美、加拿大的普及率已达 95% 以上。在一些发达国家,商品上没有条形码,不能自动识别,只能进入低档商店。有的国家已向我国提出限期在商品上印刷条形码的要求,否则不予进口。

三、主要发达国家的技术性贸易壁垒

发达国家从本国的利益出发,有效利用 WTO 相关协议对技术性贸易壁垒难以完全约束的空间,形成了与本国经济、社会、科技水平相适应的技术性贸易壁垒体系,成为世界技术性贸易壁垒的主要发源地。

(一)美国

美国的技术性贸易壁垒体系拥有自己独特的优势与特点。

1. 技术法规体系繁杂

主要表现在立法部门众多,有 17 个政府部门及 84 个独立机构都有权制定相应的技术法规或标准。立法层次有别,既有联邦法规,又有地方性法规;措施性质多重,既有美国食品与药物管理局(FDA)等政府部门的强制性规定,又有保险实验室 UL 等自愿性产品安全性能认证体系,同时法规数量庞杂。

2. 标准名目繁多

政府制定的标准就有 5 万多个,非政府组织制定的标准也有 4 万多个,还不包括一些约定俗成的事实上的行业标准。针对每一种产品,包括其生产与进口行为,基本上现有的法律法规,几乎涉及美国社会及公众生产、生活的每个层面。这些技术法规与标准成为美国法律体系的重要组成部分。

3. 制定标准的体制结构分散多样化

除了政府外,私营标准机构就有 400 多个。其结果是技术标准数量繁多,要求比较苛刻,且为标准的制定提供了多样化渠道,使标准制定者有可能可根据一些特殊要求做出灵活反应,及时从标准角度出台限制性措施。

4. 执法体系庞杂

从大的层面上分,既有联邦政府部门,如农业部、卫生部、财政部、商务部等,又有联邦独立机构,如美国海关(US CUSTOMS)、联邦调查局(FBI)、食品与药物管理局(FDA)、消费者产品安全委员会和环保署及联邦通讯委员会等。美国各主要执法机构分别在各自职责范围内,从不同的角度,为进口产品设立标准或负责执法。其中 FDA 在对进口产品监控方面作用尤为突出。此外,美国动植物检疫局(APHIS),虽然该机构知名度不大,但在进出口贸易,特别是农产品进出口贸易管理中却发挥着既重要又特殊的作用,它有权拒绝货物进入美国,也可决定转口甚至销毁。

5. 技术评定系统既分散又复杂

由政府和商业机构两部分组成。美国是个联邦制的国家,各州政府有很大的行政独立性,但联邦政府对涉及公共安全与医疗健康产品认证,为避免州一级政府的重复检测或在联邦政府采购前对产品检测认证,通常对供销售的产品的质量状况进行认证,则采用中央集权的管理模式和监督执法,从而提供一种统一的交易基础。

美国以标准、检测、标识及认证等为手段,为进口产品设置"高门槛"及繁杂的检验手续。美国标准本来就数量多,要求高,再加上评定系统复杂,本国公司有时都不容易应付,更何况那些想进入美国市场的外国公司了。对外国公司来说,接受美国指定实验室的检测,会耗费大量时间和金钱,使进入美国市场的难度和贸易成本增加,由于合格评定包括取样、测试、评估等一系列环节,在每个环节上都可能通过更苛刻的等级要求加以控制,外国商品的竞争力被有效地制约。美国在加强本国技术壁垒的同时,还开始有意识地对其标准战略进行调整,以期打破欧盟国家和日本等国的技术壁垒限制。

显然,美国的思维是想通过"标准先行"进一步控制国际市场,同时达到突破别国技术壁垒的目的,无论如何,美国这种利用技术标准国际化来克服技术壁垒不利影响的思路值得借鉴。对于发展中国家来说,本国的生产商和市场潜力是最有影响力的因素,如果能善用这些因素,在竞争中完全可以取得自己的发言权。

(二)欧盟

欧盟国家是最先意识到国际贸易中技术性贸易壁垒的国家,同时其成员国也是设置技术性贸易壁垒最严的国家。概括而言,欧盟实施的技术性贸易壁垒主要包括以下四个方面。

1. 技术标准和法规

欧盟有统一的技术标准和法规,成员国也有各自的严格标准,他们对进口商品可以选择对自己有利的标准。截至目前,欧盟共制定了近 700 个与技术标准相关的法规,内容涉及工业产品的安全、卫生技术标准、商品包装和标签的规定以及认证制度,还涉及农产品的生产加工、运输、贮藏等各个环节。这些技术法规的实施对欧盟内部来说是消除了贸易障碍,但对欧盟以外的国家,尤其是众多的发展中国家来说,无疑设置了很高的进入门槛。

欧盟技术法规主要是欧盟理事会和委员会制定的各种规范性文件,主要形式如下。

(1)条例 《欧盟条约》第 189 条第 2 款规定,条例具有普遍适用、统一的约束力,并在所有成员国直接运用。条例具有基础条约实施细则的性质,相当于议会通过的法令,公布生效后各成员国必须执行,无须变成本国法律。

(2)指令 为欧洲议会有关产品要求、检验和合格评定程序的法律条文,要求各成员国把有关立法纳入共同体法律,是对成员国具有约束力的欧盟法律。各成员国实施方法可自行选择,一般给予一定的执行宽限期,使其转化成本国法律。目前欧盟已公布了 300 多个指令。

(3)决定 为指有明确针对对象的、具有约束力的法律文件,与条例有类似的效力,但适用范围不同,仅指向个别、具体、确定的相对人。

(4)建议和意见 它不具有约束力,但一经发布对有关国家以及社会舆论都有一定影响力。

在欧盟技术法规体系中,指令占有主导地位,欧盟绝大多数产品的技术立法都是以指令的形式发布,只有很少部分是以条例或决定等形式出现。

2. 认证制度和合格评定程序

外国产品要进入欧洲市场,必须符合欧盟指令和标准,欧盟指令规定了哪些产品要经过第三方认证,哪些可以自我认证,对不同产品不同要求。

欧洲合格评定程序有 8 种模式,即 A——生产内部控制、B——型式检验、C——符合性要求、D——生产质量保证、E——产品质量保证、F——产品检验、G——单件验证、H——完全质量保证。企业可以选择其中的 2～3 种模式,而在选择 H、D、E 模式时,企业则必须建立相应的质量保证体系。

3. 包装、标签方面

欧盟一直通过产品包装、标签的立法来实施其技术性贸易措施体系的运行,当然也就成了阻碍外国产品的进口屏障。

欧盟等发达国家在产品包装要求上做了相当苛刻的规定,如禁止使用某些包装材料,治理包装废弃物对环境的污染,明确规定生产者、进口商、批发商和零售商在包装废弃物处理方面的责任与义务,提出包装废弃物回收利用目标等。进口商品必须符合这些规定,否则不准进口。随着食品安全问题日益受到关注,目前,欧盟不仅在食品的通用标识方面已进行立法管理,而且对特定食品还制定了附加的法规。如在标签上对食品营养成分的标注,欧盟作了明确规定,必须标明食品的能量指标和蛋白质、碳水化合物、脂肪等含量,要求淀粉、糖醇、胆固醇、维生素和矿物质等达到一定量之上且标明其含量。

4. 绿色技术壁垒

这是欧盟最为严厉的一种技术性贸易措施。主要有以下三种形式:一是绿色技术标准。欧盟制定了许多发展中国家难以达到的环境标准,限制国外产品进口。二是绿色环境标志。它是一种在产品或其包装上的图形,表明该产品不但质量符合标准,而且在生产、使用、处理过程中符合环保要求,对生态环境和人类健康均无损害。三是绿色包装制度。绿色包装是指能节约资源,减少废弃物,用后易于回收或再生,易于自然分解,不污染环境的包装。

(三) 日本

日本的技术性贸易措施体系也相当完善,并具有自己的特色。

1. 技术法规、标准和合格评定程序

虽然日本新制定的国家标准有90%以上采用国际标准化组织等的标准。但仍有不少技术标准和法规与国际通行标准不一致。日本针对商品技术标准主要分为两种类型:一种是特殊型规格,主要是指商品在品质、尺寸和检验方法上的特定标准;另一种则是任意型规格,主要是在日用消费品项目中自然形成的产品成分、规格和形状等。

日本的认证制度与合格评定程序分强制型和自愿型两类。强制型认证与合格评定以法律形式颁布执行,其认证和评定的对象主要是消费品,电器产品、液化石油器具和煤气用具等。合格评定工作由政府管理,经济产业省具体负责实施检验、认证和实验室认可。

2. 进口检疫与食品卫生制度

日本制定了一系列法律法规,对进口的动植物及食品实行严格的检疫和卫生防疫制度。对于入境的农产品,由农林水产省下属的动物检疫所和植物防疫所从动植物病虫害的角度进行检疫。同时由于农产品中的很大部分用作食品,在接受动植物检疫之后,还要由日本厚生劳动省下属的检疫所对具有食品性质的农产品从食品角度进行卫生检疫检查等。日本对食品的安全卫生指标十分敏感,尤其对农药残留、放射性残留、重金属含量要求日趋严格。如日本对进口中国大米的农药残留检测已增至123项。我国的猪牛羊肉及其产品要出口日本还必须经过指定的设备加热消毒处理。

3. 食品卫生防疫体系

日本的进口食品卫生检查主要有命令检查、监测检查和免检。命令检查即强制性检查是对于某些易含有害残留物质或易沾染有害生物的食品要逐批进行强制的检验。监测检查是指由卫生检疫部门根据自行制定的计划,按照一定的时间和范围对不属于命令检查的进口食品进行的一种日常抽检,由卫生检疫部门自付费用、自行实施。若在监测检验中发现来自某国的某种食品含有违禁物质,以后来自该国的同类食品有可能必须接受命令检查。进口食品添加剂、食品器具、容器。包装等也必须同样接受卫生防疫检查。

4. 肯定列表制度

肯定列表制度(Positive list system)是日本为加强食品(包括可食用农产品)中

农业化学品(包括农药、兽药和饲料添加剂)残留管理而制定的一项新制度。该制度要求食品中农业化学品含量不得超过最大残留限量标准;对于未制订最大残留限量标准的农业化学品,其在食品中的含量不得超过"一律标准",即 0.01mg/kg。该制度于 2006 年 5 月 29 日起执行。肯定列表制度提出了食品中农业化学品残留管理的总原则。厚生劳动省根据该原则,采取了以下三项具体落实措施:确定"豁免物质",即在常规条件下其在食品中的残留对人体健康无不良影响的农业化学品。对于这部分物质,无任何残留限量要求;针对具体农业化学品和具体食品制定的"最大残留限量标准";对在豁免清单之外且无最大残留限量标准的农业化学品,制定"一律标准"。肯定列表制度覆盖了所有农业化学品和食品,原先有"最大残留限量标准"的遵从"最大残留限量标准",无"最大残留限量标准"的遵从 0.01mg/kg 的"一律标准"。因此,"肯定列表制度"的推行,与日本先前施行的制度相比,覆盖范围广得多,要求也严得多。

知识拓展

我国鳗鱼及其制品出口日本遭遇技术性贸易壁垒

日本是我国第一大水产品出口市场,同时也是设置贸易壁垒最多的国家之一。2002 年初欧盟以中国出口部分动物源性含有氯霉素残留和中国农药残留体系未达到其要求为由,对我国动物源性产品实施全面封关,借此之际,日本于 2002 年 2 月 1 日起开始对我国产鳗鱼及其制品实施监控检查包括氯霉素在内的 11 项药物残留,4 月 24 日对中国出口活鳗逐批检查磺胺类药物残留,6 月 12 日实施对鳗鱼及其制品汞含量的监控检查,2003 年 1 月对中国所有输日食品实施环己烷氨基磺酸的抽查检验;由于检验程序复杂烦琐,拖延时间长,导致我国鳗鱼及其制品出口形势严峻;2003 年 4 月,日本决定有条件解除中国产鳗鱼及其制品的全面检测,给我国鳗鱼出口带来希望,然而,2003 年 7 月,日本突然宣布对中国产鳗鱼及其制品实施恩诺沙星药物残留检查,最低检测限为 0.05mg/kg,结果滞留日本港口的鳗鱼制品中有 31 批恩诺沙星超标。接连的检测措施导致我国不得不暂停对日出口,出口量急剧下降,并且经过媒体恶意炒作,日本消费者对中国产鳗鱼的信心下降,导致已出口日本的鳗鱼及其制品价格大幅下跌,国内大量鳗鱼生产及加工企业停产倒闭,损失惨重。

为恢复出口,我国质检总局采取一系列措施对鳗鱼生产加工企业进行整顿。一方面,按照日本标准颁布了新的《出口鳗鱼产品检验检疫和监管要求》,对鳗鱼加工企业重新评估、严格监管;另一方面,要求鳗鱼加工企业建立 HACCP 及 ISO 9000 等质量安全卫生控制体系。经过整顿,我国近 20 家鳗鱼加工企业获得出口鳗鱼及其制品的资格,形势逐渐得到好转。

然而,2005年7月,日本政府又宣布对我国产鳗鱼及其制品实施孔雀石绿残留的检测,我国又有大批次的活鳗、烤鳗、冻鳗甚至鳗鱼罐头中被检测出孔雀石绿,出口再次受阻,复苏的脚步停了下来。对此,9月5日,国家质检总局颁布了新的国家标准《水产品中孔雀石绿和结晶紫残留量的测定》,规定孔雀石绿在水产品中的检出率不得超过 $1\mu g/kg$,低于当时欧盟的 $2\mu g/kg$ 和日本的 $5\mu g/kg$,经过调整,我国的鳗鱼及其制品11月恢复对日出口,但出口数量仍不容乐观,并且孔雀石绿昂贵的检测费用也增加了企业的成本。

中国鳗鱼生产加工企业还没来得及喘口气,日本便又给了一记重磅。2005年11月,日本检出我国出口的鳗鱼及其制品中11批含有硝基呋喃代谢物残留,12月9日即宣布对我国所有出口日本的鳗鱼及其制品实施逐批检查。2006年3月,宁波某进出口公司的27.5t冻烤鳗被日方检出硝基呋喃代谢物超标而遭到退货,损失高达54.6万美元。

残留物超标的货物要么退货,要么就地销毁,导致我国鳗鱼生产加工企业损失惨重,复苏的脚步再一次停了下来。2006年5月29日,日本实施了要求极为苛刻的《食品中残留农业化学品肯定列表制度》,简称"肯定列表制度"。据当年上海出入境检验检疫局朱坚的观点,它涉及限量标准达540项,限量标准等于我国标准的只有45项,占8.3%,我国尚无限量标准471项,占87.2%,此外,尚有大量"一律标准"。此制度的实施对我国农产品尤其是水产品出口造成了前所未有的严重影响。我国水产品出口受阻批次大多来自日本。

涉及鳗鱼及其制品的,日本厚生劳动省发出通知,自2006年8月22日起,对中国产鳗鱼(仅限广东、上海两地养殖的鳗鱼)实行《食品卫生法》第二十六条第三项规定的命令检查,检查项目为硫丹。原因是日本检验所对该产品监控检查及进口商自主检查时发现,硫丹残留超标。2006年12月8日,日本厚生劳动省发出通知,加强对中国产康吉鳗及其制品监控检查。原因是日本检疫所当日监控检查发现,中国青岛产冷冻康吉鳗氯霉素超标,违反了日本《食品卫生法》。为此,对于该食品,将其检查项目即氯霉素的检查频度提高到50%。

自2006年5月29日实施"肯定列表制度"后,6月我国出口鳗鱼被检出违规事件7起,7月17起,该年度对日本出口在数量和价格上均有大幅度的下降。2007年6月,美国FDA扣留中国水产品,日本媒体恶意炒作,导致日本消费者对中国水产品再次丧失信心,2008年日本进口鳗鱼及其制品数量再次下降。

2008年6月,冒牌产地鳗鱼事件经农林省公布后:媒体大肆炒作,再次导致消费者对中国鳗鱼制品敬而远之。2008年7月2日,日本扣留中国产养殖活鳗鱼,扣留原因是成分规格不合格,查处阴性孔雀石绿0.002mg/kg,日本厚生劳动省采取指令销毁,退货等(全部保管)。

2009年1月16日,日本厚生劳动省发出通知,中国产活鳗鱼违反了《食品卫生法》,对中国产鳗鱼残留农药(三氯杀满醇)的监控检查的检查频度提高到 30%。

自我测试

一、填空题(10×1 分)

1. 技术性贸易壁垒拥有_____、_____、_____、_____、_____、先进性、扩散性、争议性等特征。

2. 农产品生态环保的技术主要包括_____、_____、_____等。

3. 在我国食品出口贸易中,多数按_____价格术语成交,并按_____支付方式收款。

二、名词解释(4×2.5 分)

备货　报关　技术性贸易壁垒　合格评定程序

三、选择题(10×1 分)

1. 托运人是凭(　　)向船公司换取正式提单。
  A. 托运单　　　B. 装货单　　　C. 收货单

2. 食品出口使用信用证付款时,若信用证上有错误信用证修改书的内容在两项以上者,受益人(　　)。
  A. 要么全部接受,要么全部拒绝　　　B. 可选择接受
  C. 必须全部接受　　　　　　　　　　D. 只能部分接受

3. 以下哪个不是食品贸易中对单据的要求(　　)。
  A. 正确　　　B. 完整　　　C. 简洁　　　D. 适当

4. 以下哪个是日本独有的技术性贸易壁垒措施(　　)。
  A. 技术法规　　　　　　　　B. 技术标准
  C. 肯定列表制度　　　　　　D. 包装、标签规定

5. 欧洲是合格评定程序有 8 种模式,企业在选(　　)模式时,必须建立相应的质量保证体系。
  A. A　　　B. B　　　C. C　　　D. D

6. 下列哪个不是我国食品出口结汇的方法(　　)。
  A. 不定期结汇　　B. 押汇　　C. 定期结汇　　D. 收妥结汇

7. 审核信用证的依据是(　　)。
  A. 开证申请书　　B. 合同　　C. 整套单据　　D. 信用证

8. 审核单据的依据是(　　)。
  A. 开证申请书　　B. 合同　　C. 整套单据　　D. 信用证

9. 肯定列表制度中的"一律标准"是(　　)。
  A. 0.01mg/kg　　B. 0.05mg/kg　　C. 0.02mg/kg　　D. 0.001mg/kg

10. 2012 年,我国食品出口商品中,占比例最大的是( )。
A. 果蔬类产品　　B. 水产品　　　C. 肉及肉制品　　D. 茶叶、咖啡

四、判断题(10×1 分)

(　　)1. 信用证修改申请只能由受益人本人提出。

(　　)2. 在买方已经支付货款的情况下,即使买方享有复验权,也无权向卖方提出索赔。

(　　)3. 世界农产品贸易主要在发展中国家之间进行。

(　　)4. 食品加工程度既反映了产业科技水平的高低,又测度着经济效益的大小。加工越精细,综合利用程度越高,产品附加值就越高。

(　　)5. 目前发展中国家食品贸易的巨大障碍主要表现在关税壁垒上。

(　　)6. 我国是世界市场上肉类产品的主要供应国。

(　　)7. 中国农产品贸易一直是出口大于进口,是中国外贸顺差的重要来源。

(　　)8. SPR 检测技术检测方便、快捷、检测灵敏度高、抗电磁干扰性能强,受到普遍关注。

(　　)9. 为了保证按时、按质、按量交付约定的货物,在订立合同之后,卖方必须及时落实货源,备妥应交的货物,并做好出口食品的报验工作。

(　　)10. 出口食品办理报关时必须填写出口货物报关单,并提供装货单、装箱单、商业发票、商品检验证书等证件。海关查验有关单据后,即在装货单上盖章放行,凭以装船出口。

五、简答题(4×2.5 分)

1. 我国食品对外贸易的特征是什么?
2. 分析近年来我国食品工业科技投入情况,找出我国食品出口中的技术创新的关键点所在。
3. 简述食品出口的基本流程。
4. 食品贸易中主要发达国家的技术性贸易壁垒措施有哪些?

第十二章 食品新产品开发

> **学习内容**
>
> 1. 食品新产品特点和分类;
> 2. 食品新产品开发方式和途径;
> 3. 食品新产品开发程序;
> 4. 食品新产品开发策略和管理。

> **学习目标**
>
> 1. 掌握食品新产品开发相关概念;
> 2. 掌握食品新产品开发程序和策略;
> 3. 初步具有对食品新产品开发的感悟及分析能力。

新产品是企业生存与发展的动力和源泉。食品大多数产品生命周期相对较短,产品更新换代较快。因此,对食品企业而言,如何源源不断地开发出新产品,打造坚固的"构思—开发—生产—储备"产品链条就显得尤为重要。

第一节 食品新产品的开发现状

一、食品新产品

(一)食品新产品含义

市场营销学中新产品概念为:产品与原产品相比在功能或形态上得到改进或产生差异,并为顾客带来新的利益,即视为新产品。对大多数食品企业而言,企业新产品开发的实质是推出产品不同内涵与外延,是改进现有产品而非创造全新产品。据此可将食品新产品定义为：在一定的范围内首次生产和销售的，在食品原料、加工工艺、性能、组织结构、用途及技术指标等某一方面或几个方面比老产品有显著改进、提高的产品，或者是独创的产品。

(二)食品新产品特点

食品新产品除具备一般食品的基本特点以外，还应该具有新颖性、概念性、不可比性和不可仿性。具体可归纳为以下几点。

(1)具有新的原理、构思或设计　如奥利奥饼干首次采用的黑白夹心设计，农夫山泉提出的"我们不生产水，我们只做大自然的搬运工"。

(2)采用新材料，使产品的性能有较大幅度的提高　如番茄中提取的番茄红素(功能食品中功能性因子)，针叶樱桃提取的维生素C等产品。

(3)产品结构有明显的改进　如焙烤食品中蛋糕油的使用，使鸡蛋打发更容易，产品组织结构更细腻致密，在蛋糕生产中广泛应用。

(4)扩大了产品的适用范围　饮料主要功能是解渴或享受，红牛饮料提出"困了累了喝红牛"，首次创新"能量饮料"类别，扩大了饮料的适用范围，金色红牛迅速在中国刮起畅销旋风。

(三)食品新产品的分类

对食品新产品分析研究可以从以下几个角度进行分类。

1. 按新产品创新程度分类

(1)全新新产品　是指利用全新的技术和原理生产出来的产品。

(2)改进新产品　是指在原有产品的技术和原理的基础上，采用相应的改进技术，使外观、性能有一定进步的新产品。

(3)换代新产品　采用新技术、新结构、新方法或新材料在原有技术基础上有较大突破的新产品。

2. 按新产品所在地的特征分类

(1)地区或企业新产品　指在国内其他地区或企业已经生产但该地区或该企业初次生产和销售的产品。

(2)国内新产品　指在国外已经试制成功但国内尚属首次生产和销售的产品。

(3)国际新产品　指在世界范围内首次研制成功并投入生产和销售的产品。

3. 按新产品的开发方式分类

(1)技术引进新产品　是直接引进市场上已有的成熟技术制造的产品，这样可以避开自身开发能力较弱的难点。

(2)独立开发新产品　是指从用户所需要的产品功能出发，探索能够满足功能需求的原理和结构，结合新技术、新材料的研究独立完成制造的产品。

(3)混合开发的产品　是指在新产品的开发过程中，既有直接引进的部分，又有独立开发的部分,将两者有机结合在一起而制造出的新产品。

二、食品新产品开发的原则

新产品的开发应该遵循以下原则。

(一)发扬我国的传统特色

中国是个文明古国,上下五千多年的历史,有着良好的传统生活方式和饮食习惯。因此新产品的开发要立足于发扬我国的传统特色、地方特色,开发具有传统特色的食品。

(二)充分利用现代技术

随着科学的发展,出现了许多新材料、新工艺、新技术、新设备。新产品的开发要充分利用科技的先进性,开发出符合人们需求的产品。

(三)传统技术和现代技术相结合

传统技术的合理性,现代技术的优势,两者相结合,可开发出市场接受度高的新产品。

(四)模仿研制

食品品种繁多,千差万别,有些食品具有地方特色,有些食品被广大消费者喜爱。我国很多美味可口的食品是从国外引进的,如面包、蛋糕、比萨、芝士等食品,对这些深受人们喜爱的优秀食品,企业可模仿研制开发。

(五)符合市场需求,坚持经济效益

市场是决定企业生存和发展的基石,企业开发的新产品必须从市场需求出发,考虑技术上的适宜性和实用性,并且坚持经济效益为基本原则。

(六)注重社会效益

企业的发展是硬道理。企业发展的根本是提高经济效益,但是不能在发展中违背社会公德,损害社会利益,如造成环境污染问题等。这样的企业即使发展了,也不会长久,最终也会被社会所淘汰。

(七)注重健康,开发"五低"营养平衡型食品

科学健康的膳食已在全世界成为人们追求的目标,由于现代食物摄入过剩及营养不平衡带来的危害,消费者要求食品企业开发生产低糖、低盐、低脂肪、低热量、低胆固醇(简称"五低"食品)的产品,以满足不同消费者的需求。特别是目前世界范围内肥胖现象突出,开发"五低"食品尤其重要。如焙烤企业改变高糖、高脂肪、高热量的现状,生产低糖、无糖面包,可以给糖尿病、肥胖症、高血压等疾病患者食用;另外,利用大豆蛋白粉、麸皮、燕麦等制成高蛋白,富含纤维素、矿物质的营养面包等。

三、食品新产品开发的方式

企业开发新产品,选择合适的方式很重要。选择得当,就能少承担风险,易获成功。一般食品新产品开发的方式有独创方式、引进方式、改进方式和结合方式四种。

(一)独创方式

从长远考虑,企业开发新产品最根本的途径是自行设计、自行研制,即所谓独创方式。自行研制、开发产品需要企业建立实力雄厚的研发队伍、水平先进的技术平台和科学高效的产品开发流程。采用这种方式开发新产品,有利于形成企业的技术优势及产品更新换代,也有利于产品竞争。

(二)引进方式

技术引进是开发新产品的一种常用方式。企业采用这种方式可以很快地掌握新产品制造技术,减少研制经费和投入的力量,从而赢得时间,缩短与其他企业的差距。但引进技术不利于形成企业的技术优势和企业产品的更新换代。

(三)改进方式

这种方式是以企业的现有产品为基础,根据用户的需要,采取改变性能、变换型式或扩大用途等措施来开发新产品。采用这种方式可以依靠企业现有设备和技术力量,开发费用低,成功把握大。但是,长期采用改进方式开发新产品,会影响企业的发展速度。

(四)结合方式

结合方式是独创与引进相结合方式。

四、新产品开发的途径

食品新产品开发一般有以下几种途径。

(一)开发和利用食品生产的新原料和新资源

没有优质的原辅料,不可能开发出优质的新产品。我国物产丰富,但至今还有很多优质的资源未加以利用。只有搞好这些资源的开发工作,才能为食品工业开发出新材料,从而为开发食品新产品奠定坚实的基础。如没有面包专用粉、蛋糕专用油等,新产品的质量就没有最基本的保证;没有食品添加剂如面包改良剂的开发利用,就没有现代新食品的产生;没有烘焙包装材料的开发和利用,就没有美丽漂亮的包装。因此,开发和利用食品生产的新原料和新资源非常重要。

(二)改进生产工艺和设备

食品的生产技术和生产设备对食品的质量有重大影响,要开发出优质的新产品,就要改进现有生产条件和水平,开发出食品生产的新工艺和新设备。

(三)消化引进技术和设备

国外食品工业比我国起步早,发展快,特别是欧洲、日本等地区。对这些优秀的食品生产技术和设备,可以引进、消化、吸收他们的先进经验,发展我国的食品新产品。

(四)增加花色品种,改善外观造型和形状

食品的花色品种繁多,花色品种的开发也有非常大的潜力。如增加面包、蛋糕、酥类点心等焙烤食品的花色品种,改善外观造型。

(五)改善外表装饰

好的外表装饰可以增加新产品的美感,同时也增加消费者的食欲,也是新产品开发的方式之一。在食品表面装饰中,常用的有脱水蔬菜、水果干、新鲜果蔬、果蔬酱、馅料等,装饰的方法多种多样,应根据新产品设计的外表特征进行表面装饰。

(六)改进包装

食品包装要求能保护食品,方便贮藏,便于食用,符合卫生,美观大方等,并且能促进销售。因此,包装的改进方法非常重要。近年来,我国食品包装的发展非常迅速,出现了一大批优质的食品包装材料,并且美观大方、使用安全。如食品的充氮气包装、真空包装、复合软包装等。

(七)加强综合利用的研究和开发

综合利用是食品新产品研究和开发的另一个有效途径,既可节约成本又能生产出食品新品种,一举数得,大大提高了经济效益。如某企业将蛋糕剩余的边角料加入到面包中去,在面包面团搅拌时按比例(如按面粉量的1%)加入,可增加面包的口感和营养价值,新品种面包在市场上取得了良好的效果。

五、食品新产品开发的任务和意义

(一)食品新产品开发的任务

(1)研发市场需要的新产品,提高企业竞争力;

(2)研发配套的关键设备、新材料、新工艺和新技术等;

(3)提高企业技术储备水平,提高企业新产品开发能力。

(二)食品新产品开发的意义

对企业而言,开发新产品具有重要的战略意义,它是企业生存和发展的重要支柱。新产品开发的意义主要体现在以下几方面。

(1)开发新产品有利于促进企业成长。一方面,企业可以从新产品中获取更多的利润;另一方面,推出新产品比利用现有产品能更有效地提高市场份额。利润和市场份额是企业追求的两个重要目标,它们的增加和提高能帮助企业的不断发展。

(2)开发新产品有利于维护企业的竞争优势和竞争地位。为吸引消费者,占有市场份额,企业运用各种方式和手段来获得竞争优势,开发新产品是企业加强自身的竞争优势的重要手段。

(3) 开发新产品有利于充分发挥企业的生产和经营能力。在总固定成本不变的情况下,开发新产品会使产品成本降低,同时提高企业资源利用率。当企业的生产、经营能力有剩余时,开发新的产品能增加产品线,综合提高了企业生产和经营能力。

(4) 开发新产品有利于企业更好地适应环境的变化。社会发展迅速,消费者变化多端,企业面临的各种环境条件不断发生变化,企业的原有产品也会衰退,企业必须开发出新产品来替代老产品,这样才能适应市场及环境的变化。

(5) 开发新产品有利于加速新技术、新材料、新工艺的传播和应用。

六、食品新产品开发存在的问题

(一) 食品新资源的开发和利用相对薄弱

我国目前经卫生部批准的食品新资源达到近400种,科研工作者开展了大量有关食品新资源的研究工作,主要集中在基础性研究。我国食品新资源种类和数量较多,但与国外相比,开发和加工较晚。大部分食品新资源利用程度低下,深层次加工刚开始起步,尚待进一步开发。造成这一现状的原因是多方面的,其中主要有以下几点。

(1) 认识不足 对食品新资源的市场调查研究缺乏有说服力的数据,尤其是对其特性、数量、食用价值和开发利用途径缺乏详细的资料,开发利用具有很大的盲目性。

(2) 加工滞后 许多食品新资源都需特殊加工才能转化为食品,除少量种类,大多仍处在自然食用状态。

(3) 无序粗放 一方面由于不了解其特点和加工方法而大量浪费资源,资源量下降;另一方面由于乱采滥集,使其生长环境遭到破坏,甚至濒于灭绝。

(4) 精品、优质产品较少 企业要开发出优质的新产品,搞好食品加工原料的开发工作是非常重要的,没有优质的原辅料,不可能开发出优质的新产品。我国物产丰富,但至今还有很多优质的资源未加以利用。只有强化新资源的开发工作,才能为食品工业提供新材料,从而为开发食品新产品打下坚实的基础。

(二) 食品新工艺、新设备相对落后

食品的生产技术和生产设备对食品的质量有重大影响,要开发出优质的新产品,就要改进生产工艺和生产设备。我国食品行业多数企业规模小,装备落后,自动控制系统与工艺流程设计和机械制造脱节,生产工艺稳定性差,生产设备成套性、精度和自动化程度不高,在引进国外先进设备时,消化吸收和自主创新不够,产品结构不合理且调整缓慢;大型设备且技术含量高的设备少,精度要求较高的机械及零部件仍大量依赖国外进口。

目前在我国的食品工艺科技成果中,初级加工的成果所占比重大,而精、深加工的成果明显不足;对食品行业的综合利用,尤其是废弃物的综合利用研究较少,与国际先进水平有较大差距。

(三)食品新产品研发严重不足

我国食品企业生产目前仍处在相对较低的水平,市场竞争激烈。市场现状造就了很多"恐龙式企业",生产和销售投入很大,就像恐龙的身躯一样庞大;而研发投入和水平很低,就像恐龙的小脑袋。以2011年为例,食品饮料行业销售费用排名前10位的上市公司,广告费用合计竟高达93亿元。不少知名企业的广告投入达到净利润的两倍左右。2012年10月,某生产减肥茶的知名企业被爆出上半年的广告营销费用达2.73亿元,是研发成本的41倍。对比国外食品企业,如雀巢每年近6亿美元的研发费用,在全球雇用了3500名研发人员,而在过去的5年中,雀巢在48个国家推出了600余种全新的或者重新配方的产品。

为减少差距,食品企业应加强食品科技研究,加速新食品开发进程。一是加强产学研的联合协作;二是鼓励具有经济实力的大型食品企业建立健全研发技术中心,加速形成和完善新产品开发机制;三是广泛开展国际合作与交流,自主研究开发与引进、消化、吸收国外先进技术相结合;四是增加对食品科技发展的投入,鼓励企业积极从事食品研发,以提高食品科技水平。

第二节 食品新产品开发程序

新产品开发是指从市场调研开始到产品设计、工艺制造设计,直到投入正常生产的一系列决策过程。从广义而言,新产品开发既包括新产品的研制也包括原有的老产品改进与换代。新产品开发是企业研究与开发的重点内容,也是企业生存和发展的战略核心之一。

新产品开发是一项极其复杂的工作,从根据用户需要提出设想到正式生产产品投放市场为止,其中经历许多阶段,涉及面广、科学性强、持续时间长,因此必须按照一定的程序开展工作,才能使产品开发协调、顺利地进行。产品开发的程序是指从提出产品构思到正式投入生产的整个过程。由于食品生产技术不同,特别是选择产品开发方式的不同,新产品开发所经历的阶段和具体内容并不完全相同。食品新产品开发程序一般分为以下七个阶段:市场调研阶段→新产品构思方案阶段→构思方案筛选阶段→新产品的实体开发阶段→新产品商品化分析阶段→新产品市场试销阶段→正式生产和销售阶段。

一、市场调研阶段

市场调研是食品新产品开发成功的基础。这个阶段主要是提出新产品构思以及新产品的原理、结构、功能、材料和工艺方面的开发设想和总体方案。企业策划部门或专业策划机构接受策划任务后，需要对企业、产品现状、企业所处的市场环境、竞争者状况以及消费者的需求等进行详尽的调研，获得大量真实和准确的信息，在对资料进行分析整理的基础上，向企业提供正式的调研报告，为食品新产品开发明确目标和任务方向。具体调研流程为：提出任务→确定问题(调查目标)→确定标的(调查对象)→选择方法(调查技术)→实施调查→资料汇总分析→整理报告→追踪调查。

市场调研的方法一般有以下几种：网上搜索调查、发放市场调查表、利用报刊、电视等宣传工具进行调查和走访调查。

二、新产品构思方案阶段

产品构思又称创意，是对新产品的设想。产品构思的内容包括产品使用目的、基本功能、产品大致轮廓和大概制造方法等。市场需求是开发新产品的出发点，产品构思与市场相关的主要有以下几个来源。

(一)研究开发部门

这是新产品构思最重要的内容来源。美国统计资料显示，所有的新产品构思中，88%来自于企业内部，而其中60%来自于企业研究开发部门。

(二)营销人员

这是新产品构思的最佳来源。他们直接面对产品和市场，了解消费者需求和竞争对手的动向，新产品构思往往符合消费者实际需要。

(三)顾客

这是新产品构思最丰富的来源。顾客在使用企业产品的过程中，直接感受到产品的方便与不便之处，并针对这些提出关于产品改进的建议。可口可乐就是由于顾客的意见，从名不见经传的止咳药水发展成世界第一大品牌的。

产品构思的其他来源还包括管理部门、企业其他人员、中间商、竞争对手和咨询公司等。

三、构思方案筛选阶段

方案筛选就是对新产品开发的多个构思方案进行比较，筛选出最优方案的过程。构思方案筛选一般为经验筛选和评分筛选，筛选时必须考虑以下因素。

(一)可行性

这是新产品构思必须满足的标准，它包括技术上、经济上和政策法规上的可行性，三条中任何一条得不到满足都必须舍弃该构思。

(二)效益性

这需要市场调研部门来协助进行分析。根据市场调研的结果，对市场潜力、回报周期、赢利幅度等做出判断。新产品构思方案能被采用的根本原因在于它能使企业获得效益。

(三)适应性

新产品开发工作必须与企业现有的研究开发力量、生产力量、销售力量,以及顾客需求相适应,与企业长期目标一致,这种适应性是新产品构思能顺利实施的保障。

为满足三个关键要素,企业需要建立一套新产品开发必须达到的最低标准,如,新产品能产生独一无二的利润,或解决现有产品未能解决的问题,或具有长期的市场潜力等。

四、新产品实体开发阶段

(一)新产品设计

新产品设计是指从确定产品设计任务书起到确定产品结构为止的一系列技术工作的准备和管理,是产品生产过程的开始。有统计资料表明,新产品质量的好坏,60%~70%取决于产品设计工作,产品制造成本的高低在很大程度上也取决于设计工作。好的新产品设计应达到这样的效果:产品能以预计的成本生产,在正常条件下使用,能体现产品概念中说明的关键属性及功能。

1. 新产品设计的具体要求

(1)可靠性　是指产品在规定的使用时间和使用条件下,能正常发挥其功能。在设计过程中,要重视原材料、工艺条件和成品的一致性。

(2)可行性　进行产品设计时,既要考虑技术上的先进,又要考虑经济上的合理,更主要是考虑满足消费者的需求。力争做到消费者满意、技术可行、成本合理和制造便捷四者的统一。

(3)标准化　在生产制造中实行标准化是企业加快新产品开发步伐,缩短试制周期,提高生产效率的有效途径。贯彻标准化可以简化设计,简化产品结构,减少工艺设计的可变因素,避免设计工作中的重复劳动。

(4)继承性　企业老产品中成熟的、合理的、先进的技术,能充分运用到新产品设计中去。

2. 新产品设计的具体程序

产品设计必须严格遵循"三段设计"程序。

(1)初步设计阶段　主要工作是编制设计任务书,它包括以下内容:设计依据、设计目的、设计原则、主要技术性能和参数。

(2)技术设计阶段　技术设计阶段是新产品的定型阶段。在初步设计的基础上完成设计过程中必须的试验研究(新原理、新工艺、新结构),并写出试验大纲和研究报告;绘出各种工艺流程图;提出材料清单;对产品进行可行性分析并对设计任务书的某些内容进行审查和修正。

（3）工作图设计阶段　工作图设计的目的，是在技术设计的基础上完成供试制（生产）的全部工作图样和设计文件。

（二）新产品试制

根据工作图设计生产出新产品实体，是新产品试制阶段的主要工作。新产品试制一方面可以验证新产品设计的可操作性，对设计中不适应生产的部分进行改进和修正；另一方面可摸索和掌握新产品生产的初步经验，为大批量生产创造条件。新产品试制的过程如下。

1. 新产品设计图纸的工艺分析与审核

分析审核的标准既要考虑技术上的先进性和必要性，又要考虑工艺上的经济性和可行性。内容包括：产品结构是否合理、加工是否方便、设备及生产线布置是否满足要求、是否便于采用高效率加工方法和材料选择是否经济及符合标准等。

2. 拟定工艺方案

工艺方案是制定工艺的指导性文件，是新产品试制前必须进行的准备工作。工艺方案的内容包括：根据新产品设计的要求，确定产品所采取的工艺原则，确定工艺规程制定的形式和详尽程度；规定从新产品试制过渡到成批生产时应达到的质量要求、材料利用率、劳动量、设备利用率和制造成本等技术经济指标；列出新产品的各类加工关键、必须具备的物质条件和应采取的措施；确定工艺路线和生产组织形式，包括新产品加工的车间划分和分布情况；规定工艺装备系数和工艺装备的设计原则，并进行经济效果的分析。

3. 样品试制

样品试制是根据新产品设计和工艺方案要求，组织试制出产品，用以检验产品结构、性能及主要工艺，使产品设计基本定型。

4. 编制工艺文件和工艺装备的设计制造

工艺文件是企业安排计划，进行生产调度、技术检查和组织材料、工具等供应工作的重要依据。工艺装备是指按照既定工艺规程进行新产品制造所需的各种设备及辅助工具的总称。

5. 小批量试制

进行小批量试制是为了验证全部工艺文件和工艺装备，为正式生产创造条件。凡是大量及大批生产的新产品，一般都必须先进行样品试制，再进行小批量试制。

（三）新产品测试

食品新产品试制后，必须对试样进行感官指标、理化指标、功能性、实用性等方面的测试，审核其是否达到设计所规定的技术标准，新产品实体是否能满足消费者对产品核心利益的要求。测试主要包括功能测试和市场评价。

1. 新产品功能测试

产品的功能是指该产品所具有的效能、用途、使用价值。食品新产品一般从食品安全性、营养性、感官性三大指标做出评价。

2. 新产品市场评价

新产品最终成功与否,关键在于消费者的接受程度。新产品市场评价可采用多种方式,既可让消费者到实验室试验样品,也可让消费者试用样品。将消费者偏好和各种信息汇总分析,最终得出评价结果。

五、新产品商品化分析阶段

1. 新产品市场潜力预测

市场潜力不是实际销售量,而是一种可能的预期销售量,表明新产品存在的可能机会。对新产品市场潜力的预测通常采用总量估计法。总市场潜量是在一定的时期内,在一定的行业营销努力水平和一定的环境下,一个行业中所有公司所能获得的最大销量。估算方法为:

$$Q = nqp$$

式中　Q——总市场潜力;

　　　n——在一定的假设下,特定产品的购买者数量;

　　　q——一个购买者的平均购买量;

　　　p——每一平均单位的价格。

如对中国葡萄酒市场潜力进行估算。据国家统计局 2010 年的调查统计结果表明,我国葡萄酒的人均消费量仅为 0.2L,而世界平均消费水平保守估计为人均 4L 左右,我国葡萄酒的人均消费量仅是当前世界平均消费水平的 1/20,从这个角度看,我国葡萄酒的潜在市场十分广阔。假定中国人平均每人每年消费两瓶葡萄酒(1.5L),品牌不同,每瓶价格 25~100 元不等,采用平均价格为每瓶 50 元。则中国葡萄酒的市场潜量为:

$$Q = 13 \times 2 \times 50 = 1300 亿$$

如果按世界人均消费量来估算,大约人均消费 5 瓶(4L)则我国葡萄酒的市场潜量将达到:

$$Q = 13 \times 5 \times 50 = 3250 亿$$

该公式的使用应特别注重对变量 n 的分析,该变量是影响市场潜力大小的关键。上例中,以世界人均消费水平来推算中国的葡萄酒消费水平,表面上看来是科学的,但与实际市场状况有较大的差距。影响葡萄酒消费水平的一个重要因素是中国消费者的消费观念和消费习惯,中国传统酒文化中的主角是白酒,这并非一朝一夕就可以改变。以啤酒这种舶来品为例,目前其销量已超过白酒,占据饮料酒的首位,但这个过程长达十几年。因此对我国葡萄酒市场潜量的估算不能盲目乐观。

2. 新产品市场渗透力预测

市场渗透力表明新产品占领市场的速度。市场渗透力越强,新产品成功的概率越大。新产品市场渗透力的预测方法有:

(1) 扩散模式　该模式将新产品的潜在购买者分为创新者和模仿者。创新者是指率先购买新产品的消费者,他们的购买行为主要受新产品的宣传,如广告等。模仿者的购买则指追随创新者而购买新产品,这类购买者主要是受市场内部人际间的影响过程所感染,如创新者的介绍、口传等。该模式对已经上市的产品有效。

(2) 类比扩散模式　是比对一组与新产品类似的现有产品,通过对现有产品的市场调查、专家判断和市场测试等历史资料,来预测扩散系数及预测采用者人数,从而推断新产品市场渗透力大小。

3. 新产品的销售预测

企业以其选定的营销计划和假设的营销环境为基础,所预测的产品销售水平。在实际操作时,面临缺乏预测依据、预测方法和指标不同于成熟产品等难题,并受到潜在消费者的行为、竞争者的行动、环境的影响和企业的新产品战略等诸多因素的影响。获得销售预测信息的较好办法是通过新产品的试销来收集相关资料。

六、市场试销阶段

(一) 试销的意义

新产品市场试销是对新产品正式上市前所做的最后一次测试,且该次测试的评价者是消费者。市场试销是对新产品的全面检验,为新产品是否正式上市提供全面、系统的决策依据,也为新产品的改进和市场营销策略的完善提供依据。

(二) 新产品试销类型

1. 高投入的新产品

高投入新产品的市场风险很大,不经试销直接上市,如果失败,损失巨大。试销是减少该类新产品失败风险的有效手段,且相对于高昂的开发费用,试销费用所占的比重极小。

2. 全新的新产品

由于缺乏与全新产品有关的消费者、市场方面的信息,也没有价格、销售渠道、促销等方面的经验,因此,全新产品有必要进行试销。

此外,某些新产品采用跟以往完全不同的包装、分销渠道、销售方法等手段,也须试销;对某些改良新产品进行试销也是值得的。总之,新产品的创新程度越高,越值得试销。

典型无须试销的新产品有:时效性极强的新产品(如新款时装)、投入不大的新产品和模仿型新产品等。

(三)新产品试销技术

新产品试销技术与新产品销售技术相比有其特殊性。借助于某些试销技术，希望在控制试销时间、试销成本和尽量避免竞争者获得有关新产品信息的前提下，测试消费者对新产品的反应。试销是为了得到新产品的市场信息，为新产品的上市提供决策依据。在消费品的试销中，应主要收集四个变量值：试用、首次重购、采用和购买频率。主要的测试方法如下。

1. 模拟测试

也称实验室试销 LTM(Laboratory Test Market)。它是在类似的实验室环境中模拟全面的试销活动。模拟测试可测量新产品的使用率、重复购买率、广告效果及竞争性，事实证明实验室测试是一种成功率很高的新产品试销技术。

2. 控制测试

是企业雇请市场研究公司帮助，选定一定的零售商店，对新产品进行试销。具体做法是：市场研究公司按企业的试销计划，对新产品在商店的试销进行全面控制，如货架的位置、新产品的陈列、广告及促销等活动都在控制之列，并根据货架的动态变化和消费者购买记录来观察新产品的销售状况。

3. 市场测试

是一次小范围的销售。企业的市场测试计划包括以下方面：选择有代表性的市场、确定测试的期限、收集信息和对试销结果进行决策等。

市场试销的优势：信息准确度相对要高，可测试不同的营销计划对新产品商业化的可行性，从消费者的角度感受到的新产品缺陷；市场试销的劣势：时间长，测试费用大，给竞争者以可乘之机。

七、新产品上市阶段

企业通过商业化决策评价以后，如果判断这种新产品可行，有开发价值和市场前景，便可进行正规生产，即产品上市。企业要做好以下几项工作。

(一)严格生产管理

企业在进行正规生产时，一定要按照新产品设计的配方、工艺、质量指标及技术参数等因素和指标进行生产，确保新产品的质量。

(二)完善市场开发

制定严格的市场开发计划，采用有针对性的促销手段，使新产品能顺利打入市场，占领市场。

(三)注重信息处理

企业在进行新产品市场开发的同时，也要成立专门的机构对新产品的销售情况进行市场跟踪，对市场反馈及销售信息进行及时处理，确保新产品的销售市场茁壮成长。

第三节　食品新产品开发策略

美国著名管理学者帕西米尔教授对新产品开发策略的定义为：新产品开发策略是一种发现确凿的新产品市场机会并能最有效地利用企业资源的指南。从开发成功的新产品中，企业可以获得巨大的收益，然而新产品开发的风险很大，失败率非常高，有时要付出巨大的代价。因此，企业管理者应该极力寻求风险最小并最有可能成功的一种途径去开发新产品，即力求采取正确的新产品开发策略。

正确的新产品开发策略，首先要服从企业总体经营战略的要求，战略性的经营决策已经在企业资源与外部环境之间做出了最佳选择；其次，应当对开发新产品的目标予以准确的定义，这样才能约束和限定开发工作的方向，并有助于在开发过程中对执行情况作评价和修正；最后，开发策略应能够做到对开发过程的协调与控制。

一、食品新产品开发策略影响因素

（一）资源和机会

在确定企业的新产品开发策略时，资源和机会是两个核心要素。资源涉及管理技能、技术能力和生产技能的广度、深度和素质，企业的财力可以用资产和投资回收率来衡量，市场营销能力主要指能设计巧妙的营销计划以吸引住大批老顾客，生产能力是指有效制造产品并迅速供货。机会是指对确定的经营业务领域或新产品项目的识别和确认。

（二）战略经营计划

企业高层管理者通过战略经营计划来明确企业在未来若干年内经营目标和取得这些目标的基本方针和策略，以便在资源与外部环境之间做出最佳选择。新产品开发策略必须服从企业总体经营战略的要求，使开发工作与总目标保持一致。

（三）开发方向

新产品开发方向必须与已经制订的目标和计划一致。

（四）新产品开发各阶段的协调与控制

新产品开发策略涉及企业各个部门，从研发、生产、营销、财务包括管理等部门，都应该全员参与，努力配合，这需要很好地协调与控制才能完成。

二、食品新产品开发策略

（一）进攻式开发策略

进攻式开发策略又称为抢占市场策略或先发制人策略。企业抢先开发出新产品投放市场,在激烈的市场竞争中处于领先地位。企业具有强烈的市场"第一"的意识,较强的科技开发能力,开发出的新产品短期内不易被竞争者模仿。实力雄厚和勇于冒险的企业可采用这种开发策略。

(二)防御式开发策略

防御式开发策略又称为模仿式开发策略。企业防御是主动式而不是被动式,企业不注重研发新产品,当市场出现成功的新产品后,立即进行仿制并适当改进,消除产品的最初缺陷而后来居上。企业拥有高水平的技术情报专家,具有高效率研制新产品的能力。能迅速掌握市场动态和快速解决消费者问题的企业可采用这种开发策略。

(三)系列化开发策略

系列化开发策略又称为系列延伸策略。企业围绕产品进行全方位的延伸,开发出一系列类似的,但又各不相同的产品,形成不同类型、不同规格、不同档次的产品系列。如电冰箱的使用能够延伸出对电冰箱断电保护器、冰箱去臭剂、保鲜膜、冰糕盒的需求等。企业针对消费者在使用某一产品时所产生的新的需求,推出特定的系列配套新产品,可以加深企业产品组合的深度,为企业新产品开发提供广阔的天地。具有设计、开发系列产品资源,能进行产品深度组合的企业可采用这种开发策略。

(四)差异化开发策略

差异化开发策略又称为产品创新策略。市场竞争的结果使产品同质化现象非常严重,只有企业的产品与众不同、富有特色,才能满足不同消费者的个性需求并在市场中脱颖而出。企业应进行市场分析,结合自身资源条件和技术条件进行产品的开发创新,创新就意味着差异化。具有市场调查细分能力;具有资源优势和创新产品技术的企业可采用这种开发策略。

(五)超前式开发策略

超前式开发策略又称为潮流式开发策略。企业根据消费者受流行心理的影响,模仿电影、戏剧、体育、文艺等明星的流行生活特征,开发新产品。一般商品的生命周期可以分为导入期、成长期、成熟期和衰退期四个阶段,而消费流行周期不同于一般商品的生命周期,有风格型、时尚型和热潮型消费流行周期等特殊类型。在消费者日益追求享受、张扬个性的消费经济时代,了解消费流行的周期性特点,有利于企业超前开发流行新产品,取得超额利润。具有预测消费潮流趋向、及时捕捉消费流行心理并能开发出流行产品能力的企业可采用这种开发策略。

(六)滞后式开发策略

滞后式开发策略又称为补缺式开发策略。消费需求具有不同的层次,所以在市场上总存在未被满足的需求,这就为企业留下了一定的发展空间。这就要求企业详细地分析市场上现有产品及消费者的需求,从中发现尚未被占领的市场。例如,汇源果汁通过深度细分,推出PET瓶装的"真"系列橙汁和卡通造型瓶装系列,受到白领和儿童的欢迎。

三、食品新产品开发策略实施要点

(一)做好深入细致的市场调研

市场调研包括直接和间接调研两种形式。直接调研主要是根据市场(消费者)的需求,了解竞争产品的品质、包装、性能和价位,分析现有产品的优劣势、新产品的市场反应和消费者潜在的市场需求等。间接调研主要是根据市场业务员和经销商反馈的新产品信息,包括产品销量、市场占有率和消费者的反应,汇总、整理后得出的结果。产品开发人员在广泛征求市场销售人员、经销商和消费者意见的基础上,根据调研的结果,进行食品新产品开发策略的设计,做到有的放矢。

(二)组建灵活的开发组织

产品开发是一项复杂而细致的工作,产品创新的特点决定了新产品开发组织与一般管理组织相比,应具有高度的灵活性、简单的人际关系、高效的信息传递系统、较高的决策权力等,需要供应、生产、技术、财务、销售等各个部门的紧密配合,形成一个相互协作的团队。总原则是使新产品开发能快速、高效地进行。常见的新产品开发组织有:新产品委员会、新产品部、新产品经理、项目团队和项目小组等。

(三)做好新产品市场投放方案

新产品设计完成后,企业产品的市场投放不能盲目进行,应该会同营销策划人员和市场业务人员一起,重点研究新产品投放市场之前的策划方案,内容包括:如何将新产品投放到目标市场,如何进行新产品的铺货,如何消除消费者的顾虑使其尝试新产品。新产品市场投放方案新产品上市能否成功地有效保障。

第四节 新产品开发管理

新产品开发是一项复杂的技术经济活动,要求企业具有较高的管理水平,才能保证产品开发的成功。新产品开发的管理,不仅要求管理机构协调各部门的工作,加强各个生产环节的管理,保证开发工作的顺利进行,而且要求企业建立有效的管理体制、制定有远见的新产品开发规划和充分运用新产品开发战略,只有这样,才能提高新产品开发成功的机会,从而促进企业的长远发展。新产品开发的管理需遵循的原则:要符合国家产业政策、以市场需求为导向、坚持经济效益原则、发挥企业优势和要有战略性长期安排。

一、新产品开发管理体系

新产品开发的管理可以分成四个既相互独立又有机联系的部分,分别为:产品规划、新产品开发项目实施、知识平台建设和技术人才管理。

产品规划是根据市场状况、竞争态势以及企业内部情况,确定产品概念,然后才能进行新产品开发项目的实施,是新产品开发管理的首要工作。

新产品开发,每项工作都需要通过专业知识平台和专业人才平台来完成。如市场调研,需要专业策划人员通过调研知识平台提出调研方案,并得到准确的调研结果;如生产工艺,需要专业工程技术人员通过工艺设计知识平台提出合理的工艺流程,并付诸实施等。知识平台和人才平台的建设,能促进资源共享,降低投入的成本,保证食品新产品开发的顺利进行。

新产品开发的所有活动都依赖于高素质的人员,如何管理好新产品开发人员,并不断提升发展他们的技能,是新产品开发管理的一个重要组成部分。

四部分的有机结合组成新产品开发管理体系。产品规划明确了新产品开发的方向,项目实施具体执行并完成新产品开发工作,知识平台、人才平台提供专业知识及专业技术人员,为产品规划和项目实施提供高效的运作平台。简言之,新产品开发管理就是"两条腿 + 两个平台"。

二、新产品开发管理的目标

(一)新产品开发管理的核心目标

企业进行新产品开发,其目的是尽可能少的投入和尽可能多的收益。但在实际开发中,目标往往变得模糊,如"填补产品空白"、"采用先进技术"等,以前国营企业还有"向××献礼"、"争当先进团体"等。在很多的情况下,这些似是而非的说法与核心目标是相背离的。所以一定要明确,新产品开发管理的核心目标是:提高新产品投资的效益。

(二)实现新产品开发管理目标的措施

为达成新产品开发管理的目标,需要关注两个方面:一是减少新产品开发的废弃投资,二是尽可能提高新产品开发项目的投资效益。

1. 减少新产品开发的废弃投资

由于市场、竞争对手、企业内部的战略战术甚至政策法规都会发生变化,同时,随着项目的深入,以前没有预见到的问题和风险也会露出水面,这些都不可避免会造成产品开发项目要素的更改,由此带来一部分投资的废弃。

一个项目的资源投入强度,一般随着时间的推移呈几何级数增加逐步到达顶峰,随着项目的结束而降低,如图12-1所示。在新产品开发管理中,及时发现问题,对开发项目进行准确的判断,终止废弃项目,可以明显降低投资的废弃。

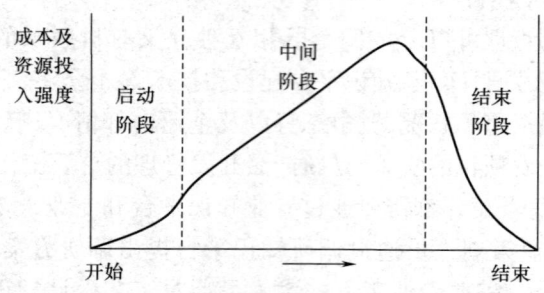

图 12-1 成本及资源投入强度的趋势

企业一方面应该完善产品开发的过程,提高对开发问题和风险的预见能力;另一方面作为新产品开发的管理人员必须明确知道:成功的新产品开发的项目管理,并不是一定要把每一个启动的产品推向市场,必要时应该果断终止项目,减少投资的废弃。

2. 提高新产品开发项目的投资效益

新产品开发项目的投资效益,其决定因素为:项目和产品。

(1)对于项目因素,在管理中采取以下措施。

①缩短上市时间:有助于在初期获得较高的利润,并且可以提高新产品的市场占有率及品牌形象。

②控制产品开发项目的投入:减少新产品开发的废弃投资。

③提高产品开发项目的实施质量:项目的实施质量,不仅影响新产品的质量,而且直接影响项目是否能够成功。

(2)对于产品因素,可以采取以下措施。

①保证新产品合理性:合理性是指开发的新产品符合目标市场的外部需求以及公司内部的需求。在新产品开发管理中,需要管理和监控产品规划过程及各种需求的变化,同时把这些变化进一步细化为产品的特性,并在开发中做出合理的调整和变更,直至这些变化在产品特性中能够得到切实的实现。

②降低产品的成本:这里是指产品的制造成本、销售成本、物流成本、售后服务成本等,而不是项目的投入。

③明确新产品生命周期:新产品开发项目只是产品生命周期中的一个阶段,其特点是经济效益在项目结束后才可能实现,而不是在项目期间获得。产品开发人员特别是管理人员,要清楚区别项目和产品的不同。当产品规划提出一个新产品概念时,一个产品的生命周期就开始了;当产品开发完成推向市场时,项目一般进入结束阶段;而此时产品才刚进入投入期或成长期,还将维持较长的时间才会走完生命周期。管理人员需要针对新产品不同生命周期特点,采取相应的措施进行管理。

三、新产品开发管理内容

（一）新产品功能开发管理

新产品开发是以实现产品一定的功能开展的。开发管理需要分析企业产品所提供的实际功能和客观需求之间的差距，判断哪些性能尚属空白、哪些功能有待改善等信息，结合企业的研发能力及生产经营条件，提出既符合市场需求又符合企业资源的产品开发计划，并围绕产品功能性进行定位和管理。

（二）新产品总成本管理

降低产品总成本是产品具有竞争优势的一个重要前提。在传统观念中，企业认为产品成本是由生产运作过程所决定的。实际上，产品成本绝大部分取决于设计开发，即生产部门的成本大部分是由设计阶段所决定的。因此，新产品开发管理的责任是降低产品总成本，并贯穿于新产品开发的整个过程中。如产品设计时，在满足用户对功能需求的前提下，产品的结构应尽量简单化；如生产工艺设计时，通过采用和企业实际资源相匹配的工艺技术和最优工艺方案，最大限度地降低产品制造成本。

（三）新产品开发的良性循环管理

所谓良性循环是指产品能正常地更新换代。要求新产品开发管理必须对产品有合理预期，并制订完善的新产品开发长远规划，力争做到在生产第一代产品的同时，积极开发第二代，研究第三代，构思第四代，以确保有连续不断的新产品投放市场，使企业在整个生产经营过程中保持旺盛的生命力，不断谋求发展。

（四）新产品开发创新思维管理

无论是新产品的更新换代，还是老产品的改进，都是以创造性的设想为基础。好的新产品，应该具有新颖性、概念性、不可比性和不可仿性，这都源于有创造性的设想。可通过对产品的 5W1H 管理，使新产品开发不断得到完善。

所谓产品的 5W1H 即：Who 谁是产品的购买者；Why 为什么购买该产品；What 购买后用于什么；Where 在哪里购买；When 在什么时候购买；How to 购买后怎么用。产品的 5W1H 在管理中指导人们进行全方位立体思考，挖掘潜在的创造力，以获取有价值的产品构思创意。

四、新产品开发管理的评价

（一）新产品开发阶段管理评价

新产品开发的每一个阶段，都应建立与之相应的管理评价，以保证新产品的最终质量。

(1) 构思方案阶段应建立质量评价标准；

(2) 新产品设计阶段应建立设计评审；

(3) 样品试制和试验阶段应建立产品性能评价；

（4）小批试生产阶段应建立效益评价；

（5）批量生产阶段应建立市场评价。

（二）新产品开发质量管理评价

1. 新产品开发质量标准制定的依据

国家对食品生产过程及相关程序都制定和执行了严格的国家标准，如《中华人民共和国产品质量法》、《中华人民共和国食品安全法》、《食品企业通用卫生规范》等法律和标准。企业在开发新产品时，必须以相关的国家法律法规和国家标准为依据。新产品的企业标准，应该比国家标准严格，并在当地的质量技术监督部门备案。

2. 新产品开发质量标准

（1）食品新产品基础指标（产品角度指标）

①感官指标：如新产品的大小、规格、形状、色泽、口感、气味等；

②理化指标：如新产品的水分含量、蛋白质含量、脂肪含量、添加剂含量等指标；

③卫生指标：如大肠杆菌、细菌总数、霉菌总数及致病菌等数量指标。

（2）新产品性能指标（消费者角度指标）　消费者对新产品外观、包装、口感和接受度等评价指标。

（3）新产品有效性指标（市场角度指标）　新产品有效性指标是综合性的质量评价，包括新产品的保质期、市场销售的周期、新产品的市场占有率和增长率等指标。

产品质量标准通常指基础指标，在新产品开发中，质量标准还包括性能指标和有效性指标。新产品开发质量标准是一个企业从事生产和经营的质量宗旨，是企业所有人员奋斗的目标，它是由企业的最高管理者制定并颁发实施的，因此企业应严格执行。

| 知识拓展

新月传奇——大班冰皮月饼新产品推广

1993年，香港月饼市场已不如从前具有吸引力，由于业内生产企业越来越多，生产成本由于某种原因还在上升，同时产品的差异性越来越小，故整个市场竞争非常激烈。众多厂商纷纷以品牌或价格作为竞争的主要手段，有的甚至兼打两张牌。但大班决定采取不同的策略，推出全新的冰皮月饼，以差异化对抗同质化。

一、新产品设计

开发新产品是有风险的，但大班制作冰皮月饼有其依据：市场调查结果显示，人们已经厌倦了月饼甜、腻的传统口味，转而渴望清爽、清淡的口感。大班冰皮月饼采用进口原料制作,不经烘制,故而毫不油腻,它的颜色也一反传统的金黄而呈清冷的白色。细看一个个月饼冰清玉洁、晶莹剔透,绿豆沙馅微露——连这馅都能露在外面!大班的冰皮月饼从里到外都与众不同,如新月般悄然出场。

对冰皮月饼这一概念的测试表明,人们愿意接受这种新产品,对月饼的独特颜色也不排斥,白色令人们联想更多的是"纯洁"而不是"不吉利",无疑是对大班产品创新的巨大肯定。在1991年和1992年两届香港食品博览会上,大班连续对冰皮月饼进行市场测试,结果显示,该产品对25岁至40岁年龄阶段的人们更具吸引力,而他们正是中秋月饼的购买主力。

二、营销目标

大班冰皮月饼市场的营销目标有两个:市场份额提高5%;品牌期望形成联想,让消费者想到冰皮月饼就想到大班,从而提升大班富于创新的品牌形象。

此次活动主要针对"潮流领先者"这一细分市场,鼓励他们尝试购买。产品生命周期理论告诉我们,这类人正是新产品引入期的主要消费群体,他们乐于接受新产品、新概念,愿意成为某种潮流的首创者,继而充当这方面的舆论领袖。只要这部分人接受、认可了冰皮月饼,他们的舆论领袖影响将会带来更多人的购买,礼品市场也会迅速跟进,从而实现打开市场的目的。

三、营销策略

基于上述营销目标及目标市场的特点,大班制定并实施了如下营销策略。

1. 产品

以与众不同的清爽口味为其定位,以精美包装衬托其独特、高贵的形象。大班冰皮月饼的定位清晰、准确,针对潜在顾客的心智,牢牢把握他们对清淡口味的渴望,其独有的特点迅速深入人心。

2. 价格

高价格通常意味着高质量。大班对冰皮月饼采取了高出一般水平的定价,以与其高质量、高档次的形象相衬。作为一种意欲树立良好形象的高档产品,在产品设计、定价、包装、促销等各个环节都必须协调,任何方面的疏漏都可能破坏整体的理想效果。通过缜密细致的市场营销,大班冰皮月饼高价高质量的形象在高档月饼中显得非常突出。

3. 促销

配合高价策略,大班冰皮月饼采取了高水平促销。高价高促销有利于建立品牌偏好,同时说明该产品定价虽高,但物有所值。月饼是时令性产品,在竞争激烈的市场上推出高价位的新品种,必须尽快实现市场渗透,高水平促销则有助于加快这种渗透进程。大班在该年的食品博览会以及大班的专卖店中提供免费品尝,对先期购买的顾客给予折扣,尝过冰皮月饼美味的人们无不心动,纷纷解囊购买。

4. 渠道

大班冰皮月饼只在大班专卖店中销售，不经过任何中间商。这种专卖的形式一方面有助于大班严格控制服务水平，对产品销售进行有效管理；另一方面也再次体现了大班冰皮月饼的"高贵矜持"，非同一般的月饼。结果人们果然为觅"新月"慕名而来，又都满载而归。除零售之外，大班也不忘集团消费是另一块巨大的市场，他们特别指定了30家机构，专门服务于集团购买。

5. 广告

大班冰皮月饼的电视广告颇具新意，虽然少不了反映传统的一面，但整体风格显得轻松有朝气，充满活力。电台的广告也秉承这一特色，强化这种风格。此外，广泛散发的产品宣传册和传单也不断传达着冰皮月饼独具特色的信息。

四、活动成效

大班以全新的冰皮月饼上市，因产品构思奇特、目标定位准确和推广策划到位而大获成功。清爽味淡的冰皮月饼在市场上供不应求，在中秋节前几天就销售一空，销售收入超过预期50%，业内戏称大班冰皮月饼的成功为月饼界的"新月传奇"。

自我测试

一、填空题(10×1分)

1. 一般食品新产品开发的方式有独创方式、引进方式、_____和_____四种。
2. 按新产品创新程度分为全新新产品、改进新产品和_____。
3. 新产品构思方案筛选必须考虑的因素：可行性、_____和_____。
4. 模拟测试也称实验室试销，其英文简写为_____。
5. 新产品开发的管理分成四个部分：_____、_____、知识平台建设和技术人才管理。
6. 新产品开发管理的核心目标是：_____。
7. 新产品测试主要包括功能测试和_____。

二、名词解释(4×2.5分)

食品新产品　食品新资源　新产品开发策略　进攻式开发策略

三、选择题(10×1分)

1. (　　)不属于食品新产品的分类标准。
   A. 创新程度　　　B. 地区特征　　　C. 原料特征　　　D. 开发方式
2. 新产品在开发过程中达到商品化以前都要经过的一个阶段是(　　)。
   A. 试销　　　　　B. 开发　　　　　C. 促销　　　　　D. 试验
3. 产生新产品设想的直接原因是(　　)。

A. 顾客的需要　　B. 竞争对手　　C. 政府机关　　D. 科技
4. 对新产品设计决策限制最严格的部分来自(　　)。
A. 企业的市场营销目标　　　　B. 企业条件的限制
C. 目标市场消费行为　　　　　D. 经营环境的限制
5. 新产品自行设计属于(　　)。
A. 独创方式　　B. 引进方式　　C. 结合方式　　D. 改进方式
6. 我国农产品产后加工比例为(　　)左右。
A. 5%　　　　B. 15%　　　　C. 25%　　　　D. 35%
7. 新产品设计分(　　)。
A. 2阶段设计　B. 3阶段设计　C. 4阶段设计　D. 5阶段设计
8. 市场渗透力表明新产品占领市场的(　　)。
A. 速度　　　　B. 比例　　　　C. 强度　　　　D. 份额
9. 新产品的销售预测比较好的方法是通过(　　)进行预测。
A. 消费潜力　　B. 竞争产品　　C. 市场调查　　D. 市场试销
10. 新产品开发项目的投资效益,其决定因素为(　　)。
A. 市场和竞争者　B. 企业和资源　C. 项目和产品　D. 产品和价格

四、判断题(10×1分)
(　　)1. 新产品的销售预测没有规律可循。
(　　)2. 新产品的开发仅仅是产品开发部门的事情。
(　　)3. 公司雇员的建议不是新产品设想的好的内部来源。
(　　)4. 新产品必须以一定的技术进步为基础。
(　　)5. 改进包装不属于新产品开发。
(　　)6. 新产品试制成功后就可以大批量生产。
(　　)7. 新产品市场试销是对新产品正式上市前所做的最后一次测试。
(　　)8. 新产品质量主要取决于新产品构思。
(　　)9. 新产品开发的任务包括设备的研制和配套。
(　　)10. 新产品正式上市的第一步是试销。

五、简答题(4×2.5分)
1. 简述食品新产品开发的意义。
2. 简述食品新产品开发程序。
3. 简述食品新产品开发策略影响因素。
4. 简述新产品开发管理内容。

参 考 文 献

[1] 刘敏. 商品学基础[M]. 北京:科学出版社,2008.
[2] 张天佐. 我国食品工业发展趋势和重点领域[J]. 食品科学,2012(12).
[3] 谭向勇. 中国食品工业的现状及发展趋势研究[J]. 北京工商大学学报(自然科学版),2010,28(1):1-7
[4] 凌沛学. 医药商品学[M]. 北京:中国轻工业出版社,2009.
[5] 薛璐,刘爱国. 食品商品学[M]. 北京:化学工业出版社,2009.
[6] 刘兴华. 食品安全保藏学[M]. 北京:中国轻工业出版社,2008.
[7] 万融. 商品学概论[M]. 北京:中国人民大学出版社,2010.
[8] 曾庆孝. 食品加工与保藏原理[M]. 北京:化学工业出版社,2007.
[9] 阚建全. 食品化学[M]. 北京:中国农业大学出版社,2008.
[10] 贡汉坤. 食品生物化学[M]. 北京:科学出版社,2010.
[11] 王蕊,高翔. 食品安全与质量管理[M]. 北京:中国计量出版社,2009.
[12] 丁晓雯,柳春红. 食品安全学[M]. 北京:中国农业大学出版社,2011.
[13] 蔡花真,张德广. 食品安全与质量控制[M]. 北京:化学工业出版社,2008.
[14] 刘雄,陈宗道. 食品质量与安全[M]. 北京:化学工业出版社,2011.
[15] 汪浩明. 食品检验技术(感官评价部分)[M]. 北京:中国轻工业出版社,2007.
[16] 马永强. 食品感官检验[M]. 北京:化学工业出版社,2009.
[17] 王莉. 食品营养学[M]. 北京:化学工业出版社,2006.
[18] 孙远明. 食品营养学[M]. 北京:科学出版社,2011.
[19] 蒋雁峰. 中国酒文化研究[M]. 湖南:湖南师范大学出版社,2011.
[20] 陈宗懋. 中国茶经[M]. 上海:上海文化出版社,2004.
[21] 中华人民共和国食品安全法[M]. 北京:中国法制出版社,2009.
[22] 王蕊,高翔. 食品安全与质量管理[M]. 北京:中国计量出版社,2009.
[23] 张嫚. 食品安全与控制[M]. 大连:大连理工大学出版社,2011.
[24] 江汉湖. 食品安全性与质量控制[M]. 北京:中国轻工业出版社,2002.
[25] 王义、张永慧、马朝辉.《中华人民共和国食品安全法》知识读本[M]. 北京:中国计量出版社,2009.
[26] 杨洁彬等,食品安全性[M]. 北京:中国轻工业出版社,1999.
[27] 陈宗道,刘金福,陈绍军. 食品质量管理[M]. 北京:中国农业大学出版社,2003.
[28] 肖海霞. 食品安全对我国出口贸易的影响[J]. 山西财经大学学报,2012,34(2):22
[29] 刘北辰. 试论质量论证对促进市场经济发展的作用[J]. 2008,(1):25-29.
[30] 赵春玲. 质量管理体系认证对企业的推进作用[J]. 质量与标准化,2008,(8):30-32.
[31] 陶文初. 质量管理体系认证对企业可持续发展的作用[J]. 2008,(7):26-29
[32] 刘爱珍. 现代商品学教程[M]. 上海:立信会计出版社,2001.
[33] 赵仁德. 商品学概论[M]. 大连:东北财经大学出版社,2000.
[34] 焦新安. 食品检验检疫学[M]. 北京:中国农业出版社,2007.

[35]洪雷.中国进出境食品检验检疫实务大全[M].北京:中国海关出版社,2011.

[36]刘丹赤.食品理化检验技术[M].大连:大连理工大学出版社,2010.

[37]张水华.食品分析[M].北京:中国轻工业出版社,2004.

[38]康臻.食品分析与检验[M].北京:中国轻工业出版社,2006.

[39]朱克永.食品检测技术[M].北京:科学出版社,2004.

[40]王尔茂,朱克永.食品检测技术动物源食品检疫检验技术[M].北京:科学出版社,2010.

[41]鞠兴荣.动植物检验检疫学[M].北京:中国轻工业出版社,2008.

[42]郑永华.食品贮藏保鲜[M].北京:中国计量出版社,2006.

[43]张慜,李春丽.生鲜食品新型加工及保藏技术[M].北京:中国纺织出版社,2011.

[44]刘北林.食品保鲜与冷藏链[M].北京:化学工业出版社,2004.

[45]刘北林.食品保鲜技术[M].北京:中国物资出版社,2004.

[46]祝战斌.果蔬贮藏与加工技术[M].北京:科学出版社,2010.

[47]罗红霞.畜产品加工技术[M].北京:化学工业出版社,2011.

[48]吴建安.市场营销学[M].北京:高等教育出版社,2007.

[49]窦志铭.连锁经营管理理论与实务[M],北京:中国人民大学出版社,2012.

[50]菲利普·科特勒.营销管理[M].上海:上海人民出版社,2006.

[51]黄静.品牌营销[M].北京:北京大学出版社,2008.

[52]郦瞻.网络营销[M].北京:清华大学出版社,2013.

[53]卢万强,食品营销学[M].北京:化学工业出版社,2012.

[54]马桃林.包装技术[M].武汉:武汉大学出版社,1999.

[55]章建浩.食品包装大全[M].北京:中国轻工业出版社,2000.

[56]杨福馨.食品包装实用新材料新技术[M].北京:化学工业出版社,2009.

[57]高德.包装材料与技术丛书——实用食品包装技术[M].北京:化学工业出版社,2004.

[58]章建浩.食品包装技术[M].北京:中国轻工业出版社,2008.

[59]张新昌.食品包装设计与营销[M].北京:化学工业出版社,2008.

[60]夏强.食品标签巧识别[M].北京:中国轻工业出版社,2008.

[61]蔡和平等译.食品包装技术[M].北京:中国轻工业出版社,2012.

[62]GB 7718—2011 食品安全国家标准 预包装食品标签通则[S]

[63]GB 28050—2011 食品安全国家标准 预包装食品营养标签通则[S]

[64]GB 13432—2004 预包装特殊膳食用食品标签通则[S]

[65]GB/T 18455—2010 包装回收标志[S]

[66]GB/T 16288—2008 塑料制品的标志[S]

[67]GB/T 1844.1—2008 塑料 符号和缩略语 第1部分:基础聚合物及其特征性能[S]

[68]GB 12904—2008 商品条码 零售商品编码与条码表示[S]

[69]GB/T 14257—2009 商品条码 条码符号放置指南[S]

[70]国外严格规定食品的包装材料及印刷[J].中国包装工业,2009,(3):67

[71]孙成志.组织行为学[M].北京:中央广播电视大学出版社,2004.

[72]傅浙铭.营销理念与顾客研究[M].广州:南方日报出版社,2004.

[73]2002中国统计年鉴[M].北京:中国统计出版社,2002.

[74]樊平.中国城镇的低收入群体——对城镇在业贫困者的社会学考察[J].中国社会科学,1996,(4):64-77

[75]江波.广告与消费心理学[M].广州:暨南大学出版社,2010.

[76]杨晓玲.广告刺激下的受众消费[J].青年记者,2009,(7):109-110.

[77]黄合水.广告心理学[M].北京:高等教育出版社,2005.

[78]焦利军.消费心理学[M].北京:北京大学出版社,2007.

[79]黄强苓.略论现代包装设计的市场价值、促销功能与消费心理[J].包装工程,2003,24(3):113-115

[80]朱宗华.色彩与包装[J].包装工程,2003,24(3):116-117

[81]江林.消费者行为学[M].北京:科学出版社,2007.

[82]吴林海,徐立青.食品国际贸易[M].北京:中国轻工业出版社,2009.

[83]邵继勇.食品安全与国际贸易[M].北京:化学工业出版社,2006.

[84]迈克尔,R.里德.国际农产品贸易[M].北京:清华大学出版社,2009.

[85]赵金金.日本技术壁垒对我国食品出口的影响及对策分析[D].2012.

[86]骆越元.国际贸易中食品安全问题研究[D].2012.

[87]金京.FDA新法规对我国输美食品贸易的影响及对策[J].中国管理信息化,2011,14(23):45-46

[88]谢国娥,杨逢珉,陈圣仰.我国食品贸易竞争力的现状及对策研究——基于食品安全体系的视角.国际贸易问题[J].2013,(1):68-77

[89]范萌萌.浅谈我国食品出口中的贸易壁垒问题[J].科技信息,2011,(33):215

[90](加)库珀.新产品开发流程管理[M].北京:电子工业出版社,2010.

[91]刘求生.新产品开发[M].北京:清华大学出版社,2004.

[92]文连奎.食品新产品开发[M].北京:化学工业出版社,2010.

[93]郭五林.酒文化的四大功能分析[J].酿酒,2011.38(3):96-99.

[94]张贵华.论中国酒文化营销策略[J].特区经济,2005.3:44-47.